·毛泽东谈文论史全编·

顾 问：龙新民 郑欣淼 陈 晋 阎晓宏

评说中共高级将领

MAOZEDONG PINGSHUO ZHONGGONG
GAOJI JIANGLING

毕桂发 主 编｜李 涛 副主编
李 欣 王 源 秦必楚 著

中国文史出版社

图书在版编目（CIP）数据

毛泽东评说中共高级将领 / 毕桂发主编；王源，秦必楚，李欣著 . -- 北京：中国文史出版社 , 2023.12

（毛泽东谈文论史全编）

ISBN 978-7-5205-4554-9

Ⅰ . ①毛… Ⅱ . ①毕…②王… ③秦…④李… Ⅲ . ①毛泽东著作研究 - 中国共产党 - 军事人物 - 人物评论 Ⅳ . ① A841.692

中国国家版本馆 CIP 数据核字 (2023) 第 244609 号

责任编辑：窦忠如
特约编辑：王德俊　窦广利　赵增越　张幼平　邓文华　张永俊

出版发行：中国文史出版社
社　　址：北京市海淀区西八里庄路 69 号院　邮编：100142
电　　话：010-81136606　81136602　81136603（发行部）
传　　真：010-81136655
印　　装：廊坊市海涛印刷有限公司
经　　销：全国新华书店
开　　本：787 毫米 × 1092 毫米　1/16
印　　张：21
字　　数：312 千字
版　　次：2024 年 1 月北京第 1 版
印　　次：2024 年 8 月第 3 次印刷
定　　价：68.00 元

总　序

2023 年 12 月 26 日，是中国人民的伟大领袖毛泽东同志诞辰 130 周年。经过多年酝酿策划和组织编撰，我们于今年正式出版发行《毛泽东谈文论史全编》（以下简称《全编》）以示隆重纪念。

十年前，习近平总书记在纪念毛泽东同志诞辰 120 周年座谈会上的重要讲话中指出："毛泽东同志是伟大的马克思主义者，是伟大的无产阶级革命家、战略家、理论家，是马克思主义中国化的伟大开拓者，是近代以来中国伟大的爱国者和民族英雄，是党的第一代领导核心，是领导中国人民彻底改变自己命运和国家面貌的一代伟人。"同时，毛泽东同志又是世所公认的伟大的文学家、史学家、诗人和作家。在深入学习贯彻党的二十大精神、纪念毛泽东同志诞辰 130 周年的重要时间节点上，组织编撰出版这一大型项目图书，为人们缅怀毛泽东同志的丰功伟绩，学习毛泽东同志的伟人品格、政治智慧和文化思想，提供了一套非常重要的文化历史资料；对于弘扬中华优秀传统文化，学习贯彻党的二十大报告中关于"推进文化自信自强，铸就社会主义文化新辉煌"的重要精神，具有十分宝贵的启示和积极的意义。

在组织编撰这部大型项目图书的过程中，我们坚持以习近平新时代中国特色社会主义思想为指导，认真学习党中央关于历史问题的三个决议精神，特别是十九届六中全会通过的《中共中央关于党的百年奋斗重大成就和历史经验的决议》精神，对全部书稿的政治观点和思想内容进行了认真把关，使其符合三个决议精神，也符合习近平总书记十年来有关论述毛泽东同志历史功绩和毛泽东思想指导地位的重要讲话精神，以及关于学习党史国史和弘扬中华传统文化的重要讲话精神。

《全编》计27种40册1500万字。编撰者耗费数十年心血收集、整理、阐析、赏评，把毛泽东在各个时期的文章、诗词、书信、讲话、谈话中引用、化用、批注、圈阅、点评、编选的古今人物和文史作品，把毛泽东传记、年谱、回忆录中提及或引用和评点的古今人物和文史作品，即使片言只语、寸缣尺楮也收集入册，希望能够集散为专、分门别类，尽量避免遗珠之憾，力求内容全面系统、表述科学客观。

这部《全编》有以下几个特点：

资料齐全。毛泽东同志一生酷爱读书，可以说是博览群书、通古贯今。他曾说："饭可以一日不吃，觉可以一日不睡，书不可以一日不读。"他熟读《二十四史》《资治通鉴》等中国历代著名历史著作，熟读中国历代优秀的诗词文学作品，且不动笔墨不读书，读书时做了大量批注和圈画，还常常在自己的文章、诗词、讲话、谈话中引经据典、巧妙运用，真可谓博学约取、学以致用。这就给我们留下了浩如烟海的珍贵史料。在编著这部《全编》时，我们想最大限度地收集、整理、汇编其所涵盖的各个方面的文献史料，力争做到文献可靠、史料精准，可读性、知识性和趣味性兼具，使其成为研究毛泽东思想特别是毛泽东文化思想的重要资料。

分类精细。毛泽东同志喜欢中国古代文学，阅读、圈评了大量各类体式的文学作品，他的诗词创作尤为脍炙人口。因此，收录《全编》中关于毛泽东同志的文史资料，浩瀚如海，编撰者都进行了认真严格的划分整理，将其分三辑，文学类就有两辑，所占分量最大。比如，编撰者将其细分为评点名诗、名词、散曲、辞赋、小说、散文、戏曲的"毛泽东同志评点中国传统文化赏析"7种19册，以及《跟着毛泽东学诗词》《毛泽东诗话》《周世钊论毛泽东诗词》《毛泽东致周世钊书信手迹》与毛泽东读唐诗、宋词、元曲、古文等的"毛泽东与中国诗词曲赋"8种9册。

评述允当。在这部《全编》中，编撰者将每篇作品分为毛泽东评点、人物、事件评述或毛泽东评点、原文和赏析，力求评述或赏析允妥、适当，即深刻理解毛泽东原文含义，紧扣毛泽东的评点，不作过多发挥，文字力求简明生动。同时，编撰者注重史料收集整理的文献性，兼顾知识性和趣味性，这就使得这部大型项目图书兼具很强的可读性。

这部《全编》还有一个最突出的重要特点，那就是比较集中地梳理和呈现了毛泽东同志的历史自信和文化自信。习近平总书记在纪念毛泽东同志诞辰 120 周年座谈会上的讲话中明确指出，毛泽东同志"是马克思主义中国化的伟大开拓者，是近代以来中国的爱国者和民族英雄"。这个评价反映在毛泽东同志学习和运用、继承和发展中华优秀传统文化方面，鲜明地体现为他的历史自信和文化自信。因此，我们认为这部《全编》的编撰出版，有益于读者更深入体会党的二十大报告论述的"坚持和发展马克思主义，必须同中华优秀传统文化相结合"的重大论断。在这部《全编》中，有关毛泽东圈阅、评点历史人物和文史作品的材料，就很具体地体现了他作为"马克思主义中国化的伟大开拓者"，是如何运用马克思主义的世界观和方法论，去激活中华优秀传统文化的；又是如何通过继承、运用和发挥中华优秀传统文化，为坚持和发展马克思主义提供深厚滋养的。

　　《全编》除了引用毛泽东同志的相关评点外，主要篇幅是介绍、叙述和评论毛泽东同志评点的对象即历史人物和文史作品，所引毛泽东的评点内容都出自公开的出版物并注明出处。从目前已出版的各类关于毛泽东同志的书籍来看，这是目前更加全面系统反映伟人毛泽东同志的一部大型丛书，但每册又可独立成书，以满足不同读者的阅读喜好与多样需求。当然，限于编撰者的水平和时间，这部《全编》的体例编排和文字表述等方面还有改进和完善空间，恳请专家学者和广大读者朋友不吝批评指正。

《毛泽东谈文论史全编》编委会

2023 年 12 月 18 日

目　录

毛泽东评王近山

【王近山简历】

王近山（1915—1978），湖北黄安（今红安）人。

1930年，参加中国工农红军。同年加入中国共产主义青年团。1932年，转入中国共产党。曾任红四方面军第4军第10师排长、连长、营长、团长、副师长，红31军第93师师长，参加了鄂豫皖、川陕苏区反"围剿"、反"围攻"和长征。全面抗战爆发后，任八路军第129师第772团副团长、第769团团长、第385旅副政治委员、第386旅旅长，参加神头岭、响堂铺等战斗和晋东南反"九路围攻"。1943年，任太岳军区第2分区司令员。同年10月，指挥韩略村伏击战，歼灭日军华北方面军战地参观团军官120余人。1945年8月起，任太岳纵队副司令员、晋冀鲁豫野战军第6纵队司令员，率部先后参加上党、邯郸、定陶、进军大别山、淮海等战役。1948年6月，在襄樊战役中，指挥第6纵队采用"掏心"战术首破襄阳城，保证了战役胜利。1949年，任第二野战军第3兵团副司令员兼第12军军长、政治委员，参加渡江战役和解放西南战役。1950年，任川东军区司令员。1951年，参加抗美援朝战争，任中国人民志愿军第3兵团副司令员，参加第五次战役和上甘岭战役。1953年回国后，任山东军区副司令员、代司令员，北京军区副司令员，公安部副部长，南京军区副参谋长、顾问。1955年，被授予中将军衔，获一级八一勋章、一级独立自由勋章、一级解放勋章。第五届全国政协常务委员会委员。1978年5月10日，在南京逝世。

【毛泽东评点】

"我早就听说红四方面军有个'王疯子'，现在成了吴下阿蒙了，了不起呀！这次韩略村伏击战就说明你很勇敢、果断，有胆略，能抓住战机打个漂亮仗！""刘、邓、徐是我军第一代军事家。你要做我军第二代军事家。""你还年轻，还要努力学习文化，掌握更多的革命理论，将来仗可以打得更好。"

——摘自《中国人民解放军高级将领传》第 14 卷，
解放军出版社 2013 年版，第 129 页。

【评析】

1944 年春，根据中央军委命令，陕甘宁晋绥联防军在延安成立新编第 4 旅，29 岁的王近山任旅长。

毛泽东亲自接见了王近山和新编第 4 旅的其他几位主要领导。毛泽东握着王近山的手说："我早就听说红四方面军有个'王疯子'，现在成了吴下阿蒙了，了不起呀！这次韩略村伏击战就说明你很勇敢、果断，有胆略，能抓住战机打个漂亮仗！"

听了毛泽东的表扬，王近山回答："我是跟刘（伯承）、邓（小平）、徐（向前）首长学打仗的。"

毛泽东高兴地说："刘、邓、徐是我军第一代军事家。你要做我军第二代军事家。"

王近山说："我还差得远呢，我是在毛主席领导下，刘、邓、徐首长培养下成长起来的战士，原来只知道不怕死，现在稍微懂得一点打仗了。"

毛泽东点了点头，赞许地说："你还年轻，还要努力学习文化，掌握更多的革命理论，将来仗可以打得更好。"

中国共产党领导的人民军队是从武装斗争中诞生，在浴血奋战里成长，可谓猛将如云，但能够得到毛泽东如此夸奖的并不多见。

王近山 15 岁时就参加了红军，是个不折不扣的"红小鬼"。由于作战出奇的勇猛，很快就当上了连长。

早在鄂豫皖苏区反"围剿"斗争时，红四方面军总指挥徐向前就听说手下有个听见枪声就不要命的连长，此人名叫王近山。一次激战中，王近山见战士们已和敌人战成一团，枪往腰里一插，加入了与敌人的肉搏。混战中，他抱住一个敌人滚下悬崖，头部被尖石戳了一个洞。等战友们在山下找到他时，王近山已昏死过去。虽抢救过来，但自此头上留下了一道深深的伤疤。

日久天长，远近部队都知道有个听见枪响就像发了疯的猛虎一般的王近山，就送了他个"王疯子"的绰号。官越当越大，可这个习惯却一直未改。为此，他先后负过七次伤，动过三次大手术。毛泽东听说此事后，笑道："这个王近山，疯得还蛮有水平嘛！"话语中透露出对王近山英勇无畏、敢打敢拼、奋不顾身的革命英雄主义精神的赞美，也是对王近山舍生忘死、机断果敢、靠前指挥的高超指挥艺术的颂扬。

"王疯子"疯，只是爱打仗。平日里毫不显露锋芒，既不会说豪言壮语，又不会夸耀战功。可一旦上了战场，其凶烈却足以令任何对手畏惧。毛泽东提到的韩略村伏击战便充分彰显了王近山的有勇有谋。

1943年夏，国民党顽固派阴谋发动第三次反共高潮，准备以胡宗南部包围陕甘宁边区，闪击延安。中共中央及时予以揭露，并组织部队严阵以待，从晋绥军区抽调第120师第358旅西渡黄河，驻防鄜县（今富县）以西至黑水寺地区，保卫陕甘宁边区。随后又决定从第129师中抽调一个主力团开赴延安，执行保卫党中央任务。于是，刘伯承、邓小平命令八路军第386旅旅长兼太岳军区第2分区司令员王近山率所部第16团前往延安。

第16团是在抗战初期以老红军为骨干组建的，隶属于八路军第129师第386旅，下辖3个营和直属炮兵连、警卫连、侦通连，共2500多人。装备有迫击炮、重机枪、歪把子轻机枪、三八式步枪，清一色的日式武器，均是在与日军作战中缴获的。该团尽管成立时间并不长，但战斗作风过硬，指挥能力强，战绩卓著，是第129师的主力团之一。

就在第16团接受这一光荣而又重要的任务时，正逢日军华北方面军司令官冈村宁次调集2万余日、伪军对太岳抗日根据地发动秋季大"扫荡"。此次"扫荡"，日军采用"铁滚三层阵地新战法"，先是沿沁河两岸由北向南横扫，企图合击太岳军区主力于中条山地区，或退到黄河边背水应战；尔后再由南向北滚扫回来，以"清剿"可能突围之部队，谓之"大滚"。担任"抉剔""清剿"的部队，每天前进20公里，后退5公里，谓之"小滚"。在滚进"扫荡"的同时，实行惨无人道的"三光"政策，企图杀尽根据地一切人畜，毁灭一切资财。

冈村宁次对这一新战法非常自得，亲自担任"扫荡"总指挥，并派第1军司令官吉本贞一中将到临汾指挥部坐镇指挥，日军华北方面军参谋长大城户三治中将也亲抵临汾督战。日军参谋本部对这次一新战法也寄予厚望，专门以支那派遣军步兵学校的学员为主，组成120余人的"皇军军官战地参观团"，前往太岳前线观战，以实地研究"铁滚"战术，并"观瞻皇军"实施这种战术取得的"赫赫战果"。

王近山遵照太岳军区陈赓司令员的指示，率领第16团从沁源南面的阎寨一带出发，部队集中行动，只派一些小部队在侧翼牵制敌人。一路上，负责牵制敌人的部队忽而出现，发起一阵突然袭击，给敌以猛烈杀伤；忽而又隐蔽起来，与敌脱离接触，让敌人找不到踪影，掩护团主力急速向西南方向行动。部队经过辗转迂回、日伏夜行，终于跳出了敌人的封锁圈，于10月18日来到临汾东南的岗头村。19日黄昏，一股敌人又跟踪追上来。第16团掉头北上，转到敌背后，于22日非常隐秘地插到临汾东北、洪洞东南的韩略村附近。

坐落在临汾城东北50里的韩略村，紧靠临（汾）屯（留）公路，是日军在同蒲铁路东侧的一个据点。西北至洪洞相距不过几十里，附近还有苏堡、古县等据点，可以相互支援。韩略村设有据点，村东碉堡驻有日伪军40余人，东、西、北三面还有3个据点，而且离这次日军"扫荡"的前方指挥部临汾城也不远，可以说是处在敌人的眼皮底下。但周围村庄都是游击区，各村政权实由抗日干部主持，有民兵组织活动，人民群众的抗战热情也很高。听说八路军来了，一个个喜出望外，忙着腾房子，烧水做饭，把仅有的一点好东西都拿给部队吃。在当地干部和群众的支持和掩护下，第16团秘密驻下，准备寻机越过同蒲铁路，而麻痹大意的日伪军对此竟毫无察觉，做梦也没想到一场激烈的战斗即将在这里打响。

这时，第16团了解到，日军每天都有大批汽车在少数部队掩护下，从韩略村边的临屯公路通过，把部队、弹药、给养等运往前方，把抓捕的抗日军民、抢劫的粮食等物资运往临汾。地方干部和群众纷纷要求部队打上一仗，狠狠揍日本鬼子一顿，以解心头之恨。

根据这些情况，王近山召集几位团领导进行研究，一致认为：虽然第16团的主要任务是奔赴陕甘宁边区，但战机难得，稍纵即逝，完全可以乘敌不意，攻其不备，打个胜仗，来配合根据地腹心地区的反"扫荡"斗争。于是决定顺手牵羊，在韩略村附近打个伏击战后，再赶往延安。

　　当地的干部、群众听说后，立即行动起来，给部队蒸馒头，准备担架，纷纷要求参战。韩略村武委会主任兼民兵队长还亲自带着团部侦察员，几次去伪军据点附近侦察。

　　23日下午，王近山带上几名团领导和部分营连干部，化装成农民到韩略村附近详细观察地形。韩略村西南边有一条山沟，公路正从三四米高的陡壁中间穿过，附近有土包和破窑洞，既便于潜伏隐蔽，又利于出击歼敌，的确是一个理想的伏击阵地。几位营长都高兴地说：我们埋伏在公路两侧，做成一个张开的大口袋，敌人一钻进来，我们就可以美美地饱餐一顿"饺子"了。

　　24日凌晨3时，第16团乘夜暗悄悄进入韩略村西南公路两侧，埋伏下来。可一直等到天亮吃早饭时，仍不见敌人的踪影。有些战士等得不耐烦了，说："不要再等了，干脆把据点里的狗杂种收拾了吧！"

　　上午8点30分左右，远处隐约传来隆隆的声音，公路尽头腾起滚滚的烟尘，日军车队一辆接一辆、一颠一摆地正向韩略村方向驶来。一共有13辆汽车，其中3辆是小汽车。卡车上满载着日军，摇摇晃晃，有说有笑。不一会儿，汽车驶到沟口，骄横狂妄的日军连观察也不观察，不停地往"口袋"里钻。不多一会儿，13辆汽车全部进入伏击圈。

　　王近山发出战斗信号，6连首先开火，打坏了最后面的一辆汽车，斩断了敌人退路。班长赵振玉带领全班跃出阵地，从陡壁上飞下公路，从汽车上夺过重机枪，顺着公路猛扫，山道顿时变成了火沟。日军领头的司机立即开足马力，想一鼓作气冲过去，被9连迎头截住，公路两旁的轻重火力打得日军晕头转向，连还击都来不及。

　　过了一会儿，日军一个大佐带着十几个日军军官，举着战刀，狗急跳墙似地扑向6连阵地。公路最前面的日军也端着枪，"呀呀"地怪叫着，顺公路向9连冲来。首当其冲的9班班长杨发大喊一声："冲！"全班9名战士迎击上去，在遮天蔽日的硝烟尘雾中，与日军厮杀在一起。

在一阵猛烈的打击下，日军死伤大半，剩下的也被切成数段，头尾不能相顾，失掉了统一指挥，互相得不到支援，犹如一群没头苍蝇东撞西闯，乱作一团。这时，日军见夺路逃生无望，就收拾残兵，企图争得一个立脚点以便负隅顽抗，等待来援。

王近山清楚：如果让日军拖延下去，对深入敌区单独作战的第16团将是十分不利的，必须毫不犹疑地速战、速决、速离。于是，他迅速组织部队发起猛烈攻击。激战中，5连指导员郑光南抱起一捆手榴弹扑向日军一个火力点。一声巨响，日军机枪哑了，郑光南壮烈牺牲。战友们高呼着"为指导员报仇"的口号，奋不顾身地扑向敌群。

激战3小时，120余名日军中除3人漏网逃脱外，其余全部被歼。第16团伤亡50余人，缴获轻重机枪3挺、掷弹筒3个、步枪80余支，焚毁汽车13辆。

这场临时动意的伏击战收获颇丰。据从当场缴获的日军文件中查明，被伏击的敌人正是日军华北派遣军司令部组织的"皇军军官战地参观团"，其成员包括日军"支那派遣步兵学校"第5、第6中队及其他军官，内有少将旅团长1名、联队长6名。他们是专门从北平（今北京）赶来，准备跟随"铁滚扫荡"的"皇军"到战地参观，学习"扫荡"新战法。没想到的是，这个观战团还没有走到战地，就遗尸遍野，葬身在韩略村南的道沟之中。

临汾指挥部闻讯惊得慌了手脚，急报日军华北最高司令部。冈村宁次气得暴跳如雷，把用于战地侦察的6架飞机全部调来追寻第16团踪迹，并从临汾出动500余人，从"清剿"安泽、浮山、沁源、沁水、翼城等县的部队中抽调2700余人，星夜赶往韩略村附近，寻找第16团以图报复。

这样就意外地打乱了日军的"扫荡"部署，兵力也被分散。当数股日军合击韩略村地域时，王近山率第16团早已带着缴获的战利品，踏上奔赴延安的征途了。

1944年1月25日，延安《解放日报》刊载题为《陈赓将军畅谈太岳反"扫荡"大捷：韩略伏击战毙敌大佐六名军官百八十名》的报道："冈村宁次特地从各处调集少尉以上军官及参谋一百八十余人，来太岳战地观战。这批军官正在观战之际，突遭我军伏击于临屯公路之韩略村，除了三人逃脱以外，其余均被歼灭，其中有大佐七名，只有一人逃脱，其余均被击毙。"

60多年后，在全国热播的电视剧《亮剑》中有一场"八路军独立团团长李云龙击毙日军服部直臣少将"的精彩伏击战斗，便是以韩略村伏击战为原型。

抗日战争胜利后，1945年10月7日，根据中共中央关于实行军事战略转变、编组超地方性正规兵团的指示，晋冀鲁豫野战军成立，刘伯承任司令员、邓小平任政治委员，下辖第1至第4纵队，11月中旬又组建第6、第7纵队。

1946年7月，王近山出任晋冀鲁豫野战军第6纵队代司令员。国民党南京国防部档案敌情通报栏里对第6纵队的评价是："刘伯承匪部六纵队，司令员王近山，政治委员杜义德。下辖三个旅：十六旅旅长尤太忠，十七旅旅长李德生，十八旅旅长萧永银。该纵，长于攻坚，指挥及纪律均佳。匪称之为主力纵队。"

8月，刘伯承、邓小平率领第3、第6、第7纵队，在冀鲁豫军区地方部队的配合下，出击陇海铁路（今兰州—连云港）开封至徐州段作战。至22日，陇海路战役结束，共歼敌1.6万余人，打乱了国民党军对解放区进攻的南线部署。

国民党军统帅部匆忙从陕南、豫西等地追堵中原军区突围部队的兵力中抽调3个整编师，从淮南、徐州等地抽调1个军和2个整编师，转入冀鲁豫战场，连同原在郑州、新乡、商丘等地的8个整编师，共计14个整编师32个旅约30万人，企图趁晋冀鲁豫野战军主力未及休整之机，以优势兵力钳击解放军于陇海路以北定陶、曹县地区，并引黄河水改入故道，控制鲁西南，然后以主力进击漳河，打通平汉铁路（今北京—汉口）。

国民党军对这次进攻期望很大，力图在南线战场打开一个缺口。为此，蒋介石特意派国防部长白崇禧、参谋总长陈诚到开封督战，令郑州"绥靖"公署主任刘峙到考城、民权前线指挥。

此时，刘伯承、邓小平正率部在鲁西南地区休整。8月22日，也就是陇海路战役结束的当天，中央军委发来贺电庆祝胜利，并指示：晋冀鲁豫野战军集中主力至少18个团于陇海路北休整，补充新兵，以利再战。准备在三四个月内打七八个大仗；在作战中凡无把握之仗不要打，打则必胜；凡与敌正规军作战，每战必须以优势兵力加于敌人，其比例最好是四比一，至少三比一，歼其一部，再打另一部，再打第三部，各个击破之。

根据冀鲁豫战场国民党军的新动向，中共中央军委作出了集中优势兵力，打击整编第3师的决策。8月29日，中共中央致电刘伯承、邓小平："俟第三师两个旅进至适当位置时，集中全力歼灭其一个旅，尔后相机再歼其一个旅。该师系中央军，如能歼灭影响必大，望按实情处理。"

刘伯承、邓小平分析形势认为，当面之敌虽占优势，但其用于第一线进攻兵力只有15个旅10万余人，徐州、郑州两部敌人又分为六路深入解放区，每路只有一两个师，兵力更加分散。徐州之敌虽有所谓国民党军"五大主力"中的2个军（第5军和整编第11师），但非主攻方向；郑州之敌只有整编第3、第47师战斗力较强，如能歼其1个师或2个师大部，即可打破敌之进攻。况且这股敌人又分为郑州和徐州两部分，指挥不统一，间有嫡系和杂牌的矛盾，在被围攻的情况下，相互间救援不会很积极。

反观我军，在鲁西南地区主力部队只有4个纵队12个旅5万余人，且刚刚结束陇海路战役，伤亡5000余人，极度疲劳，有的旅团减员很大，兵员、弹药尚未得到及时补充，但官兵士气高昂，又有根据地人民的大力支援，只要充分利用敌人弱点，积极创造战机，实行集中兵力、各个歼敌，是可以粉碎其进攻的。

根据国民党军东西对进的态势，刘伯承、邓小平决定对东线徐州方向的国民党军实施监视、阻击，而置重点于西线。为求得顺利歼灭整编第3师，他们又对西线郑州方向的国民党军进行了分析：

东路整编第3师和第47师并进，其间仍有15里至20里的间隙，左路整编第41师离它更远，便于割裂与围歼。整编第3师是郑州出犯之敌中唯一的嫡系部队，如遭打击，杂牌部队川军和原西北军的部队，不会积极增援。而且整编第3师是从追击中原部队的途中调来的，在中原作战中伤亡较大，属疲惫之师。

据此，刘伯承、邓小平决心从豫北调第2纵队来定陶地区参战，集中4个纵队5万余人，四倍于敌的兵力，准备首先诱歼整编第3师（辖第3旅、第20旅）于定陶以西韩集地区，尔后视情况再歼整编第47师一部或大部。

在各纵队领导干部会议上，王近山和杜义德表示：我们第6纵队请求担任这次战役的主攻任务，让其他纵队能够减轻一些担子。即使将我们第6纵队拼掉，只要保存好第2、第3、第7纵队的实力，就能够在尔后的作战中粉碎敌人的连续进攻。

王近山更是豪情万丈地说："我同杜政委商量了，如果我们纵队打得只剩下一个团，我当团长，他当团政委；如果打得剩下一个连，我王近山可以当连长，杜义德政委当指导员。"

邓小平当即称赞说："好！你们的思路对头，这次作战虽然困难很大，但是有条件打好这一仗的。"

会议最终决定发起定陶战役，按照"钳制刘汝明集团，而置重点于消灭孙震集团之第3师"的作战方针，"采取南北钳击以求各个消灭之（先消灭其一个旅，再消灭其另一个旅），尔后再视战斗进展情况扩张战果"的战法，歼灭整编第3师。

这时，蒋介石错误地判断"刘伯承部经各部反击，伤亡惨重，开始向北溃退"，便于8月29日电令徐州"绥靖"公署主任薛岳、郑州"绥靖"公署主任刘峙："徐、郑两绥署各部必须予以彻底歼灭。续向3日指定之线推进，以绝匪患而利今后作战，并限7日内完成。"

8月31日，整编第3师进占白茅集。中将师长赵锡田，1907年生于江苏涟水。说来有趣，他既是国民党陆军总司令顾祝同的外甥，同时还是连襟。顾夫人许文蓉和赵夫人许文丽是姐妹俩。

单从外表上看，长得白白净净的赵锡田，根本不像是统率千军万马的将军，倒像个斯斯文文的读书人。但他的确是个职业军人，从黄埔军校第四期步兵科毕业后，由少尉排长一直干到中将军长。抗战时期，率部参加过南昌会战，第一、第二次长沙会战，浙赣会战，常德会战，长衡会战等，还曾远征缅甸对日作战，战功显著。

年轻气盛的赵锡田来到内战前线后，自恃是蒋介石嫡系部队，装备精良且作战经验丰富、能攻善守，把解放军节节抗击、诱敌深入看作是惧战而逃，气焰更加骄横嚣张，口出狂言："我三师乃总裁王牌之首，是所向无敌的。"

但赵锡田做梦也没有想到，就在这一天，晋冀鲁豫野战军司令部正式下达《定陶战役基本命令》，要求各参战部队于9月2日前完成战斗准备，于3日或4日开始作战。

负责诱敌任务的第6纵队在王近山、杜义德的指挥下，像钓鱼一样，钩住整编第3师不放。今天打一下，丢下几个村子；明天又换支部队同他继续纠缠。赵锡田驱动大军，在飞机、坦克的掩护下，骄横不可一世，每占一个村子就要报一次"捷"。蒋介石欣喜若狂，"嘉奖"电报从南京城接二连三地发来。刘峙和国民党陆军总部副司令范汉杰也亲自赶到天爷庙、白茅集一带视察督战。

这下，赵锡田更来劲了，竟然在无线电里不用密语，向刘峙吹嘘："刘先生，飞机不需要了，就凭我这点装备，不把共军赶入黄河，也要叫他们回太行山去！"于是再三督令部下全速向北追击。

9月2日，整编第3师在第6纵队2个团的节节阻击下，付出了1500余人的代价后，进占秦砦、桃园地区；整编第47师进占黄水口、吕砦地区；其他各路国民党军遭到阻击而进展迟缓。

这时，刘峙突然改变整编第3、第47师会攻定陶的作战计划，以整编第3师进攻菏泽，整编第47师进攻定陶。这样，该两师的间隔即由原来的15—20里扩大到20—25里。而其余各路国民党军分别被阻于东明西南、曹县以南和单县、城武以东地区，距整编第3、第47师达80—200里。

刘伯承、邓小平当即决定趁徐州、郑州两路敌军钳形攻势尚未合拢，整编第3师已经疲惫，且与整编第47师间隔加大之机，于3日晨放手引诱整编第3师冒进，并将战场由韩集西移大杨湖地区。待整编第3师进入预定战场后，右集团主力向南，一部由东向西攻击；左集团先楔入整编第3、第47师之间，然后主力由南向北攻击整编第3师，一部向南阻击整编第 47 师。

3 日晨,第 6 纵队 2 个小团与整编第 3 师稍稍接触抵抗后,便装作招架不住的姿态,迅即后撤。赵锡田果然中计,指挥大军毫无顾忌地向前推进,至下午全部被诱入预定战场。其中,第 3 旅进至大黄集、周集地区,第 20 旅进至阎砦、大小杨湖、方车王地区,师部进至天爷庙。而整编第 47 师则被第 3 纵队阻于三丘店、常路集一线及以南地区。

23 时 30 分,晋冀鲁豫野战军左右两集团突然对整编第 3 师发起攻击,首先把攻击重点指向较弱的第 20 旅,同时以一部兵力佯攻和牵制其师部和第 3 旅,分散敌人的兵力和火力,使其不能很快判明我军主攻方向。

大杨湖是个有 200 多户人家的村庄,四周地形开阔,村外有一条深 3 米的壕沟;村南有一个大水塘,芦苇茂密,为天然屏障。第 20 旅第 59 团进驻大杨湖后,在村内主要路口修筑了暗堡工事,结合穿墙破壁的枪眼,组成密集交叉的火力网,并在壕外设置两道鹿砦,砦外有烽火,借夜间巡逻照明。村内村外地堡密布,交通壕纵横,纵深还有炮火支援,村西南申倪寨有坦克可随时出动支援。

刘伯承、邓小平把这个难啃的硬骨头交给了王近山、杜义德。

战前,王近山给刘伯承打来电话:"报告刘司令员,请你放心,我们准备好了一切。坚决歼灭整编第 3 师。第 6 纵队即使打剩一个连,我当连长,杜义德当指导员,决不放弃战斗!我要求战士们把自己的子弹、手榴弹统统打到敌人身上去,最后就是用牙齿咬也要把敌人咬死。"

刘伯承鼓励他:"近山同志,你的决心很好!这一仗如若我们打不好,冀鲁豫平原我们就站不住!还要背起包袱回太行山啊!你们今晚上的任务很艰巨,只要消灭大杨湖的敌人,战役将有很大的变化。"

针对敌情,王近山和杜义德决心以第 18、第 16 旅为左右两路,分别从张集、范寨和张大庄、马庄合击大杨湖之敌,以第 17 旅进至杨磨头待机。

右路第 16 旅攻占马府、肖寨后,以第 46、第 48 团合击前后田海之敌,由于夜间联络不畅,延误了进攻时间,致使敌人大部逃窜。左路第 18 旅攻击马庄之敌时,周庙守敌出动 4 辆坦克、700 余步兵接应。攻击一夜,第 6 纵队战果甚微,歼敌约 1 个营。

4日，整编第3师在飞机、坦克配合下顽强抵抗。黄昏时分，第6纵队继续以第16旅主力进攻大杨湖。激战至深夜，由于守敌火力猛烈，协同密切，加之进攻部队未能集中兵力，持续突击力不强，双方形成对峙局面。

战至5日拂晓，晋冀鲁豫野战军仅歼敌3个营。这时，赵锡田发觉已陷入解放军的重围之中，十分恐慌，紧急求援。刘峙命令整编第47师向第3纵队左侧阵地猛攻，并派部分兵力迂回进占桃园，企图由南面向整编第3师靠拢。整编第41、第11师已分别进至东明集、城武，正向定陶急进，增援整编第3师。

形势万分紧迫，必须抢在东西方向增援之敌赶到前歼灭整编第3师，否则战局将发生对晋冀鲁豫野战军极为不利的变化。

5日晚，刘伯承、邓小平来到第6纵队司令部，召集各纵队领导开紧急会议，重新调整了部署：第6纵队全力攻歼大杨湖守敌第20旅第59团。第2纵队以1个旅包围周集、大黄集守敌第3旅，钳制小杨湖守敌，配合第6纵队作战；以1个旅迂回守敌左侧后，断敌后方交通运输，防敌向西南突围。第3、第7纵队主力攻歼申倪寨守敌第20旅旅部及方车王守敌，而后攻整编第3师师部阵地天爷庙。

刘伯承强调：大杨湖战斗是歼灭整编第3师，粉碎西路敌人进攻的关键，事关全局，必须打好这一仗。

第6纵队立即召开旅长以上干部作战会议。王近山首先介绍了当前形势、敌我态势，以及刘、邓首长的指示。杜义德提出三点要求：一是各部队要进行充分的动员，激发广大指战员的战斗热情，非把敌人消灭不可。二是充分认清这次战斗关系到冀鲁豫解放区安危的严重性，只准打好。三是各部队要密切协同统一动作，保证战斗任务的完成。

根据连日与敌作战的情况，与会人员研究认为：大杨湖守敌火力强，防御严，与四周敌人协同密切，必须集中绝对优势兵力，四面包围，重点突击，同时要阻止四周敌人的支援，孤立大杨湖守敌，才能迅速歼灭之。据此决定：以第18旅并配属第17旅第49团担任主攻，从马庄向大杨湖实施主要突击；以第16旅主力由北相机进攻并准备机动；以第17旅（欠第 49 团）配置在大张集为预备队；以第 48、第 53 团分别向大黄集、周庙实施警戒并准备阻击来援之敌。

任务下达后，第 18 旅上下信心百倍，决心打好这一仗。担任主攻任务的第 54 团，从机关到连队，从干部到战士，一个个摩拳擦掌，准备和敌人拼一场。"消灭整三师，活捉赵锡田""保卫解放区，保卫鲁西南"的战斗口号响彻全团。

初秋的夜晚，凉风习习。大杨湖上空浓烟滚滚，火光冲天。守敌为防止解放军夜袭，同时也为给自己壮胆，不断向村外扫射，向空中发射照明弹，并把民房、柴火垛全都点着了，熊熊烈火把整个村庄照得通明。

23 时 30 分，总攻打响了。第 6 纵队 12 门山炮和几十门八二迫击炮一齐轰鸣起来，炮弹呼啸着向大杨湖村内飞去。大杨湖村守敌为整编第 3 师第 20 旅第 59 团，抵抗十分顽强。各种武器射出的子弹形成一道道严密的火网，阻挡着攻击部队。

战斗打响不久，刘伯承突然来到了第 6 纵队前沿指挥所。司令员亲临前线指挥的消息，迅速在第 6 纵队中传开了，极大地鼓舞了全体指战员的斗志。但第 6 纵队前沿指挥所距离大杨湖还不到 1500 米，在敌人重机枪、迫击炮的射程内，更不要说大炮和飞机了，王近山、杜义德等纵队领导深深为刘伯承的安全捏着一把汗，都希望司令员能尽快离开这个危险地方。因此在汇报了前线作战进展情况之后，立即表示："我们一定能够把大杨湖敌人彻底消灭干净，务必请放心。"

刘伯承明白他们的意思，笑了笑，风趣地说："你们指挥你们的嘛，我没有事，来给你们看看后方行李好不好呀！"

王近山悄悄对纵队副参谋长王毓怀讲，"这里不是我们待的地方，赶快到前边去。"于是带了一部分参谋人员去了更靠前的第 17 旅指挥所进行指挥。

6 日凌晨 1 时，第 54 团以迅猛的动作首先突破了敌人前沿阵地，在村西南攻占了一角之地。随后，第 52 团也由村东北角突入，抢占了村边一段土围子，与反扑之敌展开激战。战斗异常激烈残酷，双方伤亡都很大。

这时，申倪寨守敌在 5 辆坦克掩护下，突然向第 54 团侧后猛扑过来，企图接应大杨湖守敌西撤。第54团在遭敌内外夹击的不利情况下，英勇抗击，连续打退敌人的数次进攻，巩固了已占领的村边两个大院子。敌人被压入房内，从窗口、房顶和暗堡内疯狂射击。由于院墙低，四周空旷，毫无遮挡，第54团的战士们只能趴在墙上与敌人拼杀，伤亡越来越大。

面对敌人坦克进攻，指战员发扬了大无畏的英雄气概，有的连队打得仅剩10多人，仍坚守阵地不退。战况最紧张的时候，上自团长、政委，下至司号员、卫生员、炊事员、饲养员都投入了战斗。大家在土堆里、烟火中，打着、爬着、喊叫着。许多干部战士数次负伤，仍坚守阵地不下火线，直至牺牲。

敌坦克见冲不垮阵地，便轰隆隆地开到院墙边了，企图把村内守敌救出来。坦克上的机枪不停地扫射，村内的敌人也如同发疯般向墙边冲。团长卢彦山高喊："同志们，这是对我们团的考验，守住阵地就是胜利，坚决打呀！"

战斗空前激烈。7连连长李粟智紧靠在一堵墙边，拼命堵住企图冲出的敌人，一口气扔了100多颗手榴弹，一直战斗到最后一滴血。机枪手都负伤或牺牲了，3营教导员就抱起机枪就打。团长、政委、参谋长和团部所有人都投入了战斗。

正在最紧张的时候，西面敌人的3辆坦克疯狂地吼叫着冲了过来，企图援助大杨湖的敌人。坦克一直冲到第54团指挥所附近，团政治处主任霍宗岳抓起两颗手榴弹，高喊："同志们跟我冲呀！"率先向坦克扑去，警卫员、电话员、通信员等随后跟了上去。在他们的英勇反击下，坦克两边的敌军步兵不是被打死，就是被吓跑。坦克见步兵溃逃了，慌慌张张地打了一阵炮，也逃了回去。

血战至后半夜，第54团只剩下100多人了，很多连队仅有十几人，有的排只剩下几个人。王近山清楚，如果第54团坚持不住，让大杨湖守敌突围西逃，就会影响围歼整编第3师的战斗进程，甚至功亏一篑，使原本就要到手的胜利白白丢掉。于是，他果断命令第18旅旅长萧永银率预备队第53团全部投入战斗，增援第54团，坚决守住阵地，打退敌人的反扑。

拂晓时分，大杨湖四面八方响起了更为激烈的枪声、手榴弹爆炸声和喊杀声，到处闪烁着火光。第6纵队的指战员们冒着敌人密集的火力，以排山倒海之势掩杀过去，突入村内，将守敌分割成数股，进行围歼。

不久，萧永银向纵队指挥所报告：部队已突进去了，村子已被我军占领，部队正在搜歼村中央的少数残敌。王近山、杜义德立即把战况报告刘伯承。听到胜利的消息，刘伯承高兴地说："好啊，这一下赵锡田站不住脚了，他马上就要跑的，你们解决了残敌后，加快组织部队咬住整编第3师主力，我叫其他几个纵队一起追。"

战至6日8时，第6纵队终于全歼大杨湖守敌，在整编第3师"胸膛"上劈开了一个口子，击中敌人的心脏，动摇了敌人的阵势。

与此同时，第2纵队在大黄集，第7纵队在周庙、小杨湖地区各歼敌20旅一部，重创第3旅，并进逼其师部。赵锡田早已没有了前几天的威风八面，呼天喊地，四处求救。但正如战前，刘伯承、邓小平分析的那样，国民党军嫡系和杂牌间不可调和的矛盾，此时得到了印证。整编第3师周围各路援军均采取消极观望之势，不敢冒死靠拢相救。

6日中午，心知大势已去的赵锡田率师部与第3旅残部向南突围，晋冀鲁豫野战军于秦砦附近地区将其全歼。钻到汽车底下冒充"军械主任"的赵锡田也当了俘虏。

定陶战役历时5天，晋冀鲁豫野战军以伤亡3500余人的代价，歼灭国民党军1个整编师师部、4个旅共1.7万余人，毙伤第20旅少将旅长谭乃大以下5000余人，俘中将师长赵锡田以下1.2万余人，缴获坦克6辆、汽车14辆、火炮200余门、轻重机枪210余挺、长短枪4300余支，以及大批军用物资。这一胜利，连同中原军区部队突围的胜利和苏中大捷，对整个解放区的南部战线起到了扭转局面的重要作用。

9月12日，《解放日报》发表《蒋军必败》的社论，指出："这是继中原我军突围胜利与苏中大捷之后又一个大胜利。这三个胜利，对于整个解放区的南方战线，起了扭转战局的重要作用。蒋军必败，我军必胜的局面是定下来了。"

13日，毛泽东把定陶战役的经过和经验，电告张宗逊、罗瑞卿并告聂荣臻、贺龙、陈毅、宋时轮，特别强调："这一经验告诉我们：第一，必须集中优于敌人五倍或四倍至少三倍的兵力，首先歼灭敌一个至两个团，振起我军士气，引起敌人恐慌，得手后再歼敌第二部、第三部，各个击破之。切不可贪多务得，分散兵力。"三天后，毛泽东对全军下达了《集中优势兵力，各个歼灭敌人》的指示，把定陶等战役列为范例。

而两年后的襄樊战役，更是彰显出王近山的用兵之道，被朱德总司令称赞为"小型模范战役"。

1948 年 6 月，华东野战军主力和中原野战军一部发动豫东战役，迫使国民党军从豫南、鄂北抽调胡琏、吴绍周兵团北上增援。

这样，川陕鄂三省要冲襄阳、樊城地区，仅有第 15 "绥靖"区 3 个旅守备。其中，"绥靖"区司令部和第 104 旅、第 163 旅和第 164 旅各 1 个团、化学臼炮连、教导队、特务营驻守襄阳，第 164 旅 2 个团驻守樊城，第 163 旅旅部率第 488 团驻守谷城，第 487 团驻守老河口。

襄樊地区，南连荆州、宜昌，北接南阳、洛阳，东进可抵武汉，西出可达川陕，历来兵家视之为"控川陕豫鄂之门户，握武汉三镇之锁钥"的战略要地。当时，这里是国民党军西北集团、西南集团和华中集团的接合部。蒋介石为加强此地防御，于 1948 年初在襄阳设立了第 15 "绥靖"区，任命其亲信、特务头子康泽为司令官，司令部设在襄阳城内东街杨家祠堂内。

为开辟汉水中段，建立战略前进基地，中原野战军决定趁敌兵力薄弱且孤立无援之机，集中所部第 6 纵队和中原军区所属桐柏、陕南军区部队主力共 14 个团，由桐柏军区司令员王宏坤统一指挥，发起襄樊战役。王宏坤立即与第 6 纵队司令员王近山会商具体作战方案，决定将整个战役分作两个阶段，先打谷城、老河口，后打襄阳、樊城。

中原野战军司令员刘伯承批准了这一作战方案。6 月 30 日，王宏坤发出《老襄战役第一阶段作战命令》：中原野战军第 6 纵队在司令员王近山率领下，由新野南部西进，奔袭夺取老河口；桐柏军区第 28 旅在军区副司令员孔庆德率领下，由邓县（今南阳市邓州市）构林关地区出发，南下襄樊以东张家湾地区，监视牵制襄樊守敌；桐柏军区第 1、第 2、第 3 军分区部队附带电台，分别位于随县（今随州市）、驻马店、确山、南阳一带，掌握敌情，准备阻援。

7月2日，王近山率第6纵队冒雨行军140余里，突袭老河口。守军经谷城南撤，谷城守军亦随即南逃。3日，陕南军区第12旅在谷城以南进行截击，将第163旅大部歼灭；桐柏军区主力在茨河西北截歼其辎重营。随后，第6纵队等部沿汉水南下，日夜兼程，于7日开始襄樊外围作战，准备首先攻取襄阳。

位于鄂西北、白河与汉水汇流处的襄阳，是一座历史悠久的古城，肇始于周宣王封仲山甫于此，已有2800多年建制历史，是楚文化、汉文化、三国文化的主要发源地。因南拱武汉，西屏川陕，历代为经济军事要地，有"华夏第一城池"之称。

襄阳城三面环水，一面靠山，隔汉水与樊城相望。城东、北两面为汉水所环抱，城西、南两面群山耸立，仅城西门外琵琶山、真武山下沿河有一狭窄的走廊通入城内。地势险要，易守难攻，素有"铁打的襄阳，纸糊的樊城"之说。历代兵家认为欲取襄阳必先夺南山，山存则城在，山失则城亡。

驻守襄阳城的国民党军第15"绥靖"区中将司令官康泽，字兆民，1904年生于四川安岳，毕业于黄埔军校第三期，是中华复兴社、三民主义青年团创始人之一。早年曾留学苏联莫斯科中山大学，但不认同马克思列宁主义，认为共产主义不适合中国国情。1928年，回国后不久即建议蒋介石采用苏俄保卫局制度（格别乌），保护政权。1932年，特务组织——中华复兴社成立后，任中央干事。1933年，担任南昌行营别动总队少将总队长。

所谓"别动队"，是蒋介石从德国希特勒和意大利墨索里尼那里学来的在中国实行法西斯统治的武装特务组织。它以中央陆军军官学校特别训练班人员为基础，受蒋介石的直接指挥。任务主要是分为若干个小分队，深入苏区进行反共活动，并在红军暂时撤离的地区，组织带领地主还乡团对革命群众进行血腥镇压，反攻倒算。由于康泽的绝对效忠和积极反共，深受蒋介石的器重，成为"十三太保"之一。

全面抗战爆发后，康泽更是风光无限，先后兼任国民政府军事委员会政治部第二厅厅长、复兴社总社书记；1938 年，任三民主义青年团中央团部组织处处长、武汉支团部主任、战时青年服务总队总队长、立法委员等职；1945 年 5 月，当选为国民党六届中央执行委员会委员。1947 年 3 月，当选为国民党第六届中央执行委员会常务委员。

康泽虽是黄埔军校毕业，也读过不少兵书，但一直从事情报特务工作，没有做过下级军官，也没有直接带兵打过仗，缺乏实战经验和必要的军事知识。不过，他还是深知南山对于襄阳的重要性，于是就按照蒋介石"依山固守，耗其兵力，争取时间，等待援兵"的作战企图，在城南羊祜山、虎头山、十字架山等制高点，构筑了大量碉楼、地堡、交通沟等坚固工事，并在阵地前密布雷区，形成能够相互支援的立体防御体系。

虽说襄阳守军并不多，但守将康泽是国民党中常委、特务头子，政治上极端反共，深得蒋介石的宠爱，第 15 "绥靖区"副司令官郭勋祺是位久经沙场的老将，作战经验丰富，不好对付。当年中央红军四渡赤水前，在土城曾与他指挥的川军交手，此役也是毛泽东一生中为数不多的没有取胜的战役之一。加上襄阳城地势险要，易守难攻。因此，攻打襄阳必将是一场硬仗。刘伯承、邓小平亲自点将，把这块难啃的硬骨头交给了王近山。

王近山人称"王疯子"，打起仗来却是猛中有细。他亲自组织召开作战会议，研究攻打襄阳城的方案。会上，王近山对敌我双方的情况作了周密分析，指出：敌人的弱点是指挥官康泽不懂军事，但深得蒋介石的宠爱，飞扬跋扈；而副司令官郭勋祺虽有指挥经验，但处于寄人篱下的境地。敌人补充新兵较多，斗志不高，但凭山固守，占地形险要之利。我军斗志高昂，攻击精神旺盛，但经过大别山区半年多的艰苦斗争，部队减员较多，装备受到很大损失。在这次战役中，我军兵力只占相对优势，而且火力不强，仅有 4 门山炮，其中还有 1 门是坏的。如按历来攻城必先夺山的战法，则我兵力优势势必消耗在外围逐山争夺战斗中，增加攻城的困难。且城东、城南均为敌占区，若从东面、南面实施主攻，侧背受敌威胁较大。襄阳城西，南靠山麓，北临汉水，仅有一条狭窄的通道通向城关，最窄处只有数百米，无回旋余地，不利于我兵力展开，特别困难的是南有琵琶山、真武山敌人火力的封锁，正面有铁佛寺一线守敌的坚固防御。但正如刘伯承司令员指出的："在一定条件下，最危险的地方，倒是最安全。"只要拿下琵琶山、真武山、铁佛寺这"三关"，城西通道就处于敌人的火力死角内，攻城部队就可以直逼西关城下。而且老河口、谷城被我解放后，从西面攻城，侧后也比较安全。

讨论中，第17旅旅长李德生提出承担最艰巨的"刀劈三关"任务，并建议：为了隐蔽我军企图，应加强南山其他方向的攻击。王近山高兴地说："咱们想到一起去了，这个任务就交给你们了。"

会议决定：撇开南山攻城，将主攻方向选在西面，首先集中主力"刀劈三关"，夺取琵琶山、真武山、铁佛寺，尔后依托西关，突破城垣。具体部署是：以第17旅在西面"刀劈三关"，以第18旅在东面迂回，以陕南第12旅和桐柏军区部队继续猛攻凤凰山、文壁峰、岘山等处，以迷惑、牵制敌人。

刘伯承、陈毅、邓小平复电同意这一作战方案，指出："睢杞已告大捷，白崇禧主力被牵制在周口一线；对南阳王凌云，已派二纵队前往监视和阻击。十天内敌援兵保证到不了襄阳，后顾之忧可完全解除，望安排计划加紧攻击。"

"刀劈三关"，突破西门，是攻克襄阳的核心和关键。李德生深知责任重大，于7月8日晚亲自带上几名团长摸到琵琶山下高粱地里侦察地形。

琵琶山是从襄阳西南高地前伸下来的一个小山头，踞守在西面走廊的最西头。山头上耸立着两个高大的石头碉堡，火力可封锁走廊宽阔路段。岩壁前面遍布铁丝网、鹿砦。

针对地形和守敌工事，李德生决定首先集中第16、第17旅的4门山炮，摧毁敌人碉堡，然后步兵一鼓作气发起强攻。

9日黄昏时分，夺取琵琶山的战斗打响。第49团3营7连突击队由于白天仔细地察看了地形，摸清了进攻的道路，冲锋出发地就选在距敌人仅200米远的地方，发起进攻后，15分钟就攻占了琵琶山，胜利地劈开了第一关。

10日，3营凭借琵琶山上的石头工事，打退了敌人6次疯狂反扑。激战终日，9连100多人最后只剩下6个人，仍坚守住阵地，从而扫除了通往西门的第一个"拦路虎"。

真武山在琵琶山以东,山虽不高,但地形突出,处于城西南拐角方向,扼控着南门和西面走廊,号称"襄阳城的一把锁"。同时,它也是控制城关的最后一个高地。就连远在汉口的白崇禧也给康泽发来电报,叮嘱:樊城可以放弃,真武山千万不能丢!

康泽决心死守真武山,命令1名团长在山上设立指挥所,率领1个营(缺1个连)的兵力,并配属1个重机枪排防守。守军在不到300平方米的山头上构筑了30多个永久、半永久性地堡。

为顺利夺取真武山,减少不必要的牺牲,李德生带领担负主攻任务的第49团指挥员到前沿阵地侦察敌情,并布置沙盘,进行反复演练。

当天黄昏,争夺真武山的战斗打响了。康泽急忙命化学臼炮连向山上发射黄磷弹,企图阻止解放军进攻。在炮火掩护下,第49团的战士们不顾危险,冒着敌人火力封锁,拼命往前冲。有些战士在过河时鞋子里灌满了河泥,冲锋时一步一滑,就干脆脱下鞋子,赤脚往上跑,山上到处是荆棘,两脚鲜血直淌,仍奋勇前进。由于战前准备充分,上山的道路选择较好,进攻部队采取小兵群分散跃进式前进,大大避免了守敌火力和地雷的杀伤。仅用半个多小时,就全部占领了真武山。

樊城守军惧怕被歼,于7月11日渡过汉水撤入襄阳城。这样,李德生面前只剩下攻城的最后一道障碍——铁佛寺。

距西关大桥仅50米的铁佛寺,与西门城楼相隔100多米,互为犄角之势。与前两关不同,铁佛寺周围地势平坦,视野开阔,却暗藏杀机。高大的院墙上密密麻麻地掏了大小不一的射击孔,墙外是数道铁丝网、鹿砦,再往外几十米的田野里遍布地雷。敌军1个营的兵力在此驻守。

在平原作战,要安全接近敌人,只有挖交通壕,逐步前移。于是,李德生向第50团团长陈绍富下达了任务:用两天时间挖两条通向铁佛寺的交通壕。襄阳城西门外突然安静下来,没有了枪炮声、喊杀声,中原野战军将士似乎一下子从地平线上消失了。然而,另一种声音却在响起:挖土声、倒土声。这种声音在一寸寸、一尺尺地向前推进,虽然缓慢,却是那样的坚实而不可抗拒。这声音虽没有惊天动地的枪炮声那么刺激,那么激动人心，但使铁佛寺内的敌军闻声色变，惶惶不可终日。

与此同时，扫雷组也开始行动。白天，隐蔽在草丛里搜寻敌军埋设的地雷；天黑后就用绑着三角钩的长竹竿，伸过去引爆地雷，踏雷就用手榴弹爆炸。

为掩护城西的土木作业，王近山来了个"声东击西"，命令第18旅隐蔽绕过文壁峰，沿汉水河套北进，突袭东关护城堤，摆出一副攻城架势。

这下康泽可慌了神，不知共军将从何处攻城，急忙电告白崇禧，请求对策。人称"小诸葛"的白崇禧也中计了，回电称："空军侦察报告，共军已架和正在架的浮桥有3座之多。""匪向我西南面攻击困难，损失重大，将转用部队向我东面攻击。除饬空军轰炸浮桥外，希注意加强城东南面之工事及守备。"康泽立即调整部署，加强东南面的防守。

经过3天的连续奋战，至13日，铁佛寺外的地雷基本扫光，交通壕也挖到了寺前四五十米处。当晚，第17旅一举攻占铁佛寺及其近旁的同济医院，全部控制了西关。

三关既克，襄阳城直接暴露在中原野战军攻击锋芒之下，南山守敌的补给顿时陷入困境。康泽又向蒋介石告急求援。蒋介石电示："共军必无远射程炮与重武器，弃山守城，固守待援"。

14日，康泽放弃南山阵地，连夜将守军撤入城内。中原野战军不战而得襄阳城南羊祜山和虎头山等制高点。至此，攻城部队如一把巨大的铁钳，从东西两面将襄阳城紧紧夹住。康泽和他的残部插翅难飞。

15日，王近山下达总攻令：以第6纵队对西门实施主要突破，第17旅担任主攻，第16旅第47团在城西北角辅攻；桐柏军区第28旅、陕南军区第12旅分别从城东南、东北角攻城。各部会合地点为杨家祠堂康泽司令部。

王近山特意叮嘱负责西南参战部队攻城任务的李德生："康泽是个反共几十年的特务头子，蒋介石的亲信，目前他已到了山穷水尽的地步，一定会狗急跳墙，死命挣扎，我们不把他彻底打垮，瘫倒在地，他是不会求饶的。你要精心组织指挥打好。"

"坚决完成任务，保证全歼守敌。"李德生响亮地回答。

当晚 7 点 30 分，随着一红一绿两颗信号弹腾空而起，中原野战军对襄阳城发起了总攻。

西门外，第 6 纵队集中仅有的 3 门山炮、2 门战防炮、17 门迫击炮、27 挺重机枪，编成 4 个火力队，一齐向守敌开火。只见千万条金光闪烁直扑敌阵，持续不断的爆炸声惊天动地，敌人的暗堡、火力点一个接一个地飞上了天。

工兵分队一连 4 次爆破，将城墙炸开了一个缺口。第 49 团第 1 营战斗英雄李发科、冯季林、岳发清等搭起人梯，从西门城楼边爆破口登上了城头。敌人集中兵力向突破口疯狂反扑，1 营官兵英勇顽强，用成束的手榴弹和刺刀与敌展开殊死搏斗，一连击退了敌人的 19 次反扑，巩固了突破口。

这时，后继部队纷纷冲入城内，与敌展开激烈巷战。战后，第 49 团第 1 营被授予"襄樊登城第一营"的光荣称号。不久，另两路部队也攻入城内。他们密切协同，齐心攻击。守敌终于坚持不住，溃散了，四处乱窜。密布在街心的暗堡，大都成了瓦砾，残敌纷纷从没有被炸毁的建筑物内伸出白旗投降。战至次日上午 10 时，攻城部队将城内守敌大部歼灭，只剩下位于城东北角杨家祠堂内的第 15 "绥靖"区司令部。

这是一座四进深独立建筑，周围高大而厚实的水泥墙耸立，墙上净是密密麻麻的机枪眼，墙四角还各筑有一个十分坚固的两层碉堡。院中心筑有一座更为坚固的三层主碉楼，康泽的司令部就设在里面。残敌倚仗墙高碉固，拼死顽抗，拒不投降。

战前，刘伯承、陈毅、邓小平就指示王近山："康泽只能捉来，不能抬来，要活的。"为此，王近山命令攻城各部一定要活捉康泽。

担负捣毁康泽司令部任务的第 18 旅第 54 团发起猛攻，先用火箭筒摧毁了敌军机枪工事，随后步兵冒着硝烟冲进了杨家祠堂，全歼守敌。可奇怪的是，在祠堂内搜寻了一个上午，就是不见康泽的踪迹。生不见人，死不见尸，难道他飞了不成。

正在纳闷之际，搜寻部队发现并消灭了一股躲藏在坑道内的敌人，当场抓获第 15 "绥靖"区中将副司令官郭勋祺。起初大家误认为他就是康泽,谁知有个俘虏说:"康泽长得又白又胖,这个是副司令官,不是康泽。"

团长、政委马上命令战士们:"一定要找到康泽,不抓住他,我们就没有完成任务,襄樊战役就不算全胜。"

王近山也下达指示:没有活的,死的也要找出来。

功夫不负有心人。战士们找来被俘的康泽卫兵傅起戎带路,打着五节电池的大电筒,钻进底层坑道,将敌人死尸一个个翻开看。最后在死尸堆里,抓住了装死躲在那里的康泽。只见这个罪大恶极的特务头子再无昔日威风,头上裹着白纱布,穿着一身不合体的小号士兵衣服。

中央军委对活捉康泽非常重视,专电中原野战军司令部:将康泽送华北,并派可靠武装,加镣铐押送。

此役,中原野战军共歼国民党军第15 "绥靖" 区司令部及所属第104、第164旅全部和第163旅大部2.1万余人,其中俘虏中将司令官康泽、副司令官郭勋祺以下1.7万余人,缴获各种枪支7340支(挺)、炮122门,解放了老河口、谷城、南漳、宜城、襄樊、樊城等城镇,控制了汉水中段,取得了开辟桐柏解放区以来最大的政治、军事胜利,是中原战场全局中的一着好棋。

7月23日,中共中央发来贺电称:"庆祝你们在襄樊战役中歼敌两万余人,解放襄阳、樊城、老河口等七座城市,并活捉蒋介石法西斯特务头子康泽的伟大胜利。这一汉水中游的胜利,紧接着开封、睢杞两大胜利之后,对于中原战局的开展帮助甚大。尤其是活捉康泽,更给全国青年受三青团特务迫害者以极大的兴奋。尚望继续努力,为彻底解放中原而战。"

毛泽东评方强

【方强简历】

方强（1912—2012），原名方鳌轩，湖南平江人。

1926年，加入中国共产主义青年团。1927年5月，转入中国共产党。曾任平江青年义勇队副队长、政治指导员。1928年初，参加工农革命军。后任中国工农红军连政治委员、营政治委员、团政治委员、红22师政治委员，参加了中央苏区历次反"围剿"。长征中，任红军干部团总支书记。1936年，任红四方面军第9军政治部宣传部部长，随军西渡黄河作战。1937年3月，在祁连山突围中被俘，在狱中发起成立中共支部。同年6月，组织200余被俘人员脱险归队。

全面抗战爆发后，历任八路军第129师第385旅政治部主任，军委总政治部组织部部长、军委华北战地工作考察团团长，八路军留守兵团副政治委员兼政治部主任等职。抗日战争胜利后赴东北，任合江军区司令员、东北独立3师师长、第四野战军第10纵队第30师师长，第10纵队副司令员，率部参加东北地区剿匪斗争，东北1947年秋、冬季攻势作战和辽沈战役、平津战役等。1949年，任第四野战军第47军副军长、第44军军长，率部参加广东等战役。

中华人民共和国成立后，任中南军区海军司令员兼政治委员，中国人民解放军海军副司令员。1957年，毕业于苏联伏罗希洛夫海军学院。回国后，任海军副司令员兼海军军事学院院长、政治委员，海军副政治委员，第一机械工业部副部长，国防工业委员会副主任兼秘书长，第六机械工业部部长兼党组书记，国务院国防工业办公室主任。1955年，被授予中将军衔，获一级八一勋章、一级独立自由勋章、一级解放勋章。是第三届国防委员会委员。1982年、1987年，被选为中共中央顾问委员会委员。1988

年，被授予中国人民解放军一级红星功勋荣誉章。2012 年 2 月 8 日，在北京逝世。

【毛泽东评点】

"方强啊，你这个剿匪司令在合江打得不错嘛！"

——摘自《中国人民解放军高级将领传》第 15 卷，
解放军出版社 2013 年版，第 269 页。

【评析】

1949 年 1 月 31 日，北平（今北京）宣告和平解放，人民解放军在人民欢呼声中开入北平城内进行接管，宣告平津战役胜利结束。

3 月 31 日，毛泽东、刘少奇、朱德、周恩来等中共中央领导，在香山接见并宴请参加平津战役的第四野战军师以上干部。在众多的战将中，毛泽东一眼便认出了方强，高兴地与他握手。

毛泽东和方强是老相识了，早在中央苏区就熟悉，还曾亲自指导过方强进行反"围剿"作战。

那是 1934 年春，中央苏区第五次反"围剿"局势越来越危急。面对国民党军采取堡垒主义的新战略发起大规模"围剿"，中共临时中央领导人博古等人拒绝和排斥毛泽东在历次反"围剿"中形成的正确战略方针、作战原则，实行"左"倾冒险主义的战略指导，由共产国际派来的军事顾问李德直接掌握军事指挥权，结果处处被动，节节失利，损失严重。

4 月上旬，国民党军集中 11 个师分两个纵队沿旴江两岸向中央苏区北大门——广昌发动进攻。博古、李德等人跑到广昌前线坐镇指挥，以 9 个师的兵力，采取集中对集中、堡垒对堡垒、阵地对阵地的"正规战"，企图阻止国民党军进占广昌。

这时，早已被剥夺红军指挥权的毛泽东虽然忧心如焚，却无能为力，说不上话也插不上手，便向中央提出到粤赣省去调研。之所以选择到粤赣省，是因为粤赣省委书记刘晓和省军区司令员兼政治委员何长工是他的老部下，毛泽东在这里有发言权，有用武之地，能够发挥作用。

4月下旬，经中央批准，毛泽东携带几名随员离开瑞金，前往粤赣省委所在地会昌视察并指导工作。他先来到粤赣省委和省苏维埃政府所在地会昌县文武坝，会见刘晓、何长工。

果然，毛泽东在会昌如鱼得水，通过深入调查，和省委、省军区领导一起制定了南线的作战计划。

当时南线与红军对峙的是在20世纪30年代独揽广东军政大权，进行封建割据，保持广东半独立局面长达8年之久，有"南天王"之称的粤系军阀陈济棠。

陈济棠认为红军主力元气大伤，且重点布防在北线，南线的红军多为地方部队，不仅人数少，战斗力也较弱，可以打一打，弄点战绩，也好向蒋介石交差。于是借北线蒋军进攻广昌之机，以李扬敬第3军为骨干，增编为南路军第2纵队，投入2个军、1个独立师、1个航空大队和1个重炮团的兵力，向寻乌、安远、重石、清溪、筠门岭等地区发动猛烈进攻。

筠门岭，东临福建，南瞰广东，北距会昌55公里，距瑞金只有100公里，是水陆交通要道，粤赣边区的重镇，也是历来兵家必争之地。坚守筠门岭的是红军独立第22师。该师是一支新成立的部队，其前身是1933年3月25日由兴国、雩都（今于都）、万安等县独立团在会昌合编而成的红23军，担负中央苏区南线作战任务，先是受江西军区指挥，不久调归粤赣军区指挥。同年6月缩编为红22师，师长程子华、政治委员方强，下辖第64、第65、第66团，共8000余人。方强回忆道：

部队退守筠门岭阵地后，我们全师还保持有7000多人。在敌人发动新的进攻前的间隙，我们一方面让部队进行休整，另一方面抓紧时机修筑工事，准备迎接新的战斗。筠门岭是扼会昌南部的咽喉，我们预料敌人必将全力夺取，进逼会昌。尽管我们意识到未来的战斗任务艰巨，但更感到从来没有像现在这样的窝火。

在前几次反"围剿"中，我们22师按照毛泽东制定的战略战术原则，灵活地运用游击战和游击性的运动战的作战形式，英勇地转战于闽西赣南广大地区，配合兄弟部队打了许多胜仗。但在第五次反"围剿"一开始，我们却被命令分兵把口，固守在碉堡里，捆住了自己的手脚，硬挺着天天挨敌人的飞机、大炮轰炸。以前作战，我们总是越打越"富"。每打一仗，队伍壮大一次，武器弹药得到补充。可是现在，越打越"穷"，消耗1粒子弹，就少1粒子弹。蒋介石这个"运输大队长"运来了那么多武器，也不能像过去那样顺利"接收"了。特别使我们震惊的是，根据地边沿地区出现了"反水"的现象，在敌人重兵压境、地主和反革命分子威胁诱骗下，"反水"的人打起白旗，拿着梭标、土枪，配合敌人对我部队进行骚扰，这种情况是过去从来没有过的。这是否定了毛泽东制定的正确土地政策，实行错误的土地政策的恶果。由于部分中间群众发生动摇，影响了基本群众的革命情况，因而给我们造成极大困难。

在这种情况下，许多干部战士心中笼罩着一团团疑云，也发生了种种议论：为什么过去总是整团、整师、整路地歼灭敌人，打大胜仗，很快粉碎了敌人的"围剿"？为什么现在处处被动，困守碉堡天天挨打，打不破敌人的"围剿"？为什么不采取过去那种有效的打法，大踏步前进，大踏步后退，声东击西，集中优势兵力，在运动战中一口一口吃掉敌人？听到同志们这些谈论，我们心中也想不通，有时躺在铺上彻夜难眠。

盘古隘既失，筠门岭阵地前再没有什么屏障了。敌人有四五倍于我的兵力，有中国和外国造的各种各样的大炮，天上有飞机。而我们只有1个师，重火器也只有几挺重机枪，力量对比悬殊，可"左"倾错误领导不视形势，仍然命令我们"死守筠门岭"。在战斗没打响之前，我到部队前沿看了看，深感"命令"难以完成，如还是筑碉堡固守，等于作茧自缚，即是像过去那样坚持对垒也难守住筠门岭了。为了加强防御，消灭敌人，保存自己，我们将部队部署作了调整，将第65团放在筠门岭东南高地，担任正面防御，将第64团和第66团部署在筠门岭西大片田、容田高地。

战局果然如方强所料，红22师与数倍于己的粤军大打阵地战、堡垒战，虽浴血奋战，但终因伤亡过大，被迫撤出筠门岭，留给粤军一座空城。

战后，程子华被调回瑞金，师长一职暂由红 65 团团长魏协安接任。5月，方强在站塘中村召集全师连以上干部开会，检查战斗失败的教训。他首先作了此战中战术问题的总结报告，但也拿不出好的解决方案，而其他指挥员也相顾无言，气氛非常压抑。

这时，师司令部作战参谋跑来告诉方强，正在会昌城的毛泽东得知红 22 师召开作战总结会的消息后，特地给方强打来电话。方强听了既吃惊又激动。

毛泽东在电话里说："你们打得很好，你们是新部队，敌人那么多，打了那么久，敌人才前进了那么点，这就是胜利！"

接着指出："现在应该把主力抽下来，进行整训，用小部队配合地方武装和赤卫队打游击、袭扰、牵制敌人。整训中要总结经验，好好研究一下，是什么道理挡不住敌人？是什么道理不能打好仗，不能大量消灭敌人？我们不能按本本主义先生们坐在城市楼房里设计出来的那套洋办法办，什么以碉堡对碉堡，集中对集中，这叫以卵击石。为了保存红军的有生力量，消灭敌人，要从实际出发，不能硬拼消耗。你们要采取游击战、运动战的打法，要严密侦察和研究敌情、地形，在会昌与筠门岭之间布置战场；要在敌人侧翼集中优势兵力，造成有利条件，首先歼灭敌人一个营一个团，继而打更大的胜仗。"

最后，毛泽东指示：对"反水"的群众决不要打枪，但要放"纸枪"（即传单、标语），帮助地方党和政府多做群众工作，孤立和打击反革命分子。因为他深知，农村是海洋，红军好比鱼，广大农村是红军休养生息的地方。要爱护民力，群众是真正的铜墙铁壁，兵民一心是胜利的本钱。

其实，早在这年的 1 月 27 日，毛泽东曾就"铜墙铁壁"问题做过一番精辟的解读：

> 国民党现在实行他们的堡垒政策，大筑其乌龟壳，以为这是他们的铜墙铁壁。同志们，这果然是铜墙铁壁吗？一点儿也不是！你们看，几千年来，那些封建皇帝的城池宫殿还不坚固吗？群众一起来，一个个都倒了。俄国皇帝是世界上最凶恶的一个统治者；当无产阶级

和农民的革命起来的时候，那个皇帝还有没有呢？没有了。铜墙铁壁呢？倒掉了。

真正的铜墙铁壁是什么？是群众，是千百万真心实意拥护革命的群众。这是真正的铜墙铁壁，什么力量也打不破的，完全打不破的。反革命打不破我们，我们却要打破反革命。

后来，这段话被收入了《毛泽东选集》。"文化大革命"中，那段著名的"真正的铜墙铁壁"成为流行一时的毛主席语录，并被编成语录歌广泛传唱，唱得颇为豪迈。

方强立即在干部会上传达了毛泽东的指示，并调整了战术。不久，红22师在一次运动战中歼灭粤军1个营，击毙敌营长。从这以后，粤军一直停留在筠门岭，没有再前进一步，南线局势巩固下来。

6月的一天，毛泽东带着几个战士登上会昌城外的岚山岭。有着诗人气质的毛泽东，面对着这块自己熟悉的土地，不禁触景生情，凭生出无穷的感慨，挥笔写下了《清平乐·会昌》：

> 东方欲晓，莫道君行早。踏遍青山人未老，风景这边独好。　会昌城外高峰，颠连直接东溟。战士指看南粤，更加郁郁葱葱。

然而，当博古等人得知毛泽东在会昌的活动后，立即派人去红22师，借口处理筠门岭作战失利为由，将代师长魏协安等人撤职查办，方强被逮捕关押。直到中央红军开始长征时，方强才被释放，编入军委干部团。

时光荏苒，转眼15年过去了，方强依然清晰地记得当年毛泽东在会昌打电话，鼓励和指导他的情景。更出乎他意料的是，毛泽东高兴地说："方强啊，你这个剿匪司令在合江打得不错嘛！"

方强内心激动不已：想不到毛主席日理万机，居然会记得自己在合江剿匪的事。虽说方强16岁就参加红军，打了20多年的仗，可以说是久经沙场的老将，但合江剿匪、建立北满根据地是他革命生涯中的重要一笔。

1945年8月15日，日本帝国主义宣布无条件投降。中国人民付出了伤亡 3500 多万人的巨大民族牺牲，终于赢得了抗日战争的伟大胜利，改写了中国近代以来因列强入侵而割地赔款、丧权辱国的屈辱历史。

久经战乱的中国人民渴望和平民主，希望重建家园。然而，以蒋介石为首的国民党统治集团却不肯答应。为抢占抗战胜利果实，蒋介石紧锣密鼓地调兵遣将，按照其"控制华北，抢占东北"的方针，调集 113 个师约 80 万人，连同收编的 30 万伪军，沿平绥、同蒲、正太、平汉、津浦五条铁路东进或北上，企图打通铁路线，大举进军平津地区，再向东北地区推进。

延安窑洞里的毛泽东也把目光投向了遥远的东北。事实上，早在 5 月 31 日中国共产党第七次全国代表大会上，毛泽东就高瞻远瞩地提出了争取东北的战略任务："东北是一个极其重要的区域，将来有可能在我们的领导下。如果东北能在我们领导之下，那对中国革命有什么意义呢？我看可以这样说，我们的胜利就有了基础，也就是说确定了我们的胜利。现在我们这样一点根据地，被敌人分割得相当分散，各个山头、各个根据地都是不巩固的，没有工业，有灭亡的危险。所以，我们要争城市，要争那么一个整块的地方。如果我们有了一大块整个的根据地，包括东北在内，就全国范围来说，中国革命的胜利就有了基础，有了巩固的基础。"

6 月 10 日，毛泽东进一步强调指出："东北是很重要的，从我们党，从中国革命的最近将来的前途看，只要我们有了东北，那么中国革命就有了巩固的基础。当然，其他根据地没有丢，我们又有了东北，中国革命的基础就更巩固了。"

8 月中旬，晋察冀军区所属冀热辽军区由于紧靠东北，迅速成立以军区司令员兼政治委员李运昌为首的东进委员会和前方指挥所，调集 8 个团又 1 个营共万余人进入热河、东北，并将准备开进东北的部队分别编组为西、中、东三路独立进军的先遣部队。至 30 日收复热河全省及辽西地区，其中第 16 军分区部队于 9 月 6 日进入伪满奉天省首府——沈阳。

于是在 1945 年秋，国共双方都不约而同地争分夺秒向东北进军。

8 月 31 日，国民政府明令将东北三省划分为九省三市，任命熊式辉为军事委员会委员长东北行营主任，准备进入东北，企图按照《中苏友好同盟条约》规定，从苏军手中接收政权。蒋介石信心满满地对他的部下说："东北不是中国革命的策源地，而是中国革命的归宿地。经过本党这三十年来不断的奋斗，我们中国的革命已经快得到归宿了。希望各位在这最后成功的时候，格外奋起，格外努力，完此一篑，以竟全功。"

在驻华美军的"无私"援助下，大批国民党军经海上运送到秦皇岛登陆，向东北挺进。10月18日，蒋介石任命杜聿明为东北保安司令长官，收编了伪满军及日军共20余万人及大批土匪武装，要他们"保持武器""为自身安全而奋斗"。

为创造对付国民党军大举进攻的有利战略布局，中共中央制定了"向南防御，向北发展"的战略方针。8月29日，山东军区司令员兼政治委员罗荣桓收到中共中央《关于迅速派兵进入东北、控制广大乡村的指示》，要求"晋察冀和山东准备派到东三省的干部和部队，应迅速出发"，山东的部队"如能由海路进入东三省活动，则越快越好"。

9月19日，中共中央向全党发出《目前任务和战略部署》的指示，决定将原先坚持在长江以南和皖中、豫西地区的部队，转移到华中、华北老解放区；山东军区部队主力及山东大部分干部迅速向冀东及东北出动；华中新四军调8万兵力到山东和冀东。同时又派中央政治局委员、中央委员和候补中央委员15名，率领从各老解放区抽调的11万部队和2万干部，海陆并进，日夜兼程北进，先机控制东北地区。毛泽东事后曾评价说：派十几万部队去东北，"这是有共产党以来第一次大规模的军事调动""是又一个几千里的长征"。

眼见东北将先为中国共产党所控制，在几条纵贯南北的主要铁路一时无法打通的情况下，蒋介石决定依靠美国的援助，从陆地、海上、空中加紧向东北运兵，以武力夺占东北。为此，杜聿明亲自跑到上海，面见美军第7舰队司令金开德，代表蒋介石请求美军出动军舰支援，运送国民党军到东北登陆。

为在东北站住脚跟，中共中央果断决定改变工作方针和战略部署，采取"让开大路，占领两厢"方针，将东北人民自治军从中长铁路（即中国长春铁路，包括由满洲里至绥芬河的中东铁路干线和由哈尔滨经长春至大连、旅顺的中东铁路支线）沿线及大城市退出，转而在东满、北满、西满广大农村及中小城市建立巩固的基地，并加强热河、冀东的工作，作持久打算。

10月13日，方强受中央军委之命，前往东北地区工作。31日，中共中央和中央军委决定，所有进入东北的八路军和新四军及由东北抗日联军扩建的东北人民自卫军，统一组成东北人民自治军（1946年1月改称东北民主联军），林彪任总司令，彭真任第一政治委员，罗荣桓任第二政治委员，执行消灭拒绝投降的日伪军、摧毁伪满政权、建立巩固的东北根据地等任务。11月上旬，方强在承德与先期到达的中央政治局委员张闻天会合后，一路同行抵达哈尔滨。中共中央政治局委员、中共北满分局书记陈云宣布方强为合江军区司令员。

合江位于东北的东北角，北临黑龙江，东傍乌苏里江与苏联接壤，松花江横贯境内。九一八事变后，这里曾经是东北抗日义勇军、东北抗日联军的重要活动区域之一。伪满时期，这里划为三江省和东安省，日本投降后国民党政府划为合江省，全省人口约200万人，省会佳木斯，人口最多时13万人。东北光复后，由于合江所处的地理位置，理所当然地是我党我军在东北最理想的一个战略后方根据地。但这里土匪如蝗，势力相当大，其中有被蒋介石委任为国民党军第15集团军上将总司令的谢文东、东北挺进军第1集团军上将总司令的李华堂、国民党军第15集团军第2军中将军长的孙荣久、东北挺进军中将副军长的张雨新四大匪首。这些土匪武装活动猖獗，作恶多端，严重威胁着东北新解放区。

在中共北满分局会议上，陈云本着"从最坏处设想，向最好处努力"的精神，指出：东北斗争无非是三种前途，一是我们消灭国民党，二是我们被国民党消灭，三是又走抗联的老路，过江寻求苏联的庇护。我们要力争第一个前途，避免第二和第三个前途。他再次向方强等人强调要深入到农村去，发动群众，扩建武装部队，消灭土匪，建立根据地。

会后，为了把北满分局的决议带到合江，早日展开剿匪工作，12月7日，方强从哈尔滨乘坐火车向佳木斯进发。但在途中，因勃利、林口发生土匪叛乱事件，方强率领10多名干部改乘苏军货运列车向佳木斯前进。

当火车开往勃利车站时，苏联军官告诉方强，这里还被土匪霸占着。火车停稳后，一群背着枪支的土匪果真来到车站，东张西望地喊着要检查，但因苏军挡在车厢门口无法上车。土匪狡猾地邀请苏军到站房里休息用茶，企图趁机上车检查，也被苏军一口回绝。经过一番纠缠，土匪见无机可乘，又迫于苏军威力，只好同意放行。就这样，方强等人有惊无险地来到了佳木斯，与先期到达的李延禄等人会合。

经过交谈，方强了解到已到达合江的党政军干部和军事力量总人数不足1000人，作战人员只有800人枪。而在这一地区，接受国民党委任的所谓"先遣军""挺进军"等土匪武装超过2万人，不仅有步兵、骑兵，还拥有火炮、坦克等武器，并控制了合江省10个县城和7个县的广大农村，扼守着林口至桦川、佳木斯至牡丹江和哈尔滨的铁路。这些土匪武装凭借兵力装备优势，配合国民党军进攻东北人民自治军，杀害中共地方干部和人民群众，严重威胁根据地建设。

解放后，方强回忆当时合江的险恶形势："匪军用重兵包围佳木斯和依兰、富锦，妄图在苏军撤走时，由他们接管佳木斯和合江全省，他们的力量当时确实大大超过我们。他们的武装特务竟敢在大白天冲进佳木斯市政府枪杀我副市长孙西林，还曾在距佳木斯一站以外的孟家岗伏击从佳木斯开出的我军列火车。合江军区所在地依兰，必须在城墙上构筑工事，因为城外5里就有土匪的骚扰。张雨新占据勃利后曾下令大抢3天。盘踞在密山的土匪一次就杀害群众200多人。这充分反映了当时合江的形势是十分险恶的，土匪是十分猖獗的，也是我们当时急迫需要解决的一个重大问题。"

为贯彻北满分局的决议，12月24日，中共合江省工委讨论通过方强提交的《关于当前合江军区的战略与军事建设方针的报告》，并作为省工委文件印发执行。方强在报告中详尽地分析了合江形势，提出当前最紧迫任务是集中力量，消灭土匪。

12月28日，方强即动身前往依兰剿匪前线。

依兰和富锦是佳木斯的两翼，战略地位重要。谢文东、李华堂、张雨新三股土匪武装的主力也盘踞在依兰境内。为适应剿匪作战要求，方强将原有的大团编制整编为小团编制，取消营部，精简机关。共编成4个小团和1个骑兵团、1个炮兵营，总兵力730人。同时在依兰、富锦设立军分区。依兰为第1军分区，下辖新编成的4个小团和骑兵团、炮兵营，方强兼任第1军分区司令员。富锦为第2军分区，下辖第16、第26独立团，孙为任司令员。

1946年1月12日，方强在依兰县城召开剿匪动员大会，勉励大家在剿匪战斗中建立功勋。同时举行隆重的命名授旗仪式，命名第1团为"狮团"，授狮旗一面；命名第5团为"虎团"，授虎旗一面。部队战斗情绪高昂，纷纷要求出师进剿。

1月15日夜，方强率部从依兰城悄悄出发，对团山子一带的谢文东匪部孙景涛旅发起突袭，拉开剿匪战斗的序幕。这伙土匪根本就没有料到东北民主联军会在雪夜发动进攻，顿时阵脚大乱，四散奔逃，大部被歼，残部窜至西太平镇。剿匪部队首战告捷，移师三道岗子，准备进剿湖南营、双河镇等地的土匪。

此时，国共双方虽然签订了停止国内军事冲突协定，但蒋介石坚持东北地区不在停战范围，一面要求苏军暂缓自东北撤军，一面要求美方加大海运能力，从上海、广州和越南等地陆续将新6军、新1军、第71军、第60军、第93军运到东北，企图利用关内停战的机会，在关外大举进攻，力争消灭中共领导的部队，或把他们压缩到偏远山区，处于不利地位，再通过谈判解决东北问题。于是出现了"关内小打、关外大打"的局面。东北各地的土匪武装伺机而动，配合国民党军进攻东北民主联军，谢文东、李华堂、孙荣久、张雨新四大匪首也决定联手发起反扑。

1月下旬的一天早上，方强正和副司令员戴洪滨、副政治委员兼政治部主任吕清等人一起吃早饭。突然传来一阵枪炮声。四大匪首纠集万余人向三道岗发起猛攻。

吕清说："土匪可真猖狂，打到我们身边来了"。

方强看着落到碗里的土，风趣地说："敌人给咱们加餐来了。来而不往非礼也，咱们得给他们点硬的尝尝。"

说罢，方强跑到前沿阵地，指挥部队进行反冲击，命令炮兵营集中火力，摧毁匪军的山野炮阵地。一阵密集的炮击过后，匪军的山野炮变成了哑巴。但匪军仗着人多势众，以装甲车开路，两侧骑兵掩护，以千人以上的步兵集群发起冲锋。

眼看数百名匪徒从正面蜂拥而上，接近阵地前沿，方强高喊一声：打！顿时枪弹如雨点般射向匪群，冲在前头的匪徒纷纷应声倒地。时任合江省工委书记的李范五回忆道："三道冈战斗，是扭转局势的关键性一仗。当时谢文东、李华堂、孙荣久、张雨新四大土匪和一些小股土匪联合起来，主动向我进攻，妄图以优势兵力一举吃掉我野战主力部队，进而夺取依兰甚至汤原，形成包围佳木斯之势。但我军在方强、吕清、戴鸿宾亲自指挥下，连续苦战一昼夜，敌人大败。从此，敌人气焰被打下去，开始走下坡路，其内部也发生某些分化。"

方强决定乘胜追击，率部冒着零下30多摄氏度的严寒，连夜南下，袭击张雨新匪部所在地——双河镇。张雨新从梦中被枪声惊醒，来不及穿上衣服，赤脚逃命，残匪向刁翎一带逃窜。

2月1日，方强决定采取声东击西的战术，带领部队改东剿为西进，以迅雷不及掩耳之势，攻克松花江北岸的青河镇、祥顺山、大罗勒密和方正县城，全歼匪首李华堂所属之高明山部600余人。

就在方强率部西进后，土匪又趁机窜回依兰南面一些村镇。2月7日，方强率队杀回依兰，先后收复三道岗、二道河子等地区，歼灭土匪数百人，余匪退逃刁翎。

刁翎是一个盆地，四周是高山，地势险要，易守难攻。伪满时期，这里曾是东北抗联游击队的根据地。抗日战争胜利后，这里成了国民党收编土匪武装的大本营，每当被追击得走投无路时，就逃进刁翎，凭地势固守。

为了及早肃清匪患，方强决定进剿刁翎。

2月23日，方强率领第1、第5、第19团和独立第4团进入二道河子隐蔽集结，准备攻打刁翎。26日，尖刀排首先在黑背一带与土匪交火。方强命令主力兵分两路前进，迅速向黑背山岗迂回，包抄敌人。不到一个小时，土匪就溃不成军，纷纷向三道通、莲花泡一带深山逃窜。方强乘胜指挥部队穷追猛打，连下三道通、莲花泡、西北楞、古城、勃利、林口、龙爪、宝林、桦林。至3月底，与牡丹江剿匪部队在柳树河子胜利会师，重新打通了已中断3个月之久的牡（丹江）佳（木斯）铁路线。

然而东北的形势并不乐观。3月13日，国民党军进占沈阳。苏联也根据《中苏友好同盟条约》，决定将东北各大城市及中长铁路移交给国民党政府。包括热河方向在内，国民党已有7个军约25万人的正规军进入东北，分南、北两路向解放区发动进攻。

3月15日、18日，中共中央先后发出两份关于目前时局和对策的党内指示，指出：苏军已从沈阳及其附近撤退，国共两军在东北的冲突将展开，"在军事上作必要准备，加强整训，加强侦察，严防反动派突然袭击"。

根据中共中央的决定，东北民主联军趁苏军已从中长铁路撤军而国民党军队还滞留于西满的有利时机，于3月中旬攻占四平，4月中下旬先后攻占长春、哈尔滨、齐齐哈尔等重要城市，进行较大的剿匪作战212次，歼灭土匪近8万人，收复为土匪盘踞的城镇118座，同时发动群众同日伪统治时期的官吏、汉奸、特务、恶霸分子开展反奸清算斗争，狠狠打击了日伪残余及城乡封建势力，瓦解了国民党在东北的社会基础。

3月下旬，国民党军新编第1军、第71军自沈阳地区北进，在遭到东北民主联军顽强抗击，并在四平西南被歼一个师的大部后，于4月中旬逼近四平市区。国共双方在四平展开一场激战。

北满的土匪趁机加紧骚扰活动。东北局、东北民主联军总司令部连续发出关于剿匪的指示，指明迅速肃清各地的股匪、残匪是当前的战略任务之一。遵照指示，为适应迅速肃清残匪的需要，加强剿匪的兵力，方强在勃利对部队进行第二次整编，撤销第1、第2军分区，组建第4、第5支队和炮兵团、骑兵团、警卫团，共9个团。同时在与土匪的作战中，继续运用人民战争和游击战的战略战术，并根据剿匪斗争的新情况新特点，制定了剿匪的基本方针和战略战术，实行"军事打击、政治瓦解、发动群众三者相结合"的方针和"镇压与宽大相结合的政策，即首恶者必办、胁从者不问、立功者受奖的政策"，以此达到争取多数，打击少数，利用矛盾，各个击破，彻底消除土匪之目的。

4月24日，第4支队便在勃利东40里的青龙山，包围匪首孙荣久及其残部。在东北民主联军强大的军事压力和政治攻势下，孙荣久眼看突围无望，只得率部投降。随后，剿匪部队乘胜追击，剿灭小五站、驼腰子、七台河、安乐、青龙山、石头河子等地的土匪。

此时，匪首谢文东率残部300余人窜到密山、东海一带；李华堂、张雨新纠集1600多匪众窜回到刁翎、三道通一带。

方强决定，从5月上旬开始，集中优势兵力进剿三道通、大百顺沟、刁翎之土匪，由合江军区第5支队担任主攻，奉命前来配合剿匪的第359旅第8团担任堵击。就在这时，东北航空学校迁到勃利。方强找到航校政治委员王弼，想利用航校缴获的日军战斗机做篇大文章。

5月5日，一架涂有国民党空军徽标的飞机从勃利起飞，飞到刁翎上空盘旋一圈后，投下一封国民党东北行营主任熊式辉表彰李华堂、张雨新作战有功的嘉奖信，并通告7日上午熊式辉将亲临刁翎检阅部队，务须于两日内在刁翎东门外平整简易停机坪，集合全军迎接检阅。其实，这架国民党飞机是东北航校伪装的，用以引诱土匪集合，聚而歼之。土匪收到信后，果然中计，一个个欣喜若狂，立即行动起来，突击修建简易停机坪，精心准备迎接熊长官的检阅。

6日晚，方强率领第5支队等部开进刁翎北部山林隐蔽起来。7日上午9时许，一架飞机准时飞抵刁翎上空。东门外，1000余名匪军整齐列队，面向空中，忘情欢呼。

突然，飞机扔下一枚大炸弹，雨点一样的机枪子弹紧接着扫射而来。顷刻之间，十几个匪兵当场送命，其余的人乱作一团，四散奔逃，躲避轰炸和扫射。方强命令部队发起冲锋，一阵穷追猛打，歼灭匪军100余人枪，迫使50余名匪军投降，剩余800多名残匪逃进牡丹江西岸的大森林之中。

15日，国民党军以10个师的兵力，采取正面进攻和两翼迂回相结合的战法，对四平发起总攻。东北民主联军防守四平的部队虽经顽强抗击，但依然不能阻挡住国民党军的猛烈攻势，加之经过1个多月的鏖战，伤亡达8000余人，疲惫困乏，难以再战，遂于18日午夜撤出四平，分别向南满、东满、西满转移。

合江地区的土匪闻讯，如同打了一针兴奋剂，更加积极扰乱根据地。其中，赵秉镛的"东北光复军"在攻占同江后，纠集宝清之俞般昌、兴隆之李延惠共 600 余人，围攻富锦；郭兴典股匪 700 余人进犯东安；流窜东安之谢文东纠集当地土匪 1500 人围攻鸡西；王小丁股匪 200 人一度攻入牡丹江市区。

国民党军占领四平后，继续马不停蹄地向北推进，先后占领公主岭、长春、德惠，直抵松花江南岸。不过，这时的国民党军已成强弩之末，再也无力向北渡江进占哈尔滨。在此相持不下的情况下，国共双方经过紧张谈判，于 6 月 7 日分别发表在东北休战 15 天以便继续进行和平谈判的声明。东北地区出现了暂时休战的局面。

事实上，蒋介石同意东北暂时休战，无非是需要有一个喘息时间，迟早还是要大举进攻。因此，东北民主联军利用短暂的休战期，抓紧总结前一阶段的作战经验，确定当前坚持东北的斗争方针，坚决迅速荡平匪患，建立巩固的根据地，准备粉碎国民党军队新的进攻。

果然不出所料，6 月 26 日，蓄谋已久的蒋介石以围攻中原解放区为起点，终于发动了全面内战。此时，国民党军集结于东北的总兵力达 30 余万人，占领了拥有东北 53% 以上的人口、29% 以上面积的地区，控制了主要大中城市及铁路干线。东北解放区的面积大大缩小，且很不巩固，除北满几个完整的省份外，大部分已陷入国民党军之手。东北民主联军经过半年多的连续作战，虽给予国民党军以重大打击，但自身损失严重，未得到及时补充，处境相当困难。

7 月上旬，东北局在哈尔滨召开扩大会议，总结近一年来创建根据地和阻击国民党军进攻的经验教训，制定了全面贯彻执行中共中央关于东北的工作方针、作战方针和各项具体政策。会议通过了《东北的形势和任务》决议（即《七七决议》），决定利用国民党军集中主力进攻关内各解放区，战线延长、兵力分散，暂难继续大举进攻的时机，进一步发展和巩固东北根据地；强调把发动群众、创建根据地作为第一位的工作；要求军队以主力兵团配合地方武装切实肃清土匪；号召一切可能下乡的干部都到农村去，全面展开根据地建设。自此在东北地区掀起了建设根据地的热潮。

据此，5月24日，方强向所属部队发出作战命令："务必在5月底到6月中旬完全彻底消灭合江境内土匪。"柳润生、何运洪率领第5团、第15团和骑兵团，前往富锦，配合当地部队解富锦之危，彻底肃清该地区的土匪。方强则亲率第5支队一部增援东安，统一指挥在东安的第3支队，消灭该地区的土匪。

6月17日，第359旅主力部队经牡丹江来到鸡宁、东安等地区，协同牡丹江和合江军区部队，分3路合围盘踞在东安、密山一带的匪首谢文东部主力。此役共毙俘匪军1000余人，残部向宝清、富锦地区逃窜。30日，方强率骑兵团歼俘宝清匪军800人枪，另有1500多名匪军投降，一举收复县城。7月3日，第359旅与合江军区部队联手，在富锦、桦川之间地区歼匪1400余人枪。25日，合江军区部队在柳河山区歼灭国民党东北"挺进军"第52军，俘虏军长孟尚武、旅长柳云龙以下匪军100余人。至8月初，剿匪部队先后收复勃利、林口、方正、桦川、集贤、桦南、鸡西、鸡东、虎林、饶河、密山、宝清等12座县城和同江、嘉荫、抚远3个边远县的乡村，合江全境获得解放，残匪仅剩1600多人，分散遁入牡丹江二、三、四道河子的深山老林。

8月23日，中共北满分局任命贺晋年为合江军区司令员，方强改任军区政治委员。此时，匪首谢文东、李华堂、张雨新等尚未就擒，孙荣久投降后又跑掉了，带领残匪逃进深山老林之中，增大了清剿的难度。

9月下旬，为了巩固和发展已经取得的胜利，彻底肃清残匪，方强和贺晋年确定下一步剿匪计划：重点放在山区，深入搜山，分进合击，穷追到底，并按分工防备、堵击，彻底消灭，活捉匪首，并对每股土匪指定部队负责包打，限期完成。在战术上采取：当敌人集中时，集中优势兵力给予致命打击；当敌人溃逃时，立即跟踪追击，使其无喘息机会；当敌人钻入山林时，则迅速将其包围，再派出精干部队，带上干粮进山露营，连续反复清剿，断绝敌人的粮食，坚壁清野；当敌人失去战斗意志时，既大胆分散搜山，也可以化装便衣搜索。同时广泛发动群众，动员地方武装、民兵站岗放哨，清查户口，使土匪没有藏身之地。

至 1946 年底，合江地区的土匪全部被消灭，匪首或被俘虏或被击毙，为发动农民进行土地改革和参军参战提供了有利条件。

为表彰合江军区的剿匪成绩，12 月 15 日，东北民主联军总部给贺晋年、方强发来嘉奖电："你们继肃清谢文东股匪之后，又生擒民族叛逆伪匪巨魁李华堂，将反动派在合江境内的内应力量彻底消灭。同时，也伸张了民族正气，保卫了人民的生命安全。捷报频传，特电嘉奖。"

毛泽东评孔从洲

【孔从洲简历】

　　孔从洲（1906—1991），原名孔祥赢，又名孔从周，陕西西安灞桥人。

　　1924年，孔从洲入靖国军杨虎城部当兵，历任排长、连长、营长、团长。参加过北伐战争。1936年，任国民革命军第17路军警备第2旅旅长兼西安城防司令。西安事变中，指挥所部参加解除南京国民党驻西安军警宪特武装的行动。

　　全面抗战爆发后，历任国民党军第4集团军独立第46旅旅长，第38军师长、副军长等职，参加永济、荥（阳）广（武）、中原等战役战斗。抗日战争胜利后，任国民党军第38军第55师师长兼郑（州）洛（阳）警备司令、副军长。

　　1946年5月15日，孔从洲率部在河南巩县（今巩义）起义，参加中国人民解放军。后任西北民主联军第38军军长。同年10月，加入中国共产党。1947年8月，率部随陈（赓）谢（富治）集团南渡黄河，参加豫西、陕南战役，开辟豫陕鄂解放区。1948年，任豫西军区副司令员、郑州警备司令员。1949年2月，任第二野战军特种兵纵队副司令员，参加了渡江战役和解放西南战役。

　　中华人民共和国成立后，孔从洲历任西南军区炮兵司令员兼第二炮兵学校校长、西南军区军械部部长、高级炮兵学校校长、炮兵工程学院院长、炮兵科学技术研究院院长、人民解放军炮兵副司令员等职。1955年，被授予中将军衔，获一级解放勋章。1988年，被授予中国人民解放军一级红星功勋荣誉章。第二、三届国防委员会委员，第五届全国政协常务委员会委员，第六届全国人大常务委员会委员。1991年6月7日，在北京逝世。

【毛泽东评点】

"祝你们胜利地参加了人民军队大家庭，希望你们团结一致，为中华民族的解放而奋斗到底。"

——摘自《毛泽东年谱》下卷，人民出版社、中央文献出版社 1993 年版，第 134 页。

"请剑英同志找二炮孔从洲等同志商议几次，为盼。"

——摘自《毛泽东年谱（1949—1976）》第 6 卷，中央文献出版社 2013 年版，第 592 页。

【评析】

1946 年 9 月 1 日晚，鲁西南菏泽。夜已经很深了。孔从洲翻来覆去睡不着觉，思绪万千。

就在 3 个多月前，时任国民党军第 38 军副军长的孔从洲率所部第 55 师在河南巩县举行起义。由于狡猾的敌人事先已有所察觉，一面下令将第 38 军缩编为师，一面又以赴新乡增防"剿匪"为名准备将第 55 师缴械。

孔从洲识破了这一毒计，鉴于形势危急，迫在眉睫，于 5 月 15 日举行起义。终因事起仓促，加之敌我力量悬殊，起义军不久就被打散了。

突出重围后，孔从洲先后化装成记者、药材商与敌人巧妙周旋，历经 3 个月，竟神奇般地逃出敌人的魔掌，来到了山东解放区。

在菏泽，晋冀鲁豫野战军司令员刘伯承、政治委员邓小平亲切接见了孔从洲，欢迎他起义归来。谈话中，刘、邓还告诉孔从洲一个令他意想不到的喜讯：中央军委决定重新组建第 38 军，仍由他担任军长。

想到这些，孔从洲更加兴奋，索性起床，走到院子里。

初秋之夜，银河横空。此时，西南方向的定陶地区传来急促的枪声。孔从洲知道那是晋冀鲁豫野战军的 4 个纵队正在刘伯承、邓小平的指挥下，发起定陶战役，准备歼灭进犯解放区的国民党军整编第 3 师。而几天后，他就要开赴河北邯郸，开展重建第 38 军的准备工作。这怎能不令他感到无比的兴奋呢？

就在这一天，还有一件令孔从洲终生难忘的事：中共中央批准他为正式党员了，而且是毛泽东亲自批准的。孔从洲心情激动万分，夜不能寐。许多年后，他在回忆录中写道：

> 就我个人来说，还有一件特别值得庆幸的事，就是这年九月一日，党中央批准我为正式党员。我和党的接触是很早就开始了，可以说自十七路军有了共产党员，我就和他们密切往来。不论是在国共合作时期，或在白色恐怖笼罩的严峻岁月中，他们在部队的活动从不避我，遇到危难的事，党组织也常交给我出头去办。在相当长的时间中，我热爱共产党，甘愿为党的事业奋斗，却不懂得入党手续。因为和部队中党员的关系密切，自己还以为组织问题已经解决了呢。以后经过有的同志帮助，才知道要参加共产党，应向组织提出入党要求。为此，先后曾向我们连队的支部书记和魏野畴、南汉宸同志提出过。当时魏、南等都表示为了便于开展革命工作，组织问题还是等待以后再说。自从这次起义后来到解放区，组织问题成了我的一个心病，经常在头脑里翻腾。这次中共晋冀鲁豫中央局派人主持党的会议，讨论通过我的入党申请并上报中央批准，终于实现了多年的心愿。组织上还跟我说，我的组织问题是毛主席亲自批准的。当组织上通知我已被批准为中国共产党正式党员时，我的心情非常激动，兴奋得好几夜都没有睡着，深深感到这多年来的工作，组织上对我确实是了解、关怀并且极其信任的。

孔从洲暗下决心一定要把部队带好，不辜负党组织和人民的期望。

9月13日上午，晋冀鲁豫解放区的首府邯郸。

这天格外热闹，街道两旁插上了红旗，贴满了标语。广场上人头攒动，穿着灰军装坐得整齐方正的部队相互赛着歌，广场前老百姓的秧歌队舞得热火朝天。邯郸各界4万多军民正在举行"拥护西北民主联军38军成立暨庆祝前线我军自卫反击胜利大会"。

会上，刘伯承司令员宣布西北民主联军第38军正式重建成立，下辖第17、第55师及1个教导团。孔从洲任军长、汪锋任政治委员。

毛泽东主席发来贺电:"祝你们胜利地参加了人民军队大家庭!希望你们团结一致,为中华民族的解放而奋斗到底!"

朱德总司令也发来贺电:"欣悉贵军已在邯郸成立,西北与全国人民深庆又得一生力军,人民力量日益团结与壮大,于此又得一新证明。特电祝贺,并祝国内一切反独裁、反内战的军队与军人,相继奋起,联合一致,拒绝蒋介石的乱命,共同为实现独立、和平、民主而奋斗!"

成立大会上,孔从洲站在主席台上,举起右手,宣誓就职:

本军坚决反对独裁,反对内战,反对卖国,誓以至诚,全心全意为人民服务,为实现独立和平民主自由统一富强的新中国而奋斗到底。谨誓。

宣誓完毕后,孔从洲向全国人民发表就职通电,概述第38军以往的历史,起义以前同蒋介石独裁政权斗争的经过,以及重建第38军的宗旨。

通电说:"本军为杨虎城将军所手创之西北人民革命武装,受故总理孙中山先生之领导",参加了辛亥革命、北伐战争,在民族危亡之时,参加了"双十二"兵谏,并在全国抗战中血战八年,立下了卓著的功勋。抗战胜利后,为反对蒋介石实行法西斯独裁、发动内战屠戮同胞,"遂毅然先后起义于豫西豫北一带,旨在遏彼狂涛,挽救危亡。兹更重新团结我西北人民所培育之旧部,建立西北人民革命武装——西北民主联军陆军三十八军""本一向主张,愿与反对独裁内战、要求和平民主的友党友军携手前进,誓为民族国家之生存及全国人民之期望而牺牲到底!……团结起来,为独立和平民主新中国而奋斗。"

1986年9月,在西北民主联军第38军成立40周年之际,年已八旬的孔从洲忆往昔征程,感慨良多,写下《杂咏·述怀》:

豫州举义旗,陕军获新生。

燕赵子弟兵,壮志卫邯城。

中原还逐鹿,走马追征程。

随军入西川，神驰天安门。

戍边建油田，文武两昆仑。

关山少音讯，梦中寻故人。

开国得英烈，忆旧慰忠魂。

新人如后浪，远望一片春。

1946年11月，重新组建的第38军遵照上级指示，移防河北武安进行整训。

1947年春夏之交，解放战争刚好进行了一年，整个战局和全国局势发生了翻天覆地的变化。人民解放军经过一年艰苦卓绝的作战，在中共中央和中央军委的正确领导下，基本粉碎了国民党军的全面进攻。

陕北定边小河村是一个只有几十户人家的偏僻小村，依山傍水，被一片苍翠的树林包围着。7月21日，毛泽东在这里主持召开了中共中央政治局扩大会议，史称"小河会议"。此次会议是在中国革命即将迎来一个转折点的历史时刻召开的，主要研究进行战略反攻的重要决策。

在小河会议之前，中央原已决定包括第38军在内的陈（赓）谢（富治）兵团西渡黄河，到陕北与彭德怀指挥的西北野战军一起合力消灭胡宗南集团。但在这次会议中，毛泽东着重研究了中原地区的敌情，反复思考：陈谢兵团要不要来陕北作战？

经认真讨论，会议决定陈谢兵团南渡黄河，由晋南挺进豫西，依托伏牛山作战。与此同时，陈（毅）粟（裕）大军由鲁西南进入豫东，共同配合刘（伯承）邓（小平）大军千里跃进大别山，进而拉开全面反攻的大幕。

对这一宏大的战略构想，周恩来认为：刘邓、陈谢、陈粟三路大军相继挺进中原，互为犄角成"品"字形展开，纵横驰骋于南起长江、北至黄河、西从汉水、东临黄海的中原大地上，如三把锋利的钢刀直插蒋介石的长江防线，威逼沿江重镇南京、武汉。

对于陈谢兵团挺进豫西的行动，毛泽东对陈赓作出重要指示：6月间，刘邓大军挺进大别山，搞得敌人手忙脚乱，到处调兵去堵；胡宗南又被牵在陕北，陷入绝境；豫西敌军不多，是个空子，你兵团出师豫西是有战略意义的。你挺进去以后，应当放手发展，东配合刘邓，西配合陕北，东西机动作战，大量歼灭敌人，开辟豫陕鄂根据地。

最后，毛泽东还特意叮嘱陈赓："中央把38军给你带，那是杨虎城将军的根子，孔军长给蒋介石'吃'杂牌吃怕了，你可不要'吃'杂牌哟。"

"只有蒋介石一心培植嫡系，才把非嫡系当作杂牌。我们党内，人民军队都是党领导，无所谓杂牌。"陈赓向毛泽东保证对第38军会一视同仁。

毛泽东说："我叫你不'吃'杂牌，是叫你多帮助他们，把打仗俘虏的兵员、缴获的物资，充实38军。"

8月初，陈赓在太岳区首府阳城召开前委扩大会议，传达中央将战争引向蒋管区的战略方针，部署部队南渡黄河、挺进豫西，建立豫陕鄂根据地的战略行动。

在这次会上，陈赓与孔从洲第一次见面。一向幽默的陈赓将孔从洲称作"老孔"，亲切地说："老孔，毛主席讲你最怕人家'吃'杂牌，他说让我不要'吃'你的杂牌！"

接着，陈赓就将毛泽东说的具体内容一五一十地告诉了孔从洲。

孔从洲听后十分感动："谢谢毛主席的关怀。"

陈赓果真说到做到。

9月17日，在攻打陕县（今三门峡市陕州区）的战斗中，孔从洲指挥第38军以仅伤亡3人的微小代价，取得了俘敌700余人的胜利，同时还缴获野炮2门，迫击炮及六〇炮8门，轻重机枪400余挺，步枪、冲锋枪900余支，子弹60余万发，电台3部，汽车1辆，电话机2部，以及各种军用物资。

这是挺进豫西后，第38军第一次担负如此重大的攻坚任务，而且完成地如此漂亮，孔从洲自然喜出望外，就与军政委汪锋商量，决定将缴获的一批面粉和其他物资送一部分给纵队司令部。

没想到，陈赓却不领情，派人转告孔从洲："4纵不要，11旅也有许多缴获。38军最穷，家底最薄，缴获的物资一律留下，不用上缴。"

事后，陈赓特地给军需部门下令：拒收第38军上交的东西，全部由他们军部支配。

孔从洲感慨万分，这在国民党军队中是无法想象的。他还清楚地记着：当年在西北军时，有一次部队打了一个胜仗，缴获了几门野炮。蒋介石可不允许非嫡系部队装备精良的武器，立即下令上交火炮。结果害得孔从洲在废炮零件中东拼西凑，以应付蒋介石。

1949年2月，孔从洲出任第二野战军特种兵纵队副司令员，率部参加了渡江战役和解放西南战役，后任西南军区炮兵司令员兼第二炮兵学校校长、西南军区军械部部长等职。

1955年9月27日，中华人民共和国国务院授予中国人民解放军军官将官军衔典礼在中南海举行。周恩来把授予大将、上将、中将、少将军衔的命令状分别颁发给粟裕等在京的301名将官。随后，各军区也相继举行了授衔仪式。时任沈阳高级炮兵学校校长的孔从洲被授予中将军衔。

1959年8月29日，中南海颐年堂内，不时传来阵阵欢声笑语，一场简朴的婚礼正在举行。新郎孔令华，孔从洲的次子；新娘李敏，毛泽东的长女。说起二人的结合，还有一段小故事。

孔从洲率部起义后，中共地下党组织按照周恩来的指示把其家属从老家接到陕北解放区，孔令华随后被送到已经解放的石家庄上学。北平（今北京）和平解放后，孔令华就读的学校迁到北平，更名为"八一学校"。当时中共许多领导人的子女均在"八一学校"学习。刚从苏联回国不久的李敏恰好也在这个学校上学，与孔令华成了同学。

在共同的学习生活中，随着交往的日渐增多，两个年轻人建立了深厚的友谊。后来，孔令华考进了北京航空学院，李敏考取了北京师范大学。两人继续往来，感情愈深，互愿结为终身伴侣。

毛泽东听说李敏正在谈恋爱，便把她叫来，关切地问："这个小孔的父亲是哪个？在哪里工作？"

"这……我没有问过，他也没有说过。"李敏不好意思地对父亲说。

"那你怎么能跟他交朋友呢？"

"我们都是八一学校的同学。我想他的父母应该是军队干部吧。再说我是跟他交朋友，了解他父母干吗？"

　　毛泽东耐心地向女儿解释："两家结亲嘛！还是要问一问，要了解情况的。"

　　李敏没有再说什么，点点头表示同意。

　　几天后，李敏兴冲冲地跑进了中南海菊香书屋，把孔令华家庭情况给父亲做了说明。

　　"哦，小孔的父亲原来是孔从洲将军。我知道他。"

　　李敏小声地问："那您同意吗？"

　　"好，什么时候领小'孔夫子'来见一见？"毛泽东笑着对女儿说。

　　不久，婚事就定下了。因为孔令华和李敏还都在上大学，所以两人商定利用暑假举行婚礼。当李敏征求父亲的意见时，毛泽东欣然同意，并说他还要亲自主持婚礼。

　　关于孔令华和李敏的婚事，社会上曾流传过一些不符合事实的闲话：说他们两个人订婚、结婚孔从洲不同意。有人就根据这种传说，在文章中这样写道：

　　　李敏把他们两个人的事情告诉毛泽东，"毛主席听了李敏的介绍，不时地点头微笑。他主张对儿女的婚事，大人们不要干涉，只要孩子们自己认为满意就行。李敏是诚实的，她将爸爸的意见及自己的想法告诉了孔令华。孔令华是很高兴的。但是孔令华的父亲孔从洲对这门婚事颇有顾虑。毛主席得知后，对孔从洲同志说，儿女们的婚姻大事，由他们自己作主，我们做父母的不要干涉人家的自由嘛！……他从毛主席的话语中悟出主席是赞同这门婚事的，原先的顾虑就烟消云散了。"

　　对于上述说法，孔从洲在回忆录中给予了否定："这里说得真像煞有介事。可是，根本没有这种事情。这一次，我是第一次会见毛泽东同志，在此以前从没有单独见过他。"

　　婚礼原定在7月举行。但那年7月，中共中央在庐山召开政治局扩大会议和八届八中全会。会议历时46天，通过了《中国共产党八届八中全会关于以彭德怀同志为首的反党集团的错误的决议》和《为保卫党的总路线，反对右倾机会主义而斗争》的决议。

在这场惊心动魄、关系党和国家历史命运的党内大斗争中，对"大跃进"和人民公社运动的错误，敢于凛然直言的彭德怀受到了毛泽东的严厉批判，全党随之掀起了一场声势浩大的"反对右倾机会主义斗争"。

当时在庐山，党内斗争十分激烈，毛泽东更是日夜操劳。但作为父亲，他对自己的儿女怀着一片真挚的爱心，专门从庐山打来两次电话，还写了信，说一定要等他回来主持。婚事就这样拖了下来，一直等到8月下旬毛泽东返回北京。

第二天一早，毛泽东就把孔令华找去，与他和李敏一起拟定准备邀请的客人名单，接着就操办婚事。

孔从洲刚好从沈阳来北京开会，毛泽东就让秘书把亲家接到了中南海丰泽园内的颐年堂。

中南海，即中海、南海，位于故宫西侧，与北海合称"三海"。始建于辽金，历经元、明、清各朝，是封建帝王的行宫和宴游之地。明代已具规模，但现存建筑多属清代的遗迹。民国时，这里曾设立过"总统府""大元帅府"和其他办事机构。丰泽园是清康熙年间为皇帝每年春季在此举行"演耕"仪式的场所。颐年堂则是丰泽园的主体建筑。中华人民共和国成立后，中南海一直是中共中央办公议事的处所，中央人民政府设在这里，中央军委也在这里办公。由于毛泽东、朱德、刘少奇、周恩来等中央领导都住在这里，颐年堂便成为党中央召开重要会议和会见国内外宾客的地方。园内东院菊香书屋则是毛泽东办公和居住所。

这是毛泽东与孔从洲的第一次见面。

毛泽东紧紧握住孔从洲的手，说："今天两个孩子结婚，请你来坐一坐，叙一叙。"然后亲自向客人们介绍："这是李敏的公公，孔令华的父亲，孔从洲同志。"

毛主席平易近人，孔从洲拘谨的心情逐渐驱散了。

婚礼十分简朴，邀请的客人有蔡畅、邓颖超、王季范及他的孙女王海容、孙子王其华，还有在毛泽东身边工作的机要处处长叶子龙、卫士长李银桥、秘书罗光禄等。人虽不多，气氛却十分轻松愉快。

婚礼上，毛泽东兴致颇高，高兴地喝了喜酒，祝愿孔令华和李敏互相学习，共同进步，生活幸福，并愉快地同大家合影留念。

婚宴后，客人们陆续离去。毛泽东留下了孔从洲和王季范，到他的书房里谈话。

王季范是毛泽东的表兄，当时已年过七旬，在国务院任参事。王季范德高望重，曾在毛泽东就读的东山学堂、湖南第一师范当教师，同杨开慧的父亲杨昌济先生齐名。

菊香书屋里，毛泽东客气地请孔从洲和王季范坐下。谈话首先从孔从洲的工作开始。

毛泽东问："现在在哪里工作？"

孔从洲答："在沈阳高级炮兵学校担任校长。"

毛泽东显然对这个话题感兴趣，接着问："啊，当校长，怎么样？"

孔从洲答："很好，工作很好。"

王季范插话："高级炮校啊。"

毛泽东对王季范解释说："高级炮校是炮兵最高学府。"那时没有炮兵学院，炮兵工程学院也还没有成立。

然后，毛泽东又问孔从洲："你在工作上有什么困难没有？"

孔从洲诚恳地说："没有什么困难，就是我的文化水平低，这个任务重。我过去在炮兵部队多年，但对炮兵理论、射击、战术理论学习不够。"

这时，王季范又插话问："炮兵要用数学的吧？"

孔从洲如实回答："是的，但我数学很差。"

说到这里，毛泽东以他惯有的谈话风格发表意见："你先人孔子是伟大的政治家、思想家、教育家嘛！我幼年读的就是子曰：'学而时习之，不亦说乎'一套。要不是孔夫子，我连字可能都不认识哩！他老人家提出的礼、乐、射、御、书、数六艺。六门学科就有数学，你是应当学好数学的。"

孔从洲说："过去学习基础不好。"

毛泽东又向王季范介绍孔从洲过去的情况："他在外边时在杨虎城部队。"

这里所说的"外边"是指国民党。

王季范似乎有些意外，因为他觉得孔从洲既然能成为毛泽东的亲家，总该也是个红军将领吧，便好奇地问："噢，是杨虎城哪个部队的？"

未等孔从洲回答，王季范紧接着又问："你什么时候到那个部队的？"

"1924年就到了那里，它是为反对袁世凯称帝而建立的靖国军保留下来的一支部队，我是慕名而去的。"

毛泽东接着问到靖国军以及驱吴运动、坚守西安等情况。

孔从洲一一回答，说这支部队的进步是与魏野畴等共产党人的工作、支持分不开的。

谈到这里，毛泽东显然沉浸在对往事的回忆里，问道："十七路军里是什么时候有咱们这个党，有共产党的活动的？"

孔从洲答："据我了解是1923年以后，1924年我们部队驻在三边一带，杨虎城先生在榆林养病。经过榆林中学校长杜斌丞先生介绍，认识了共产党人魏野畴同志。在这以后不久，部队里就开始有了党员活动。"

毛泽东对魏野畴是比较了解的："魏野畴是老同志，有学问，他还有著作，我看过，写得有水平。他的学识是很渊博的。"

孔从洲接着说："他是陕西党的创始人之一。1925年7月，他在杨虎城办的三民军官学校当政治部部长，以后党在那个部队开始有组织活动。"

毛泽东话锋一转："噢，你们陕西出人才。你读过二十四史吗？著《史记》的司马迁，就是陕西人，你知道吗？"

"知道，他的《史记》我读过。"

毛泽东兴趣非常浓，接着说："还有班超，东汉名将，是陕西人。撰写《汉书》的班固，是他的哥哥；妹妹班昭，是续撰《汉书》的女史学家。因她的丈夫为曹世叔，被称为"曹大家"。农民领袖李自成，也是陕西人……"

一番谈古论今后，话题又回到杨虎城部队的党组织活动。

谈到1928年皖北阜阳暴动，孔从洲说："这次暴动就是魏野畴领导的。不幸暴动失败，野畴同志也在部队突围后被土匪武装枪杀，牺牲时才31岁。我们听到这个不幸的消息时，感到震动和悲痛。"

毛泽东深情地说："这次暴动虽然失败了，但它点燃了皖北这一带的革命烽火。四面八方的野火燃烧起来，创造了以后的鄂豫皖苏区。胜利真是来之不易啊，中国革命牺牲了多少好同志啊！我们家就牺牲了好几口啊！"

这时，王季范问孔从洲："你十几岁就到了那个部队？"

"是的。"

毛泽东又向王季范介绍："噢，他参加过西安事变。他在西安事变中是警备二旅旅长兼城防司令。"

王季范笑着说："噢，官还不小啊！"

毛泽东说："他（指杨虎城）对你很信任啊！抓蒋介石前一天晚上，别人不知道，就跟你说了，噢，得保密噢，假使走漏消息了不得。你做得很好啊，杨主任对你很赏识吧！"

孔从洲没想到毛泽东对他在西安事变中的作用这样了解，心中一阵激动，"杨主任是我的老上级，他把我一手培养大，看着我长大的……"

毛泽东把身子靠到沙发上，沉思片刻后说："西安事变是中国革命的转折点，把内战变成了抗战。杨虎城是个民主主义者，是爱国的，不愿做亡国奴。杨虎城部队和我们党的关系前前后后不断，时间是比较久的，前有魏野畴，后有李子洲、南汉宸。共产党给国民党办干部学校还是不多的。抗日战争时期，38军是我们党统一战线工作的典范。"

接着，毛泽东又问："以后这个部队是西北军，为什么有两个西北军？冯玉祥的部队叫西北军，杨虎城部队也叫西北军。究竟哪个西北军是准确的呀！"

孔从洲答："杨虎城的西北军，从靖国军开始转战关中，成员大都是西北人，是就地域而言的。尤其是东北军进关（指潼关）以后，人们就都叫东北军、西北军。冯玉祥1924年发动北京政变失败后，被段祺瑞的政府赶出北京，任命他为'西北边防督办'。以后他同直、奉联军作战失败，部队到绥远西部集结。1926年，他从苏联考察回来，在绥远五原誓师，经宁夏、甘肃，到达陕西解西安之围，他这个西北军，是就行军方向而言的。"

听孔从洲这么一讲，毛泽东满意地点点头。

王季范问："坚守西安是怎么回事？"

"当年吴佩孚与北伐军对峙，吴佩孚想要保障他的右翼侧后安全，驱使刘镇华十万之众进攻西安。杨虎城和李虎臣率领部队坚守西安8个月。"

听到这里，毛泽东深有感触地说："西安孤城能坚守8个月，了不起呀，恐怕会有人饿死。"

"是的，老百姓饿死很多，军队也有饿死的。'杀军马充饥，跑跑步御寒'就是那时守城部队饥寒交迫的真实写照。后来，部队编为国民革命军第2集团军第10军，东出潼关，参加北伐。"孔从洲回答。

王季范显然对孔从洲的身世更感兴趣，"坚守西安时你干什么？"

"进城时是炮兵排长，两个月后当炮兵连长。"

毛泽东很欣赏孔从洲这段经历，笑着说："你对炮兵历史熟悉，十几岁当炮兵连长，现在当炮兵学校校长。好嘛，这才叫有经验。你那个部队的总司令孙蔚如在豫西时害过病，在巩县害过病。"

孔从洲没有想到，毛泽东对于他在杨虎城部队的情况，对于他们那个部队的历史知道得那么清楚，连孙蔚如在什么地方害过病都清楚，既感惊奇，同时对毛泽东也倍感亲切，回答："他患胆结石。"

毛泽东说出当时中共中央的想法："那时就怕他那个病影响这个部队。"

接着又表扬孔从洲："你在这个部队做过不少的工作。"

孔从洲谦虚地说："是在这个部队很久，可也没做出什么成绩，人熟就是了。到处跑一跑，人家对我都相信。杨虎城、孙蔚如、赵寿山，他们对我都很信任。"

毛泽东说："老实人被人信任，你是老实人，别人都信任你。"

"南汉宸、魏野畴我都见过，他们对我都有帮助，思想上有很大启发。那时我提出入党要求，他们说，解决组织问题后工作上会有困难，不解决便于工作。我也相信……"

毛泽东大概看出孔从洲谈到这个问题时，流露出有点情绪，便打断了他的话，"你起义回来以后不是马上就解决了嘛！"

"是啊，回来后很快解决了，华北局发往中央的关于我入党的电报，还是主席亲自批的。"孔从洲沉浸在幸福的回忆中。

这时谈话转到孔从洲在高级炮校的工作上。

孔从洲汇报了炮校的情况，谈到了教员问题、教学问题，还说到和苏联顾问共事的情况。

毛泽东问："相处得怎么样？"

"很好的，校长顾问很老练，讨论战术、讲射击，每次听课都和我一块去。听课以后，还对教员打个评语。"孔从洲回答。

听到这里，毛泽东很高兴："这很好嘛！这就是学习的好机会。先当学生，后当先生，不管有什么困难，只要努力学习都可以办好。"

毛泽东又关切地问："学校上下都团结得好吗？"

"团结很好。"

"教学方法是采取什么样的？"

"是形象教学，有图表。"

"好，这样就能一看就懂。"

然后，毛泽东又谈起家常，问孔从洲："你父母还在不在？"

"父母亲都已经去世。"

"你十几岁出去的？"

这一下勾起了孔从洲对艰难岁月的辛酸回忆："18 岁，我上不起学，高小毕业后考取中学，读了一个月，生活困难。我家在灞河边上，往往给水一冲，生活就成问题。民国 13 年（1924）是最苦的，是我家困难最大的一年，没办法，上不起学。"

"噢，是这样。为什么自己出去当兵？为什么要到那么远的安边当兵？"

孔从洲如实回答："刚才讲过，我是慕名而去的，因为这个部队的前身是靖国军。靖国军是为反对袁世凯，反对北洋军阀建立的，归孙中山领导，于右任当过总司令，这个部队革命性强。因此，尽管路那么远，还是日夜兼程到安边。"

毛泽东对孔从洲的这种精神很赞赏："好啊，年轻时，要锻炼嘛！"

接着又问："回到革命大家庭后感到怎样？"

孔从洲十分满意地回答："很好，很温暖，处处受到组织的关怀。"

"你工作还有什么要求？"

孔从洲连忙说："没有什么要求，因为我是干炮兵的，对炮兵最有感情。"

这时，王季范插话说："噢，这个人是老实人。"

毛泽东点点头："他是个老实人。他教育子女很严的哟！孔令华很好嘛，今后两个孩子婚后一定是会处好的，学得好，工作会干得好的哟！唉，人家成家立业了，可以自主了。"

孔从洲十分赞同毛泽东的意见："是的。"

毛泽东仍然关心着高级炮校的建设，转换了话题，"今后还有什么希望，还有什么打算，怎么把学校办好？"

孔从洲略微思考了一下，"没有什么，就是设法把学校办好。"

毛泽东说："炮兵是军队火力骨干，在未来战争中炮兵占相当重要的地位。"

孔从洲当即表达决心："我要把炮校办好，训练出大量优秀的干部，对部队的建设、发展起到作用。"

毛泽东高兴地说："好嘛，就是要建立强大的空军、海军、陆军、炮兵，炮兵属于陆军。"

谈话就此结束。毛泽东的平易近人给孔从洲留下了难以忘怀的记忆。

时间飞逝，转眼三年过去了。

1962年初，时任南京炮兵工程学院院长的孔从洲因事从南京到沈阳去。在从沈阳回来路过北京的时候，孔从洲接到通知，说是毛主席要接见他。

此时，军事院校正在普遍展开教学改革运动，炮兵工程学院师生在教改工作中提出了一些需要解决的问题。有些问题难度不小，一时不易解决。能够见到毛主席，当面汇报炮兵培养干部的情况，请教有关教学改革工作中存在的问题，听取指示，正是孔从洲盼望已久的事。他在回忆录中写道："主席在这时接见我，不仅是我个人的荣誉，也是他老人家对炮兵建设的关怀。"

孔从洲不由得想起人民解放军炮兵发展的历史，回忆炮兵从无到有，从小到大，哪一步离开过毛主席的关怀呢？

　　早在创建井冈山革命根据地时期，在毛主席的关怀下，中国工农红军第四军创建了迫击炮连，取得了黄洋界保卫战的胜利。毛泽东曾写下"黄洋界上炮声隆，报道敌军宵遁"的著名词句。抗日战争时期，根据党中央、毛主席的指示，八路军成立了延安炮兵学校，培养、造就了大批炮兵干部，成为以后发展炮兵的骨干。解放战争时期，毛主席曾多次指示要建立和扩充炮兵。中华人民共和国成立以后，炮兵已成长为一支无坚不摧的强大兵种了。当炮兵向现代化迈进的时候，毛主席接见他，表明了毛主席对教育的重视，对人才的重视，要从抓人才入手，保证炮兵现代化建设的实现，这是多么重要的事啊！

　　2月5日清晨7点15分，天还没有亮，孔从洲就乘车兴冲冲地前往中南海。

　　8点整，已经工作了整整一夜的毛泽东未曾休息，就在中南海游泳池旁的休息室里接见了孔从洲。

　　孔从洲恭恭敬敬地向毛泽东敬礼。毛泽东笑着说："咱们是儿女亲家，不必拘礼。上次见面已经很久了，早想见你，一直没有时间，今天随便谈谈。"

　　"我很想见主席，但您很忙，我不便占您的时间。"

　　毛泽东一边示意孔从洲坐下，一边说："今天不就有时间了吗？"

　　谈话开始了。两人从家庭、子女谈到教育，以及有关炮兵建设的各种问题，都谈到了。

　　毛泽东的知识十分渊博，学贯古今中外，无论涉及什么问题，都能发表精辟的论断，而且深入浅出，风趣幽默，引人入胜，使孔从洲受到了一次深刻的教育。同时，毛泽东和蔼的态度、风趣的语言，使孔从洲来时的紧张心情，很快轻松下来。

　　毛泽东详细询问了炮兵工程学院的情况，然后说："炮兵工程学院办校宗旨应当是什么呢？我看应当是培养具有现代化知识的炮兵科技人才。这一点很重要，因为科学技术天天在进步。我们祖先使用的十八般兵器中，刀矛之类属于进攻性武器，弓箭是戈矛的延伸和发展。由于射箭误差大，于是又有了弩机，经诸葛亮改进，一次可连发10支箭。准确性提高了。他征孟获时使用了这个先进武器。可是孟获也有办法，他的3000藤甲兵就使诸葛武侯的弩机失去了作用。诸葛亮经过调查研究，发现藤甲是用油浸过的，于是一把火把藤甲军给烧了。后来又有人制成了抛石机，依靠机械的力量，可以把十几斤重的石头抛出 50 步以外，成为古代攻打城池和野战的重要武器。这些都是冷兵器，只有在火药发明以后，才出现了历史性的变化。我们的祖宗发明了火药，可是后来落后了。在南宋时有一个叫陈规的，他把火药装在一个竹管内，装上弹丸，喷出火焰烧伤敌人。这是管形火器的鼻祖。因为竹子容易被火药烧毁，后来有人改用金属制作，就是火铳，是世界上最早的火枪。13 世纪，火药传到阿拉伯国家，14 世纪又传到欧洲。15 世纪，欧洲人制成了滑膛炮，笨得很呐！"

毛泽东边用手比画着边说："要 35 匹马才能拉得动它。到了 17 世纪，牛顿和欧勒研究了炮弹的飞行，空气的阻力，制成了线膛炮。18 世纪，德国开始使用后装火炮。从此线膛炮正式代替了滑膛炮。1907 年，法国制成世界上第一门 155 毫米半自动式炮闩的加农炮。从那时起，火炮就日新月异地向前发展了。现在出现了核导弹，将来还会有更新的武器。解放战争中，我们靠缴获国民党的火炮装备自己。由于国民党的火炮大都是买的外国的，所以我们那时装备的火炮品种繁杂，规格不一，有德国的、美国的，还有日本的。全国解放后，我们靠买苏联的，像我们这样一个大国，靠买别国的武器是不行的，要自己研制。你们是怎样解决这个问题的？"

孔从洲回答："现在是仿制。"

"总靠仿制别国的武器行吗？"毛泽东问。

很明显，毛泽东对于总是仿制是不太赞成的。因为一切建立在自力更生的基础上，这是他的一贯思想。

孔从洲立即回答："不是！我们已开始根据作战对象和我国地形、交通、气候等条件，在研制我们自己的火炮了。"

毛泽东听后，显然高兴起来，点了点头，说："这就对了。我们是一个大国，必须强调自力更生。外国好的东西，要实行'拿来主义'，但不是'拿来'就算了，而是要在他们的基础上，研制出自己的东西来。"

毛泽东继续问："研制自己的火炮，就要有自己的专家教授。你们的学院学制几年？有多少学生？分几个部？"

孔从洲一一作答。

毛泽东又问："师资力量怎样？办学校第一是选教员，有了好教员，才能教出好学生。过去有句话叫'师高弟子强'。没有教员能以己之昏昏而使学生昭昭的。"

孔从洲回答："学院的师资力量基本上能满足教学的要求。教员中一部分是老军工、老教授，他们都有比较丰富的教学经验；一部分是我们自己培养出来的教员。"

毛泽东听后，把话题转到知识分子问题上来，"要重视知识分子。我过去说过。没有知识分子的参加，革命的胜利是不可能的。我们党一贯重视知识，重视人才。建国初期，我们就采取了兴办工农速成中学、业余大学，还采取派遣干部进高等学校或出国深造等各种措施，加速干部的知识化、专业化。"

说到这里，毛泽东停顿下来，若有所思，"设想一下，如果我们的中央委员会里有许多工程师、科学家，那将使我们的社会主义建设速度怎样呢？老知识分子年龄大了，又多是从旧社会过来的，要特别关心他们政治上的进步，尊重他们的意见，做他们的知心朋友，住的环境要舒适一点，生活待遇要比较好一点，给他们创造研究学问的条件。他们中有些人要求入党，这些人的问题得到解决了吗？"

话语中透出对知识的尊重和对人才的关心。

孔从洲深为感动，答道："知识分子问题确实是个重要问题，大多数知识分子是热爱祖国、热爱党的。他们工作积极，为社会主义建设不惜牺牲一切。我们一定按照主席的指示做好知识分子的工作。"

毛泽东又问："教员的工作、学习时间有保证吗？资料和器材能满足要求吗？有无图书馆？教书人的时间是很宝贵的，不要随便占用，要让他们有看资料、搞研究的时间。想迎头赶上先进国家，就要多看先进资料。"

孔从洲没想到毛主席能想得这样细，说："教员的时间是有保证的。有一个图书馆，藏书尚能满足使用。"

毛泽东听了点点头表示满意："这很好。"

接着又问："教员讲课用什么方法？"

孔从洲知道毛泽东十分注重教学方式，且一贯反对注入式，提倡启发式，就说："注入式的教学法不多见了。"

　　毛泽东很认真地说："教学法很重要，有了教员，教学法不当，还是学不好。我给学生讲课，从来就反对一个人讲大家听。我让学生提问题，有时干脆就让学生回答课堂上提出的问题。这样，就使课堂成为讨论学术的园地，学生理解得深，记得牢。教员是树人的，要抓好对学生的教育，早出人才。"

　　接着，毛泽东又询问了许多情况，诸如学生从哪里来？工农子弟多吗？有复习时间吗？灯光好不好？近视眼多吗？身体健康状况怎样？实验室够用吗？

　　孔从洲一一详细作答。

　　毛泽东强调说："学生要有个实习的地方和实习的时间，到部队和工厂去实习，这就叫理论联系实际。对学生的考试不宜过多，如果使学生的脑子经常处于紧张状态，学习质量就不会高。学生毕业后工作的情况怎样？"

　　孔从洲回答："基本上能满足工作要求，但在校期间学理论多，接触实际少的问题还未完全解决。"

　　"要多实习。学校教学要和部队使用结合起来，才能制定好教学大纲。"

　　毛泽东又问："教材是老本还是新编的？"

　　孔从洲作了回答。

　　毛泽东说："开始可以用老的，在使用过程中加以充实，逐渐写出自己的。学院要搞科研，教学与科研是相辅相成的，要运用科研成果充实教材，丰富授课内容，提高教学质量。学院要把教学、科研和使用联系起来。当院长的要把眼光放远一点。"

　　说到这里，毛泽东稍停了一下，接着问："你过去不是办过学校吗？"

　　孔从洲回答："是的。上次见面时我在高级炮校，那是一所指挥院校。"

　　毛泽东说："光会指挥不懂火炮原理，不能算一个完全的指挥员，现在有了炮兵工程学院，你要注意学习，要学点自然科学。"

　　"上次见面我就说过，我的水平低，数学基础不行，怕担负不了院长这个重任。"

毛泽东不以为然，风趣地说："不会可以学嘛！我上次就说过，你们的先人孔夫子不是早就定下礼、乐、射、御、书、数六艺吗？要学孔夫子不耻下问，向老教授学习，拜他们为师。不学习和他们就没有共同语言。多学多问不会影响威信，相反，内行话多了，就不致闹笑话。"

孔从洲惭愧地说："过去有畏难情绪，没学好，回去后一定加倍努力，使自己尽快变成内行，决不辜负主席的期望。"

接下来，毛泽东又询问了其他一些问题。当他听孔从洲汇报雷达、指挥仪的情况时，表现出特别的关心，"人无眼不行，火炮没有镜子也不行。望远镜、瞄准镜受地形地物的限制看不远。"

孔从洲说："雷达可以补救，它是全天候的。"

毛泽东摆摆手，说："不能把雷达说成万能的，有矛就有盾，比如人家干扰怎么办？前几年我就告诉中央广播电台，要防干扰，不知道他们办了没有？对雷达干扰必须找出对付的办法。"

孔从洲立即表示："主席交的这个任务我一定完成。"

后来，孔从洲进行了充分调查，并和有关部门共同研究，但由于"文化大革命"的干扰，研究工作被迫中途下马。

谈话仍在继续。

毛泽东又问到指挥仪的情况，当得知老85高炮还使用"三不变"的指挥仪时，忽地从座位上站起来，用手指点着桌子，表情严肃地说："这种落后的东西怎么还能在部队使用？敌人的飞机能停在那里不动等你打吗？要加强研制，尽快把它淘汰掉。你看，哪件事不需要人才啊！"

孔从洲说："我们现在已研制出新的指挥仪，精度比较高。"

"很好，要抓紧生产。"

在两小时的谈话中，毛泽东围绕炮兵建设深入浅出地阐述了培养人才的重要，阐述了对知识分子的政策，强调了办教育的方针和方法，使孔从洲增强了对党的政策和办校方针的理解。

1966年夏，"文化大革命"开始了。在那段国难深重的特殊岁月里，许多开国元勋惨遭迫害，就连毛泽东的亲家孔从洲也未能幸免于难，靠边站了。

从西安事变起就一心一意跟党走的孔从洲，在遭受林彪、江青反革命集团的迫害时，始终坚定不移地相信党。他在回忆录中写道：自从我到炮兵以来，主要抓科研装备工作，这是党交给我的任务。纵然撤掉我的职务，经常批斗，我还要尽力而为做好工作。

孔从洲是这样想的，也是这样做的。他边挨批斗边抓工作，同时又是多么渴望能再次与毛主席畅所欲言啊！

在"文化大革命"期间，孔从洲曾与毛泽东见过两次面。

一次是 1966 年 10 月 1 日国庆 17 周年庆典上，毛泽东从天安门城楼西侧走上来，热情地握住孔从洲的手，关切地问："噢！你来参加会了，你的身体还好吧？"

孔从洲动情地说："很好，谢谢主席关心。"

另一次是 1971 年 5 月 1 日，也是在天安门城楼上，毛泽东热情地与孔从洲打招呼。

毛主席的亲切问候，给了孔从洲极大的鼓舞。但遗憾的是，这两次见面时间很短，两人没能像以前那样坐下来畅谈。

"文化大革命"刚开始的时候，出于对党、对毛主席的朴素感情，孔从洲对以党的名义采取的措施深信不疑，但由于缺乏思想准备，还是感到不理解。随着"文化大革命"的深入，党和国家的正常秩序遭到严重破坏，许多熟悉的老上级、老同志一夜之间都被打倒，孔从洲由不理解转为怀疑、反感，进而进行抵制。

为保护遭受迫害的老战友，孔从洲给毛泽东写了一封信。

那是 1973 年 12 月中旬，孔从洲刚刚从福建参加对海侦察校射雷达试验回到北京。

一天晚上，蒙定军的夫人杜琴岗来访，哭诉：蒙定军在"文化大革命"一开始就被批判关押，至今没有释放。

孔从洲听了十分气愤，他是了解蒙定军的。早在 20 世纪 30 年代，孔从洲在杨虎成的十七路军任职时就认识蒙定军。

当时蒙定军的公开身份是十七路军军官训练大队教官，实际上是中共地下党组织的负责人，先后担任中共十七路军 38 军特派员和工作委员会书记。为争取与改造这支部队，蒙定军进行了长期的组织宣传教育工作，大力开展统一战线，发展壮大党的队伍，对这支革命武装最后回到人民军队的大家庭，做出了重大贡献。

然而在那个黑白颠倒的岁月里，康生大肆诬蔑原 38 军的党是"青洪帮的党""杨虎城的党""不是共产党"。随后林彪反党集团的爪牙、时任总后勤部部长的邱会作指示总后勤部驻西安办事处成立专案组专门迫害原在 38 军工作和参加起义的同志。

孔从洲在 38 军长期与这些同志共事，不仅亲眼看到他们当年忠心耿耿为党工作的情形，也曾听到中央领导对他们的赞扬，想起了毛泽东对 38 军党组织的赞扬："38 军在形式上虽是国民党的编制，但实质上军内党组织一直是按照我们党的路线、方针、政策改造建设部队的。广大指战员同日、蒋进行了艰苦的斗争。38 军是我党统一战线工作的一个典范。"

作为历史的见证人，孔从洲在一大批革命同志遭到残酷迫害的危急时刻，又岂能默不作声、见死不救呢？

12 月 21 日，孔从洲给毛主席和时任中央军委副主席的叶剑英分别写信，并转呈了蒙定军的申诉材料，请求为蒙定军等人平反，肯定 38 军的革命历史。

在给毛泽东的信中，孔从洲写道："我听赵寿山同志讲，38 军内的党组织，是党中央、毛主席亲自指示建立的。可是现在，原 38 军工作委员会书记蒙定军、委员张西鼎却被诬陷、被关押，原在 38 军工作过的党员全部受到牵连，请毛主席把 38 军建党情况告诉兰州军区政委冼恒汉，让他给这些同志落实政策。"

毛泽东很快将这封信批给总政治部。批示大意是：政策为什么没有落实，让兰州军区来汇报。

后经叶剑英亲自过问，几经周折，蒙定军等人终获释放，恢复工作。

1973 年 10 月，第四次中东战争爆发。电子战对战争进程的影响更加显现出来，这使孔从洲对人民解放军炮兵电子装备落后的局面非常忧虑和不安。

通过进一步学习和研究，孔从洲觉得电子战已经渗透到陆、海、空各种作战样式中，而且从战争、战役直到具体战斗，电子战都可发挥重要作用，被称为第四维作战形式并非无稽之谈。世界各先进国家在发展电子战方面已经走了很远的路程，积累了可观的实力。而我国还未曾起步，甚至在认识上尚待启蒙，一旦发生突发性的战争，将会十分被动，甚至陷入难以招架的困境。

作为负责炮兵武器装备科技发展工作的炮兵副司令员，孔从洲面对着这种情况，觉得如果知而不言，就是没有尽职尽责。但此前，副总参谋长王诤已在国务院常务副总理会议上提出过，却遭到了张春桥等人的反对。孔从洲如果再提意见，就只有直接向中央最高领导反映了。同时，王诤已碰过一次钉子了，自然不宜再找他商量，也不可能通过党委研究形成组织意见。最后，孔从洲下决心以个人名义向中央领导反映意见。是与非，由个人负责就是了。这件事，本来最好是找周恩来总理，可考虑到他已重病在身，实在不忍心再去烦扰他了。于是决定把信直接写给毛主席。

就工作问题直接写信向毛泽东反映情况，在孔从洲平生是唯一的一次。

孔从洲立即找来秘书和业务部门的同志帮助起草，并仔细做了修改，然后于 1975 年 6 月 21 日将信送出。

信中除反映电子战方面的有关情况和我军电子战装备的实际情况和存在问题外，着重建议：成立相应的领导机构，负责对这方面工作的统一领导，并建立专门的工作部门；制定发展电子装备的战略方针和发展规划，统一安排这方面的科研、生产和部队建设工作；注意收集研究外军电子战方面的情况，并制定适当的对策；争取时间，先集中力量解决我军现有武器装备的抗干扰问题，同时积极发展对敌实施侦察和干扰的手段。信的全文是：

主席：

近几年来，电子对抗技术发展很快。苏联、美国的电子侦察，已经对我军的作战通信、导弹制导和各型雷达等电子装备，造成严重干扰和威胁。如不及早采取措施，战争一来，将使我指挥失灵，兵器失控，处于十分危险的境地。电子对抗，也称电子战。包括电子侦察、干扰、伪装和反侦察、反干扰等。其目的是使对方的电子装备遭到破坏或失灵，是现代战争中保存自己，消灭敌人的一种重要手段。它最初出现于二次大战，随后不断发展，在实战中广泛使用。美帝在侵越战争中，使用几十种电子干扰，使萨姆－2型地空导弹的实际命中率降到3%。苏联入侵捷克，大规模施放干扰，迷盲了北约组织的雷达监视系统，掩护大批飞机突然空降着陆。1973年10月中东战争，埃、叙使用苏联萨姆－2型和3型地空导弹，受到以色列强烈干扰，基本上没有发挥作用；而首次使用的萨姆－6型地空导弹，因反干扰措施较多，美、以尚未掌握该导弹的频段，致使以机损失惨重。随着苏、美的加剧争夺，电子对抗的斗争也日益激烈。美在国防部，苏联在总参谋部都设有电子战领导机构，投入大量人力物力发展电子对抗技术。现在，又对可见光、红外和光电制导武器的对抗技术，开展研究。电子对抗的应用范围，已从陆、海、空三军的电子设备，扩展到洲际弹道导弹和军用卫星等宇宙空间。这种情况，很值得重视。

从我军防空作战的战例来看，也深感电子对抗技术在现代战争中占有十分重要的地位和作用。我地空导弹部队从1958年组建以后，在防空作战的9次胜利中，有4次因及时采取反侦察、反干扰措施，击落了敌机。而在7次作战失利中，有5次由于没有采取有效的反干扰措施未能歼敌。我高炮部队援越作战中，用仿苏联的松9－A炮瞄雷达，受到美帝强烈干扰，使雷达的发现距离从50公里降到10多公里，并遭到百舌鸟反雷达导弹的攻击达84次之多。我参战部队所以能用三四十年代的武器，抗击六十年代装备的美帝空中强盗，挫败敌人吹嘘的"空中优势"，取得辉煌的战绩，主要是广大指战员一不怕苦，二不怕死，英勇作战的结果。

蒋帮平均两个月进行一次干扰和反干扰演习，每次演习都使我福建沿海雷达受到严重干扰，基本上看不到目标。1972年12月，美帝对越南北方大规模轰炸时，我广西雷达部队除一种测高雷达外，全部受到干扰，使80%以上的雷达无法观察目标。苏联在我三北边境地区经常搞干扰演习，平均每月达七八次之多，使我雷达全部受到干扰。

随着苏联、美帝不断对我进行电子侦察，已使我军雷达波段完全暴露。我轰炸机没有干扰敌人雷达的措施，在未来反侵略战争中将难于空防。海防导弹，美帝是几个雷达波段引导一种导弹，一个波段受到干扰，立即改用别的波段；而我军是一个雷达波段制导 5 种导弹，如该波段受到干扰，则 5 种导弹将同时失效。我军电子对抗存在的问题是严重的。尽快改变这种落后被动的状态，实属当务之急。

电子对抗的特点是针对性强，变化快，一种抗干扰设备，往往因对方改变干扰手段，用一两次即失去作用。一代兵器需要有几代抗干扰设备的储备，才能有较长的生存力。因此，电子对抗斗争是一项长期的、复杂的任务。它不仅是技术装备的试制、生产和使用问题，而且是与情报的收集分析、作战方案的制定、对抗技术的选用等有关的作战指挥问题。经过建国 20 多年来的努力，我国的电子对抗工作从无到有。目前，科研、生产和使用队伍已初具规模，关键是要将这方面的力量组织起来，加强领导。因此，建议组建电子对抗领导小组和专门机构，统筹负责我军进行电子对抗的战略方针和战术手段，拟订发展规划和组织协调，收集研究外军情报并确定对策等。我们必须争取时间，解决我军现装备的抗干扰问题，同时积极发展对敌实施侦察和干扰的手段。唯此，才能使敌不能制我，而我可以制敌。

以上情况，事关我军安危。我再三考虑，决定向主席报告。当否，请指示。

孔从洲

1975 年 6 月 21 日

中南海，毛泽东收到信后迅即阅看。两天后，即 6 月 23 日作出批示：

送小平、剑英、成武同志阅。
请剑英同志找二炮孔从洲等同志商议几次，为盼。

毛主席批示如此之快，是孔从洲始料未及的。叶剑英立即指示陈锡联、杨成武、王诤等人和孔从洲先交换意见，然后他再亲自参加研究。他们几位先后四次找孔从洲交换意见。

12月初，叶剑英把孔从洲和王诤找到家里，专门研究此事。

叶剑英首先询问了情况，又很仔细地听了孔从洲和王诤的意见，随后就发展电子战技术的战略目标、组织领导、部队建设、人才培养等问题系统地谈了他的看法，最后归纳形成几条意见，以总参谋部名义再次呈报国务院和中央军委。

12月18日，叶剑英写了《关于加强电子对抗工作的报告》呈报毛主席。两天后，毛泽东作出批示："很好，退叶剑英同志。"

孔从洲感到十分欣慰，在毛主席和叶剑英的亲自关心支持下，总算把研究电子对抗的道路打通了。

但不幸的是，紧接着就进入了1976年这个多事之秋。周恩来总理、朱德委员长和毛泽东主席相继去世，党和国家陷入了极度异常状态，许多工作实际上都停顿下来，自然就难于再顾及这件事了。

粉碎"四人帮"后，叶剑英再次关心电子对抗力量的建设问题，报经中共中央批准，首先成立了电子对抗和雷达管理领导小组，在国务院和中央军委领导下，统一归口管理电子对抗和雷达方面的工作。

年过七旬的孔从洲重新焕发了青春，投入到研制我国第二代反坦克导弹的工作中。

1984年10月1日，又是一个国庆节。已是78岁高龄的孔从洲又一次站在天安门城楼上。

在国庆35周年的阅兵仪式上，孔从洲亲眼看到了由他主持研制的我国第二代反坦克导弹方队，威武雄壮地驶过金水桥前的长安大道。老将军的眼睛湿润了……

毛泽东评邓兆祥

【邓兆祥简历】

邓兆祥（1903—1998），广东高要（今属肇庆市）人。

1914年起，邓兆祥先后入黄埔海军学校、烟台海军学校和南京水鱼雷枪炮学校学习，曾任北洋海军军舰枪炮副。1927年后，任国民党海军"飞鹰"军舰枪炮副，航海正、副舰长。1930年起，先后入英国皇家海军鱼雷、航海、通信等学校和格林威治皇家海军学院学习。1934年回国，任国民党海军"通济"号练习舰副长、水鱼雷营营长、第2舰队司令部参谋、"长治"号军舰舰长。1948年，任"重庆"号军舰舰长。1949年2月25日，于上海吴淞口率舰起义，后任中国人民解放军海军"重庆"号巡洋舰舰长、安东海军学校校长。

中华人民共和国成立后，任海军快艇学校校长，第一海军学校副校长，海军青岛基地副参谋长、副司令员，北海舰队副司令员，海军副司令员。1955年，被授予少将军衔，获一级解放勋章。1965年，加入中国共产党。1988年，被授予中国人民解放军胜利功勋荣誉章。第一至第三届国防委员会委员，第五届全国人民代表大会常务委员会委员，第六至第八届全国政协副主席。1998年8月6日，在北京逝世。

【毛泽东评点】

"中国人民必须建设自大强大的国防，除了陆军，还必须有自己的空军和海军，而你们就将是参加中国人民海军建设的先锋。"

——摘自《毛泽东年谱（1893—1949）》下卷，人民
出版社、中央文献出版社1993年版，第469页。

【评析】

1949 年 2 月 25 日 5 时 30 分，上海黄浦江外吴淞口，国民党海军最大的军舰——"重庆"号巡洋舰紧急启航。驶出长江口后，"重庆"舰在漆黑一团的海面上如同离弦之箭向着北方疾驶。

次日清晨 6 时许，山东解放区烟台港，东方刚刚露出鱼肚白。解放军烟台子午岛东口加农炮阵地上，观察员突然发现在眼前碧波粼粼的大海上出现了一个庞然大物。

是军舰，国民党军舰！快向作战值班室报告！

作战室值班员接到敌情通报后，立即向警备区首长汇报。

首长指示：做好战斗准备！

海面上，一轮红日从东方冉冉升起，天放亮了。奇怪的是，军舰没有开炮，只是停在海面上不断地发出灯光信号。可岸上的解放军都是"旱鸭子"，哪里懂得海军的信号，一个个警惕地注视着敌舰。

不一会儿，军舰上放下一艘小汽艇，向海港方向飞快驶来。艇上赫然插在一面小白旗！

汽艇上站着 4 名国民党海军士兵，一起向岸边高喊："我们是'重庆'舰起义的代表，请求进港。"

"重庆"舰起义的消息，立即使平静的烟台港沸腾了。人们奔走相告，欢呼雀跃。男女老少纷纷涌到码头上迎接起义的勇士们。

"重庆"号巡洋舰是当时国民党海军中最强的主力舰，原为英国皇家海军战绩辉煌的荣誉军舰——"黎明女神"号（AURORA）。第二次世界大战期间，香港英国当局曾没收中国招商局在港订制的 6 艘港湾巡逻艇，用于欧洲战场。战后，英国政府把一艘轻型巡洋舰赠送给国民党政府作为"赔偿"，国民党政府接收后改名为"重庆"号。

"重庆"号上不仅集中了一批经验丰富、技术优良的海军军官，而且士兵都具有高中或高中以上文化程度，他们分别在英国皇家海军各专科学校和"荣誉"号练习舰上学习和受训。舰长邓兆祥上校是一位老海军，11 岁就考入黄埔海军学校，从此与大海结下不解之缘。在国民党海军将领中，邓兆祥是位经验丰富的王牌舰长，曾在英国海军院校学习过 3 年，但由于为人正直、不恃权贵，因此虽资历很深，却一直得不到提升。

1948年5月19日，国民党政府和英国政府在英国朴茨茅斯军港，正式举行了"重庆"号巡洋舰的交接仪式。

5月26日，"重庆"舰起锚回国。在邓兆祥的指挥下，全舰官兵齐心协力，战胜了狂风恶浪，航行近万海里，历时两个多月，于8月3日回到了上海吴淞口。

然而当久别游子风尘仆仆从遥远的大洋彼岸回到祖国母亲的怀抱后，就立即被推上了内战前线。这年10月，辽沈战役打响了。东北野战军集中优势兵力攻打锦州，堵住国民党军入关退路。眼见东北的国民党军陷入全军覆灭的境地，蒋介石慌了手脚，亲临东北督战，抛出"重庆"舰这张王牌。国民党海军总司令桂永清亲自指挥，用舰炮猛烈轰击解放军坚守的塔山、高桥阵地。对此，邓兆祥既痛苦万分又无可奈何。

中国人打中国人的炮火震醒了邓兆祥和舰上的爱国官兵，大家都不愿意再充当蒋介石打内战的帮凶和炮灰了。

11月，"重庆"舰从东北战场返回上海，舰上随即发生了大量士兵逃亡的事件。邓兆祥也在夜间偷听解放区电台的广播，并经常阅读上海爱国民主党派办的进步报刊。他逐渐认识到，共产党根本不像国民党宣传的那样杀人放火、无恶不作，感到共产党并不可怕。

这一期间，邓兆祥与好友郭寿生、周应聪往来频繁。

郭寿生，时任国民党海军总司令部新闻处上校处长、《海军月刊》社社长，早年曾加入中国共产党。周应聪，时任国民党海军上海基地办事处主任，与中共上海地下党组织保持着密切的联系。二人对蒋介石独裁、内战的反动政策和国民党政府的黑暗统治深恶痛绝，经常在与邓兆祥的谈话中流露出来，并对邓兆祥产生了很大的影响。

一天，周应聪对邓兆祥说："看来国民党海军要换旗了。"邓兆祥同意他的看法，表示坚决不去台湾。至于如何"换旗"，他们当时还摸不透，但邓兆祥已在思想上有了"应变"的准备。

邓兆祥知道国民党对自己不信任，而回国内后的所见所闻都是贪污腐败、巧取豪夺、物价飞涨、经济凋敝、民不聊生的衰败景象，更对国民党丧失了信心，决定解甲归田，给桂永清写了一封辞职信。

> 桂永清总司令：
>
> 　　我和"重庆"号的兄弟们从英国归来后就参加了东北之战。在这次战斗中，据不完全统计，逃跑的官兵就有二百余人。我作为一舰之长，带兵无方，不能胜任，故请另选高明。
>
> 　　另外，我离家已数年，妻子儿女生活实属困难，请求归乡，长期休假。
>
> 　　请予以考虑。
>
> "重庆"号舰长　邓兆祥

邓兆祥的辞呈递上去后，如同石沉大海，久久不见回音，心情愈发沉闷，仿佛是航行在茫茫大海里的一叶孤独的小舟，在激流漩涡里挣扎。

"路在何方？"邓兆祥苦苦思索。"重庆"舰的广大爱国官兵也在思考着同样的问题。

在中共地下党组织的积极策动和中国共产党政策的感召下，舰上的进步官兵开始秘密串联，酝酿起义。

1949年2月，随着辽沈、淮海、平津三大战役的胜利结束，国民党军精锐之师遗失殆尽，蒋家王朝已是穷途末路。但蒋介石不甘心失败，梦想凭借长江天堑负隅顽抗。桂永清更是四处吹嘘"陆军不打，海军打"，下令"重庆"舰开进长江，配合海军第2舰队妄图阻挡解放军渡江。几乎与此同时，舰上的士兵起义组织——"重庆军舰士兵解放委员会"秘密成立了。

经过精心的策划和准备，2月25日子夜，"重庆军舰士兵解放委员会"发动了起义。当起义领导人之一、"重庆"舰一等兵王颐桢请邓兆祥领航开船，把军舰驶向解放区时，已有应变思想准备的邓兆祥毅然决然地登上驾驶台，下令开航。

邓兆祥伫立在舰桥中央，嘴上含着紫黑色的烟斗，一双深邃犀利的眼睛凝视着前方波涛翻滚的海面。随着他铿锵有力的舵令，威武庞大的"重庆"舰终于冲破了黎明前的黑暗，驶出吴淞口，向茫茫大海急驶。

在浩瀚的海面上，狂风呼啸，白浪滔滔。风激浪，浪借风，将浪头重重摔在"重庆"舰的甲板上，击起三四米的恶浪，势如排山倒海！"重庆"舰如同一叶小舟，在风浪中时起时伏。

这是生与死的搏斗，这是人与海的较量。死亡，时时刻刻都会降临。但邓兆祥的心中却没有一丝恐惧，他只有一个念头：一定要带着他心爱的战舰驶向人民的海洋，迎接光辉灿烂的明天……

在全舰爱国官兵的共同努力下，经过25小时的艰苦航行，"重庆"舰终于安全抵达山东解放区烟台港外海，起义获得成功。

邓兆祥略显疲惫的脸上露出了胜利的微笑。伫立在甲板上的官兵们此时也抑制不住胜利的喜悦，情不自禁地欢呼雀跃，振臂高呼：

"我们起义成功了！"

"我们解放了！"

为保证"重庆"舰的安全，避免遭受国民党空军飞机的轰炸，根据中央军委的指示，3月3日下午，在夕阳的映照下，"重庆"舰驶离烟台港，穿越茫茫的渤海海峡，于次日拂晓顺利抵达葫芦岛。

"重庆"号起义后，邓兆祥受到共产党和解放区人民对他无微不至的关怀。为表达自己的心声，他亲自修改签发了给毛泽东主席、朱德总司令的致敬电：

敬爱的中国人民领袖毛主席、中国人民解放军朱总司令：

当我们重庆号五百七十四名官兵全体平安地抵达解放区港口之际，请您们接受我们最诚挚的崇高的敬意。

在美蒋勾结的反中国人民内战中，几年的中国海军，亦不幸被迫作为帮凶工具。但战争近三年来，国民党陆军消灭殆尽，空军起义风起云涌，而在战犯桂永清据为私人财产的海军内部，广大海军青年亦不能再受欺骗麻醉。复加蒋介石在政治、经济各方面的反动措施，已进入最后总崩溃而不可收拾，美英帝国主义的任何援助，也决不能使之起死回生。全国人民解放斗争的胜利，计日可待。鉴于大势所趋，人心所向，重庆号全体官兵，不甘再助纣为虐咸愿秉诚赎罪，报效人民，乃于二月二十五日在国民党腹心地区内吴淞口外，毅然首举海军义旗，北驶开入解放区港口，参加中国人民解放军。今后誓当在中国共产党领导之下，东北解放区军政首长直接领导之下，贯彻毛主席八项和平主张，为彻底摧毁美蒋勾结的对中国人民的统治，完成全国人民解放大业而奋斗，为彻底改造自己，根除一切不利于人民事业的思想作风，建立一支强大的新中国人民海军而奋斗。相信我们重庆号已走过的航路，数百艘国民党海军舰艇，万千有志的海军青年，必将跟踪而来，团结在您们——普照着新中国领海领土领空的明灯周围。

"重庆"号舰长

海军上校邓兆祥率"重庆"号全体官兵574名同叩

1949年3月5日

此时正值阳春三月，春回大地，万木吐翠。

河北平山西柏坡，毛泽东和刘少奇、周恩来、朱德、任弼时等人，正通宵达旦地研究筹备中国共产党七届二中全会的召开。

当得知国民党最大的军舰"重庆"号起义，已开到解放区烟台港时，毛泽东高兴地说："很好嘛！'重庆'号是一艘不得了的大舰啊！是中国现代史上唯一的巡洋舰。1948年8月从英国回来，蒋介石就把它当成了心肝宝贝。现在它的归来，就是发了一个信号，说明国民党南京政府已到了土崩瓦解、穷途末路的时刻啦！这些天来，辽沈、平津、淮海三大战役取得了辉煌胜利，加速了全国的解放进程。今天，'重庆'号又驶向解放区烟台，这是人心背向的又一个见证！好一个令人鼓舞的消息！我们要大力宣传，给他们发嘉勉电！"

毛泽东还兴奋地挥动着手臂对身旁的参谋说："请你们了解了解'重庆'号的详细情况，舰长是谁？给我写个报告。"

"重庆"号巡洋舰起义成功，在国民党营垒中如同爆炸了一颗巨型炸弹，所起到的重大影响是无法遏止的。

蒋介石又气又急，在这多事之秋，"重庆"舰可是他的命根子，是他赖以固守长江天堑、保全东南半壁江山的"王牌"战舰。没想到竟然也投降了共军，这对他不啻致命一击。蒋介石拍案怒骂桂永清是"饭桶"，将其"撤职留任，以示惩儆而察后效"，并恼羞成怒地命令空军总司令周至柔："要不惜一切代价找到'重庆'号，击沉它！"

3月19日，秘密转移到葫芦岛的"重庆"号军舰还是被国民党空军发现，遭到大批敌机的狂轰滥炸。虽然舰上官兵进行英勇还击，但是"重庆"号舰体严重受伤，基本上丧失了海上作战的能力。同时还有6名士兵壮烈牺牲，近20人受伤。

为了保存军舰，在拆除军舰上重要设备后，舰上官兵被迫于3月20日打开海底闸门自沉葫芦岛。"重庆"舰被迫沉海后，起义官兵在精神上受到严重挫折，心里很不是滋味。

3月24日，毛泽东、朱德联名给邓兆祥舰长和全体官兵发出嘉勉电：

邓兆祥舰长并转全体官兵：

热烈祝贺你们英勇的起义。美帝国主义者和国民党的空军虽然炸毁了重庆号，但是这只能增加你们的起义的光辉，只能增加全中国爱国人民、爱国的海军人员和国民党陆军、空军人员的爱国分子的愤恨，使他们更加明了你们所走的道路乃是爱国的国民党军事人员所应当走的唯一道路。你们的起义，表示国民党反动派及其主子美帝国主义者已经日暮途穷。他们可以炸毁一艘重庆号，但是他们不能阻止更多的军舰将要随着你们而来，更多的军舰、飞机和陆军部队将要起义，站在人民解放军方面。中国人民必须建设自己强大的国防，除了陆军，还必须建设自己的空军和海军，而你们就是参加中国人民海军建设的先锋。

祝你们努力！

毛泽东

朱　德

1949年3月24日

这时，葫芦岛码头冷风拂面，寒意料峭，岸边残留的积雪还没有融化，礁石缝里挤出的几株迎春花，迎着寒风瑟瑟抖动，它们多么需要阳光的温暖呀！

"毛主席给我们发来贺电了！"

这惊喜的消息像长了翅膀，伴着海浪撞击堤岸的阵阵响声，在码头、军舰、海岛上传播开了。人们欢呼高歌，奔走相告。

毛主席和朱总司令的嘉勉，给邓兆祥及500多名起义官兵以极大的鼓舞，大家精神振奋，心头升腾起一个坚定的信念：坚决响应毛主席的伟大号召，为建设中国人民的新海军贡献一切！

"重庆"舰像一条飞向光明的蛟龙，为一切爱国的国民党军事人员开辟了一条宽阔而光辉的航道。正如毛泽东所说的："重庆"号打开航路，他们是先行者，必然会有更多的军舰接踵而来。

4月23日凌晨，在人民解放军解放南京的隆隆炮声中，国民党海军海防第2舰队司令林遵率所部30艘舰艇、1271名官兵，在南京笆斗山江面举行起义。

同日，国民党海军第3机动舰队的23艘舰艇在镇江江面举行起义。

9月19日，国民党海军海防第1舰队旗舰"长治"号在长江口外海面起义。

11月29日、30日，国民党海军江防舰队"永安""民权""常德""英山""英德""永平"等舰只在四川境内起义。

……

在不到一年的时间里，国民党海军舰艇人员起义17起，总共有大小舰艇97艘、38000余名官兵加入人民解放军的行列，为人民海军的建设贡献了自己的力量。

毛泽东始终关心着起义的将领们，更关心着"重庆"舰舰长邓兆祥，特意派贺龙代表党中央和解放军总部看望"重庆"舰官兵。

在葫芦岛，贺老总热情地慰勉起义官兵："要说宝贝，在座的诸位才是宝贝呐。贵舰人才云集，邓兆祥就是人才，士兵解放委员会、全舰官兵中还有许多人才。有诸位做骨干，就更容易办海校、建海军……"

贺老总的一番话，驱散了起义官兵脸上的愁容，鼓起了大家的信心，深切感到人民解放军官兵一致，上下平等，与国民党海军有着天壤之别。

1949年8月15日，是邓兆祥最难忘的一天。

这天，时任东北安东海军学校校长的邓兆祥收到了发自北平（今北京）的邀请电报，请他去参加中国人民政治协商会议第一届全体会议。

9月的一天，邓兆祥登上由安东（今丹东）开往北平的列车。在列车上，他不时地取出电报反复阅读，不禁又想起了前几天昔日的旧友同窗林遵打来的电话。

那是8月28日，毛泽东在中南海的会客厅里，约见林遵和应召参加海军建设的原国民党海军少将曾国晟，以及徐时辅、金声等人。

谈话中，毛泽东问林遵："同你们先后起义的还有邓兆祥，'重庆'号舰长，他好像是广东人。"

林遵回答道："邓兆祥是马尾海校训育主任，广东高要人。"

毛泽东吸了一口烟，颇有感触地说："高要，又叫端州，那是出端砚的地方。马尾船政学堂以前还出了刘步蟾、邓世昌、林泰曾，他们都是著名将领，甲午海战中的英雄。"

当晚，林遵就给邓兆祥打电话，转达了毛主席对他的问候。

邓兆祥心中顿时涌动起一种难以言表的激动，连声说："我衷心感谢毛主席，衷心感谢毛主席！"

9月21日晚7时，中南海怀仁堂，中国人民政治协商会议第一届全体会议隆重开幕了！

毛泽东致开幕词："我们的会议是一个全国人民大团结的会议。中国人民政治协商会议宣布自己执行全国人民代表大会的职权。"

全场响起了热烈的掌声。

邓兆祥认真聆听着毛泽东的讲话，当听到毛泽东庄严地提出"我们将不但有一个强大的陆军，而且有一个强大的空军和一个强大的海军"时，不禁心潮澎湃，热烈鼓掌，兴奋得简直要跳起来。他暗下决心：自己只有尽心尽力，为中国海军的强大努力工作，才能不辜负共产党和毛主席对自己的莫大信赖和重托。

9月23日，毛泽东、朱德专门宴请程潜、张治中、傅作义、邓宝珊、黄绍竑、李书城、李明灏、刘斐、陈明仁、孙兰峰、李任仁、吴奇伟、高树勋、张轸、曾泽生、何基沣、刘善本、林遵、邓兆祥、左协中、廖运周、李明扬等26名国民党海、陆、空军的主要起义将领。应邀作陪的有李济深、陈铭枢、蔡廷锴、蒋光鼐、周恩来、陈毅、刘伯承、粟裕、黄克诚、聂荣臻、罗端卿等人。

席间，不善饮酒的毛泽东频频举杯，庆祝到会的原国民党军将领举行起义和响应人民和平运动的功绩。他说：由于国民党军中一部分爱国军人举行起义，不但加速了国民党残余军事力量的瓦解，而且使我们有了迅速增强的空军和海军。

几天来，邓兆祥一直在思考，在建设国家、建设海军上，自己应该做些什么呢？毛泽东的讲话极大地启发了这位昔日国民党海军的王牌舰长。

而此时，毛泽东也在思考，在共商国是的会议上，虽然时间有限，但还是应该让方方面面更多有代表性的与会人员讲讲话，以集思广益。

9月26日凌晨3时，习惯于夜间办公的毛泽东函告周恩来："尚未讲话而应讲话或想讲话的人们，如林遵、邓兆祥、刘善本、章伯钧、张元济、周善培、李书城、柳亚子、张学思、杨拯民、罗隆基、李锡九、李烛尘……等人（名单应加斟酌），本日上午或下午必须逐一通知他们写好讲稿，否则明天即来不及讲了。请注意及时组织此事。"

遵照毛泽东的指示，当天邓兆祥在政协全体会议上做了精彩的发言：

主席、诸位代表先生：

我和"重庆"舰起义的官兵以及"灵甫"舰积极参加起义的官兵，在东北人民解放军海军学校受训、学习，并受人民和政府的优待，今天又得以参加中国人民政治协商会议，感到荣幸，更感到无限兴奋！对于大会讨论的三个建国大宪章，我敢保证，海军学校全体学员一定遵照朱德总司令前天在大会上的指示，切实去执行。

我感到几十年来，中国受尽帝国主义的侵略和压迫，主要的原因是没有海防。为什么我们不能建设海防呢？是因为从清皇朝直至战犯蒋介石专政时代，都是勾结帝国主义者压迫和剥削人民大众，所以不愿意中国有保护人民利益的武力，建设海军就因此无望。

现在人民革命胜利了，中央人民政府就要宣告成立。根据共同纲领的规定和毛主席的指示，我们要建设中国的海军。我们知道在革命胜利之后，建设海军是绝对的必要。而在建设新海军的初期，必须有一个建设新海军的运动，我们要扩大海军建设的宣传，使全国民众和海外侨胞都能认识到海军建设的重要，并一致拥护今后政府对海军建设的计划。这样，经过一个相当时期以后，一定能够建设一支强大的海军。最后，我们谨以最大的热诚，庆祝大会的成功！

9月30日，毛泽东在中南海怀仁堂亲切接见邓兆祥和傅作义、程潜、曾泽生等30多位国民党起义将领。

毛泽东容颜焕发，迈着矫健的步伐走到人群中间，和大家一一握手。当走到邓兆祥跟前时，周恩来介绍："他就是参加'重庆'号起义的邓兆祥同志。"

毛泽东伸出手，微笑道："噢，你就是邓兆祥同志啊！"

邓兆祥按捺不住激动的心情，深情地凝视着毛主席，紧张而又兴奋地说："主席，您好！"

毛泽东紧紧握住邓兆祥的双手。

邓兆祥看到毛主席是那样虚怀若谷、平易近人，紧张的情绪一下子放松了。

交谈中，当邓兆祥和起义将领们表露出他们为昔日走错了路而感到内疚之情时，毛泽东把手臂往空中猛地一挥，说："我们看问题不要割断历史嘛！这是当时历史条件造成的。现在你们走到革命路上来了，这很好嘛。要坚持下去！"

毛泽东的话像一把火驱散了多日埋在邓兆祥心中的阴影，心境豁然敞亮了，暗下决心：一定要为建设强大的人民海军贡献出毕生的力量。

在会议期间，周恩来亲自接见了邓兆祥和林遵，以及周应聪、郭寿生等原国民党海军人员。

周恩来诚恳地说："新中国就要成立了，需要建设一支强大的海军，以保卫国家的海疆。你们四位都是老海军了，今天请你们来，就想听听你们对海军建设的意见。"

接着，周恩来转向邓兆祥，亲切地询问："邓兆祥同志，你先说一说，咱们一块研究商量。"

在周恩来信任的目光注视下，邓兆祥从上衣口袋里掏出一个蓝色的笔记本，翻了几页，说："我有一个建议，我们海军刚组建，应该让过去的一些旧海军人员出来工作。他们在旧中国饱尝了有海无防的苦难，有爱国思想，又懂专业技术。让他们出来，发挥他们的一技之长，是很有好处的。"

接着，邓兆祥列举出一些爱国的原国民党海军人员，特别提到曾任国民党海军部部长、海军总司令的陈绍宽先生。他向周恩来介绍说："陈绍宽先生我是了解的。他是爱国、懂技术的人才。建议请他出来。"

周恩来听完后，高兴地说："好，好，你的建议很好。我们就是要团结一切可以团结的人，齐心协力为建设祖国而奋斗。你提到的陈绍宽先生，我一定向毛主席汇报。"

邓兆祥的建议受到了毛泽东的重视。在1950年中国人民政治协商会议第一届全国委员会第二次会议上，陈绍宽以特邀代表的身份出席会议，后来担任华东军政委员会委员，福建人民政府副主席、副省长等职务，并被选为第一至第三届全国人民代表大会代表。

此后，华东军区海军司令员张爱萍发布通告，在上海等地成立"国民党海军人员登记办事处"，先后有4000多人加入到人民海军的行列。其中有许多原国民党海军的高级官员参加了人民海军建设，并在一些重要岗位上任职。

1949年10月1日，北京城披上了节日的盛装。人们从四面八方涌向天安门广场。东西长安街和天安门前汇集成人的海洋。30万翻身的劳苦大众欢聚在天安门广场隆重地庆祝自己亲手创建的中华人民共和国的诞生，歌唱自己的翻身解放。

邓兆祥站在庄严巍峨的天安门城楼上，心中深切地感受到，这是一个近代史上备受屈辱的民族扬眉吐气的时刻，是华夏大地新的历史开端……

15时整，中央人民政府秘书长林伯渠宣布庆祝典礼开始。

天安门城楼上，毛泽东以洪亮的声音向全世界宣告："中华人民共和国中央人民政府今天成立了！"

随着毛泽东按动电钮，天安门广场上第一面鲜艳夺目的五星红旗冉冉升起，迎风飘扬。此情此景令心潮激荡的邓兆祥眼睛湿润了。

盛大的阅兵仪式开始了。中国人民解放军总司令朱德任检阅司令员，华北军区司令员兼京津卫戍区司令员聂荣臻任阅兵总指挥。

受阅部队成分列式经天安门城楼前，由东向西阔步前进。受阅部队以海军方队为前导，步兵师、炮兵师、战车师和骑兵师相继跟进。当年轻的人民海军受阅方队迈着整齐的步伐走过来时，毛泽东率先鼓起了掌。邓兆祥激动地高喊："我们的人民海军来了，我们的人民海军来了！"

这时，人群中响起了一阵又一阵"中国人民海军万岁！"的欢呼声。毛泽东凝视着这支启航的蔚蓝色的海军"舰队"，满意地笑了。

此时此刻，经历了中国海军三代变革，目睹了军阀割据中北洋海军的没落、国民党海军的腐败、新中国人民海军的诞生的邓兆祥，望着人民领袖毛泽东，激动不已。

海军方队走近了，邓兆祥一眼就看到：这支由155人组成的年轻的受阅水兵队列中，有从安东海军学校选派的原"重庆"号军舰上的士兵。他们头戴白色水兵帽，肩上飘着黑色的金锚飘带，身着蓝白相间的海魂衫，身背钢枪，挺胸注目着城楼，庄严敬礼，步伐整齐地通过天安门前。

邓兆祥激动地流下了热泪，中国人民有了自己的海军，万里海防线上有了坚不可摧的壁垒，100多年来中国有海无防的屈辱历史从此一去不复返了！

几天后，邓兆祥又被邀请到中南海，参加朱德总司令为国民党起义将领们举行的宴会。

席间，朱老总频频举杯："欢迎你们来做客，我代表毛主席向你们表示感谢，感谢你们为共和国的诞生做出的努力。希望你们为未来的国防建设事业作出更大更新的贡献！"

邓兆祥双手端起酒杯，高高举过头顶，向敬爱的朱老总道了一声发自内心的最真诚的祝福："祝毛主席和您身体健康！"这是一位饱经忧患的老海军发自肺腑的祝福！

1957年8月1日，是中国人民解放军建军30周年纪念日，中央军委决定在青岛举行人民海军建军以来空前未有的诸兵种联合演习阅兵。

毛泽东原计划于8月4日检阅海上演习，但由于患了重感冒，就委派周恩来检阅了海军部队。

第二天，身体尚未痊愈的毛泽东同周恩来一起接见驻青岛海军大尉以上军官。

听到这个消息，时任海军青岛基地副司令员的邓兆祥同大家一样兴奋。他身着将军服，擦亮皮鞋，精心打扮一番，心中期盼着：接见时，如果能站在毛主席身边照张相就好了。

在青岛第一体育场临时搭建的观礼台上，海军军官队列整齐。不一会儿，毛泽东、周恩来在海军司令员萧劲光的陪同下走了过来。

顿时，队列里响起了热烈的掌声。毛泽东、周恩来微笑着向大家频频挥手。

看到队伍排得很长，毛泽东关切地问："来人这么多，站在旁边的人能照上吗？"

摄影师回答："主席，都能照上。"

邓兆祥站在队列第一排，离毛泽东很近，实现了在毛主席身边照相的愿望。几十年来，这张具有特殊意义的照片，一直激励着邓兆祥。

毛泽东对邓兆祥给予了无微不至的关怀和很高评价，"重庆"舰起义的辉煌以它独特的意义两次载入了《毛泽东选集》。而邓兆祥也没有辜负毛泽东的期望，全身心地投入到人民海军的建设事业上，兢兢业业几十年，为建设新中国的强大海防立下了汗马功劳。他热爱中国共产党，热爱毛主席，多么想早日成为一名光荣的中国共产党党员。但几次提笔向党写申请书，却又几次放下，因为他总感到自己离一名真正的共产党员还相差太远。

就这样，十几年过去了，已担任海军北海舰队副司令员的邓兆祥终于鼓足勇气，郑重写下入党申请书：

我自 1949 年 2 月 25 日同"重庆"舰爱国青年在吴淞口起义,受到了党中央,毛主席、朱德等国家领导人的关注,使我终生难忘。同时,也受到了党组织无微不至的关怀、信任、重视和培养,使我的政治思想觉悟有了不断的提高,世界观得到了逐步的改造,在革命工作的实践中,使我深深感触到马列主义、毛泽东思想是我国革命成功的指路明灯,只有社会主义才能救中国。

　　作为我自己,只有伟大的共产党,才会给我新生,使我有了今天。所以,我迫切要求加入党组织。请组织接受我的申请,我将经得住党组织对我的任何考验!

　　我申请加入党组织,这是我梦寐以求的最大心愿。我愿把我的有生之年贡献给人民海军的建设!

　　1965 年秋,年已六旬的邓兆祥迎来了人生之路上的又一个辉煌时刻。中共北海舰队党委正式批准邓兆祥的入党申请,并由舰队司令员刘昌毅、副政治委员卢仁灿作他的入党介绍人。

　　邓兆祥夙愿终于实现了,为党和人民工作的热情更加高涨。然而此时,一场突如其来的浩劫悄然而至。

　　1966 年,"文化大革命"的风暴刮进了北海舰队。作为国民党起义将领的邓兆祥自然就成为了造反派批斗的主要对象。

　　关键时刻,卢仁灿站了出来,大义凛然地说:"邓兆祥的历史问题我了解,党组织早就有结论。党中央、毛主席也早有定论,'重庆'号起义在《毛泽东选集》上,毛主席曾两次提到这件事,你们怀疑,可以去仔细读读《毛泽东选集》!"

　　造反派们一下子沉默了,再也不敢逼邓兆祥交代所谓的"历史问题"。

　　粉碎"四人帮"后,已是七旬高龄的邓兆祥重新焕发了青春,出任海军副司令员,为人民海军的现代化建设谱写了新的篇章。

　　1998 年,这位毕生都为建设强大的海防、振兴中华、统一祖国而奋斗着的大海之子走完了他充满传奇色彩的一生。

　　历史不会忘记,共和国不会忘记,人民不会忘记:

在中国人民解放斗争史上，他同"重庆"号爱国官兵的光荣举义，记录了特殊的一页；在人民海军史上，他为建设强大的人民海军，记载了光照千秋的业绩。

对毛泽东、对共产党，邓兆祥有着特殊的深厚感情。他在暮年曾发自肺腑地说："共产党胸怀大志，真心为国，海纳百川，天地可鉴。"

毛泽东评皮定均

【皮定均简历】

皮定均（1914—1976），安徽金寨人。

1928 年，加入中国共产主义青年团。1929 年，参加中国工农红军。1931 年 3 月，转入中国共产党。1933 年起，在红四方面军任连政治指导员、营政治教导员，参加了鄂豫皖、川陕苏区反"围剿"、反"围攻"。长征中，任中国工农红军大学上级指挥科副科长、彭（湃）杨（殷）步兵学校营长。到陕北后，任教导师第 2 团团长。全面抗战爆发后，任八路军第 129 师特务团团长、太行军区第 5、第 7 分区司令员。1944 年 8 月，奉命组建豫西抗日游击支队，任司令员，率部开辟豫西抗日根据地。抗日战争胜利后，任中原军区第 1 纵队第 1 旅旅长。1946 年 6 月，在中原突围中，率第 1 旅向东转移以掩护主力向西突围，经 20 天连续激战，冲破国民党军的堵截、封锁，胜利抵达苏皖解放区。后任华东野战军第 6 纵队副司令员、第三野战军第 24 军军长，参加了莱芜、孟良崮、豫东、淮海、渡江等战役。1952 年参加抗美援朝战争，任中国人民志愿军第 9 兵团第 24 军军长兼政治委员。1953 年回国后，任福建军区、福州军区副司令员。曾入中国人民解放军高等军事学院学习。1969 年起，任兰州军区、福州军区司令员。1955 年，被授予中将军衔，获二级八一勋章、一级独立自由勋章、一级解放勋章。中共第九、十届中央委员。1976 年 7 月 7 日，因公殉职。

【毛泽东评点】

"皮有功，少晋中。"

——摘自《中国人民解放军高级将领传》第 16 卷，解放军出版社 2013 年版，第 530 页。

【评析】

军衔制度是建设正规化、现代化军队的重要措施之一。人民解放军由于长期战斗成长在战争环境中，没有条件实行军衔制度。中华人民共和国成立后，随着人民解放军的指挥、制度、编制、装备、训练和纪律逐步走向正规与统一，各种条令条例逐步实行，作为军队现代化正规化建设必不可少的军衔制度，也随之被提到国家和军队的议事日程。

1950年12月30日，军委总干部管理部在工作总结报告中，提出把"研究军衔的准备工作"列为1951年的工作任务。经中央军委同意，从1951年起，军委总干部管理部即着手研究准备实行军衔制度的问题。1953年1月20日，军委总干部部向全军发出《军衔鉴定工作指示》，对军衔鉴定的内容和军衔鉴定工作的领导与方法提出了要求。2月17日，中央军委决定：鉴于军衔准备与评定工作的繁重，为统一研究与检查军衔准备工作及将来对全军军衔等级之评定，决定在军委领导下成立军衔实施委员会。后在军衔实施委员会之下成立军衔审查研究组，负责实施军衔制度的具体工作。

实行全军统一的正规军衔制度，在人民解放军的历史上是第一次，准备工作非常复杂而政策性强，人民解放军尚缺少这方面的工作经验。为稳妥慎重，3月9日，中央军委下达《关于评定军衔的步骤与范围问题的通知》，对原定实施军衔工作的计划步骤进行调整。4月，中央军委发出《关于军士以下人员（含准尉）军衔评定工作指示》，对军士和士兵的军衔评定工作进行部署。据此，全军对实行军衔工作进行全面准备，重点是全面考察各级各类干部，并根据各类干部不同的工作性质作出符合干部本人实际情况的鉴定。

经反复研究和多次修改，《中华人民共和国人民解放军军衔条例》（草案）于1953年8月形成。1955年2月8日，第一届全国人民代表大会常务委员会第六次会议通过并颁布《中国人民解放军军官服役条例》，明确了军官军衔制度。军官军衔分为4等14级，即中华人民共和国大元帅、中华人民共和国元帅，大将、上将、中将、少将，大校、上校、中校、少校，大尉、上尉、中尉、少尉。

评定军衔虽然标准明确，但是由于全军几十万军官情况千差万别，又涉及每个人的切身利益，需要慎重对待。为使军衔评定比较恰当、公允，中央军委专门下发《关于评定军衔工作的指示》，要求各级党委领导、首长亲自主持，正确掌握评定标准，防止可能产生的草率从事的偏向，以利于调动积极性，巩固军队内部的团结。毛泽东在审阅首批即将授予少将军衔人员的名单时，目光在"皮定均"三个字上停留了片刻，即挥笔写下六个醒目的大字："皮有功，少晋中。"

9月27日，中华人民共和国主席授予中国人民解放军军官以中华人民共和国元帅军衔及授予中国人民解放军在中国人民革命战争时期有功人员勋章典礼，在北京中南海隆重举行。同日，国务院授予中国人民解放军军官将官军衔典礼在中南海举行。周恩来把授予大将、上将、中将、少将军衔的命令状分别颁发给粟裕等在京的301名将官。根据毛泽东的提议，41岁的皮定均被授予中将军衔。毛泽东之所以对皮定均青睐有加，与他在中原突围中的优异表现是分不开的。

抗日战争胜利后，蒋介石调集20多个师的部队，包围和蚕食中原解放区，企图消灭中原解放区部队，打通向华东、华北、东北的进军道路。中原解放区，又称鄂豫皖解放区，位于华中腹心地带，是中国共产党在鄂、豫、皖、湘、赣五省交界地区创建起的敌后抗日根据地，为抗战胜利后中国共产党领导的六大战略区之一。因据险要而扼要冲，是掩护华中、华北、西北解放区转入内战准备和战略展开的支撑点，同时又是蒋介石大军出川，攫夺华东、华北乃至东北的重要障碍，中原解放区成为国共双方都十分看重的战略枢纽。

1946年1月，国民党政府和中国共产党双方代表签署停战协定后，国民党军仍继续增调兵力包围和进攻中原解放区。5月10日，国共双方代表虽然专门就中原地区停止武装冲突签订了《汉口协定》，但国民党军拒不执行。至6月，进攻中原解放区达1000余次，占去县城、村镇1100余处；将中原军区部队5万余人包围在以宣化店为中心的罗山、光山、商城、经扶（今新县）、礼山（今大悟）之间，纵横不足百里的狭小地区内，北面是第47军，西北面是第66军，东面是第48军，南面是第72军，西面是第75军，并在解放区周围挖通战壕10万多条，构筑碉堡6000余座。

中原军区犹如在汪洋大海中困守于一叶孤舟上。时值青黄不接之际，除数万官兵和家属外，还有40万的百姓被围困在山区里，处境十分艰难。国民党军的严密封锁令这里的给养"有朝不保夕之苦"，部队缺吃少穿，天天喝稀饭、吃野菜。更为可恨的是，国民党军不但控制了所有可能运输粮食的道路，而且在边缘地区故意抬高粮价，以吸引解放区内百姓的粮食外流。

为避免内战，中共中央多次同国民党政府交涉，表示愿意让出中原解放区，将部队和平转移到其他解放区去。但国民党政府一意孤行，至6月下旬，用于包围中原军区部队和全面进攻解放区的兵力增至10个整编师约30万人。此时，蒋介石认为以装备有美制精良武器的30万国军，在方圆200余里内进攻中原军区的6万之师，简直易如反掌。于是，他始终没有同意中原军区部队和平转移的要求，反而任命郑州"绥靖"公署主任刘峙为进攻中原解放区的总指挥，率各围攻部队"严密封锁，分进合击，彻底消灭中原野战军"。

面对蒋介石咄咄逼人的态势，毛泽东致电晋察冀军区、晋绥军区、晋冀鲁豫军区、山东军区："观察近日形势，蒋介石准备大打，恐难挽回。大打后，估计六个月内外时间，如我军大胜，必可议和；胜负相当，亦可能议和；如蒋军大胜，则不能议和。因此，我军必须战胜蒋军进攻，争取和平前途。"中原军区司令员李先念曾回忆："中原自古是兵家必争之地，我们是在国民党统治的心脏地带，他们决不会甘心让我们待在这里的。……其他解放区可能有一段和平时期，而中原解放区则不可能，必须立足于打。"

刘峙走马上任后，立即在驻马店设立指挥所，制定了一个"四十八小时内一举包围歼灭"中原解放军的计划，限令所属部队于6月22日前完成秘密包围态势，26日开始围攻，7月1日发起总攻击。

从6月16日起，国民党军就兵分六路，再度压缩包围圈，向中原军区部队进逼。北线国民党军在信阳、罗山、光山边缘区实施炮击，南线国民党军在黄安、孝感地区蠢蠢欲动。

中原解放区处于国民党军重兵包围之中，势孤力单。是束手就擒、坐以待毙，还是挺起胸膛、勇敢接受挑战？危急关头，中共中央和中央军委指示中原局和中原军区，坚决突破国民党军重围，实行战略转移。

在国民党大军重重包围中，选择突围方向成为突围成功的关键所在。中原局、中原军区曾经反复讨论过三个方案：一是向东到苏皖解放区。这条路线行程短，经过地区富庶，容易解决给养；但要通过长江与巢湖或淮河与巢湖之间的狭窄地带，还必须穿越国民党军配置重兵的津浦铁路，大部队通过比较困难。二是向北至晋冀鲁豫解放区，但必须通过河南平原，沿途既有黄泛区和陇海路挡道，还有国民党军重兵堵截，不利条件较多。三是向西挺进秦岭、武当山，而后转入太岳或陕甘宁边区，或相机入川。这条路线虽有地瘠民贫等不利因素，但山多地广，便于回旋游击。中原局认真讨论、权衡利弊后，最后选定主力向西突围方案。

6月20日，就在国民党军进攻迫在眉睫之际，中原局向中共中央报告了突围计划："我们现处于四面严重包围之中，向东、向北突围没有可能。依中央指示，我们现已作战略准备：（一）主力向西突围，尔后直迫内乡、淅川、荆紫关地区，待许昌敌调动后，主力经伏牛山腹地，出卢氏、洛宁，越陇海路，渡河到太岳。万一不成，我们即在伏牛山、秦岭打游击。必要时，转甘南创造根据地，或到陕甘宁边区会师。（二）同时，我们亦准备渡襄河，进到武当山创造根据地，或者再进川再转甘南地区……"

具体部署是：先由皮定均率第1纵队第1旅向东行动，造成主力东进态势，以迷惑敌人，转移敌人的视线。中原解放军主力则分为左右两路向西突围。其中，李先念、郑位三、王震等率中原局、中原军区直属队和第2纵队第13旅、第15旅1个团、第359旅、干部旅共1.5万余人为右路，军区副司令员兼第1纵队司令员王树声率第1纵队（欠第1旅）、第2纵队第15旅（欠1个团）共1万余人为左路。张体学率鄂东军区部队，挺进大别山腹地，牵制敌人兵力。黄林率河南军区部队，在平汉路西侧掩护右路主力突围作战。王海山率第2纵队第15旅大部随第1纵队行动。罗厚福所率江汉军区部队留少数武装坚持原地斗争，其余部队进入襄河（汉水）以西地区。

21日，中原局再次电请中央，要求实施主力突围计划。中原局认为"局势确已发展到必须迅速主动突围的地步"，因为截获的密电显示国民党军将于近日对中原解放区动手——如果中原军区部队不能及时突围，"皖南事变"的悲剧也许将会重演。

面对中原军区请示立即突围的电报，毛泽东彻夜不眠。23日凌晨，毛泽东为中共中央起草了给中原局的电报："（一）二十一日电悉。所见甚是，同意立即突围，愈快愈好，不要有任何顾虑；生存第一，胜利第一。（二）今后行动，一切由你们自己决定，不要请示，免延误时机，并保机密。（三）望团结奋斗，预祝你胜利。"

24日，中原军区命令部队从26日开始，在防区内秘密集结，抢在国民党军发动总攻击之前，按预定部署于29日冲破国民党军重兵封锁的平汉线，胜利实行战略转移。第1纵队第1旅旅长皮定均回忆道：

24日下午3点多钟，我们接到纵队发来的特急电报，要我和政治委员徐子荣同志立即到纵队部去接受任务。当我们赶到纵队部时，军区已经发布了命令，主力开始向西突围，第1旅执行牵制敌人掩护全军西进的任务。为了保护革命力量，党中央指示，要我们中原部队主力越平汉线向西突围。我们旅掩护主力越过平汉铁路以后，根据实际情况，可以尾随主力西进，也可以向别的方向突围，或者坚持在大别山打游击。

纵队司令员王树声同志对我们说："这是一个艰巨的任务，也是一个光荣的任务。党把这个任务交给你们，是对你们最大的信任。你们在豫西敌后活动了一年多，有独立作战的经验，一定能战胜敌人。最后的胜利一定属于我们。"

当时，我和徐子荣同志的心情都很激动。我们代表全旅指战员向纵队首长保证说："请首长放心，我们一定以战斗的胜利回答党给予我们的信任。"

国民党军即将发动总攻，情况已到了刻不容缓的地步，所以王树声司令员只作了扼要的指示："主力今晚就开始向西行动，你们赶快回去布置，要用一切办法拖住敌人，迷惑敌人，使敌人在三天内找不到我们主力的行动方向。等主力越过平汉路，就是突围的初步胜利……"王司令员又交给我们一笔经费，随后，我们立即拍马赶回白雀园旅部。

回到旅部，已经是深夜了。我们立即布置1、2团向东、东南和东北方向佯装出积极行动的姿态，前沿部队继续加固工事，摆出一种御敌阵势，并且抽出一批部队，趁黑夜悄悄移往西面，到白天再川流不息地向东开进，以迷惑敌人，加深敌人的错觉，把敌人的注意力吸引到我们身上来，便于主力向西突围。

26日拂晓，隆隆炮声打破了夏日清晨的静谧。国民党军借口共产党方面破坏了停战协议中双方军队"停于现在地区"的条款，开始向黄安以西、经扶以东、孝感以北的中原军区部队阵地大举进攻。全面内战就此爆发。

战斗首先在东面打响。刘峙判断中原军区主力将由此突围，因此将进攻的首要目标放在这里。国民党军先以炮火侦察，而后以小股兵力进行试探性进攻，企图诱使中原军区主力暴露目标。

皮定均指挥第1旅以精干部队分布于前沿阵地顽强阻击敌人，以一部兵力在白雀园防区内东西穿梭佯动，并仿效三国时期张飞在长坂坡前用马匹拖动树枝激起滚滚烟尘之计，造成千军万马紧急调动的假象，成功地迷惑了敌人。战至下午，国民党军加强攻势，从东南北三面发起猛攻。李先念命令皮定均摆出大打架势，坚决阻击住敌人。

与此同时，宣化店南大门佛塔山激战正酣。驻守此地的鄂东独立第2旅第4团第2营官兵，与国民党整编第72师新编第15旅主力展开血战，一次次打退了敌人的进攻。

宣化店内，李先念、王震指挥中原军区直属机关秘密进行出发前的最后准备，张体学率鄂东独立第2旅警卫营一部悄然接替了军区司令部等重要处所的警卫任务，并密切监视第32执行小组美蒋代表的行动。

美蒋代表故作镇静地在镇内大街上四处"闲逛"，企图刺探军情。然而，他们并没有发现任何异常举动：中原军区司令部的牌匾依旧悬挂在大门上，门前站立着威严的哨兵；工作人员出出进进，里面传来嘀嘀嗒嗒的电报键敲击声；大街上，佩戴着臂章的巡逻队如同往常一样巡视着；操场上，一队队士兵正在操练，口号响亮……当晚，中原军区礼堂灯火通明，张灯结彩，军区文工团要在这里组织一场晚会，专门"慰问"第32执行小组。当美方代表哈斯克上校、国民党代表陈谦上校及其他工作人员在中共代表任士舜的陪同下，穿过宣化店镇内大街前往礼堂时，意外看到李先念正与新到任的"中原军区警备司令"张体学在街头悠闲地散步。美蒋代表不禁暗自高兴，兴致勃勃地去观看文艺演出了。

他们哪里知道，这一切都是李先念一手导演的。在成功地稳住了美蒋代表后，李先念、郑位三、王震、王树声等率中原局、中原军区机关及主力2个纵队，神不知鬼不觉地撤离了宣化店及附近驻地，借着夜幕掩护，开始分路突围。

由于大部队突围无法达到隐蔽性，也不利于最大限度地生存，中原军区的这次突围，选择了分散进行的方式。至6月30日，李先念、郑位三率领的北路军突破国民党军队的封锁线以后，进入信阳、应山一带的四望山地区，继续向西挺进。中原局、中原军区和第2纵队机关前进到信阳西南的大庙贩、平靖关。王树声率领的南路军第1纵队主力和第2纵队第15旅第43团等部队，也于同日傍晚进至孝感、王家店以东的地区，分路向王家店到卫家店之间的铁路沿线挺进。国民党军30万兵力围攻中原军区主力的阴谋基本失败。

在掩护主力突围的任务完成后，皮定均率领第1旅7000余人先向西再折而向东。突围的时候，包括皮定均在内，所有官兵都准备为掩护主力突围而牺牲。为了吸引敌人，他们选择向国民党军重兵防御的方向突围而出。三天之后，当掩护任务完成时，第1旅已经深陷敌军重围。

这时摆在皮定均面前的不仅有国民党军队的堵截，还有险恶的地理环境，要转移到苏皖解放区，还要走1000多公里的路程。皮定均心想，不仅要把这支部队带到根据地，还要在异常艰苦的环境中把部队带好。长期艰苦的战争实践使皮定均体会到，"要打好仗，首先要带好部队。只有把部队带好了使用时才能得心应手，运用自如。指挥员的模范行动，对部队的影响很大。"皮定均自己就是以身作则的模范。早在土地革命战争时期，每当部队行军时皮定均总是吃苦在前，他肩上不是背着两支枪，就是扛着机关枪。遇有敌情，他总是带头冲锋，以自己勇敢、沉着、顽强的行动来影响战士，取得作战的胜利。第1旅官兵也从无数次的亲身体验中，感到皮定均办事说话是完全可以信赖的，全旅上下团结一致，对战胜艰难困苦满怀信心。

面对无比严峻的形势，皮定均对全体指战员再次进行了动员，要求大家准备继续吃大苦，耐大劳，准备作出更多的牺牲；前面不论遇到什么困难，部队一定要打出去，要到解放区同兄弟部队会师。皮定均胸有成竹地说：现在我们的部队在数量上同敌人相比，是一对十，但自古以来讲究兵贵神速，兵在精而不在多。我们这支部队的战斗力是敌人怎么也比不过的，这就是我们的长处。我们要像一把"刀子"一样从敌人的心脏里穿过去。

6月29日，第1旅在麻城以北突破国民党军封锁线东进。因为一直无法与中原军区取得联系，皮定均只好命令电台呼叫延安，延安的回电只有两个字："快走！"

皮定均要求部队进行一次轻装，把炊事担子、公文箱子都轻装掉，把走肿蹄子的骡马也留给乡亲们。经过轻装，全旅指战员除了武器装备和带点干粮以外，只有一身单衣，人人能走能跑，能打能拼，更加机动灵活。

为了摆脱国民党军的重兵追堵，7月1日，皮定均率领全旅指战员开始翻越鄂豫皖三省交界处的大牛山。大牛山，又名九峰尖，是著名山脉大别山的主峰。这是第1旅自从抗战以来翻越的第一座高峰。虽然走的路程不算多，但部队经过连日作战，感到十分疲劳。

7月2日，第1旅越过大牛山，进入位于鄂豫皖交界处的立煌县（今金寨）境内。这个县是皮定均和副旅长方晋升的家乡。能够率领全旅指战员们一起来到自己的故乡，皮定均很是高兴，他多么想回家看望自己的亲人。可是一想到全旅数千名指战员还没有摆脱敌军重兵包围，随时都有牺牲的危险时，就毫不犹豫地放弃了回家的念头。皮定均想起了年迈多病的老母亲，就派人送去一封信，以免老人家挂念。

皮定均曾在日记中写道："此地离我家只有几十华里，一天的路程是不多的，我就在此地生长起来的，我是牧童出身，十四岁前成天到各个山野去放牛，很自在的，在各地游玩。今天我回到此地，是非常不自在的，也是很不自由的，很多的道理我说不出来，到了最后时我才想到是因为今天我在革命。我过去是抗日的战士，我为中华民族服务，所以我不能很自在的。就是因为我们所带的军队同国民党的军队是有区别的，我们是为人民服务的，他们是资产阶级个人独裁的军队，故他就要限制到我们的自由，我们的行动对资产阶级是不利的，故他们不能让我们自由。我的母亲，我的房屋，我的放牛场，你们都应当很自在地生存在我们的土地上吧，等着我们完成中国的阶级斗争的任务时，来解放你们吧，再来换取你们的自由、你们的幸福吧。我个人相信为时是不会长久的。"

3日，第1旅进抵吴家店，暂时摆脱了尾追的国民党军。皮定均想到，现在第1旅已经完成了中原局和中原军区所赋予的掩护主力突围的光荣任务，通过了国民党军数道封锁线，完成了第一步的突围任务，没有遭受重大损失，脸上露出了几丝胜利的微笑。

在吴家店，粮食问题基本得到解决。已经饿了数天肚子的第1旅指战员们又吃上了香喷喷的白米饭，大家笑逐颜开，好像过节似的。考虑到部队连续作战，十分疲劳，皮定均和徐子荣等旅领导商量，决定在吴家店休整3天，以筹集鞋子、干粮等行军作战的必需品，同时还要安排好伤病号，为下一步突围做好准备工作。

这又是一项十分艰苦的工作，尽管突围的任务非常艰巨，但许多伤病员都要求随部队行动。为此，皮定均要求全旅干部开展深入细致的思想工作，动员一些行动不方便的同志留在当地老百姓家里休养。

自从在吴家店休整以来，皮定均就一再催促电台要设法与上级联系，希望得到上级的指示。然而几天过去了，第1旅还是没有同上级联系上。皮定均心情格外沉重，同时多年与敌斗争的丰富经验使他预感到：敌人正从四面八方进逼过来，第1旅随时都可能再次陷入重围。他在7月6日的日记中写道："这两天沉闷的工作，也是很繁重的"；"我的一切准备都完了，只有一面行动，一面等着上级的指示，所以明天要继续前进，应当做这样的思想准备。此地不是我们练兵的场所，我们不能在此多休息了，还是向着我们家园前进，去找我们的组织上级吧。"

皮定均的直觉非常正确，为消灭第1旅，7月5日，国民党军重新调整部署，命令整编第48师第174旅从泼陂河向立煌县开进，第176旅所属第527团开往南庄畈，独立第4团开往枣子河，第528团以及保安第2团留在立煌县附近"清剿"，独立第5团开往岳西方向。

7月7日，皮定均率领第1旅告别吴家店的父老乡亲，顺着漫水河、黄林庙，向霍山方向东进。当天，第1旅行程30多里，到叶家畈时天色已晚，就地宿营。8日，第1旅继续启程。时值盛夏酷暑，在滚滚热浪的袭击下，指战员们全身上下的衣服很快就被汗水湿透了。但皮定均知道部队还没有彻底甩开敌人的追击，不能停留，一口气翻过了3座高高的山峰，来到湖北英山和安徽霍山交界的西界岭地区。

皮定均对这里是很熟悉的。早在土地革命战争时期，他就经常在此开展革命活动，西界岭上洒下了他为革命而辛勤奔波的汗水。今天，由于革命斗争的需要，皮定均又来到西界岭，不禁思绪万千。部队宿营以后，皮定均写下当天的日记："西界岭是我们红军过去的战场，它也给了革命战士很多的贡献。在这个战场上红军流了很多血，是我们革命园地之一。它同我们离别十六年了，没有想到今天还会在此又举起机关枪和刺刀，赶走阻挡我们行动的敌人。这个界岭是我们必经之地，战士们为要完成光荣任务，它今天又变成我们的西界岭了。"

9日，第1旅翻越西阳山，来到千笠寺。皮定均在地图上看到千笠寺这个地名时，以为是个很大的寺庙。过了西阳山，只见一条河边上有个小小的盆地，盆地的四周都是山，中间有一个小镇，这个小镇就叫千笠寺镇。镇上道路两旁只有几家饭铺和杂货铺，冷清清的，没有多少行人来往。走出镇外时，看到有一座古庙，据当地人讲，这座古庙就叫千笠寺。

就在这时，前方突然传来一阵激烈的枪炮声。原来是第1旅先头部队与前来追堵的国民党军队迎面撞上，发生了遭遇战。这里四面都是山，只有坚决勇猛地向前冲锋，杀出一条血路。皮定均果断命令第2团跑步前进，投入战斗，坚决消灭这股敌人，开辟前进道路。

第 2 团一直战斗到当晚 10 点左右，才把前方阻击的敌人击退。当部队来到一条黄沙滚滚的河边时，夜已经很深了。皮定均看了看周围黑压压的山峰，手一挥，用非常坚决的口气命令：立即渡河。

7 月 11 日，第 1 旅抵达磨子潭。磨子潭位于淠河西岸，由于连日暴雨，潭水很深。皮定均和其他旅领导研究决定，连夜抢渡淠河。

当天傍晚，国民党军整编第 48 师的一部分兵力赶到磨子潭，阻击第 1 旅。第 1 旅第 2 团虽然占领了磨子潭东山，但是没有及时发现来袭的国民党军，以致被敌人控制了渡河要点。情况万分紧急，已经过河的第 1 旅第 3 团同国民党军展开了激烈的战斗。

在第 3 团的有力掩护下，12 日上午，第 1 旅主力渡过淠河。但是，在河东担负掩护任务的第 3 团 1 营 3 连却与主力失去了联系。数日后，3 连与独立第 2 旅第 5 团会合，留在大别山地区坚持游击斗争。10 多年以后，皮定均在回顾指挥这次作战时，深有体会地说："定下决心前必须反复推敲；决心定下以后，切忌听了片面意见轻率改变自己的决心。一个正确决心的形成，是在党委的集体领导下，吸取了多方面的正确意见的结果，但贯彻决心必须在同级党委中形成坚强的核心，也就是说在同级党委中必须有几个同志对决心且有共同的深切理解，遇到困难情况能给以有力的支持。虽然有时只有一两句话，对决心的实现却具有极其重大的影响。如中原突围，先头团渡河占领了磨子潭东山。由于警戒疏忽，控制渡河的要点被敌袭占，又逢暴雨，河水陡涨。全旅被分割在河的两岸，主力不渡河则先头团有被歼的危险，后有追兵，情况很危险。同级党委同志虽只有几句话，但对实现坚决渡河的决心是一个极大的鼓励。这次战斗所以能挽救危局，与决心得到支持关系甚大。"

7 月 13 日，第 1 旅到达毛毯厂。这里是大别山东麓的一个出口。皮定均召集旅党委成员开紧急会议，决定必须连续昼夜急行军，赶在国民党军调整部署完成前，横跨皖中平原。会后，皮定均和徐子荣分头对部队进行动员，要求全体指战员继续发扬英勇顽强、连续作战的战斗作风，咬紧牙关，以坚决、神速的行动夺取突围的最后胜利。

部队在皖中平原行动，不同于大别山区，目标较大，很容易被敌人发现。皮定均特别强调，要隐蔽行动企图，要同敌人斗智斗勇。

14 日，第 1 旅开始强行军。当第 3 团前卫部队接近官亭镇时，指战员们化装成一支国民党军队，大摇大摆地走进镇里，没费多大气力便俘虏了数百名地方反动武装，控制了这个要点，从而保证全旅顺利通过了六合公路。

16 日，担任前卫任务的第 1 团 9 连也采用化装成国民党军队的办法，奇袭吴山庙，轻而易举地消灭了一个地方保安队。多年后，皮定均指出："善于隐蔽自己的企图是取胜的关键。决心定下后，行动的过程越短越好。而隐蔽自己的企图又是艰苦细致的工作。"

在吴山庙，淮南区党委派出的联络员同第 1 旅取得了联系。17 日，皮定均率领第 1 旅从下塘集越过淮南路，把急匆匆赶来堵击的国民党军第 138 旅的 1 个团甩掉，顺利进入定远地区。

19 日中午，第 1 旅到达红心铺。皮定均在红心铺附近的一片松树林里召开旅党委紧急会议，决定必须在天亮以前从明光、管店之间突过津浦路。

战场瞬息万变。任务刚布置完毕，敌情就发生了重大变化。国民党第八"绥靖"区命令第 7 军第 172 师第 514、第 515 团各 2 个营，连同整编第 48 师第 138 旅一起，在明光、滁县（今滁州市）之间地域，抢筑工事，堵击第 1 旅。并把侵华日军遗留下来的用于封锁新四军的护路碉堡、壕沟等工事重新修整，严密把守，妄图在津浦路上先把第 1 旅卡住，然后再包围"吃掉"。

根据敌情变化，皮定均和徐子荣等人研究决定改变突围方向，从张八岭以北的石门山附近越过津浦铁路。由第 2 团派出 2 个连掩护旅主力，其他部队分成两路行军纵队，快速向津浦路挺进。

20 日凌晨，第 1 旅到达津浦路边。在中共淮南区党委派遣的联络员帮助下，皮定均根据已经掌握的国民党军在津浦路上兵力部署情况，果断指挥部队在敌兵力薄弱的石门山附近越过铁路。

当旅直和第 2 团、第 3 团悄悄越过津浦路后，天已大亮。然而就在殿后的第 1 团越过铁路时，被国民党军第 138 旅第 414 团巡逻装甲列车发现，即以猛烈的火力进行拦阻。驻明光、管店、滁县的国民党军也迅速赶来增援。

第1旅面临着五路敌人的攻击，形势万分危急。皮定均果断命令先头部队占领铁路旁的制高点，坚决打退敌人，掩护第1团过路。经过3个小时的激战，第1旅全部越过津浦路，同淮南军区嘉山支队胜利会师。

就这样，皮定均率领第1旅经过24天的艰苦战斗，横穿豫、鄂、皖三省，斩关夺隘，终于胜利地到达了苏皖解放区。当晚，皮定均和战友们一起在盱眙县的仇集、梅花岗地域宿营，受到解放区人民的热烈欢迎。

到达解放区时，第1旅还有5000多人，创造了奇迹。只是官兵们头发长如蓬草，身上衣衫褴褛，脚上是沾满污泥和血渍的破布，黑瘦的脸上一双眼睛依旧明亮。皮定均回忆道：

> 经过24天的征战，粉碎了敌人两千多里的追击和堵击，我们终于彻底战胜了敌人，战胜了一切困难，到达了预定的目的地，完成了战略转移的光荣任务。我们几个人真像一下子卸掉了千斤重担，全身轻松，掏出馊了的饭团，狼吞虎咽地吃起来，吃得那么香那么甜。
>
> 当天，我们在仇集宿营，人民敲锣打鼓地欢迎我们，挑了猪肉、白面、烟、酒来慰劳我们。墙壁上贴满了红色的标语："同志们，请安心休息！""学习你们的艰苦斗争精神，粉碎蒋介石对苏皖边区的进攻！"儿童团挥舞着彩色旗子向我们欢呼，妇女都来抢着替战士们洗衣服。我们深深地感到解放区的温暖！大家都洗了澡，痛痛快快地睡了一觉，好像有生以来这还是第一次睡得这样舒服，这样甜蜜。

这是一个来之不易的胜利。华中军区领导人见到皮定均时无不兴奋地说："你们从敌人子弹堆里打出来，真是大喜事，大喜事。"

7月22日，华中军区致电中共中央，报告第1旅已于20日越过津浦路，安全抵达淮南津浦路以东地区，已令淮南军区慰劳，并解决其物资困难。《新华日报》发表社论指出：皮定均旅突围成功"这令人兴奋的消息，证明了人民军队是不可战胜的力量"，"这一消息给予面临严重斗争的苏皖解放区军民以莫大的鼓舞"。

毛泽东很赏识皮定均在中原突围中的勇敢精神和功绩。1969年，皮定均出席在北京举行的中国共产党第九次全国代表大会。毛泽东深切地注视着皮定均，说："你们中原突围时留下来的同志也不多了吧？如果怕苦怕死，革命是搞不出名堂来的。就要有像你们中原突围那样冲锋陷阵的革命精神！"

毛泽东评宋时轮

【宋时轮简历】

宋时轮（1907—1991），原名宋际尧，别名宋之光，湖南醴陵人。

1922年，在县立中学读书时，参加社会主义研究所。1923年冬，入军阀吴佩孚的军官教导团学习。1925年，到广州。1926年春，入中国国民党陆军军官学校（通称黄埔军校）学习。同年加入中国共产主义青年团。1927年1月，转入中国共产党。同年4月，在广州被捕。1929年，出狱后到浏阳、醴陵、萍乡等县组建游击队，任萍醴游击队队长，后编入中国工农红军第6军。1930年起，任湘东南游击队第2纵队政治委员，红军学校第4分校校长，红35军参谋长，独立第3师参谋长、师长，红21军参谋长兼第61师长，江西军区司令部作战科科长、代理参谋长，西方军参谋长，中国工农红军大学教员、第2大队大队长、军委干部团教员，参加了中央苏区反"围剿"和长征。到陕北后，任红15军团司令部作战科科长。1936年起，任红30军、红28军军长，参加东征、西征和山城堡战役。

全面抗战爆发后，任八路军第120师第358旅第716团团长，率部开辟雁北抗日根据地。后任雁北支队支队长兼政治委员。1938年5月，任八路军第4纵队司令员，与邓华率部挺进冀东，开创抗日游击根据地。1940年，到延安，先后入中共中央马列学院、中共中央党校学习。抗日战争胜利后，任津浦前线指挥部参谋长、山东野战军参谋长。后任北平军事调处执行部中共方面执行处处长、渤海军区副司令员兼第7师师长、华东野战军第10纵队司令员。1947年，在泰蒙战役中，指挥所部和第3纵队一部全歼国民党泰安守军。淮海战役中，为保障主攻部队歼灭黄百韬第7兵团，曾指挥3个纵队阻击徐州东援之敌，后参加围歼杜聿明集团。1949年，任第三野战军第9兵团司令员，参加渡江战役，指挥所部自裕溪口至枞阳段，首先突破国民党军长江防线，继参加上海战役。后兼任淞沪警备司令部司令员。

中华人民共和国成立后，任华东军政委员会委员。1950年，参加抗美援朝战争，任中国人民志愿军副司令员兼第9兵团司令员、政治委员，在第二次战役中指挥东线作战，后参加指挥第五次战役和1951年夏秋防御作战与1952年春夏巩固阵地作战。1952年秋回国，任中国人民解放军总高级步兵学校校长兼政治委员。1957年底，起任军事科学院第一副院长、院长，中共中央军委委员。1977年，任中央军委教育训练委员会主任，参与恢复军队院校和教育训练工作。1955年，被授予上将军衔，获一级八一勋章、一级独立自由勋章、一级解放勋章。中共第八、第十届中央候补委员，第十一届中央委员，第一至第三届国防委员会委员。1982年、1987年，当选为中共中央顾问委员会常务委员会委员。曾兼任《中国大百科全书》总编辑委员会副主任、《中国军事百科全书》编审委员会主任和中央军委战史、军史编审委员会副主任委员。1988年，被授予一级红星功勋荣誉章。1991年9月17日，在上海逝世。

【毛泽东评点】

"宋时轮，你也是一路诸侯呀！""宋时轮你来了，好！"

——摘自《中国人民解放军高级将领传》第9卷，
解放军出版社2013年版，第289、296页。

【评析】

1926年4月，19岁的宋时轮进入黄埔军校第五期学习。为表达革命的决心，赶上时代发展的车轮，他将名字由宋际尧改为宋时轮，意为"时代的车轮"。

在黄埔军校期间，宋时轮的军事训练成绩很好，谁知不久染上疟疾，加上脚气病发作，在广州东山医院住院半年多。其间，他经张一之介绍加入中国共产主义青年团。病愈出院后，因缺课太多，军校决定宋时轮转入第六期，编在第1团第4营第16连。1927年1月，部队驻防东莞圩时，宋时轮由军校入伍生部政治教官张庆孚介绍转为中共党员。

1927年4月12日，蒋介石在上海发动政变，向曾经并肩战斗的共产党人举起了屠刀。在此前后，江苏、浙江、安徽、福建、广东、广西等省，也相继以"清党"为名，大肆捕杀共产党员和革命群众，成为阴森恐怖的人间地狱。

在广州，李济深制造了骇人听闻的"四一五"惨案。4月15日凌晨，广州的反动军队突然对全市进行大搜捕，解除广州农军、工人纠察队的武装。7天之内，即抓捕2100多人，其中共产党员约600人，秘密杀害100多人。萧楚女、熊雄、熊锐等著名共产党员，以及刘尔崧、邓培等广东工人领袖，被捕后英勇就义。由于抓捕的人过多，广州公安局一时关押不下，不得已将南关戏院变成了临时监狱。19日，李济深等宣布成立"特别委员会"，对广东境内的共产党员实行"非常处置"。宋时轮因"共党嫌疑"遭逮捕，被关进珠江南岸南石头惩戒场。

这时宋时轮才20岁，被判感化一年。狱中，他在黄埔军校前政治部主任、共产党员熊雄教育下，经受住了敌人的严刑拷打，始终没有暴露共产党员的身份，并参加了党组织发动的狱中斗争。1929年4月，经党组织营救，宋时轮得以取保释放。

出狱后，宋时轮立即赶去香港接转党的关系。谁知刚到香港不久，正在等待分配工作时，偶然碰上旧日同学李适生。李非要他去投反共的张发奎部，遭到宋时轮的再三拒绝。为了避免麻烦，宋时轮来不及办理组织介绍信，便匆匆于当晚搭船去了上海。

20世纪初的上海，素有"冒险家的乐园"之称。反动势力猖獗，帮派林立，帝国主义租界杂处其间，三教九流人物混没于此，社情民情极端复杂。由于人地生疏又无介绍信，宋时轮几经周折，始终没有能与党组织取得联系。眼看身无分文，生活难以为继，宋时轮只得拿着同监狱难友李萼堂（黄埔五期生）的介绍信，找到与党组织有联系的上海锦江饭店女老板董竹君。

董竹君是一位传奇女性，思想进步，对革命事业十分支持。李棠萼与董竹君相识，在信中表明送信人是名革命者，希望得到她的帮助。果然，当董竹君拿到介绍信，确定是李棠萼的笔迹后，便爽快地拿出一笔钱，帮助这位年轻人渡过了难关。

直到告别时，董竹君都不知道宋时轮的真实姓名；也不知道正是因为有了这笔钱，宋时轮才能回到家乡招兵买马、组建革命队伍；更没有想到，仅仅过了 20 年，当 1949 年宋时轮再次走进上海滩时，已是中国人民解放军第 9 兵团司令员，率领数十万大军解放了这座中国最大的城市，并出任淞沪警备司令部首任司令员。

传奇的是，上海解放后不久，宋时轮就在一次招待会上巧遇董竹君，主动提起了 20 年前的这件往事。二人成为好友，此后一直保持联系。直到 1991 年，宋时轮在上海与世长辞，董竹君满怀深情地写下了一首诗："六十年前沪识君，微薄奉赠奔前程。戎马一生功卓越，将勇风范启后生。"

在得到董竹君的帮助，宋时轮顺利离开上海，回到醴陵老家，明确地告诉家人："我要继续干革命，反对地主阶级和封建军阀，揭露帝国主义的罪行。"

由于当时还乡团到处追捕革命党人，宋时轮白天不得不躲在山上，晚上才敢下山来宣传、发动群众，饿了就采一些野果子充饥。很快，宋时轮身边就聚集了 30 多名农会会员，成立了萍醴游击队。

宋时轮化名"张司令"，指挥游击队打白匪、杀土豪，抢了军阀势力控制的一个小火车站，缴获十几支步枪。一时间，湖南醴陵、浏阳和江西萍乡的穷苦青年纷纷前来投奔，好似阵阵春雷，惊醒了醴、浏、萍沉睡的大地，使穷苦农民看到了革命的希望。

不久，宋时轮在广州监狱中留下的旧疾复发，双腿肿痛无法行走，便辗转来到已成立红色苏区政权的莲花县医治。因为出狱后，宋时轮一直没有党组织的关系介绍信，于是就在养病期间重新入党，并担任莲花县军事部部长。他所创建和领导的萍醴游击队也编入红 6 军，发展成为主力红军。

1930 年初春，宋时轮改任中共湘东南特委委员、湘东南游击队第 2 纵队政委，后任红军学校第 4 分校校长。第二年春，遵照上级命令，宋时轮率领红军学校的全体干部、学员进入中央苏区，改编为红军总司令部教导总队，出任总队长。对此，许多年后毛泽东曾以玩笑的口吻说："宋时轮，你也是一路诸侯呀！"

1933 年秋，蒋介石调集国民党军 64 个师又 7 个旅 50 余万人，空军 5 个航空大队 50 多架飞机，分为北路军、南路军、西路军及其他堵截部队，对中央苏区发动了规模空前的第五次"围剿"。

为"聚歼朱毛匪军于赣南地区"，蒋介石决心毕其功于一役，不仅请来以德军退役上将汉斯·冯·赛克特为首的军事顾问团，还在庐山举办军官训练团，按照"三分军事、七分政治"的原则训练参加"围剿"作战的各级军官，并精心炮制了"堡垒政策"。

此次卷土重来，蒋介石一改过去"长驱直入""分进合击"的战法，采用持久战和"堡垒主义"的新战略，层层修筑碉堡，逐步向苏区内部推进，最后寻找主力红军决战，用"竭泽而渔"的办法，达到消灭红军的目的。

而此时，毛泽东已被剥夺了党和军队领导职务，只任中华苏维埃中央临时政府主席，专做地方工作。红军的指挥大权全部掌握在博古手中，"左"倾冒险主义路线得以在苏区和红军中畅通无阻。

博古等人认为，这次反"围剿"战争是争取中国革命完全胜利的阶级决战。在军事战略上，拒绝和排斥红军历次反"围剿"的正确战略方针和作战原则，继续实行"左"倾冒险主义的战略指导，提出"御敌于国门之外"的方针，企图以阵地战、正规战在苏区外制敌，保守苏区每一寸土地，并把军事指挥权拱手交给了共产国际派来的军事顾问李德。结果，反"围剿"作战打响后，虽然红军将士依旧英勇，军民士气依然高涨，但处处被动，苏区越打越小，红军也越打越少。

宋时轮是典型的性情中人，视恶如仇，心直口快，面对反"围剿"斗争形势的日益危急忧心如焚，难免会发些牢骚，得罪了某些当权人。1934年春，他被调到中国工农红军大学学习，编入上级参谋科。没过多久，红军大学就以"破坏苏维埃政府法令，组织观念薄弱，坚持错误"及总政治部个别领导说"其 1927 年被捕后表现不好并有'AB 团'嫌疑"等理由，给予宋时轮"开除其党籍 3 个月"的处分。

这时，在"左"倾冒险主义军事战略的错误指导下，中央苏区第五次反"围剿"斗争已进入到生死存亡之际。到9月上旬，中央苏区仅存瑞金、会昌、雩都、兴国、宁都、石城、宁化、长汀等县的狭小地区，人力、物力极度匮乏，红军损失惨重，失去了在内线打破国民党军"围剿"的可能。中共中央主要领导人决定退出中央苏区。

10月10日，中共中央、中革军委从瑞金出发，率领主力红1、红3、红5、红8、红9军团和中央、军委直属队共8.6万余人，开始向湘西实行战略转移。

出发前，中革军委决定将红军大学、公略步兵学校、彭杨步兵学校和特科学校编成干部团，下设4个营和1个上级干部队，共千余人。宋时轮作为上级干部队军事教员，随干部团参加长征。

尽管中央机关和红军转移的决定只在极小的范围内传达，但还是迅速在苏区军民中传开了。雩都河畔，成千上万的男女老少伫立在渡口边，手里提着鸡蛋、糯米团等各种食品和草鞋、布鞋、雨伞，等候在路旁，为他们最可亲的人送行。

> 一送里格红军，
> 介支个下了山，
> 秋雨里格绵绵介支个秋风寒。
> 树树里格梧桐叶落尽，
> 愁绪里格万千压在心间。
> 问一声亲人红军啊！
> 几时里格人马介支个再回山？
> ……

望着周围熟悉的一景一物，听着耳边愁绪的江西民歌，宋时轮的心中无不感慨万千，回想几个月来，为保卫苏维埃政权与敌人殊死拼杀，如今却要从这里撤退，真不知如歌中所唱的"几时里格人马介支个再回山"？

长征开始后，干部团随中共中央和中革军委机关行动，主要任务是：为军委纵队担当前卫和沿途警戒、掩护，并负责储备、培训和为部队输送干部，必要时也参加一些战斗。别看人数不多，但兵精将猛装备好，拥有6门迫击炮和6挺重机枪，每人配备一长一短2支枪，再戴上缴获敌人的钢盔，一出动人们就认出是干部团来了。

1935年元旦，在辞旧迎新的鞭炮声中，干部团奉命在乌江上搭建一座浮桥。这是干部团在长征中第一次执行作战任务。

乌江是贵州境内第一大河，水深流急，为黔北天然屏障。尽管时值枯水季节，但江面仍宽200米，水深15米，流速达每秒2米。当时在外国军队架桥史上也还没有在这样流速的江上架桥的先例。干部团面临的困难前所未有。

冒着对岸敌军的猛烈炮火，干部团团长陈赓站在江边指挥工兵连官兵把用木排搭架的门桥送入江里。但由于水深流急，河底石头大而光滑，桥桩难以固定，立刻就被狂涛惊浪卷走，几次架桥都失败了。

乌江边，陈赓召开"诸葛亮会"，发动大家动脑筋想办法。有人提议：用大石头做锚把门桥拖住。陈赓立即在现场进行试验，但还是不行。

时间在一分一秒地过去，渡口边架桥工作仍无大的进展。宋时轮也参加了这次架桥行动，据他回忆：陈赓跑上跑下急死了。当时有个俘虏叫何涤宙，是工兵学校毕业的，陈赓找他谈话，动员他为人民立功。

何涤宙不愧是科班出身，果然有一手。他和干部团工兵教员谭希林最后想出了一个办法：采用竹子编篓，周围捆上几根用火烤过削尖的竹竿，然后在篓中装入石头，两个竹篓上下扣住，中间用硬木架成十字，捆绑结实后沉入江底，以此代锚，固定住了浮桥。

经过36个小时的艰苦搏斗，工兵连终于战胜天险，把浮桥架到了江对岸。中央纵队和各军团得以迅速渡过乌江，直下遵义，干部团功不可没。

长征途中，干部团打的第一场恶仗便是力挽狂澜的生死之战。

1月15日至17日，中共中央政治局在遵义召开扩大会议，纠正了王明"左"倾教条主义在军事上的错误，实际上确立了毛泽东在红军和中共中央的领导地位。

这时，蒋介石纠集川军、滇军、黔军及中央军共150多个团，从四面八方向遵义扑来。为争取战略主动并在运动中消灭敌人，中革军委决定，乘敌军尚未形成合围之前，向遵义西北川黔交界处的赤水、土城地区集中，然后北渡长江，进入川西北与红四方面军会合。

1月24日，红1军团进占土城。土城，位于黔北大道要冲，东、南、北三面为险峻山岭，是赤水东岸重要渡口，也是西渡赤水的最佳地域。27日，当红军主力全部抵达土城一带时，川军4个团尾追而来。中革军委遂决定发起土城战斗，消灭追敌。

在红军的印象中，川军的战斗力并不很强。谁知，次日清晨战斗打响后，川军依托有利地形，居高临下拼命阻击。激战数小时，红军固然打得很英勇，但川军也相当顽固，在优势火力掩护下发起反扑，步步进逼土城。双方将士都杀红了眼，冲锋与反冲锋犬牙交错。川军突破了红军防线，一直攻到了白马山红军总部指挥所前沿。

当时正是雨天，道路泥泞不堪，在一块地势狭窄的山坡上，红军队伍拥挤到一起堵塞了道路，险象环生。土城之战是遵义会议后的第一仗，成败关系全军士气。为扭转不利局面，毛泽东把手里的最后一张王牌拿出来，急令干部团投入战斗，实施反击。

干部团临危受命，以特科营重机枪掩护，由1营担任主攻。这场恶仗打得异常激烈艰苦，1营每前进一步，都要付出血的代价。接近山头时，与敌人纠缠在一起，展开了激烈的肉搏战。干部团当时装备了冲锋步枪和钢盔，敌人从没见过戴钢盔的红军。更令他们胆怯的是，干部团前仆后继的精神和一刻不停地反冲锋。

毛泽东在看到川军凶猛的进攻被干部团压下去后，高兴地称赞道："这个陈赓行，可以当个军长！"

这一仗，干部团损失不小，伤亡百十来人。干部团政委宋任穷向毛泽东反映："干部团的学员都是连排以上的干部，培养一个干部不容易，这样使用代价太大了。"

毛泽东非常惋惜地说："是啊，对干部团用是要用的，但这样不行，以后要注意哩。"

真正让干部团一举成名的则是在金沙江畔飞夺皎平渡一战，宋时轮也参加了这场战斗。

　　金沙江是长江的上游，从海拔五六千米昆仑山南麓、横断山脉东麓奔腾而下，一泻千里，水如奔箭，浪涛惊魂，难以徒涉，是横亘在中央红军北上道路的一大天堑。当时，金沙江上没有大桥，渡江只能依靠为数不多的几个渡口。而蒋介石已经察觉到红军北渡金沙江的意图，电令中央军薛岳、滇军孙渡、川军杨森等部"不顾任何牺牲，追堵兜截，限歼匪于金沙江以南地区"，同时命令川康边防军总指挥兼第 24 军军长刘文辉派兵扼守金沙江各渡口，将船只悉送北岸，严加控制。红军若不能及时掌握渡口，则前无去路，后有追兵，必将陷入绝境。命悬一线的红军要想绝处逢生，就必须和时间赛跑，抢在敌人的前面，渡过波涛汹涌的金沙江。

　　4 月 29 日，中革军委发出《关于我军速渡金沙江在川西建立苏区的指示》，决定兵分三路，向金沙江南岸疾进，抢占龙街、洪门和皎平渡口。事后证明，分路抢占渡口是何等的英明。红军左右纵队虽然顺利夺下龙街、洪门渡口，但均因当地江宽水急，既不能架桥，也没找到大的渡船，大部队难以迅速渡江。

　　于是，四川南部门户会理金沙江畔的皎平渡口，成为中央红军主力渡江的唯一希望。周恩来亲自下达了抢占皎平渡口的作战命令，干部团全体人员心中都明白：这一仗是长征以来干部团第一次单独作战，也是关系红军生死存亡的一仗，不能有任何闪失。

　　沧海横流，方显英雄本色。干部团分成先遣营和后梯队，经山仓街、海龙塘、石板河，直指皎平渡。官兵们顶着火辣辣的太阳，在野草丛生、乱石嶙峋的山间走了 120 多里。晚上就在一片小树林里露营，睡到半夜爬起来，又以急行军的速度接着走。每个人都在和闷热、饥渴、疲惫做搏斗。最终，干部团强行军 160 里消灭了皎平渡两岸的敌人，控制了渡口。

　　事后，红军总参谋长刘伯承感叹道："干部团的同志怎么能一天走这么远的路呢？他们走到了，还打了胜仗，靠的是什么？靠觉悟，靠党。"

　　干部团后梯队过江后，为打开江北局面、保证全军顺利渡江，以 2 个营夺取金沙江西岸 40 多里处的通安州。

　　通安州是个小镇子，因位于山顶，居高临下，地势险要，据此可直接控制皎平渡口。由于山道狭窄、两旁都为峭壁，六七倍于己的敌人以密集火力射击，干部团前进受阻，形势严峻。

狭路相逢勇者胜。为给身后数万红军打开一条生路，个个头戴钢盔、腰缠手榴弹的干部团官兵将步枪上了刺刀，远的枪打，近了刀捅，不远不近就扔手榴弹，以一敌三，毫无畏惧。随着冲锋号声响起，通安州这座沉静了数百年的川边小镇，被一波猛烈的枪炮声、喊杀声撼动。经过一番激战，干部团以少胜多，击溃了这支敌军，占领通安州，并俘敌团长以下600余人，声威大震。战后，干部团得到了中革军委的通令嘉奖，被称为"御林军"。

自此，川滇边一带的老百姓都知道"戴铁帽子"的红军厉害，说子弹像蝗虫一样飞也打不倒他们，简直就是刀枪不入。而川军一听到头戴钢盔的红军和那个戴眼镜的"司令"（陈赓），更是闻风丧胆，落荒而逃。

毛泽东在一次给部队讲话时，谈到干部团的钢盔，幽默地说："以后若遇到四川军队，每个人都把煮饭的黑脸盆顶在头上，去吓他们！"

6月2日，中央红军主力渡过天险大渡河后，根据中共中央"向北走雪山草地，避开人烟稠密地区"的决定，昼夜突进北上。此时，红四方面军开始从汶川、理番出发，直取懋功，向中央红军靠拢。两大主力红军会师在即。

8日，中央红军一举突破国民党军的芦山、宝兴防线，并乘胜进占芦山。随后经宝兴进抵夹金山南麓的大碛碛地区。

海拔4500多米的夹金山，终年积雪，气候多变，时阴时晴，时雨时雪，忽而狂风大作，忽而冰雹骤降，被当地人称为连鸟也飞不过去的神山。

翻越雪山，对于来自南方且衣着单薄的中央红军来说，困难之大可想而知。宋时轮跟随干部团，以坚韧不拔的毅力，克服重重困难，终于征服了长征中的第一座雪山——夹金山。后来又翻越了梦笔山、长板山等数座大雪山。每爬一座雪山就增长一份经验，等到爬最后一座大雪山——海拔5000多米的打鼓山时，就已经验十足了。不但不感觉雪山的险恶可怕，甚至还有心情欣赏雪景。

宋时轮登上打鼓山顶，眺望四周，但见远远近近的峰峦都被冰雪覆盖着，在阳光照射下，闪耀出万道银光，那景色真是美极了。这时，陈赓、宋任穷、萧劲光、毕士悌、郭化若、周士第、李一氓、罗贵波、莫文骅、冯雪峰等干部团的领导和教员都聚拢过来。

大家又饥又渴。忽然有人提议：这雪要是拌上白糖，一定很好吃，我们吃"冰激凌"吧！

话音刚落，在场人齐声叫好。大家纷纷解下漱口杯，从雪堆下层挖出最洁白的雪盛在缸子里。

李一氓说："谁有糖精，拿出来公开。"

于是，从萧劲光的小纸包里、毕士悌的"胃锁"药瓶子里、郭化若的"清道丸"瓶子里，倒出了最后剩余的一点糖。大家边吃边赞美这"冰激凌"的味道鲜美。

周士第说："我这杯冰激凌，比上海南京路冠生园的还美。"

陈赓接口道："我的比安乐园的更美。"

周士第反问："安乐园给了你多少宣传费？"

陈赓哈哈大笑："冠生园的广告费，大概花得也不少。"

两人你一言我一语，逗得大家笑得前仰后合。这种乐观主义精神，深深地印入在场的每个人脑海里。

6月18日，中央红军主力到达懋功地区，与红四方面军会师。中共中央根据全国形势和当时情况，提出北上创建川陕甘苏区的战略方针。但张国焘公然违抗北上方针，企图分裂和危害党中央。

9月10日，中共中央率领红一方面军（懋功会师后，中央红军恢复红一方面军番号）主力第1、第3军和军委纵队先行北上。由于时间仓促，宋时轮事先没有接到通知，当他发觉主力红军转移之后，立即自动追赶党中央，坚决跟着毛泽东走。

毛泽东见到他的时候，高兴地说："宋时轮你来了，好！"

10月19日，中共中央率领陕甘支队（9月由红一方面军主力改编）胜利到达陕甘苏区吴起镇。至此，中共中央及红一方面军主力历时一年、转战11个省、行程二万五千里的长征胜利结束。宋时轮经受了考验，革命意志更加坚定。

11月初，陕甘支队在陕西甘泉地区同红15军团会师。11月上旬，恢复红一方面军番号，下辖第 1、第 15 军团，共 1 万余人。

红 15 军团请求毛泽东派一些干部到军团工作。于是，毛泽东找宋时轮谈话："组织准备要你出任红 15 军团作战科长，协助参谋长主管部队作战。"

宋时轮说："司令部作战科是部队的核心部门，红 15 军团刚组建不久，各方面工作很多，这么重要的部门，我被开除党籍一年多、至今没有恢复，非党干部去是否合适？"

毛泽东问："怎么回事？"

宋时轮如实地陈述了事情的经过。

毛泽东说："用人之长是组织的事，恢复你的党籍也是组织的事，请你服从组织安排，愉快地到红 15 军团报到工作吧。"

第二天，中革军委就下达了正式调任命令。宋时轮激动得热泪盈眶，禁不住连声说："毛泽东相信我，还是毛泽东相信我。"

到职后，宋时轮就将一年前被开除党籍的经过和毛泽东找他谈话的情况，向红 15 军团政治部主任郭述申、组织部部长冯文彬做了详细汇报。经研究，由红 15 军团政治委员程子华等介绍，宋时轮再次入党。

当时，由于陕甘苏区"肃反"扩大化，有不少同志受到过不公正的处理，经常说起自己遭受的不幸。宋时轮听到后，总是淡淡一笑，把手一挥说："过去的事，就别提。我们要向前看，好好为党工作。"

事实上，宋时轮的"AB 团"和党籍等问题，直到 1945 年 7 月才得到彻底的解决。总政治部党务委员会经过深入调查后，作出《关于恢复宋时轮党籍的决定》，指出："党务委员会依据上述证明和理由，决定取消对宋被捕问题的怀疑、AB 团的怀疑以及 1934 年红大所给予的处分，并恢复其 1927 年 4 月被捕到 1930 年初重新入党及 1934 年春被开除党籍到 1935 年冬再重新入党期间的两段党龄。即宋同志的党籍从 1927 年起计算。"

1935 年 10 月，中共中央率领中央红军长征到达陕北，引起了蒋介石的极大恐慌。他立即调集东北军 5 个师，沿葫芦河构筑"南北封锁线"，企图采取南进北堵，逐步向北压缩的战法，达到摧毁陕甘苏区的目的。

形势十分危急，中革军委认真分析敌我双方的情况，认为敌军兵力多于红军一倍以上，如果让敌人构成东西、南北封锁线，中共中央将无法在陕甘地区立足。针对敌人的进攻态势，毛泽东、周恩来、彭德怀等决定：集中兵力，向南作战，首先歼灭葫芦河东进之敌第57军1至2个师，尔后视情况转移兵力，各个歼灭敌人以打破这次"围剿"。

11月19日，第57军以第108师留守太白镇，军部率第106、第109、第111师沿葫芦河向直罗镇前进，先头第109师进到黑水寺地区，军部及另两个师进至张家湾地区。与此同时，红1军团进至直罗镇东北纸房沟、新窑子、石咀、凤凰头地区集结待机。20日16时左右，第109师进至直罗镇。

直罗镇是一个不过百户人家的小镇，三面环山，一条东西贯通的大道穿镇而过，北面是缓缓流淌的葫芦河，东面山坡筑有土寨子，地势险要，是个设伏的理想场所。红一方面军决定抓住第109师比较突出的有利战机，集中2个军团的优势兵力，求歼该师于直罗镇地区。

直罗镇战役是宋时轮到红15军团任职后，参与部署的首次作战行动。

战前，彭德怀亲自率红1、红15军团团以上干部，前往直罗镇周围，现场察看地形，研究作战部署。他们几乎走遍了直罗镇周围的每一个山头，当登上紧靠镇东南侧的一个高地时，彭德怀看到一座用石块堆砌成的寨子。这个寨子位于山包顶部，像个没有顶的碉堡，当地人称它为直罗寨子。彭德怀停下脚步，思考了一下，对站在身旁的红15军团军团长徐海东说："这个土寨子敌人可能会占它！"

徐海东点头称是，"这个寨子是镇中的制高点，如为敌所用，我们就会吃亏。"

宋时轮发表意见说："开始肯定为敌所用。我们攻入镇内，才可能为我所用。不过轮到为我所用时，我已无大用。"

徐海东将手臂一挥说："讲得好！拆它个精光！这个事就交给你了。"

看过地形后，这些久经沙场的将领们一个个兴高采烈，摩拳擦掌，纷纷请战。依据敌情、地形和方面军的作战意图，宋时轮与参谋人员一起研究兵力部署，绘制作战要图，草拟了一整套战斗文书，向军团领导提出作战方案建议，并派出1个营连夜平毁了那个寨子。

20日夜，红1、红15军团分别由待机地域向直罗镇开进，将第109师包围。21日拂晓，红1军团由北向南、红15军团由南向北，犹如两只铁拳向直罗镇猛砸下去。

第109师师长牛元峰从睡梦中惊醒，听到四周密集的枪炮声，顿时心惊胆战起来，知道是被红军主力包围了，一面向军部发电求援，一面命令各团占据有利地形，拼死抵抗，企图固守待援。仓促应战的第109师官兵，在红军将士勇猛的冲击面前，立即陷入被动。但敌人凭借精良的武器装备，妄图垂死挣扎。

战斗进行得十分艰苦，也很残酷。直罗镇附近的葫芦河两岸是这次作战的主要战场，需要来回穿行。白天观察葫芦河最宽处不过200米，窄处只有二三十米，河水流量不大，流速也不快。但当红军将士们下水后才发现，河水并不像想象中那样浅，一下子就淹到了胸部，刚换上的新棉衣全湿透了，几乎不能御寒。河底全是淤泥，不少战士的鞋子掉在河泥中，只能赤着脚与敌人拼杀。

经过几个小时的激战，红军占领了直罗镇两侧高地北山寺和旗杆山。在此据守的第626、第627团大部被歼，一个团长被红军击毙，一个团长举枪自杀，残部向镇内溃逃。

红军乘胜追击，将残敌围堵在两山之间的一条山沟里，集中火力予以痛击。这时，红1军团第2师也已攻入镇内。牛元峰见地面指挥体系已被红军打乱，急忙收缩剩余兵力，然后实施疯狂反扑，企图突围而逃。激战中，红1军团第2师第2团团长李英华、第4团代政治委员黄甦先后牺牲。

战至中午时分，第109师2个团和师直属队被全歼。残部500余人在牛元峰带领下仓皇窜入镇东头的小寨子里，用一天前红军拆下的石头重新砌成围墙，抢修工事，继续负隅顽抗。

接到牛元峰的求援电后，驻扎黑水寺的第111师1个团立即增援直罗镇。但这个团刚刚进至安家川以东地区时，就被红1军团的阻击部队击溃，狼狈地逃回了黑水寺。西北"剿总"随即下达了三路援救牛元峰部的计划：东路，董英斌率第111、第106师火速向直罗镇增援；西路，王以哲指挥第 117 师由鄜县加速向羊泉镇、张村驿前进；中路，第 38 军第 17 师进至公家原、丁家原，策应其他两路的行动。

命令发出后，三路援军中只有董英斌不敢怠慢，立即驰援直罗镇，以第 111 师沿安家川北山向直罗镇攻击前进，以第 106 师由黑水寺沿老人山向红军右翼迂回。而西路的第 117 师行动明显缓慢，中路的第 17 师则干脆按兵不动。

据此，红一方面军领导决定以少数兵力继续围困牛元峰残部和阻击由鄜县西援的第 117 师，主力向西迎击由黑水寺向直罗镇增援的第 106、第 111 师。

然而，援敌已被红军的神勇所吓倒，无心恋战。当遇到红军阻击后，第 106、第 111 师在装模作样地进攻一番后，即转身沿葫芦河西撤。聂荣臻亲自带着红 1 军团主力和红 15 军团 2 个营冒雪跟踪追击，在张家湾至羊角台途中，歼灭第 106 师 1 个团，敌军余部狼狈退回太白镇。第 117 师在遭到红 15 军团红 81 师阻击后，就立刻缩回鄜县县城。

在此期间，留在直罗镇的红军向困守小寨子的第 109 师残部发起进攻。然而，敌军依托临时构建的工事，以猛烈火力将红军的进攻部队压制在高地下面的干涸河川里。

宋时轮立即向徐海东提出两个方案：第一，组织力量强攻，必须充分做好攻坚的准备；第二，围而不攻，待其突围时将其歼灭。他主张取后者更为有利。

这时，周恩来来到红 15 军团指挥所。在听完汇报后，指示道：敌人已经成了瓮中之鳖，不好攻暂且围着算了。寨子里既没粮，又没水，他们总是要逃跑的，争取在运动中消灭它。

果然，牛元峰率残部又在土寨子里坚持了一天，但断粮断水的困境却使军心涣散。牛师长眼见援军迟迟不来，无比烦躁，心想总不能在寨子里坐以待毙，被饿死渴死，便决定于 23 日午夜，趁天黑突围向西逃跑。

一定要把这条"牛"追回来！红军追出了 25 里路，终于在直罗镇西南的一个小山上，将敌人追上并包围起来。没费多大事，这股残敌全军覆没。

此役，红一方面军共歼敌1个师又1个团，击毙师长牛元峰以下1000余人，俘虏5300余人，缴获各种枪支3500余支（挺），打破了国民党军对陕甘苏区的第三次"围剿"。

　　毛泽东曾高度评价这次战役：直罗镇一仗，中央红军同西北红军兄弟般的团结，粉碎了卖国贼蒋介石向着陕甘宁边区的"围剿"，给党中央把全国革命大本营放在西北的任务，举行了一个奠基礼。

毛泽东评杨得志

【杨得志简历】

杨得志（1911—1994），湖南醴陵人。

1928年2月，参加湘南起义武装组成的工农革命军第7师，后随部队到井冈山，10月加入中国共产党。1930年起，在中国工农红军第1军团任排长、连长、团长，参加中央苏区历次反"围剿"。1934年10月，参加长征，任第1师第1团团长，率部担负前卫和先遣任务。到陕北后，曾任红1军团第1师副师长、第2师师长，参加了直罗镇和东征、西征及山城堡等战役。

全面抗战爆发后，历任八路军第115师第685团团长、八路军第2纵队司令员、冀鲁豫军区司令员、陕甘宁晋绥联防军教导第1旅旅长等职。抗日战争胜利后，任晋冀鲁豫军区第1纵队司令员、晋察冀野战军司令员、华北军区第2兵团（后改为人民解放军第19兵团）司令员，率部参加平津、太原、兰州等战役。

中华人民共和国成立后，任陕西军区司令员、中国人民志愿军兵团司令员，志愿军副司令员、司令员，参加第五次战役和1951年秋季防御战，参与指挥上甘岭战役。1954年回国后，曾任济南军区、武汉军区、昆明军区司令员、国防部副部长、人民解放军总参谋长，中共中央军委常委、副秘书长，中华人民共和国中央军委委员等职。1955年，被授予上将军衔，获一级八一勋章、一级独立自由勋章、一级解放勋章。中共第八届中央候补委员、中央委员，第九至第十二届中央委员，第十一届中央书记处书记，第十二届中央政治局委员。1987年，被选为中共中央顾问委员会常务委员，是第一至第三届国防委员会委员。1988年，被授予中国人民解放军一级红星功勋荣誉章。1994年10月25日，在北京逝世。

【毛泽东评点】

"此人大名叫杨得志，当年强渡大渡河的红一团团长，如今志愿军的副司令，德怀的助手。湖南人士，我的乡里哩！"

——摘自《中国人民解放军高级将领传》第 8 卷，解放军出版社 2013 年版，第 271 页。

"此人一直是志愿军，上井冈山就是志愿去的，就是志愿军！"

——摘自《杨得志回忆录》，解放军出版社 2011 年版，第 761 页。

【评析】

1953 年 7 月 27 日，朝鲜停战协定正式签订。至此，历时两年零九个月的抗美援朝战争，以中朝军民的胜利和以美国为首的"联合国军"的失败而告结束。不久，中国人民志愿军副司令员杨得志作为志愿军代表团团长回国观礼汇报。

10 月 1 日，志愿军代表团全体成员登上庄严的天安门观礼台。盛大的游行开始后，周恩来总理让工作人员把杨得志找来。

一见到杨得志，周恩来就说："早就知道你回来了，可一直没有找出时间来和你谈谈。今天是主席找你，他要见见你。"说罢就带着杨得志走到了毛泽东身边。

毛泽东满面含笑地伸出了手："欢迎你呀，得志同志！"

这时，刘少奇副主席、朱德总司令、董必武副主席等领导也走过来同杨得志握手。

毛泽东介绍说："你们都认识吧，此人大名叫杨得志，当年强渡大渡河的红一团团长，如今志愿军的副司令，德怀的助手。湖南人士，我的乡里哩！"

这番话不禁令杨得志的思绪回到了 18 年前强渡大渡河时那惊心动魄的日日夜夜。

大渡河，岷江的一大支流，上源名大金川，发源于青藏高原，由北向南奔腾在横断山中，流入西康后同小金川汇合，经过泸定桥至安顺场，突然掉头向东，形成一个 90 度的大转弯，流至乐山入岷江。两岸都是崇山峻岭，仅沿河有一条羊肠小道，通行极其困难。

1935 年 5 月上旬，中央红军长征巧渡金沙江后，沿会理至西昌大道继续北上，准备渡过大渡河进入川西北。

蒋介石判断中央红军要向大渡河前进，深入四川腹地，与红四方面军会合，急令国民党军第 2 路军前线总指挥薛岳率主力北渡金沙江向四川省西昌进击；令川军第 24 军主力在泸定至富林沿大渡河左岸筑堡阻击；以第 20 军主力及第 21 军一部向雅安、富林地区推进，加强大渡河以北的防御力量，企图凭借大渡河天险南攻北堵，围歼中央红军于大渡河以南地区。

红军把渡河地点选在位于大渡河拐弯以西 20 公里处的安顺场。安顺场，原名紫打地，是大渡河南岸的一个有近百户人家的场镇，也是通往冕宁的要道。渡口处河宽 300 多米，流速每秒 4 米，水深 30 米，河底乱石嵯峨，形成无数漩涡，俗称"竹筒水"，可让鹅毛沉底，人不能泅渡，失足落水即有灭顶之祸。由于水深流急，不能架桥，沿河渡口只有小木船作为来往行人横渡之用。船横渡时不能直达对岸，必须先把船上划一二里再行放船，要有经验的艄公掌舵，10 多名船工篙橹齐施，与流速形成一种合力，使船体沿一条斜线冲到对岸。对岸渡口有石阶，如对不正，碰到两侧石壁上，则船毁人亡。

1863 年 5 月，太平天国翼王石达开率部五六万人到达安顺场，忽遇大渡河上游发大水，河上的铁索桥已被拆断，不能渡河。前有大渡河，后有清军，左为山崖绝壁，右为彝民区，且当时彝民比现在人数多得多。石达开全军被困 47 天，最终全军覆灭。

蒋介石自然也熟知这段历史，兴奋无比，狂妄断言："共军过得了金沙江，过不了大渡河，共党必蹈石达开覆辙，全军覆灭。"

红军再一次陷入危难境地。中革军委的电报上反复出现"迅速"前进，"迅速"占领，"限令"到达等字眼，足见统帅部的急迫心情。意图很明显，就是要抢在各路敌军到来之前渡过大渡河，以免重蹈石达开的覆辙。红军将士们不畏艰辛，每天行军 120 里路，但仍未能赶到敌军的前面。

按照蒋介石的命令，第 24 军第 4、第 5 旅组成第 5 师，开赴大渡河布防，其中第 5 旅守富林至安顺场一带，第 4 旅守泸定桥附近；第 20 军防守富林以下至金口地区。

1935 年 5 月 24 日夜，红军先遣队第 1 师第 1 团在团长杨得志、政委黎林的率领下，冒雨急行军 160 多里赶到了安顺场。

这时，红军面临的形势极端险恶。西面，有滇军孙渡部沿着雅砻江布防；东面，有川军杨森的第 21 军和郭勋祺、陈万仞等部的联合阻截；后面是薛岳指挥的中央军周浑元、吴奇伟等部数十万大军的追赶；前面，则有川军第 20 军主力和刘文辉的第 24 军一部扼守着大渡河所有渡口。红军被挤在一个狭窄封闭的地域里，一旦被大渡河所阻挡，就可能无法摆脱被围歼的命运。

防守渡口的是刘文辉的第 24 军第 5 旅第 7 团韩槐堦营。韩槐堦是四川名山百丈场哥老会首领，曾在安顺场流浪多年，酷好赌博，与当地豪绅恶霸混得最熟。团长余味儒将其部署在此，就是想利用他这点关系，把当地地主武装组织起来，填补右翼空隙，与第 4 旅取上联系。当时第 4、第 5 旅间有 200 余里空隙。

为"确保河防，围厄红军"，韩槐堦下令坚壁清野，将南岸渡河船只与粮食统统收缴集中到北岸；为扫清射界，强迫老百姓搬家，并在安顺场遍街堆放柴草，准备纵火烧街。

尽管做了周密准备，但韩槐阶并不认为红军会在此渡河。因为就在一天前，红 1 军团参谋长左权、红 2 师政委刘亚楼率红 2 师第 5 团攻占了离安顺场 20 余里的大树堡，造船扎筏，大造在那里渡河的声势，并扬言要打到雅安、成都。

当晚，红 1 团第 2 营在黎林的率领下佯攻渡口下游，杨得志亲率第 1 营冒雨分三路隐蔽接近安顺场。其中，1 连攻正面，从安顺场西面冲；3 连从西南面冲；2 连和营重机枪排从东南沿河边冲并负责找船。

川军压根就没有料到红军会来得这么快，面对红军的突然进攻，一败涂地。赖执中看到大势已去，和几个卫士化装成老百姓在一片混乱中翻墙而逃。经 20 多分钟战斗，红军全部占领了安顺场，并在渡口附近找到一只小木船。

25 日晨，红军总参谋长刘伯承、红 1 军团政委聂荣臻亲临前沿阵地指挥。

只见河面上雾蒙蒙的，大约有300多米宽，水流湍急，涌起的漩涡一个接一个，在此架设浮桥根本没有可能，游过去更不可能。河心里还有几块礁石，急浪撞在上面，激起很高的浪花，刹是惊人。

对岸是几十米高的峭壁。石壁被劈开，用石块砌成一条孔道，这便是渡口。有一条立陡的台阶直通上去，阶梯约有一间房子那么宽，共40多级，每层有2尺高、1尺宽。阶梯的顶端，有3个独立房屋，四周是半人高的围墙，4个碉堡俯视着整个河面和台阶，周围满布着散兵壕。韩槐楷营就据守在这里。

为确保渡河战斗成功，红1团第1营营长孙继先亲自挑选了17名官兵组成渡河突击队，由4名当地船工摆渡。在连长熊长林的带领下，勇士们每人领取了1支驳壳枪、1挺花机关（冲锋枪）、1把马刀和8颗手榴弹，这是他们能够拥有的最强火力了。

杨得志把全团的6挺重机枪都集中摆在渡口旁的突出部，其他轻机枪等也做好火力掩护准备。军团炮兵连在神炮手赵章成的带领下赶来助战，不过遗憾的是炮弹太少，总共只有4发。

7时许，强渡开始。在嘹亮的冲锋号中，木船离开岸边，一颠一簸地向河心斜漂过去。杨得志命令岸上红军轻重机枪火力一齐向对岸川军进行压制射击。川军也不甘示弱，拼命还击。赵章成用两发迫击炮弹准确地掀翻了川军的两个碉堡。川军的火力顿时弱了下来，突击队员们拿起船桨和木板拼命划船，小木船在急流和弹雨中艰难前行。

快接近对岸时，川军向渡口反冲击，杨得志命令再打两炮，正中川军。突击队迅速登岸，并在右岸火力的支援下奋勇冲杀，击退川军的反扑，控制了渡口，后续部队及时渡河增援，一举击溃川军1个营，巩固了渡河点。

26日一大早，毛泽东就赶到了渡口，听取刘伯承和聂荣臻关于渡河情况的汇报。

此时，形势依旧万分险恶。安顺场渡口水流湍急，无法架桥。红军仅找到4只小船，1条船一次仅能运送30人左右，往返一次需要近1个小时。如果将全军2万余人渡过河去，至少需要将近1个月的时间。而此时尾追红军的国民党中央军薛岳部第53师已经到达西昌北部，正向安顺场疾进；川军杨森的第20军等部离安顺场也只有不到5天的路程。

前有大渡河拦路，后有敌军重兵尾追，红军若不能在最短的时间内渡过大渡河，就极有可能成为石达开第二。红军必须渡河，一刻也不能耽误。

在奔腾汹涌的大渡河边，毛泽东、朱德、周恩来紧急召开会议，决定兵分两路：红1军团第2师和红5军团为左纵队，由林彪指挥，沿大渡河南岸前进，突袭夺取距安顺场320多里的泸定桥。红1军团第1师和干部团继续在安顺场渡河，过河后组成右路纵队，由刘伯承和聂荣臻指挥，沿大渡河北岸向泸定方向前进，以接应从泸定桥渡河的红军主力；其他部队和中央纵队随左纵队前进，从泸定桥过河。

5月29日下午，红军夺取泸定桥，浩浩荡荡地越过天险大渡河。蒋介石南攻北堵的大渡河会战计划，和他要使红军成为"石达开第二"的梦想，宣告彻底破产……

天安门城楼上，正当杨得志还沉浸在当年飞渡天险大渡河的思绪中，周恩来在一旁补充说：他还是这次志愿军归国代表团的团长呢。

毛泽东笑着说："此人一直是志愿军，上井冈山就是志愿去的，就是志愿军！"接着又对杨得志说："这次请你们回来，就是要你们给我们讲一讲朝鲜的事。不但给我们讲，还要给群众讲。群众可是欢迎你们哩！"

那是1950年6月25日拂晓，战火硝烟突然笼罩在朝鲜半岛"三八线"上空。震惊世界的朝鲜战争爆发了。

美国政府从其称霸世界的全球战略和遏制共产主义势力发展的战略利益出发，悍然违反《联合国宪章》关于"不得干预本质上属于任何国家内部管辖之事件"的规定，迫不及待地采取了武装干涉朝鲜内战的政策。

26日，杜鲁门命令美国驻远东的空军、海军部队进驻朝鲜半岛，配合南朝鲜（韩国）军队作战。同时命令美国海军第7舰队侵入中国台湾海峡，目的就是牵制新生的中华人民共和国，迫使中国首尾不能相顾。7月7日，美国又操纵联合国安全理事会通过非法决议，给美国及英国、法国等 16 个国家的侵朝军队披上"联合国军"外衣。

中国政府和人民对于美国武装干涉朝鲜内政和侵占中国领土台湾表示极大义愤。6 月 28 日，毛泽东号召：全国和全世界的人民团结起来，进行充分的准备，打败美帝国主义的任何挑衅。为保卫中国东北地区的安全和在必要时援助朝鲜人民的反侵略战争，中央军委根据毛泽东的提议，于 7 月 13 日作出《关于保卫东北边防的决定》，抽调中国人民解放军第 13 兵团及其他部队共 25.5 万余人，组成东北边防军，集中在东北中朝边境地区整训。后又决定调第 9、第 19 兵团作为东北边防军二线部队，分别集结于靠近津浦、陇海两铁路线的机动地区。10 月 5 日，第 19 兵团司令员杨得志、政治委员李志民接到毛泽东签发的电令：限你部 12 月 5 日前赶到山东兖州、泰安、滕县一线集结待命。

此时，朝鲜战局危在旦夕。美国政府无视中国政府的一再警告，命令"联合国军"地面部队越过"三八线"，企图迅速占领全朝鲜。与此同时，美军空军不断侵犯中国领空，轰炸扫射中国东北边境地区城镇和乡村，海军不断炮击中国渔船和商船，使中国人民的生命财产遭到严重损害，中国安全受到严重挑战。

根据朝鲜劳动党和朝鲜民主主义人民共和国政府的请求，中共中央、中国政府毅然作出"抗美援朝、保家卫国"的重大战略决策，派中国人民志愿军赴朝，同朝鲜人民军并肩战斗，打击侵略者。

10 月 19 日，中国人民志愿军在司令员兼政治委员彭德怀率领下，跨过鸭绿江，开赴朝鲜战场，与朝鲜人民军并肩作战。25 日，揭开抗美援朝战争序幕。

12 月中旬，杨得志、李志民接到军委通知，前往北京领受任务。在中南海，朱德向他们介绍了志愿军入朝两个多月的战况："仗打得不错，但相当艰苦。目前正和麦克阿瑟进行第二次交锋，打得很激烈。老彭（德怀）指名点将要你们十九兵团。他这个人你们了解，从不向中央提什么要求，但他提到了你们十九兵团。所以主席、恩来要我找你们谈一谈，看你们还有什么问题需要帮助解决。"

一席话令杨得志十分激动，毛主席、周总理、朱老总和彭老总如此信任 19 兵团，还有什么困难和问题不能克服的。

1951 年 2 月 8 日，第 19 兵团乘坐列车驶离天津。16 日，部队跨过鸭绿江，加入中国人民志愿军序列，奔赴抗美援朝最前线。

这时，第四次战役正在进行中。部队冒着"联合国军"飞机的轰炸，踏着冰雪，经 4 天艰难行军，于 20 日到达殷山西里，兵团司令部就靠一个土崖挖了个洞作为指挥部。彭德怀专程赶来这里看望部队。

杨得志趁机问："我们刚住下你就来了，是有什么重要任务给我们吧？"

彭德怀摆摆手，笑着说："这次是毛主席要我回国汇报，我拐了个弯，来看看你们，代表志愿军党委欢迎你们。我们已经三战三捷了。眼下正在进行第四次战役。三次战役打下来，麦克阿瑟有点撑不住了，估计他一定还会作大的反扑。要告诉我们的战士，在朝鲜作战不同于国内，打美国鬼子不同于打蒋介石，要准备恶战，而且要准备场场都是恶战。"

杨得志接着追问第 19 兵团的任务，彭德怀说："你们现在最主要的任务是尽快熟悉情况。第四次战役不准备用你们了，五次战役你们是要上的。"

4 月 6 日，杨得志、李志民赶到金化郡上甘岭参加志愿军党委第 5 次扩大会议。会议的主要议事日程是部署第五次战役，并就如何加强运输、克服"三八线"以南无粮区的困难，以及如何在敌后配合这次战役等问题，进行了深入研究和讨论。最终决定，在战役指导上，实行战役分割与战术分割相结合、战役包围迂回与战术包围迂回相结合。具体部署是：志愿军集中主力在西线汶山里至春川间地区实施主要突击，以第 3 兵团（辖第 12、第 15、第 60 军）实施正面突击，第 9 兵团（辖第 20、第 26、第 27 军，指挥第 39、第 40 军）和第 19 兵团（辖第 63、第 64、第 65 军，指挥人民军第 1 军团）实施两翼突击并进行战役迂回，分割围歼当面之敌；人民军 2 个军团在东线实施辅助突击，牵制美军部队，使敌不得西援。另以志愿军 3 个军和人民军 2 个军团位于后方地区分别担任反登陆和反空降任务。

为打好出国第一仗，杨得志以兵团名义发出战斗动员令：

　　同志们！加紧准备，等待攻击的命令吧！你们大显身手的机会来到了。只要命令一下，上级指到哪里，就向哪里前进，人人奋勇当先，个个机智灵活，要攻就赛如猛虎，要守就稳如泰山，绝不轻易失去一个阵地；要追就拼命追赶，绝不放过一个敌人。要大胆穿插、分割敌人，要分割包围歼灭敌人。担任任何艰巨的任务，不犹豫徘徊，碰到什么困难，也不叫苦叫累。不怕敌人的飞机、坦克、大炮，要打落敌人的飞机，炸毁敌人的坦克，夺取敌人的大炮。不管我们面前的敌人是美国兵、英国兵，还是李匪军，都要狠狠地打，痛痛地打，怎么打得重，就怎么打，怎么打得狠就怎么打，怎么能彻底消灭敌人就怎么去消灭。

这是我们出国第一仗，我们要旗开得胜，全力打好这一仗……我们要在第一仗中经受考验，要在第一仗中立功……

4月22日黄昏，中朝军队在全线发起反击，抗美援朝第五次战役打响了。

西线，志愿军第3兵团副司令员王近山指挥第12、第15、第60军，从正面突破后在涟川以北遭到美军第3师、土耳其旅抵抗，进展较慢，24日晨进至哨城里、永平地区，与"联合国军"形成对峙。

志愿军第9兵团司令员兼政治委员宋时轮指挥5个军，从左翼迅速突破"联合国军"防御。至23日夜，第20、第27、第26军前出15～20公里，进占龙华洞、外药寺洞、白云山地区，歼美军第24师、南朝鲜军第6师各一部；第40军突入30余公里，前出到加平东北沐洞里地区，完成战役割裂任务；第39军前出到华川以南原川里地区，将美军陆战第1师隔于北汉江以东不得西援。

志愿军第19兵团第63、第64、第65军从右翼实施战役迂回。第63军作为第一梯队，首先突破临津江。军长傅崇碧命令第188师在麻田里东西之间选择强攻突破口，第187师在高浪浦里以东选择突破口。

位于汉城以北75公里处的临津江是汉江的支流，发源于太白山脉北端西坡，西南流经汶山西侧，注入汉江。江南岸是连绵的群山，绀岳山、磨义山、道乐山是主要制高点。

对临津江，志愿军并不陌生。就在1950年的最后一天，志愿军发起抗美援朝第三次战役，第39军第116师仅用时10多分钟便突破了临津江天险，创造了世界战争史上的奇迹。

第五次战役发起前，"联合国军"在临津江一线布下重兵防守，由东向西分别为美军第3师、英军第29旅、南朝鲜军第1师等部共42000余人，配备有各式火炮1800余门，坦克400多辆。同时，敌人还依托临津江南岸有利地形构筑了坚固的防御体系，堑壕、交通壕、地堡、铁丝网、地雷布满了大小山头，并以主力防守临津江南岸第一线高地及纵深诸要点，江面上架有坦克浮桥一座，沟通临津江南北，江中布满了铁蒺藜，其炮兵火力可以控制江面和江北诸要点及通路。

为确保强渡临津江一举成功，傅崇碧带着担任右翼主攻任务的第187师师长徐信连夜赶到江边，观测地形、侦察敌情，并据此制定了作战方案。

21时，第187师第559、第561团为第一梯队，分别从石湖、新垈开始偷渡临津江。20分钟后，第559团第2营、第561团第2营首先到达南岸。等到敌人发现志愿军进攻时，为时已晚，第一梯队全部登陆，偷渡成功，第二梯队也开始了强渡。

此时，临津江两岸的炮火织成了密集的火网。片刻，成群的敌机飞临江面上空，黑压压的炸弹倾泻而下。江岸到处是飞扬的泥土、石块和烟雾；江中是林立的水柱和海浪般的波涛；对岸敌人的轻重机枪疯狂地扫射。志愿军的勇士们冒着敌人的枪林弹雨，跳入齐腰深的江水中，奋不顾身地向对岸冲去……不到3个小时，第187师4个团全部胜利突破临津江。

敌军在遭到突然打击后，一面继续组织抵抗，一面将主力后撤至锦屏山、县里、加平、春川第二线阵地，企图固守。不料，志愿军轻装突进，迅速攻占了第二线阵地。

被俘的美军炮兵中尉夏普沮丧地说："我们知道你们从北面追来了，就慌忙地把榴弹炮挂在汽车上逃跑，汽车刚上公路，就被你们的步兵打坏了。没想到你们的两条腿，追起来比我们的汽车、坦克还要快，我们到底还是被你们抓着了！"

为进一步扩大战果，志愿军第63军各部过江后乘胜追击，在雪马里、弥陀寺等地与英军第29旅、南朝鲜军第1师等部展开激战。

雪马里，位于临津江南岸 4 公里处，北有 235 高地、314 高地为屏障，南有 414 高地、675 高地为依托，山势北低南高，易守难攻，是敌人防御前沿的一个强固要点。

守敌为英军第 29 旅格劳斯特营及其配属的英军炮兵第 45 团第 7 连、哈萨斯骑兵第 8 连、重型坦克连，共 1000 余人，有营属和配属火炮 42 门，纵深还有 2 个 105 榴炮营支援其战斗。

格劳斯特营是英军的王牌部队，已有 150 多年的历史，曾参加过两次世界大战。早在 1801 年英国征服埃及的殖民战争中，该营就以突破敌方重围、转败为胜的辉煌战绩受到英国女王的奖赏——全营官兵每人一枚写有"皇家陆军"字样的帽徽。因此，该营官兵佩戴两枚帽徽，号称"皇家陆军双徽营"。

23 日凌晨，第 63 军第 187 师攻占江南要点绀岳山，随后以侧后迂回结合正面进攻的战法，对英军第 29 旅部队展开进攻。第 560 团奉命攻歼格劳斯特营，团主力从正面进攻，第 1 营从左翼迂回断敌退路，战至 24 日 6 时，第 560 团占领雪马里以北高地，英军企图南撤，遭到第 1 营的截击，被迫退回雪马里。第 560 团随即连续进攻，逐步压缩了对英军的包围圈。

为解救格劳斯特营，"联合国军"于 24 日白天，先后以菲律宾营、美军第 65 团和南朝鲜军第 12 团，在飞机、炮火支援下，以坦克引导，沿着土桥场公路向雪马里增援。

志愿军第 561 团 3 营凭借有利地形，放过援敌坦克，炸毁汽车，打击步兵，然后以反坦克小组从侧后攻击坦克。敌军坦克见势不妙，倒车后撤。结果忙中出乱，汽车与坦克、坦克与坦克互相倾轧。

美军第 3 师自己的防线和兵力这时也很吃紧，打心眼里不愿出兵援助英军，在遭到志愿军英勇阻击后，巡逡不前。见美军出工不出力，英军指挥官在电话里气愤地说："既然你们美国人不诚心救人，英国人不需要这种骗人的把戏。"

美军第 65 团团长哈里斯笑着回答："好啊，英国人充好汉了！不是我不执行命令，从现在开始，我不派一兵一卒了。"

为救出这支王牌部队，英军第 29 旅旅长早已杀红了眼，以数十门火炮猛烈地向双方短兵相接的阵地轰击，每门炮发射炮弹多达上百发。同时命令其后续部队采取多波次轮番冲击。

志愿军第 561 团 3 营以少摆多藏、轮流出击的战术，打退了敌人数次进攻。8 连 6 班守卫的无名高地，是敌人每次进攻的必经之地。在副班长杜根德的带领下，6 班连续击退了敌人 7 次冲锋，击毁敌人汽车、坦克各 1 辆。最后，阵地上只剩下杜根德 1 人，仍坚守阵地。他先后用手榴弹、爆破筒等武器，打退了敌人 5 次进攻，毙伤敌 30 名，坚守阵地 5 个多小时。

2 连连长何永清命令 2 排迅速抢占山头制高点，1 排向山后侧猛插，指导员则率一部兵力从正面冲杀。英军乱作一团，在半山腰中哇哇直叫。指导员高喊："勇敢地冲啊！多抓几个英军俘虏！"

激战中，一股英军向西南方向的深山沟里逃跑。战斗小组长刘光子端着冲锋枪一路快跑，从侧面包抄过去，隐蔽在一块大岩石后面。当英军进至相距 15 米时，刘光子投出 2 枚手榴弹，炸倒七八名英军，随即大喊："站住，不准动！"

最前面的一个英军士兵肩上扛着一挺轻机枪，似乎听懂了刘光子的话，乖乖地跪下来，把机枪高举过头顶。刘光子一个箭步冲上前，夺下机枪，对准后面的英军，用半生不熟的英语大喊："缴枪不杀，优待俘虏！"

英军被刘光子的英勇吓破了胆，一个个放下武器，举起双手投降。刘光子押着一长队的英军俘虏沿着深山沟走过来。清点人数，竟然有 63 个！这也是朝鲜战场上，志愿军战士一人一次俘虏敌人的最高纪录。

战后，刘光子荣立一等功，被志愿军领导机关授予二级孤胆英雄称号，并荣获朝鲜民主主义人民共和国一级战士荣誉勋章。

25 日 10 时，第 560 团以两个连向被围英军据守的 235 高地发起最后攻击，至 12 时胜利结束战斗，全歼被围英军，缴获坦克 18 辆、汽车 48 台。

然而，第 64 军在渡江攻占长坡里、高士洞一线后，即遭到美军坦克群的火力封锁和飞机的猛烈轰炸，行动困难，进展缓慢。先遣支队第 569 团第 3 营和兵团侦察支队勇猛作战，昼夜不停地攻击前进，20 小时内打垮南朝鲜军和英军的 7 次阻击，前进 60 公里，占领通向汉城的交通要道议政府附近的道峰山制高点，炸毁山下的公路桥，切断了南朝鲜军和英军的退路。

　　杨得志接到这一报告，立刻和副司令员郑维山等人商量，决定派第65军的两个师前去增援，并嘱咐第64军军长曾思玉以大部分部队钳制敌人，一部分部队迅速突破向纵深穿插，一定要完成分割迂回任务。

　　至25日晚，志愿军和人民军经三昼夜连续作战，全部越过"三八线"。26日，突破"联合国军"在锦屏山、县里、加平一线的第二线阵地，至28日，第19兵团攻占国祀峰、白云台地区，第3兵团进占自逸里、富坪里地区，第9兵团攻占榛伐里、祝灵山、清平川、加平、春川地区，逼近汉江。"联合国军"撤至汉城及北汉江、昭阳江以南地区组织防御，并在汉城周围集中部队，组成绵密的火制地带。志愿军和人民军鉴于在汉城以北地区歼敌机会已失，遂于29日停止进攻，结束第一阶段作战。

　　5月6日，彭德怀下达第五次战役第二阶段作战预令，决定以第3、第9兵团隐蔽东移，协同人民军主力歼灭县里地区的南朝鲜军。同时以第19兵团和人民军第1军团在西线汉城东西地区实施佯动，牵制美军主力；第39军主力南渡昭阳江，掩护第3、第9兵团东移。

　　16日黄昏，志愿军和人民军发起第二阶段进攻。在东线，志愿军和人民军取得县里围歼战的胜利，歼灭南朝鲜军第3、第9师大部。在中线和西线，志愿军和人民军也按战前部署展开积极进攻，歼敌一部。

　　在志愿军和人民军连续五昼夜的突击下，东线南朝鲜军于20日撤至九城浦里、丰岩里、下珍富里地区。"联合国军"紧急调整部署，以美军第10军主力东移，并调部队堵塞战役缺口，建立纵深防御，再次形成东西相连的完整防线。志愿军和人民军经过连续作战，粮弹将尽，继续进攻已有困难，为保持主动，遂于21日结束第二阶段作战。

　　然而转移行动尚未开始，"联合国军"于20日即集中4个军13个师的兵力，以摩托化步兵、炮兵、坦克组成的"特遣队"为先导，在航空兵掩护下，沿汉城至涟川、春川至华川、洪川至麟蹄公路，多路向北快速推进，实施大举反扑。

　　志愿军和人民军对"联合国军"迅速实施全线反扑估计不足，转移的组织计划不够周密。担任运动防御的部队，有的尚未进入防御地区，有的虽已进入但没有很好地控制要点与公路，也没有组织起有效的交替掩护，以致全线出现多处空隙，使"联合国军"的"特遣队"得以乘隙楔入志愿军和人民军防线，部分部队被围于敌后，遭受很大的损失。

27日，"联合国军"进占汶山、永平、华川、富坪里、麟蹄一线后，以美军第1军及其所属第1、第25师，加拿大旅，南朝鲜军第9师等部直逼涟川、铁原。

涟川、铁原一线既有公路又有铁路，是朝鲜西部地区的重要交通线。而铁原又是志愿军囤积物资的主要供应站，一旦被敌占领，就会切断志愿军东西战线的联系，直接威胁到后方乃至整个战局。

为此，彭德怀专门打电话给杨得志，再三说明：为确保涟川、铁原一线的安全和掩护兄弟部队转移，要求第65军在议政府、清平川地区担负阻击任务，必须坚持15至20天。

第65军在粮弹和兵力消耗比较大的情况下，已经顽强地坚守了4天。但面对数倍于己又有空军、坦克、炮兵支援的敌人，部队伤亡极大，有的阵地丢失了，有的部队被迫向后撤退20至30公里，撤到汉滩川以北地区……

杨得志回忆道：

> 65军的阻击是异常艰苦的，左右友邻部队已后撤60至100公里，没有火力支援；后勤供应跟进困难，部队缺少粮食和弹药；有的师、团几次被敌包围。但是他们打得十分顽强。193师师长郑三生同志率领部队坚守在议政府东南佛岩山、水落山、国赐峰地区，其中579团2营坚守佛岩山。2营上阵地时是299人，苦战到5月28日奉命撤出时，只剩下37人。

一旦第65军顶不住了，将会危及整个战局。杨得志预感到形势的严峻，果断决定把第63军调上去，在涟川、铁原间抢筑防御工事，拼死也要阻止敌人沿公路向纵深推进。

从6月1日起，美军第1军以4个师兵力向第63军阵地猛烈进攻。

在第 187 师防御正面，美军 2 个师轮番进攻。涟川山口的战斗最为激烈，美军进攻第一天即投入 5 个营的兵力。坚守涟川山口的志愿军第 561 团第 3 营，以灵活机动的战术，依托有利地形，顽强抗击，打退了数倍于己的敌人 10 多次进攻，坚守阵地四天三夜，共毙伤敌 1300 余人，为稳定一线防御阵地发挥了重要作用。战后，3 营被志愿军总部授予"守如泰山"称号，记集体二等功。

美军在第 187 师阵地前屡屡碰壁，没有捞到半点便宜，便把主要进攻矛头转向了第 189 师阵地。6 月 2 日，美军在以部分兵力继续进攻第 187 师阵地的同时，集中 4 个团的兵力，在飞机、大炮的掩护下，向第 189 师坚守的 233.2 高地和种子山阵地发起轮番冲击。

炮火连天，浓烟蔽日，弹痕遍地。经过几天激战，第 189 师阵地上的工事、掩体、堑壕早已被敌人的炮火夷为平地、荡然无存。战士们踏着一尺多深的浮土，利用弹坑和岩石掩护，顽强坚守阵地，抗击潮水般涌上来的敌人。激战整整持续了一天，敌人在付出了惨重的伤亡代价后，占领了种子山、五峰寺及以南阵地。

3 日，美军第 25 师投入战斗。第 189 师顽强坚守阵地，激战至中午，所有的营、连均已不成建制，师、团机关的勤务人员全部投入到一线参加战斗。有的营、连因伤亡太大，基本上丧失了战斗力，就重新编组，把营编成连，连编成排，继续战斗；弹药打光了，就用刺刀、枪托拼杀，用石块、木头砸。无论轻伤还是重伤都不下火线，坚持战斗。许多指战员在陷入敌人包围后，拉响手榴弹与敌同归于尽……

4 日，第 63 军以预备队第 188 师接替第 189 师的防御。美军以 1 个师的兵力，在地空交叉火力的掩护下，分多路实施波浪式攻击。第 188 师指战员依托工事、有利地形，避开敌人的炮火锋芒，待敌步兵进攻至距阵地前沿二三十米处时，机枪、步枪突然开火，成群的手榴弹抛向敌阵，大量杀伤敌人有生力量。战至下午，在打退了敌人数次进攻后，第 188 师的伤亡也越来越大，部分阵地被敌人突破，形势愈发严峻。

铁原，一时成为志愿军各级首长关注的焦点。

彭德怀密切地注视着第 63 军，亲自给杨得志打电话："部队表现不错。告诉傅崇碧，要爱护战士，爱惜战士，注意保存战斗力。"

杨得志把彭老总的鼓励和指示原原本本地传达给了傅崇碧，并提醒他："你们的任务是防御阻击，而不是固守某一阵地，应当允许部队有失有得，失而复得，得而复失，关键要在总体上顶住敌人！"

从 5 日起，第 63 军转入二线阵地，依托有利地形继续实施坚守防御。激战至 6 月 10 日，美军仍未突破第 63 军防御阵地。

在这场空前罕见的惨烈阻击战中，第 63 军几乎以一军之力死死顶住了美军第 1 军指挥的 4 个主力师、长达 12 天的疯狂进攻，共歼敌 15000 余人，粉碎了美军快速占领铁原、摧毁志愿军后方基地和交通线的企图，为志愿军总部迅速调整新的战略部署赢得了极其宝贵的时间。

但同时，第 63 军也为之付出了巨大代价。作为第一梯队的第 189 师撤出阵地时折损大半，一些营、连基本上都打光了，全师临时缩编为 1 个团做预备队；而接防的 188 师同样打得惨烈无比，1300 多人的第 563 团在撤下阵地时只剩下了 266 人。

彭德怀亲自穿越百里战区，赶到伊川看望第 63 军将士。这在朝鲜战场上是绝无仅有的。

军长傅崇碧、政委龙道权率全军官兵列队，向彭老总行持枪礼。在一张张被战火熏黑的脸庞上，显露出坚毅的神情；从一双双布满血丝的眼睛里，放射出自豪的目光。

彭德怀站在子弹箱上，向指战员们行了一个庄重的军礼，激动地说："同志们！你们打得好，打得很好！你们血战铁原 12 天，掩护了东线部队的转移，掩护了我军全线转入防御，狠狠地打击了敌人的气焰，你们是一支真正的铁军，我要向毛主席汇报你们的英雄业绩。全党、全军、全国人民为有你们这样的英雄铁军而自豪。"

毛泽东评陈士榘

【陈士榘简历】

陈士榘（1909—1995），原名陈有玎。祖籍湖北钟祥团林铺镇陈家坪村（今属荆门），湖北武昌人。

1927年初，在家乡参与组织农民协会。同年到武昌，加入中国共产主义青年团。在中共湖北省委主办的共产主义青年团学校（对外称湖北省学生军事训练班）学习后，编入武昌国民革命军第二方面军总指挥部警卫团。同年9月，参加湘赣边界秋收起义，后随部到井冈山。10月，转入中国共产党。1928年1月，任工农革命军第1军第1师第1团教导队区队长。1929年起，任中国工农红军第4军排长、第3纵队副大队长、纵队司令部参谋，红1军团第12军第1纵队参谋处处长、第34师参谋长，军团司令部作战科、侦察科、教育科科长，军团教导营营长，参加中央苏区历次反"围剿"和长征。到达陕北后，任红4师参谋长，红30军参谋长、代理军长，红1军团随营学校校长，参加直罗镇战役。

全面抗战爆发后，任八路军第115师第343旅参谋长，参加平型关、广阳等战斗后，参与开辟晋西抗日根据地。1939年，任晋西支队司令员。1940年，率部进入山东，后任第115师参谋长。1943年，任滨海军区司令员，指挥攻克赣榆县城的战斗。抗日战争胜利后，任新四军兼山东军区参谋长、北平军事调处执行部整军处处长和中共代表团参谋长、华东野战军参谋长。曾与唐亮率华东野战军西线兵团转战鲁西南，挺进中原，配合晋冀鲁豫野战军主力进军大别山。参与指挥沙土集、洛阳、开封、济南等战役，后参与淮海、渡江等战役的组织指挥工作。1949年2月，任第三野战军第8兵团司令员。南京解放后，兼任南京警备司令部司令员。后任华东军政大学副校长。

1950 年 12 月起，任中国人民解放军军事学院训练部部长、教育长。1952 年 9 月，任中国人民解放军工程兵司令员，11 月兼任中央人民政府人民革命军事委员会军事建筑部部长。1958 年，兼任工程兵特种工程指挥部司令员兼政治委员。参与领导国防工程和导弹、原子弹试验基地的建设。1969 年 4 月，任中共中央军委委员。1971 年 10 月，任中央军委办公会议成员。1975 年 8 月，任中央军委顾问。1955 年，被授予上将军衔。获一级八一勋章、一级独立自由勋章、一级解放勋章和一级红星功勋荣誉章。中共第九、十届中央委员，第一至第三届国防委员会委员。1995 年 7 月 22 日，在北京逝世。

【毛泽东评点】

"你的风头已经出够了，华东战场上的几个大仗，打得不错。"

——摘自《从井冈山走进中南海——陈士榘回忆毛泽东》，中共中央党校出版社，第 323 页。

【评析】

1973 年春，党中央和中央军委决定对军队领导班子和八大军区司令进行调整。中央军委副主席叶剑英向军委常委、军委办公会议成员陈士榘等人，传达了毛泽东要会见他们的消息。

在中南海小礼堂会见室，毛泽东一见陈士榘就紧紧握着他的手，微笑地交谈起来。其间，毛泽东双目凝视陈士榘说道："你的风头已经出够了，华东战场的几个大仗，打得不错。"

陈士榘知道毛主席指的是人民解放战争进入到第三个年头时，华东野战军继续执行将战争引向国民党统治区的方针，开展新的强大攻势。时任华东野战军参谋长的陈士榘协助副司令员粟裕，指挥西线兵团相继取得洛阳、豫东、襄樊等战役的胜利，继而参与指挥济南战役，揭开了战略反攻的帷幕，随后参与指挥淮海战役，解放了长江中下游以北广大地区，使国民党反动统治的政治中心南京直接处在人民解放军的威胁之下。其中，1948 年春打响的洛阳战役，是人民解放军挺进中原以来第一次对敌坚固设防的中等城市的攻坚战，充分显示了陈士榘的指挥艺术。

1948年初，转入外线作战的刘（伯承）邓（小平）、陈（毅）粟（裕）、陈（赓）谢（富治）三路大军完成在中原的战略展开。三路大军犹如三把钢刀插入敌人的腹部，相互策应，纵横驰骋于江淮河汉之间，歼灭大量敌人，击破了国民党军在中原战场的全面防御体系。在内线作战的西北、华北、东北、山东等战场的人民解放军，同时转入战略反攻和进攻，收复大片失地，进一步扩大解放区。

国民党军被迫由全面进攻、重点进攻、全面防御改为分区防御，企图集中力量加强中原防御。此时国民党军在中原战场上还拥有3个整编军、37个整编师、86个旅，共66万余人，兵力上仍占据较大优势，尚有能力进行战役性进攻。

为使中原解放区获得巩固，并继续将战争引向国民党统治区域。中央军委命令晋冀鲁豫野战军除以一部兵力继续留置大别山坚持斗争外，指挥部率主力进至淮河、沙河之间休整，尔后由刘伯承、邓小平统一指挥所属主力及陈谢集团和华东野战军第3纵队、第8纵队、第10纵队组成的陈（士榘）唐（亮）兵团（即西线兵团），在淮河、汉水、陇海路和津浦路之间机动，打中等规模的歼灭战。据此，陈唐兵团和陈谢集团准备乘敌分散之际，北上郑州、潼关间作战，以配合西北战场的春季作战和刘邓大军主力在沙河、淮河间的行动。

3月初，西北野战军在陕西宜川、瓦子街取得歼灭国民党军1个整编军部、2个整编师的重大胜利。国民党西安"绥靖"公署主任胡宗南为确保西安，急调据守陇海铁路（今兰州—连云港）潼关至洛阳段的裴昌会第5兵团主力西援，洛阳仅留青年军第206师驻守，洛阳以西、潼关以东200余公里铁路沿线改由非正规军守备。

中央军委针对敌军态势，指示华东野战军，以陈唐兵团并指挥陈谢集团主力，为配合西北野战军作战，并掩护晋冀鲁豫野战军主力休整，抓住有利时机攻打洛阳，歼灭孤立无援的青年军第206师。

青年军是国民党在抗战后期建立的一支政治性很强的部队。1944年，国民党政府提出"一寸河山一寸血，十万青年十万军"的口号，号召知识青年从军，并成立"知识青年从军征集委员会"，蒋介石亲自担任主任委员，党、团、军、政各方面负责人及各大学校长、社会名流等担任委员，蒋经国也是委员之一。为鼓励知识青年从军，提出了各种优待条件，如复员后可以免考免费升学，愿意就业的可以优先就业，大学生可以公费留学，等等。在很短时间内，就组建了青年军9个师。士兵中有半数是从全国各大城市的大、中学校征集而来的学生。

其实，蒋介石成立青年军的用意，不仅是为了扩充抗战力量，其更重要的目的，首先是在政治上与中国共产党争夺青年，因当时许多爱国青年都认为到延安去是"抗日救亡"之道；其次是要把青年军办成一个训练干部的大学校，重建"黄埔精神"，创立新军，为大规模扩军、反共打内战做准备。

也正因如此，蒋介石对青年军的人事安排很重视，师长由他亲自挑选（实际上多半是陈诚、胡宗南推荐），团长由嫡系部队挑选少将级干部担任。团以下干部则由各部队择优保送到青年军训练总监部所属的干部训练团受短期训练后，选派到各师任用。

青年军第206师下辖2个旅，全部美械装备，士兵多为西北等省失业、失学青年，长期受法西斯训练和教育，政治上极其反动，死心塌地追随蒋介石。该师原由陆军总司令部郑州指挥所主任孙震指挥，1948年1月才改归胡宗南指挥。为什么让远在西安的胡宗南来指挥洛阳的部队呢？据少将师长邱行湘回忆："蒋介石的战略意图是急于修通陇海路潼洛段（潼关至洛阳），打通平汉路北段，使西北与中原、华北连成一气，并图确保西安、洛阳、郑州三大城市据点，以稳定中原战场的局势。"

洛阳号称十三朝古都，中原战略要地，素有"天地要领，九州咽喉"之称。北依邙山，南傍洛河、伊河，群山环抱，地势险要，城垣高厚，易守难攻，历来为兵家必争之地。国民党政府曾于1932年将洛阳定为"行都"，在政治、军事、交通等方面都具有相当重要的地位。同时，洛阳又是郑州与西安之间的联络中心和补给重地。但随着裴昌会兵团撤守西安后，邱清泉兵团位于陇海线东段徐州东北地区，监视黄河以北休整的华东野战军；原位于平汉（今北京—汉口）线遂平、驻马店的胡琏兵团，正准备以一部袭扰集结在沙河、淮河之间休整的刘邓野战军；孙元良兵团则龟缩在郑州，准备以2个旅加强汜水、黑石关一线的防御。这样，洛阳孤零零地突出在陇海西段，且兵力薄弱。

宜川战役刚刚结束，蒋介石就派飞机把邱行湘从洛阳接到南京，面授机宜。一见面，蒋介石就说：洛阳是秦、晋、豫三省的要冲，是中原与西北联系的要点，一定要作长期"固守"的打算。在军事防御方面，蒋介石指出："洛阳的邱山、龙门、西工非常重要，必须加强工事，研究防守，教育部队。飞机场也很重要，必须确实控制。"

为笼络邱行湘，蒋介石还当场任命他为洛阳警备司令，并说："军事的成败，关系到党国的安危，如果不打败共产党，我们将死无葬身之地。"

邱行湘向蒋介石保证："请校长放心，除非天塌地陷，洛阳万无一失！"

回到洛阳后，邱行湘立即整军备战。首先加强军事控制，按照蒋介石的指示，成立党政军联席会议，实行党政军一元化，洛阳附近的专区及所属各县统归邱行湘指挥，恢复建立地方政权和武装，补充弹药，组织训练。然后调整第206师内部人事，将"既亲蒋又能打仗"的人安排作指挥骨干，不符合要求的一律调走。如调任第1旅旅长赵云飞为第206师副师长兼第1旅旅长，第2旅副旅长刘宏远为第206师参谋长兼洛阳警备司令部参谋长。同时着手补训工作，将从西安、郑州、开封、许昌等地招收的3000余名青年学生，全部调整补充为6个步兵团。

在兵力部署上，邱行湘也是绞尽脑汁，煞费苦心：师部率第1团担任城内西北运动场及洛阳中学、城西北关帝庙至城东北站段守备；第2团除派出1个连驻守美国医院，1个营驻守上清官为外围据点，其余为全师预备队；第3团担任东北门至城东南潞泽会馆段守备；第4团除一部分守备城西门南北段外，其余为师部控制的守备队；第6团担任城西周公庙、火柴公司和西工发电厂等处守备；师工兵营驻守东、西车站；整编第39师炮营、第8团第3连、第14团之一部为第1炮队，位于西北运动场及菜市场，担任支援第一线部队及城周围之战斗；师属炮兵营为第2炮队，分散配置于各城角，配合步兵作战，营部位于文峰塔附近。炮兵总观察所设于文峰塔上。除特种兵外，其他守备部队均留出三分之一兵力作为预备队。

加强工事是洛阳战备的重点。邱行湘率手下人反复研究，开动脑筋，最后决定以"小而坚"的办法来对付解放军，大量构筑独立而坚固的小据点。考虑到战斗打响后，各据点间的联系势必被解放军阻断，因此在每个据点内都储备了充足的弹药、粮食、水和药品等物资，并建有炊事所、水井、寝室、厕所等设施。大的核心阵地还备有地下电线、地下掩蔽部，最大的可容纳一二百人。

　　经过一番精心备战，国民党守军在洛阳城内外构筑大量的永久性防御工事，形成了完整的防御体系：以西北运动场构成核心阵地，以城垣结合四关构成主阵地，以外围支撑点构成外围阵地。

　　客观地讲，洛阳的城防工事坚固、完备，特点突出：第一，阵地选择高地要冲，利用自然地形或孤立建筑物为依托，构成核心阵地。但又各自成为独立支撑点，互相策应，并能独立坚守，从而构成外围据点、城垣主阵地、核心阵地三道防线；第二，有层叠的地堡。每一阵地都以梅花形的诸多碉堡构成，碉堡之间且互相连接，单人工事与班、排、连工事互相连通。在2丈多高的城墙上，建有多座城堡，上设两3层射孔，从而构成城墙上下、房子内外、沟壕上下公开的、隐蔽的、真的、假的互相结合；第三，城垣前沿筑有复杂多层次的辅助防御工事，如外壕、拒马、铁丝网、交通壕、地雷群等。外壕一般深5米，宽5—10米。东门外东西不足2里的距离内，即设有5道铁丝网、4道拒马、3层潜伏地壕、2道外壕。在各工事间隙中密布地雷群，仅周公庙阵地就埋设地雷1500多枚。

　　为了扫清射界，进行顽抗固守，邱行湘还下令大拆民房，致使大批百姓流浪街头，无家可归。战后，据邱行湘自己交代，先后被拆毁的民房，"总计在1500间以上。尤其以东门、东北门沿城墙脚的半边街拆毁得最多"，几乎全部拆光。同时从洛阳及附近各县强征民工，掘坑挖壕，构建工事。仅洛阳战役发起前的3个月内，国民党守军即征用民工多达10万个工日以上。

　　既然要固守，就必须储备充足的粮食。由于平汉路南段已被解放军截断，洛阳军粮来源断绝，邱行湘便令兵站支部实行武装下乡征购。名曰征购，实为抢掠。因为当时国统区内物价飞涨，国民党发行的法币几乎就是废纸。在邱行湘的纵容下，部队走到哪里，吃到哪里，当地百姓被搞得十室九空，苦不堪言，多以树皮草根充饥。据邱行湘回忆，"当时抢存的粗细粮食达 100 万斤以上"。

邱行湘自认为洛阳已被他打造成为"铜墙铁壁""金城汤池"，信心十足，在宴请洛阳地方头面人物时，声称"固守洛阳不成问题"。《洛阳日报》更是大肆吹嘘洛阳的双层袋形阵地"易进难出"，叫嚣"共军如攻此城，无疑自投罗网"。

遵照中央军委指示，华东野战军参谋长陈士榘、政治部主任唐亮统一指挥华东野战军第 3、第 8 纵队和晋冀鲁豫野战军第 4、第 9 纵队及太岳军区第 5 军分区部队，共 28 个团，发起洛阳战役。

陈士榘深知攻克洛阳，可以斩断郑州与西安的联系，直接威胁西安和孤立郑州，并可使鄂、豫、陕新区与黄河以北老解放区连成一片，这样就有了深远的后方，既可前往后送，又可后往前援，还可以缴获大量武器弹药和粮食补给。因此，攻克洛阳意义重大。

为贯彻中央军委这一战略意图，2 月底至 3 月初，陈士榘、唐亮等在湖北襄城召集准备参战的各纵队司令员、政委开会，研究分析当前敌情及洛阳守敌的兵力部署、工事构筑，决定兵团指挥部随第 3、第 4 纵队，由襄城、宝丰地区出发，经临汝（今汝州）进到伊川、龙门附近集结待命，准备负责攻城；第 8 纵队由禹县（今禹州市）出发，经登封、嵩山进至偃师、黑石关以南地区集结待命；第 9 纵队主力和太岳第 5 分区部队袭占新安、渑池地区，阻击可能由潼关东援之敌。

解放后，陈士榘回忆当时作战部署出炉的一幕：

我们分析了敌裴昌会兵团已西去，无暇东顾；固守在郑州的孙元良兵团，并非蒋介石嫡系，西援不会十分积极，因此洛阳战役打响后，蒋介石必派嫡系胡琏兵团自漯河北上增援。该兵团必经郑州同孙兵团并肩西进，如由临汝、登封小道直趋洛阳，路程虽短但道路崎岖，地方狭窄，不易援开，亦很费时费事，且易遭我伏击，为此以最快速度也要五天左右才能赶到洛阳附近。因此，我们考虑攻打洛阳，要力争在三至五天以内解决战斗，否则将会遇到困难，只有这样做，才能减轻我们阻援部队的压力，争取主动。

夺取洛阳，我们决定采取隐蔽接近，突然袭击的战术。首先夺取四关，计划在四关外围战斗即将结束之际，同时发起对城门连续爆破，突破后实施连续突击，以速战速决的打法攻城。

3月5日，各参战部队自襄城、禹县、伊阳等地区北上。7日，中央军委复电同意陈士榘等人的作战计划，并指示："你们率三、四、八纵应以夺取洛阳并准备歼灭孙元良援兵之目的，迅速对洛阳及洛郑线发起攻击，希望能于两周内完成此项任务。"

同日，国民党军统帅部发现解放军有进攻洛阳的征兆，立即令孙震统一指挥所属整编第47军主力自许昌、新郑地区北进郑州，2个旅车运汜水、黑石关一线；另以胡琏指挥整编第18军自漯河、商水地区向许昌集结，待机增援洛阳。

陈士榘、唐亮判断整编第47军不敢单独行动，可能待整编第18军赶到后合力增援洛阳。而胡琏由漯河北上增援，必经郑州同孙元良并肩西进，如由登封、临汝小道直趋洛阳，路程虽近但道路崎岖，地方狭窄不易展开，易遭伏击，以最快速度也要5天左右才能赶到洛阳附近。因此，决心采取隐蔽接敌、突然袭击、速战速决的战法，在整编第18军赶到前攻克洛阳，歼灭青年军第206师。具体部署是：

以华东野战军第3纵队从东、北两面包围洛阳，由东关、北关攻城，重点置于东门；晋冀鲁豫野战军第4纵队从西、南两面包围洛阳，由西关、南关攻城，重点置于南门；华东野战军第8纵队抢占黑石关，负责阻止由郑州西援的敌军；晋冀鲁豫野战军第9纵队袭击并控制新安、渑池等地，阻击可能东援的裴昌会兵团，并于战役发起后，以主力靠近洛阳，为战役总预备队。陈士榘特意向第3纵队司令员孙继先强调，务必于9日24时前首先解决洛阳北车站及东关之敌，以便主力迫近攻城。

8日，参战各部向洛阳外围之敌发起攻击，迅速切断了陇海铁路，攻下洛阳周围十数座城镇，扫清了洛阳外围百里以内的敌军，完成了对洛阳的全面包围。其中，华东野战军第8纵队袭占偃师，控制嵩山隘路；晋冀鲁豫野战军第9纵队和太岳军区第5军分区部队袭占新安、渑池，分别于洛阳东西两翼占领阻援阵地。

9日黄昏，负责攻城的华东野战军第3纵队、晋冀鲁豫野战军第4纵队分别强渡伊河、洛河，占领龙门、洛阳四关和火车站等要点。至11日下午，夺取了除西工发电厂、九龙台和潞泽会馆外的全部外围阵地。

在此期间，由郑州西援之敌孙元良兵团主力，已于9日到达黑石关一线，并以整编第47师125旅经密县向登封前进，企图与胡琏兵团会合后并肩西援。由于胡琏兵团尚未到达，孙元良不敢冒进，每天仅以一部兵力向第8纵队作试探性进攻。

陈士榘跟唐亮等人商议，认为"守军残余外围据点已不妨碍我军攻城，我军应乘胡琏兵团尚未到达之际，抓紧发起攻城作战。"唐亮等表示赞同。陈士榘遂决心在11日黄昏发起攻城作战，以兵团指挥部的名义下令：

第3纵队以东门为主要攻击方向，由第23团担任主攻，第24团为第二梯队；第22团攻击东北门，第21团为第二梯队；第20团由北门攻城，第25团为第二梯队。第4纵队以西门为主要攻击方向，由第10旅第29团担任主攻，第28、第30团分别由西门以北和以南地段配合攻城；第11旅主力和第13旅1个团攻南门。

参战各部按照分工召集会议，展开民主讨论，研究制定具体作战方案。同时抓紧时间，开展攻城前的大练兵活动。

11日19时，细雨蒙蒙，古老的洛阳城沉醉在云雾之中。攻城部队未待全部肃清外围守军，即发起总攻。在强大炮火掩护下，攻城部队采取连续爆破、连续突击或以云梯登城等办法，从四关同时发起进攻。

东门是敌人整个城防的重点，工事坚固复杂。从瀍河东桥头到瓮城门150米距离内，设有5道铁丝网，4道鹿砦，3层伏碉。过了瀍河是一道城壕，其对面又有背靠瓮城的两座大梅花堡。瓮城门洞内塞有装满沙土的汽油桶，厚、高各5米。瓮城的后面是洛阳东门和高耸的城门楼。

进攻东门的是华东野战军第3纵队第8师。纵队司令员孙继先和政治委员丁秋生亲临东关阵地查看地形，了解敌情，作战斗动员。根据守军工事坚固和障碍物复杂的情况，第3纵队决定：采取以营为单位的突击梯队，实施强攻，连续攻击，突击任务由第23团担任。

第23团团长石一宸、政委王良恩决定组织突击营，以第1营担任突击队，第2、第3营继后。逐次担任破障、突破第1道城门和控制瓮城、突破和控制第2道城门的任务，实行边突破边巩固，突破与巩固相结合。为掩护1营突击，第8师师长王吉文调集山炮、战防炮各2门及第23团团属步兵炮2门、迫击炮8门、60炮18门组成两个火力队，对东门实施抵近射击。同时对掩护火力做了详细分工，对地堡和城墙上的枪眼，以2支步枪封锁1个，对机枪火力点则以轻、重机枪火力封锁；炮兵主要压制守军炮兵和前沿火力点。

1营营长张明自觉责任重大，在同营干部们反复商量攻打方案的同时，也积极听取战士们的意见，最终决定把突破东门分成3段完成，以3连爆破东门外的火力点和铁丝网等障碍物，开辟通路，1连突破城门，2连突破瓮城。

攻城战斗打响后，第3纵集中30多门火炮集中向东门守军射击。首先摧毁守军前沿火力点，尔后压制守军纵深的炮火，直接掩护突破。第23团1营3连连续爆破成功，在守军15道障碍物中开辟了通路。

这时，天下起了大雨，给爆破、突击带来很大困难。2连战士们奋勇冲锋，继3连之后爆破瓮城城门成功，于23时突入瓮城，经过激烈搏斗，消灭了瓮城内守敌。1连随后跟上，于12日零时30分突破东门楼，并击退反扑之敌，坚决地在突破口上站住了脚跟。2营、3营也立即投入战斗，至12日2时30分，全部突入城内。战后，1营被华东野战军授予"洛阳营"荣誉称号。

攻打东门的战斗进展较为顺利，而在其他城门则遇到了麻烦。

晋冀鲁豫野战军第4纵第11旅第32团和第13旅第37团攻打南门。因守敌顽固抵抗，再加上南门靠近洛河，无法展开兵力，致使攻击受挫。此时，西门激战正酣。攻打西门的是晋冀鲁豫野战军第4纵队第10旅。守敌在西门外筑有一道又宽又厚的城墙，墙外是一条10米宽的护城河，河上只有一座土木桥。桥头两侧布满了铁丝网、拒马等障碍物。第10旅连续两次实施爆破均未成功。

此时，邱行湘十分忧虑，他觉得如果城垣过早被解放军突破，这个仗就不好打了。一面命令第1旅旅长赵云飞尽一切可能把突入东门瓮城的解放军打出去，夺回突破口；一面亲自指挥步炮兵猛烈射击，企图继续遮断东门通道，封闭这个已突破的口子。

由于西门、南门、东北门、北门都未突破，若不迅速扩大东门突破口，已突进去的第23团还有被敌军"吃掉"或被打出来的危险，已突破的成果将全功尽弃。关键时刻，第3纵队命令第24团迅速从东门加入战斗，巩固扩大突破口，把在东北门攻击尚未突破的第22、第21团调过来从东门突破口进入，然后向纵深和两翼发展，协同友邻部队，歼灭守军。随后，第25团、第27团也从东门冲进城内，与守军展开巷战。

12日6时，邱行湘到东门大街的鼓楼上观察情况，并指挥守军进行巷战。邱行湘很清楚眼前的形势危急，如果不能把突入城内的解放军消灭，外围兵团又不能及时赶到，洛阳势必不保，守军亦将遭全歼。他赶紧向南京告急，蒋介石只回复说："已饬外围兵团兼程驰援，希鼓励三军，坚守阵地。"

13时，第10旅集中全部炮火，向西门守敌实施猛烈炮击，将城墙上主要碉堡及桥头两侧障碍物逐一摧毁。接着，突击部队在火力掩护下，冲破桥上的铁丝网和拒马，向城墙缺口扑去，很快歼灭瓮城守敌。第10旅第28团5连从城墙的暗道里首先冲进城内，打开了洛阳西门。战后，该连被授予"洛阳英雄连"荣誉称号。后继部队相继突入城内，沿西大街向核心阵地发动进攻。

至15时，攻城部队突破了洛阳所有城门，各路大军会师城内，对守敌进行分割包围。城内四处溃退下来的敌军，被压缩到城西北的核心阵地里。

当夜，天降大雨，攻城部队只好停止进攻。

13日，突入城内的部队再次发动猛烈攻势。守军内部混乱不堪，纷纷向城西北角逃窜。战斗中，第1旅旅长赵云飞被俘，第2旅旅长盛钟岳丢掉部队，化装藏匿起来。邱行湘万分焦虑，再次急电南京，希望蒋介石催促外围各兵团兼程驰援，并要求加派空军助战。此时，邱行湘还心存幻想，认为守军工事坚固，弹药充足，只要守住核心阵地，就可以打出第二个"四平街"式的奇迹来。

激战至当日夜，邱行湘带着残敌 5000 余人，逃进西北角阵地旁边一所高大建筑物内，这是敌人最后退守的据点——洛阳中学。在这个纵横不到 200 米的地方，敌人构筑了坚固的工事，包括地面防御工事和地下室。邱行湘幻想作垂死挣扎，等待援军的到来。

洛阳战役打响后，整编第 47 军向黑石关以南实施试探性攻击，企图增援洛阳，被华东野战军第 8 纵队击退。整编第 18 军自许昌经登封向西北方向开进，在其统帅部严令督促下，于 14 日到达黑石关西南府店、口子镇一线，会同整编第 47 军增援洛阳。华东野战军第 8 纵队在随后东渡伊河的晋冀鲁豫野战军第 9 纵队主力协同下顽强阻击援军。

鉴于援敌已逼近，洛阳城内的战斗如再要拖延下去，战局将于己不利。陈士榘等人立刻来到第 3 纵队指挥部，召集第 8、第 9 师及第 4 纵队第 10 旅领导开会，研究如何发起对守军核心阵地的攻击。

经过一番探讨，陈士榘等人决定当天下午以第 3 纵队第 23 团由东，第 24 团由北，第 4 纵队第 31、第 32 团由南，向守军师部所在的核心阵地发起总攻。

14 日 17 时，攻城部队集中炮火轰击洛阳中学。几十门大炮、百余门迫击炮在 40 分钟内朝残敌据守的阵地发射 1 万多发炮弹，随后步兵勇猛冲击，至 22 时全歼城内核心阵地守军。那个给蒋介石发电表示"战至一兵一卒，以报党国"的邱行湘也在地下指挥所里被生擒活捉。与此同时，城西发电厂守军亦被歼灭，城东北九龙台守军投降。此役共歼国民党青年军第 206 师和国防部直属炮兵、汽车分队等部 2 万余人。

洛阳战役是人民解放军挺进中原后，对国民党军坚固设防的中等城市所进行的一次漂亮的攻坚战。此战的胜利，大大提高了人民解放军的攻坚能力，也为日后夺取其他城市提供了经验。多年后，陈士榘对解放洛阳的经过仍难以忘怀，曾赋诗一首：

东岳旌旗卷泰山，挥师中岳逐中原。

莫道洛阳金汤固，自有妙策破城垣。

古都新生人欢笑，龙门白马醉牡丹。

弹指四十春秋过，凝眸洛阳不识颜。

毛泽东评陈先瑞

【陈先瑞简历】

陈先瑞（1914—1996），河南商城（今属安徽金寨）人。

1929年8月，参加中国工农红军。1931年6月，加入中国共产党。曾任红25军手枪团中队长、第75师营政治委员、第223团政治处主任，参加了鄂豫皖苏区反"围剿"。1934年11月，参加长征到陕南。1935年春，任鄂陕游击师司令员，参加创建鄂豫陕苏区的斗争。红25军北上后，任红74师师长，率部坚持鄂豫陕边界地区游击战争，粉碎了国民党军3次"围剿"，配合了陕甘苏区的斗争和主力红军长征。

全面抗战爆发后，任八路军第115师留守处主任、陕甘宁边区留守兵团警备第4团团长、警备第1旅副旅长。1942年，入中共中央党校学习。1944年10月，任豫西抗日第3支队司令员兼政治委员，参与开辟豫西抗日根据地。

抗日战争胜利后，任桐柏军区副司令员兼独立第3旅旅长，中原军区第2纵队第15旅政治委员，参加中原突围。后任豫鄂陕军区副司令员。1947年6月，任西北民主联军第38军副军长，8月挺进豫西开辟解放区。1948年起，任陕南军区副司令员、第19军副军长。

中华人民共和国成立后，任陕西省军区副司令员兼参谋长。1951年，参加抗美援朝战争，先后任中国人民志愿军第19兵团政治部主任、副政治委员，参加了第五次战役。1955年，回国后入军事学院学习。毕业后，任北京军区副政治委员、政治委员，成都军区政治委员，兰州军区顾问。1969年4月至1982年9月，任中共中央军委委员。1955年，被授予中将军衔，获一级八一勋章、一级独立自由勋章、一级解放勋章和一级红星功勋荣誉章。中共第九、十届中央委员，第十一届中央候补委员，第三、四届常务委员会委员。1996 年 1 月 10 日，在北京逝世。

【毛泽东评点】

"中央红军西征出动，你们就在南面闹华山，配合得很好啊！"

——摘自《中国人民解放军高级将领传》第 28 卷，

解放军出版社 2013 年版，第 113-114 页。

【评析】

1937 年年底的一天中午，正在中国人民抗日军政大学学习的陈先瑞突然接到校长办公室的通知：毛泽东要找他谈话。陈先瑞心里既兴奋又紧张。

当天下午，陈先瑞准时赶到毛泽东的住处。一进门，毛泽东就迎上来，握住陈先瑞的手，亲热地交谈起来。在详细询问陈先瑞的个人情况后，毛泽东特别问到红 74 师在鄂豫陕边根据地坚持游击战争的情况。

确实，陈先瑞一生战绩卓著，尤其是在中国革命最困难时期，他坚决与国民党军展开武装斗争，为创建和巩固鄂豫陕革命根据地立下历史功绩，在其革命生涯中留下了光辉的一页。

1934 年 11 月 11 日，中共鄂豫皖省委根据中共中央指示，决定率红 25 军实行战略转移。16 日，红 25 军打出"中国工农红军北上抗日第二先遣队"的旗号，从河南省罗山县何家冲出发，踏上了漫漫长征路，成为红军历史上人数最少的一支长征大军。

在前有敌 5 个师重重封锁，后有敌 5 个支队紧追不舍的情况下，红 25 军一连突破 4 道封锁线，在河南光山县扶山寨地区打破敌人 10 个团的袭击，歼敌 4000 余人，于 12 月 8 日到达陕西省雒南（今洛南）县庾家河（今属丹凤县）地区。10 日，中共鄂豫皖省委决定创建鄂豫陕苏区，改鄂豫皖省委为鄂豫陕省委。

据此，红 25 军在鄂豫陕边地区广泛开展游击战争，发动和武装群众，分配土地，建立政权。1935 年春，国民党当局抽调 41 个团的兵力，对鄂豫陕游击根据地发动了第一次"围剿"。红 25 军浴血奋战 2 个月，至 5 月，先后取得蔡玉窑、文公岭、石塔寺、九间房等战斗胜利，歼敌 7 个团，牵制敌军 37 个团，攻占 5 座县城，取得了第一次反"围剿"的胜利。并在蓝田、柞水、镇安、山阳、旬阳、雒南、商南、郧西、卢氏等县和洋县、华阳地区，先后建立了 2 个县、13 个区、40 多个乡、300 多个村的苏维埃政权和鄂陕边苏维埃政府，主力红军发展到 3700 余人，地方武装游击师和抗捐军发展到 2000 余人，鄂豫陕苏区初步形成，人口近 50 万人，先后成立中共鄂陕边特委和豫陕边特委。

6 月，红 25 军又先后取得商县夜村、富水关、淅川县荆紫关等战斗的胜利。7 月 2 日，红 25 军在山阳县以西的袁家沟口突袭陕军警备第 1 旅，毙伤 300 余人，俘旅长唐嗣桐以下 1400 余人，粉碎了蒋介石三个月消灭红 25 军的狂妄计划，从而彻底打破了国民党军的第二次"围剿"，进一步巩固了鄂豫陕革命根据地。

这时，红 25 军在缴获的国民党报纸上得知，红一、红四方面军已在川西会师，并有北上动向。蒋介石忙着调兵遣将，进攻川西。鄂豫陕省委立即召开紧急会议，决定西进甘肃，配合中央红军北上的行动，迎接党中央。红 25 军副军长徐海东在会上表示：我们能牵制敌人，保证中央顺利北上，对中国革命有重大意义。在此行动中，即使我们这 3000 多人牺牲了，也是光荣的。

7 月 13 日，红 25 军翻越终南山，前锋进抵西安以南 20 余里的王曲、引架回、杜曲和子午镇一带，进行扩军，补充物资，开展群众工作，扩大红军的政治影响。

15 日晚，鄂豫陕省委在长安沣峪口召开紧急会议，正式决定红 25 军的行动方针是积极配合主力红军，牵制敌人，伺机北上与陕北红军会合。同时决定留下郑位三、陈先瑞在陕南，继续坚持鄂豫陕地区的斗争。

16 日，红 25 军主力第 223、第 225 团和军直属队、手枪团从子午镇出发，开始西征，北上甘肃。

为彻底剿灭鄂豫陕革命根据地的革命力量，国民党军按照"有民就有匪，民尽匪尽"的方针，进行疯狂的"清剿"。17 日，国民党陕西省"绥靖"公署发布命令，除以部分兵力追剿红 25 军外，调集第 67 军王以哲部、第 40 军庞炳勋部、第 95 师唐俊德部、第 44 师萧之楚部、陕军警备第 2 旅和特务团等，共 20 多个团的兵力，对鄂豫陕革命根据地实行划区"清剿"，要用百般方法竭力"搜剿"，企图以分割包围、各个击破的手段，摧毁革命根据地，"剿灭"红军和游击队。

此时，鄂豫陕革命根据地的斗争形势日趋严峻。留在根据地坚持斗争的武装力量主要有：鄂陕游击总司令部战斗营（由红 25 军第 223 团第 7 连扩建而成），豫陕游击师 4 个大队（由红 25 军第 225 团第 8 连扩建而成），第 3、第 5、第 6、第 7、第 9 路游击师，山阳游击大队，以及一些红军伤员。在敌人重兵划区"清剿"下，各支游击队各自为战，由于没有思想准备，受到很大损失。鄂陕边和豫陕边两个特委之间也一度失去联系，形势异常严峻。

9 月初，鄂陕边、豫陕边特委在商南梁家坟会合，初步商定各自返回原活动区域安排工作，之后再会合研究下一步的行动。结果在返回路上，两个特委分别遭到国民党军的袭击。这也使两特委领导认识到：在敌军重兵"围剿"之下，分散活动的生存能力差，很容易被各个击破，于是决定把被分散的革命力量积聚起来，一起行动。

9 月 9 日，鄂陕边、豫陕边特委再次在梁家坟举行联席会议，讨论合并特委、合编部队以及今后的斗争策略和行动方针问题。最终决定将鄂陕、豫陕特委合并为鄂豫陕特委，郑位三任书记；将各路游击师、游击大队和红 25 军伤病员合编组成红 74 师，陈先瑞任师长，李隆贵任政治委员，继续依靠人民群众，坚持游击战争。由于当时各游击武装还没有集中，红 74 师并没有在会后立即成立。

10 月 6 日，红 74 师在商南县碾子坪正式成立，下辖 2 个营、1 个手枪团，近 700 人。第 1 营由豫陕游击师 4 个大队改编而成，营长张海波；第 2 营由鄂陕游击司令部战斗营一部和各路游击师编成，营长萧大喜；手枪团由鄂陕游击总部战斗营一部和豫陕游击师便衣队编成，团长吴林焕。

这时，国民党军纠集驻守商县、洛南、山阳、镇安、柞水地区的部队，对成立不久的红 74 师发起了"围剿"。

郑位三找到陈先瑞，探讨如何打破敌人的"围剿"。陈先瑞内心里是多么想打上几个胜仗，提振军威士气，但他知道部队刚刚组建、人员思想还不稳定，在敌强我弱的情况下，首要的是保存实力，避免和强敌硬拼，采取避实击虚的战法，灵活机动地开展游击战争，让过敌人正规军，专打地方保安团队。郑位三表示赞同。

在这一作战思想的指导下，陈先瑞率领红74师积极行动，从碾子坪出发，巧妙地避开敌人主力，沿鄂陕交界西进，在山阳、镇安、柞水、宁陕等地与敌周旋，先后取得孙家坡、双沟脑、刘婆沟等战斗的胜利。

11月初，陈先瑞率领红74师经洵阳以北返回鄂陕边区时，途中合会了第5路游击师余部。原来，第5路游击师在红25军撤离后就被敌人重兵包围在南羊山上，师长孙光（人称"孙驼子"）在红225团第3营营长李学先的帮助下，组织部队乘夜暗突围，保存下50余人的骨干力量。这样，红74师的力量又进一步得到了增强。

中旬，国民党军第40军军长庞炳勋调集3个团的兵力，向鄂陕边界地区发动大规模的"围剿"。陈先瑞率红74师由郧西二天门一带出发，西进至宁陕、佛坪地区，从而摆脱了敌人。

自7月下旬起，国民党军多次出动重兵对鄂豫陕边区进行"围剿"，几个月下来却屡屡扑空，劳神费力，一无所获，小股部队又常常遭到红军、游击队的袭击，损失不小。

庞炳勋在给"绥靖"公署的报告中，将"追剿"失利的原因归结为："多由中'匪'诡计：（一）'匪'用土民持红旗各处呐喊，虚张声势，作疑兵，国军不明虚实，东突西冲，疲于奔命，'匪'乃趁机袭击。（二）'匪'奇袭我方高级司令部，如被袭破，不战自溃。（三）'匪'以少数诱国军，而以多数埋伏山林，趁机四起，以袭击或腰截，至遭暗算。总之，以后'剿匪'注意搜索、警戒、联络，驻地隐密，对土民报告须详审，勿轻信，又须多派干探。诸凡谨慎，免为所欺。"言语中透出些许的无奈。

12月初，红74师进至青铜关以东月西沟。青铜关位于镇安县城东南45公里处，东邻乾佑河，紧靠万家梁，西接崇家山，南依李家山，地势险要，易守难攻。国民党军第40军第115旅第230团第1营已先行抵达青铜关，企图阻止红74师西进。这时，国民党军第40军第115旅第232团第3营也尾追而来，企图前后夹击。

国民党军第115旅在战斗详报中称："'赤匪'陈先瑞部，伪称第七十四师，自上月由宁陕境东窜，复联合镇安、洵阳等县之土共孙驼子及其他各小股，统计匪千余人，枪械齐全，内有轻机枪数挺，声势浩大，到处滋扰。经令各部清剿，致该匪不能盘踞，乃图西窜。本月5日，已窜至冷水河东南70里之康家坪，次日即向青铜关急窜，图乘隙向西逃遁……我史营（史祝三营）于一日由凤凰嘴出发，向匪截击。五日抵冷水河，六日乃向青铜关急进，并与孙营（孙秉昆营）联络，以行夹击。是日下午3时许，到达青铜关附近。"

危急关头，陈先瑞冷静地对敌情进行分析，决定乘追敌尚远，守敌还不知道红军主力已经到来的时机，以小部兵力前去诱敌，其余部队利用月西沟的有利地形设伏，打一个伏击战。具体部署是：

由第2营派人扮作小股游击武装，执行诱敌任务；第1营位于月西沟左侧，第2营位于月西沟右侧；手枪团负责断敌退路。

负责诱敌的红军战士悄悄摸到青铜关敌军阵地前，打了几枪后，就慌张后撤。敌人果然中计，以为前来骚扰的是游击队，敌营长满以为立功的机会来了，便亲自带2个连以密集队形沿月西沟展开攻击。

当这股敌人全部进入伏击圈后，陈先瑞一声令下，埋伏在月西沟左右两侧的红军突然发起攻击。刹那间，沟内枪声四起，喊杀震天，敌人被打了个措手不及。敌营长在一阵慌乱后，发现红军的火力并不很强，胆子又大了起来，指挥部队稳住阵脚，企图依托火力优势，负隅顽抗。

红74师虽然占据有利地势，对敌形成合围，但武器装备实在太差，弹药更是少得可怜，战斗一时进入胶着状态。陈先瑞知道必须要速战速决，拖延下去将会很被动，甚至有可能被敌人前后夹击，遭受重大损失。于是，他从警卫员身上抽出大刀，跃出阵地，带领战士们向敌人发起冲锋。见师长冲锋在前，指战员们备受鼓舞，个个奋勇争先，冲向敌阵，与敌人展开肉搏。这下，敌军再也支撑不住，四处溃散，败下阵去。

青铜关战斗是红74师成立后和国民党军正规部队进行的第一次作战，共毙伤敌营长以下100多人，缴枪100多支，轻机枪4挺，取得了一场酣畅淋漓的胜利。

陈先瑞率领红 74 师迅速北上，摆脱追敌，在菩萨店会合第 3 路游击师后，进至东江口进行整训。此时，全师已发展达到 800 余人。

12 月中旬，红 74 师到达宁陕县四亩地。这里是宁陕与佛坪接壤之地，比较富裕，国民党反动统治相对薄弱，便于红军开展活动。

中共鄂豫陕特委在宁陕四亩地召开会议，研究下步行动。会上，郑位三提出在宁陕、佛坪地区开辟一块根据地，作为红 74 师的立足点。经过研究，特委同意了这一建议。同时对军事问题进行讨论，决定继续开展游击战，并不失时机地攻打敌人防守薄弱的县城，扩大红军的政治影响。

下旬，陈先瑞接到手枪团上报的情报：宁陕县城敌防御薄弱，仅有保安队 300 来人。他一面让侦察员再去打探，一面召集其他领导商量，决定待搞清楚情况后，再以突袭手段攻打县城。

当侦察人员回来报告敌情准确无误后，陈先瑞当机立断，决定采取声东击西、远程奔袭的战术，攻下宁陕县城。红 74 师首先虚张声势向东江口进发，使宁陕守敌疏于戒备，然后突然回转，日夜兼程疾进 50 多公里，于 12 月 27 日凌晨悄悄进至宁陕县城北门外。陈先瑞让战士们把事先准备好的 3 个云梯连接起来，搭到城墙上，手枪团率先登城，迅速解决了城门楼上的哨兵，攻入城内，并向纵深发展。战至拂晓，攻占宁陕县城，全歼守敌保安队 300 余人，击毙敌县长，并缴获敌人的一个武器库。

1936 年 1 月初，陈先瑞指挥红 74 师再次运用声东击西战术，先进到洋县金水河地区，顺汉水漂放宣传标语，然后掉头东进，出击豫陕边，先后歼灭紫荆关、西坪、峦庄、庾家河、三要司、兰草、官坡等地民团 500 余人，缴获长枪 400 多支。当敌军调兵追来时，陈先瑞又率红 74 师西返，乘虚袭占佛坪县城，并歼敌一部，缴枪数十支。红 74 师在豫陕边地区声威大震，令敌心惊胆战。

时值年关，国民党陕西警备旅奉命进山"围剿"红 74 师。郑位三与陈先瑞等人商量后，决定甩开敌人，和敌人来个换防。

1 月 23 日，陈先瑞率红 74 师北出秦岭，到达鄠县境内，消灭当地反动保安队，发动群众打土豪、分浮产，过了一个丰盛的春节。当国民党军从西安、宝鸡调集数个团赶来合围时，红 74 师又在陈先瑞带领下转回秦岭，第二次打下佛坪县城。

红 74 师连战连捷，不断发展壮大，引起敌人的极度不安。2 月，国民党西安"绥靖"公署又调集驻汉中的第 49 师、安康的第 40 军一部、宝鸡的陕军警备第 1 旅、三原的陕军警备第 2 旅和特务团，以及胡宗南部混成旅等，加上地方保安团队，共 10 多个团的兵力，对红 74 师再次发动大规模的围攻。

这次围攻，敌人以一部分兵力驻守各县城、重要城镇，其余兵力分多路，以稳扎稳打、步步为营的战法，向宁陕、佛坪地区进逼，企图消灭红 74 师于太白山以东地区。中共鄂豫陕特委察觉敌人企图后，立即召开作战会议研究部署，决定继续采取敌进我退的策略，避开强敌，以大回旋的游击战法，打破敌人的围攻。

2 月中旬，陈先瑞率红 74 师由佛坪西进，直逼川陕公路，先后在华阳、江口镇、双石铺、黄牛铺等地，歼灭当地保安团、民团 500 余人，缴枪 400 余支。接着，在川陕公路沿线 50 多公里的地段上，挖路基、破桥梁、割电线、截军用汽车，中断敌军交通长达半个月之久。

国民党西安"绥靖"公署十分震惊，接连派出飞机侦察，并派第 49 师实施追击。陈先瑞率红 74 师撤入眉县南部的嘴头镇、七里川一带进行短暂休整。当敌人侦知红 74 师的行踪后，立即调整部署，以第 40 军和陕军警备第 2 旅等部共 5 个团的兵力，封锁宁陕、佛坪一线及其以西地区，截断红 74 师东返之路；以 1 个团兵力守卫嘴头镇以东和通往山外的要道；以第 49 师主力 2 个团专事"追剿"。

下旬，国民党军第 49 师下达《关于歼灭红七十四师给所部的命令》："一、陈光瑞（即陈先瑞）股匪，约八九百人，枪半数，于二月二十二日经红岩河、王家楞、进口关，有向宝鸡北窜模样。我第三军二十一旅，除留坝、凤县酌留一部外，另以有力部队东进侦剿，以巩固留坝、凤县、宝鸡之线，并防匪西窜。庞炳勋部李旅五个连、朱团六个连编为一纵队，由李旅长率领进剿。警备第二旅向凤县以南地区寻匪追剿。二、师以主力向留坝东地区寻匪追剿，务于两星期内协同友军将该匪歼灭于凤县、留坝、江口镇一带地区。"

面对日益严峻的敌情，郑位三、陈先瑞果断决定采取"盘旋式打圈子"战术，翻越秦岭，绕过敌人封锁线。国民党军紧追不舍，沿山"围剿"，并由日追夜宿改为日夜追击，企图一鼓作气，把红74师围困消灭在秦岭之巅。

时值初春，秦岭依旧被冰雪覆盖，寒风刺骨，冷气逼人。郑位三、陈先瑞率领红74师官兵忍饥挨饿，爬冰卧雪，攀援陡壁悬崖，连续4天4夜高强度行军，但仍未能摆脱敌人的追堵，最后不得不爬上海拔3700多米的太白山。此时，红军指战员们已经一周都没有好好休息过，疲劳已极，但在郑位三、陈先瑞等人的动员下，保持着昂扬的斗志，渴了就吞口雪，饿了啃块干粮。

3月15日夜，红74师趁着黑夜的掩护往太白山下走，在厚畛子附近俘虏了国民党军第49师便衣队10余人。根据俘虏的口供，陈先瑞决定乘夜暗对敌人东西防线的接合部，发起袭击，突出重围。

黑夜中，敌人被红74师打得措手不及，晕头转向，因为摸不清红军的底细，只能胡乱开枪放炮，给自己壮胆。陈先瑞趁着敌人混乱，率红74师边打边走，迅速突破了一道道防线，至17日终于成功地跳出敌人的包围圈，随后进至根据地东江口地区。国民党军发动的第二次围攻再次以失败告终。

5月，红74师缴获一份敌人的快邮代电，得知国民党西安"绥靖"公署又调集20个团的兵力，包括第3军王均部的3个团和国民党军事委员会别动总队公秉藩第1支队等精锐，采取正规军与地方保安队相结合，"追剿""堵剿""驻剿"相结合的方式，准备发起第三次围攻，企图在3个月内围歼红74师。国民党军还要求各地方反动武装进行配合，一切就近听从各围攻军队长官之指挥。为此，国民党陕西省主席邵力子给各县发出"协剿"电："密查陈先瑞、孙驼子各股土匪迭向各县窜扰，民众受害之深，亟应迅速剿灭。现西北剿匪总司令部已督令各部队分途堵剿，所有各县团队自应改归就近军队高级长官指挥，以期动作，以致各匪得以限期肃清。为此，除分电各县外，特电令该县长切实遵办，在接有就近军队高级长官命令或通报时，务须督使团队服从指挥，协同动作，不得稍有违误，仍将听受部署及堵剿情形随时具报。"

面对敌军即将发动的第三次围攻，郑位三、陈先瑞等领导详细分析了此次围攻的特点，并根据第二次反围攻经验、山区地形条件及根据地人力、物力等情况，决定将部队化整为零，发挥红军地形熟、善于山地运动战和游击战等特点，变被动为主动，灵活机动地牵着敌人走，相机消灭敌人。

为了迷惑敌人，中共鄂豫陕特委决定将红74师分编为3个团。郑位三率领第1团，活动于镇安、柞水、蓝田一带；李隆贵率领第5团，活动于汉水北岸的汉阴、洵阳地区；陈先瑞率领第6团，先向宝鸡方向活动，引敌西进，尔后东返，活动于山阳、商县、商南、郧西等地区。

就这样，红74师兵分三路，深入敌后，飘忽不定，相机打击敌人，取得了不少胜利。

6月22日，第6团在陈先瑞的率领下，翻越太白山，直逼宝鸡。敌人慌了手脚，匆忙调集七八个团的兵力实行合围截击。第6团趁敌人包围圈还没有完全合拢之机，选其薄弱处，打了一个漂亮的反击，杀出重围，然后向鄂陕边区疾进。在经过竹林关时，第6团歼灭地方保安队80多人，随后进抵梁家坟，利用雨夜对赵川民团发起突然袭击，击毙民团头子赵平甫。

与此同时，第1团在华县、卢氏、洛南和蓝田等周围广大区域进行游击活动，沉重打击反动民团、保安队，扩大了红军的影响；第5团在汉水北岸桃园、林达庙等地开展游击活动，打乱了敌人的部署。

7月1日，贺龙、任弼时率领红2、红6军团长征到达甘孜地区，同红四方面军会师。5日，根据中共中央决定，红2、红6军团和红32军共同组成红二方面军。7月上旬，红二、红四方面军共同北上。广大指战员以惊人的革命毅力，克服重重困难，通过茫茫草地，于8月上旬到达班佑、包座地区。8月5日，红二、红四方面军先后从包座地区出发继续北上，通过腊子口，击溃国民党军的拦阻进入甘南，形成三大主力红军会聚甘肃境内，形成互为犄角、互相策应的有利态势。

这时，国民党重庆行营急忙命令在甘南的王均、毛炳文、鲁大昌等部构筑从西固到洮州、兰州到天水两道封锁线，阻止红二、红四方面军北上与红一方面军会合，并从川、康（西康，今分属四川、西藏）两省抽兵"分途追击"。蒋介石又命令胡宗南返师北上，进入甘南，力图凭借天然险要和碉堡线封锁，消灭红二、红四方面军于川、康、青、甘边境。

9月初，红二方面军东出陕甘边，发起成（县）徽（县）两（当）康（县）战役。由于红二方面军进攻方向恰为国民党军第3军王均部与川军孙震部之间的接合地带，守备相当薄弱，加之红二方面军行动迅猛，气势如虹，因此战役打响后，进展顺利，势如破竹。至20日，共歼国民党军第3军王均部近2个营，俘100余人，缴获枪500余支，相继占领了成县、徽县、两当、康县4座县城和陕西略阳、凤县的部分地区。

这时，红一方面军主力由宁夏的豫旺堡地区南下，接应红二、红四方面军北上，三大主力红军会师在即，严重动摇了国民党在西北地区的统治。蒋介石调集重兵向陕甘苏区扑来，企图趁红军立足未稳且十分疲劳之际，一举围歼。在陕南地区的国民党军大部南调，一直跟踪"追剿"红74师的第49师也全部调走。至此，敌人企图在3个月内消灭红74师的第三次围攻破产了。

9月底，分散活动在各地的红74师重新集中起来，在宁陕县猴子坪进行休整。为策应红二方面军行动，陈先瑞决定派手枪团政委张培镇带一个分队，尾敌侦察袭扰敌人；师主力积极转战于柞水、商南、洛南等地。

10月9日，红一、红四方面军在甘肃会宁西关会师。22日，红一、红二方面军在会宁和静宁以北的将台堡（今属宁夏）会师。至此，红军长征全部胜利结束。蒋介石不顾中国共产党一再提出的"停止内战，一致抗日"的主张，继续坚持"攘外必先安内的"反动政策，亲自坐镇西安督战，调集国民党军第1、第3、第37军和东北军第67军、骑兵军共计5个军的重兵，分四路发起进攻陕甘苏区。

红军前敌指挥部决定集中主要兵力给予胡宗南部歼灭性打击；另以一部兵力牵制国民党第3、第37军，并相机予以打击；对东北军第67军、骑兵军积极开展统一战线工作，迟滞其前进。红74师也在鄂豫陕边界地区积极活动，配合主力红军的作战行动。

11 月下旬，陈先瑞率红 74 师进至商南县的罗家湾，准备袭击豫陕边界的西坪镇保安队。这时，驻商南县的国民党军别动总队公秉藩第 1 支队和商南县保安团近 1000 人，从富水关沿公路向红 74 师发动攻击。

起初，陈先瑞以为来敌是地方反动武装，决定以第 1 营 2 连警戒西坪，第 2 营 5 连、6 连抢占公路北侧山头，第 1 营 3 连迂回敌后，围歼该敌。然而战斗打响后，这股敌人十分顽强，而且火力也相当猛烈，不像是民团。陈先瑞通过望远镜观察，这才发现来敌竟然是装备精良的别动队。

国民党军别动队虽然人数不多，但武器装备精良，而且训练有素，思想上极其反动，有股敢死队的劲头。两军相逢勇者胜。陈先瑞当即调整部署，命令红 74 师利用已经占领的公路两侧山地，集中火力向敌人发起攻击。

经过近 1 个小时的激战，红 74 师击溃敌人，毙伤敌近 100 人，俘敌中校军官 1 名，缴获驳壳枪 50 支，步枪数十支，机枪 7 挺。

富水关战斗后，陈先瑞率红 74 师北上行至官坡时，与卢氏县保安团 1 个加强连遭遇。陈先瑞命令前卫第 3 营 9 连正面攻击，手枪团迂回敌后包抄。一番激战，歼敌 170 余人。随后，红 74 师转入洛南、蓝田等地，连战连捷，先后歼灭灵峪口、许家庙等地民团。

12 月中旬，红 74 师进至蓝田大龙庙休整，准备下一步的作战行动。这时，西安事变爆发，陈先瑞接到中革军委副主席周恩来的指示，要求部队"暂不行动"。之后，根据中央指示，鄂豫陕边区成立军事委员会，郑位三任主席；红 74 师改编为南路抗日军（对内仍称红 74 师），陈先瑞任军长，下辖第 4、第 5 团和独立团、补充团，共 1700 余人。至此，红 74 师独立坚持鄂豫陕边区游击战争胜利结束。

对于陈先瑞等人率领红 74 师独立坚持鄂豫陕边界地区的斗争，毛泽东给予了高度评价，曾当面夸奖陈先瑞：你们在鄂豫陕边干得好，国民党动用大批军队进攻你们，你们不但没垮，反而发展壮大了。主力红军在西边行动和北上，你们在东边闹华山，配合得好啊！你们保存了 2000 多人的力量，这是一个了不起的胜利。

毛泽东评陈再道

【陈再道简历】

陈再道（1909—1993），原名程再道，湖北麻城人。

1926年冬，参加农民协会和农民自卫军。1927年，在大别山南麓参加秋收暴动后，参加黄麻起义，随农民自卫军编入工农革命军鄂东军。后随部队到黄陂县（今武汉黄陂区）木兰山地区坚持游击斗争。1928年加入中国共产党。同年夏起，任中国工农红军第11军排长、连长，第4军营长，参加了鄂豫皖苏区反"围剿"。1932年冬红四方面军主力由鄂豫皖边向川陕边转移途中，总指挥部于陕南彷徨镇附近遭国民党军堵截，率全营急速回援，与友邻部队掩护总指挥部安全转移。同年底起，任红11师第31团团长、师长，参加川陕苏区反"三路围攻"、反"六路围攻"等战役战斗。长征中，任红4军副军长。到达陕北后，任红4军军长。

全面抗战爆发后，任八路军第129师第386旅副旅长，参与指挥七亘村、黄崖底和长生口等战斗。1938年1月，任八路军东进纵队司令员，率部越过平汉铁路，挺进冀南，扩大抗日武装。1940年，任冀南军区司令员，参加领导巩固和发展冀南抗日根据地。1943年，到延安入中共中央党校学习。抗日战争胜利后，任晋冀鲁豫野战军第2纵队司令员兼冀南军区司令员，率部参加上党、邯郸、出击陇海路等战役。在鲁西南战役中，曾统一指挥7个旅，于羊山集地区歼灭国民党军整编第66师。继进军大别山，参加宛西、宛东及淮海战役。1949年2月，任河南军区司令员。

中华人民共和国成立后，任中南军区副司令员兼河南军区司令员、中央人民政府人民革命军事委员会武装力量监察部副部长兼武汉军区司令员。1972年起，任福州军区副司令员、中共中央军委顾问、中国人民解放军铁道兵司令员、中共中央军委委员。1955年，被授予上将军衔，获一级八一勋章、一级独立自由勋章、一级解放勋章和一级红星功勋荣誉章。第一至第三届国防委员会委员，中共第十一届中央委员，第五届全国人大常务委员会委员，第六届全国政协副主席。1982 年，被选为中共中央顾问委员会委员。1993 年 4 月 6 日，在北京逝世。

【毛泽东评点】

"你这个放牛伢子，现在当了司令，可真不简单！我知道，你是一员战将。"

——摘自《中国人民解放军高级将领传》第 10 卷，
解放军出版社 2013 年版，第 113 页。

【评析】

1952 年 10 月 25 日，毛泽东从北京出发，前往天津、河南、山东等地视察。时任中南军区副司令员兼河南军区司令员陈再道接到通知，说毛泽东视察黄河，要路经开封停留几天。陈再道非常激动，立刻安排把红洋楼作为毛主席的下榻之所。

毛泽东住进红洋楼后，陈再道马上前往看望。在交谈过程中，毛泽东详细询问陈再道的家庭、出身、经历及工作情况。听后，毛泽东情不自禁地对陈再道说："你这个放牛伢子，现在当了司令，可真不简单！我知道，你是一员战将……"

陈再道 17 岁就参加革命，从战士一直干到军区司令员，久经沙场，为中国革命事业屡立功勋，无愧于战将的称谓。解放战争时期，担任晋冀鲁豫野战军第 2 纵队司令员兼冀南军区司令员的陈再道先后参加指挥了上党、邯郸、出击陇海路、鲁西南、宛西、宛东等战役。特别是在鲁西南战役中，他指挥攻克羊山集，活捉国民党军第 66 师师长宋瑞珂一战，更是凸显他战将的一面。

那是 1947 年 6 月，解放战争刚好进行了一年，全国形势已发生显著变化。

国民党政府不仅在政治、经济方面陷入困境，在军事上更是危机重重。

国民党正规军被歼灭 97 个半旅 78 万人，非正规军 34 万人。虽经不断补充，但总兵力已由战争开始时的 430 万人下降至 373 万人。其中，正规军虽然还保留 248 个旅（师）的番号，但人数已从 200 万人降为 150 万人。由于整师、整旅的被歼和大量高级将领被击毙或被俘虏，国民党军士气日益低落，官兵厌战情绪持续增长，战斗力急剧下降。同时因战线延长，用于守备的兵力大大增加，能用于机动作战的兵力严重不足。在东北和华北战场上的 70 多个师，大多陷入对交通线和重要据点的守备，转为守势；在南部战线，用于陕北、山东、晋冀鲁豫战场的 157 个旅中，只有 40 个旅可作战略机动。在中原地区，从鲁西南、豫皖苏边界直至大别山地区兵力十分薄弱，形成两头重、中间轻的"哑铃形"态势。而在长江以南及新疆、青海、宁夏等 19 个省的地境内只有 21 个旅。

与国民党军队"以保守地方为主的战略方针"相反，人民解放军坚持采取以歼灭国民党军有生力量为主，以"集中优势兵力，各个歼灭敌人"等作战原则，经过一年的英勇奋战，粉碎了国民党军的全面进攻。同时不断发展壮大，总兵力由战争开始时的 127 万人增至 195 万人。其中，正规军近 100 万人。虽然在兵力装备上仍居劣势，但握有战略机动力量。除陕北、山东战场尚处防御地位外，其他各战场已逐步转入战略性反攻。广大指战员积累了丰富的作战经验，军事、政治素养有了很大的提高，士气昂扬、军心振奋，战斗力不断提升。解放区大多地区已完成土地改革，广大农民分到了土地，提高了发展生产、支援战争的积极性。但大部分解放区遭受战火蹂躏，人力、物力损耗巨大。在国民党统治区，捐税繁重，物价飞涨，经济破产，百业凋零，以"反饥饿、反内战、反迫害"为口号的人民革命运动蓬勃发展，遍及全国 60 多个大中城市。

蒋介石为摆脱军事、政治、经济危机，在国统区采取更加残酷的手段镇压民主运动，加紧搜刮人力、物力和财力，进一步乞求美国政府增加援助，并继续执行将战争引向解放区，以达到消耗解放区人力物力，使人民解放军不能持久作战的战略企图。为粉碎蒋介石的这一企图，中共中央依据整个战局的发展情况，制定了以主力打到外线去，将战争引向国民党统治区，在外线大量歼灭敌人的战略方针。

5月初，中央军委决定将战略进攻的主要方向置于战略地位重要、国民党军队防御薄弱的鄂豫皖三省边界大别山地区。连绵起伏的大别山脉位于湖北、河南、安徽三省的交会地区，西跨中国南北大动脉平汉铁路（今北京—汉口），东至淮南，北接淮河，南临长江。大别山区又是国民党战略上最敏感也最薄弱的地区。这里曾经是第二次国内革命战争时期的鄂豫皖革命根据地，是红四方面军（即晋冀鲁豫野战军和八路军第129师的前身）的摇篮，人民群众思想觉悟高，有利于解放军站稳脚跟，创建大块的新解放区。如果人民解放军进入这一地区，就可以瞰制中原，威胁南京，进逼长江，直指武汉。

中央军委的这一决策无疑具有巨大的战略意义。但这又是一个具有极大危险性的行动。十几万大军无后方作战、孤军深入到敌人腹心地区，弄不好，非但实现不了中央军委的战略意图，还会白白损失10多万兵力。

派哪一支部队执行这个具有战略意义的重大行动呢？毛泽东苦苦思索后，决心让刘伯承和邓小平来执行这一重大军事行动。

5月中旬，中共中央命令晋冀鲁豫野战军司令员刘伯承、政治委员邓小平率第1、第2、第3、第6总队共13个旅12万余人，即刘邓野战军，实行中央突破，南渡黄河，在鲁西南地区求歼敌军后，以跃进方式挺进大别山，建立根据地。同时以晋冀鲁豫野战军第4纵队司令员陈赓、政治委员谢富治率第4、第9纵队和西北民主联军第38军等，即陈谢集团，直出豫陕鄂边界地区，在豫西、陕南建立根据地。以华东野战军司令员兼政治委员陈毅、副司令员粟裕率第1、第3、第4、第6、第8、第10纵队及晋冀鲁豫野战军第11纵队组成的西线兵团，即陈粟野战军，从鲁西南挺进豫皖苏边区，扩大原有根据地。

这样，三路大军在中原地区互为犄角，紧密配合，在长江、淮河、黄河、汉水间开辟新的中原解放区。另以西北野战军攻打榆林，调动进攻陕北的国民党军北上；以华东野战军东线兵团在胶东作战，继续把进攻山东的国民党军东引，以策应三路大军挺进中原的行动。

5月下旬，晋冀鲁豫野战军结束豫北攻势，部队立即转入休整。

当时，蒋介石利用黄河从陕北到山东所构成的"乙"字形天然形势，把主力集中于陕北、山东两翼，实施进攻，企图将南线解放军压缩到"乙"字形的弧内，然后聚而歼之。在其联系两翼的战线中央，从山东省东阿至河南省开封500里的黄河防线上，仅有郑州"绥靖"公署的第4"绥靖"区司令官刘汝明部整编第55、第68师和地方保安团队担任防守。其中，整编第55师师部率第29旅位于郓城、皇姑庵地区，第74、第181旅分别位于萧皮口、鄄城地区；整编第68师师部位于菏泽，第81、第143、第119旅分别位于东明、杜集、毕寨地区。另有整编第70师的2个旅位于嘉祥、济宁地区机动。这种兵力部署很像一只哑铃，两头粗，中间细，其中央部队就成了要害和薄弱环节。毛泽东敏锐地看到了这一点，要刘邓大军在这里实施中央突破。

6月3日，中央军委指示晋冀鲁豫野战军主力于月底强渡黄河，先在鲁西南地区求歼敌军，尔后向大别山进击，在鄂豫皖边界地区实施战略展开。

根据当面敌情，6月20日、26日，刘伯承、邓小平发布《役字第14号》和《役字第16号》基本命令，决心首先发起鲁西南战役，歼灭刘汝明集团，并在运动中歼灭来援之敌一部，然后向大别山挺进。具体部署是：冀鲁豫军区独立第1旅于6月27日先行秘密渡河，在戴庙、蔡家庄地区接应第1纵队渡河，并配合第1、第2纵队行动；原在黄河南岸的独立第2旅在旧城集、临濮集地区接应第6纵队渡河，并配合其作战；第1纵队于魏家山、张堂等渡口渡河，在独立第1旅协同下，围歼郓城及其以北守军；第2纵队于孙口、林楼等渡口渡河，以1个旅围歼皇姑庵守敌，主力插至郓城以西协同第1纵队作战；第6纵队于李桥、于庄等渡口渡河，围歼鄄城及其西北地区守军；第3纵队为战役预备队，进至白衣阁附近，视情况随第6纵队或第2纵队渡河，扩大战果。

27日，第2纵队司令员陈再道在清丰县召集各旅指战员开会，除了传达刘邓首长的命令外，还专门让大家讨论渡河的具体事项。29日，陈再道下达了渡河作战命令：第4、第6旅由范县南之林楼渡口强渡。第4旅为第一梯队，渡河后首先歼灭对岸李王庄、仲固堆之守敌，占领南岸大堤，待第6旅渡河后，再南下包围皇姑庵之敌；第6旅渡河后向水堡集推进，割裂、围歼河防之敌。第 5 旅渡河后，首先歼灭蔡楼、范里、董花园等处河防之敌，而后向水堡集、郓城歼推进。

6 月 30 日夜，在冀鲁豫军区独立第 1、第 2 旅的接应下，晋冀鲁豫野战军 4 个纵队共 13 个旅 12 万余人，以突然勇猛的动作，从山东阳谷以东张秋镇至菏泽以北临濮集间 150 余公里的正面上，一举突破了国民党军的黄河防线，踏上了黄河以南的土地，拉开了人民解放军战略进攻的序幕。

为迅速堵塞南线战场中央出现的缺口，拱卫战略要地徐州、郑州，蒋介石飞抵郑州进行部署，从豫北抽调整编第 32、第 66 师，从砀山抽调整编第 63 师、第 153 旅，从豫皖苏地区抽调整编第 58 师 2 个旅，连同整编第 70 师组成第 2 兵团，并将王敬久由鲁中战场的泗水调来，任兵团司令官，增援鲁西南。同时命令刘汝明死守郓城、菏泽。

王敬久将所部分为东西两路，企图以整编第 55 师坚守郓城，吸引晋冀鲁豫野战军主力于城下，然后以东、西两路援军向北钳击其侧后，意欲逼迫刘邓背水作战，将解放军消灭在鲁西南或全部逼回黄河北岸。

刘伯承、邓小平决定将计就计，采取攻其一点（郓城）、吸其来援（金乡）、啃其一边（定陶）、各个击破的方针，以第 1 纵队等部攻取郓城；以第 2、第 6 纵队迅速从东、西两路援敌之间向南，攻占定陶、曹县；以第 3 纵队进到定陶以东待机。

7 月 4 日，陈再道接到攻占曹县的任务后，立即召集各旅旅长、政委开会布置任务。他令第 6 旅先行，直奔曹县，第 4、第 5 旅跟进。散会时，陈再道对第 6 旅旅长周发田、政委刘华清说：“此次强行奔袭曹县，首先歼灭该城之敌，同时打开南进的通道。从此时说，你们 6 旅是整个反攻大军的最先头部队，这个任务你们于 5 日 24 时前完成。”

周发田、刘华清回到旅部，立即发出急行军的命令。两个小时后，第 6 旅进至曹县东北的杜庄、马庄。驻守曹县国民党军和保安团已在白天逃跑，第 6 旅兵不血刃占领曹县城。

此时，国民党援军东路整编第 70 师（1 个半旅）、整编第 32 师和66 师主力，分别进至六营集、独山集、羊山集地区，彼此间隔 10—15 公里，由北向南摆成一字长蛇阵。

刘伯承、邓小平认为敌援军除整编第 66 师是蒋介石嫡系、战斗力较强外，其他均属杂牌、战斗力不强，且远道而来，立足未稳，集结位置不佳，便于各个击破。遂决心采取"夹其额，揪其尾，断其腰，置之死地而后已"的战法，集中 4 个纵队立即发起进攻。

根据刘伯承、邓小平的部署，陈再道立即率领第 2 纵队，协同陈锡联率领的第 3 纵队向整编第 66 师发起攻击。

7 月 12 日晚，第 2 纵队第 6 旅赶到谢集附近，发现敌人，并从俘虏口中得知：整编第 66 师第 13 旅第 38 团驻在谢集，担任羊山集整编第 66 师主力左翼警戒。第 6 旅决心从南、西、北三面包围敌人，并在其东面通往羊山集的道路上故意留下一个口子，埋伏一支部队，截击敌人。

13 日拂晓，第 1 纵队将位于六营集的整编第 70 师、独山集的整编第 32 师隔开，并切断其与羊山集整编第 66 师的联系。

上午 10 时许，第 2 纵队第 6 旅向谢集之敌展开猛烈攻击。第 16 团首先向谢集南门发起攻击；第 17、第 18 团随后从西门、北门展开攻击。各突击部队迅速夺取敌人前沿阵地，并攻入街道，与守敌展开巷战。第 38 团支撑不住，向东面突围，企图靠拢羊山集，遭到第 16 团 1 营、3 营的顽强阻击。此时，埋伏在谢集外的部队突然开火，前后夹击，经 2 个小时激战，将第 38 团全歼。第 13 旅余部缩回羊山集。随后，第 2 纵队第 5 旅第 15 团攻占羊山集北面之葛山，将整编第 66 师主力包围在羊山集地区。

王敬久发觉所部被分割为三段后，举棋不定，先是命令北边的整编第 70 师和南边的整编第 66 师向中间的整编第 32 师靠拢；尔后又命令整编第 32 师向北接应整编第 70 师，再向南靠拢整编第 66 师。

整编第 32 师在第 1 纵队追击下，师部率 1 个旅逃入六营集与整编第 70 师会合，其第 139 旅则被第 1 纵队和第 6 纵队一部追歼于逃往嘉祥的途中，防守嘉祥城的整编第 70 师一部也被迫向济宁撤逃。

与此同时，第 6 纵队主力对六营集展开猛攻。激战至 15 日 8 时，六营集之敌仅整编第 32 师师长唐永良率一部逃往济宁，其余被歼于方圆 5 公里的大洼地内，整编第 70 师师长陈颐鼎被俘。第 2、第 3 纵队也在积极准备对困守羊山集地区的整编第 66 师发起攻击。

羊山镇是个有千余户人家的大村庄，东西长 3 里，村西头一条大街，到村东头分为两条东西大街。这里曾是日军修建的一个大据点，村四周建有寨墙，除北面外，东、西、南三面均有丈余宽的壕沟。

村北为长约 2 公里的羊山，因形状如同一只卧地之羊而得名。羊山有三峰，东峰为"羊头"，中峰为"羊身"，西峰为"羊尾"。中峰最高，可俯瞰钳制整个羊山和羊山集；东峰北山腰有两丈多高的峭壁一段，南坡较缓村东、南两面地形低洼，又逢连日降雨，积水过膝，不易行动。

整编第 66 师是蒋介石的嫡系部队，这个部队装备优良，营连干部是军校毕业生，军事素质较好。该部曾于 1946 年 6 月 26 日率先向中原军区部队发起攻击，打响了内战的第一枪。中将师长宋瑞珂是黄埔三期，在国民党部队的将领中是比较出色的人物。而且他深受蒋介石、陈诚的信任，并曾担任军调处罗山执行小组会议的国民党首席代表。

宋瑞珂以 4 个营的兵力守羊山，把主力部署于羊山集内，并在山上和集内抢修工事，利用日军占领时留下的水泥和石砌工事外，沿山腰构筑地堡、交通壕，在"羊头""羊身"集及东大街的集团家屋等处，构成防御核心阵地，企图固守待援。

这时，第 2 纵队所属 3 个旅的旅长、政委纷纷向陈再道请战，要求担负主攻任务。"过河后，人家 1 纵、6 纵已歼灭敌人 3 个师，我们只是小打小闹，战果不大，战士们憋着一股劲，要求快打。"

陈再道看着手下的这些老伙计，说道："好吧，你们回去加紧准备，待命出击"。他当即与第 3 纵队司令员陈锡联联系，商定对羊山集之敌实施东西两面夹攻，具体部署是：以第 2 纵队从西面攻，第 5 旅攻占羊尾，得手后向山上继续攻击；第 4 旅由羊山集西端向东攻击，尔后沿西街向东发展。第 3 纵队从东面攻，以 2 个团攻羊头，以 4 个团从东门向西攻击。冀鲁豫军区独立旅在羊山南面的万福河打援。

刘伯承、邓小平同意这一作战部署，命令由陈再道统一指挥第 2、第 3 纵队和冀鲁豫军区独立旅围歼羊山集整编第 66 师。

7 月 17 日，第 2、第 3 纵队参战各部同时向羊山集和羊山展开攻击。

枪炮声和手榴弹的爆炸声响成一片。守军凭借居高临下之优势，依托坚固阵地，以猛烈火力拼死抵抗。经彻夜激战，第 2 纵队第 4 旅第 10、第 12 团和第 5 旅第 14 团等部攻占了羊山集西端部分民房，第 5 旅第 15 团占领羊尾一些山头。第 3 纵队占领了羊山东面一些山头和羊山集东街部分民房。但随后受到集内、"羊头""羊身"之敌三面火力压制和积水阻碍，攻击两天却进展不大。

蒋介石得知整编第 32 师等部连续被歼和羊山集整编第 66 师告急等情况，于 19 日带着陆军总司令顾祝同飞抵开封坐镇指挥，从西安、潼关调整编第 10 师和骑兵第 1 旅，从洛阳调青年军第 206 师，从汉口调整编第 52 师和第 82 旅，从山东战场抽调整编第 7、第 48、第 5、第 85 师等部，驰援鲁西南。

20 日，蒋介石又下了死命令：由第 2 兵团司令王敬久亲率整编第 58 师和第 199 旅，在飞机、坦克掩护下由金乡北上，限期到达羊山集解围。同时为了坚定宋瑞珂固守决心，蒋介石还派国民党军空军副司令王叔铭出动飞机，到羊山集上空投下他的口谕信，要宋瑞珂在羊山集固守待援，但最好能占领葛岭，使占领区域大些，以便空投粮弹，而利固守。

这样，被围羊山集的整编第 66 师就成了刘伯承、邓小平"钓鱼的香饵"。刘伯承诙谐地说蒋介石用的是老办法——"饭馆子战术"：刚端上一桌席给你吃了，又端上第二桌、第三桌，以量取胜，最后把你撑死完事。

刘伯承、邓小平决定以冀鲁豫军区第 7 军分区部队和独立旅分别截击和阻击北援之敌，在给敌以大量杀伤后，从正面敞开一个口子，引诱敌先头部队第 199 旅渡过万福河，然后切断其与整编第 58 师的联系，于运动中予以消灭。

果然不出所料，第 199 旅在万福河遭到顽强阻击，激战一天也没能过河。22 日，王敬久被蒋介石逼得没办法，给第 199 旅旅长王士翘下了最后一道催命符：限当夜 24 时务必到达羊山集，不然军法从事。

而王士翘的顶头上司、被围困在羊山集的宋瑞珂也同样下了死令，要王士翘"率领全部，排除万难，挺进羊山，牺牲一切在所不惜，否则依军法从事。"

左一个军法从事，右一个军法从事，可怜的王士翘欲进不能，要退不得，自知在劫难逃，便站在万福河边，望着一江悠悠逝水，绝望地对部属说："人家张开口袋等我们，这明明去送死。还是让我自杀了吧，有我在，你们也跟着下不了台，我死了，你们倒可以自己找生路。"

部属们纷纷上前劝阻。就在这时，担任阻击任务的冀鲁豫军区部队依计放开了一个口子。第199旅遂渡过万福河继续北援，进至距羊山集只有5里路的万福庄。宋瑞珂见援兵已近，急忙派出1个团冒着大雨前来接应。结果这两股敌人钻进了刘邓野战军早已准备好的口袋阵，全部被歼，王士翘负伤后被俘。

23日，当刘邓野战军正在围攻羊山集而国民党军援兵尚未到达时，中央军委电示：对羊山集、济宁两点之敌如有迅速攻歼把握，则歼灭之，否则，立即集中全军休整10天左右，下决心不要后方，以半个月行程，直出大别山，占领以大别山为中心的数十县，肃清民团，发动群众，建立根据地，吸引敌人进攻，以便打运动战。

刘伯承说：蒋介石送上来的"肥肉"，我们不能放下筷子。邓小平也表示攻击羊山集的部队不能后撤。二人经过认真研究，认为：敌援军虽多，但尚在途中，不能短时间内聚拢，而金乡之敌已无力北援，羊山集之敌严重削弱，可以集中主力迅速歼灭之。据此决定集中4个纵队围攻羊山集，具体部署是：

以第2纵队一部由西向东攻击，以第3纵队第7旅和第6纵队第16旅由北向南攻击，以第3纵队一部由东向西攻击，以第1纵队位于羊山集以东的大义集附近，接替冀鲁豫独立旅的阻击任务，同时调野司榴弹炮营和第1纵队炮兵团控制羊山集制高点。

此时在羊山集固守待援的整编第66师余部已是穷途末路，粮食吃光了，村里老百姓家里能吃的东西早就抢光了，弹药也越来越少，只能依靠宰杀炮兵部队的骡马和少得可怜的空投物资，苟延残喘。

25日，蒋介石电告宋瑞珂，为其打气："羊山集苦战，中正闻之，忧心如焚，望吾弟转告部下官兵诸同志，目前虽处于危急之秋，亦应固守到底。希弟依赖上帝保佑，争取最后五分钟之胜利。"

26日，天降大雨，蒋介石再次电令各增援部队：此战若予以彻底打击，则结束山东战争，指日可待。希望各部官兵与共军主动接战，以完成解救第66师之任务。

当时，王仲廉率整编第10师、青年军第206师及整编第82旅由曹县进抵冉固集地区，距羊山集不过一天路程；王敬久率整编第58师由金乡北上，离羊山集更近，20多里。必须赶在援敌到达前将整编第66师吃掉，陈再道内心焦急万分。

27日，多日的大雨终于停了，羊山集晴空万里，宋瑞珂和他的整编第66师末日已到。陈再道指挥参战部队向羊山集发起总攻击。第2纵队第6旅第16、第17团由羊山集西北侧实施突击，第18团由羊山集南侧向羊山集东街突击，在连续攻占敌人据守的地堡、房屋等工事后，拿下了敌人的核心工事，从而切断了守敌南北联系。

激战至当晚22时，第2纵队第5旅占领羊山西侧，友邻部队攻占羊山主峰。守敌多次进行反冲锋，企图夺回羊山高峰，均被打退。与此同时，第6旅也从西关冲进西大街，逐屋逐院向东发展；第3纵队从东面攻进东大街，对残敌进行分割围歼。

宋瑞珂带领亲信和警卫连400余人，被压缩在羊山集东北角的一座楼房和两间平房内，进行最后的垂死挣扎。但在第6旅的猛烈攻击下，守敌纷纷缴械投降。宋瑞珂知道大势已去，于是率残部投降。解放后，宋瑞珂回忆道："27日夜半，羊山集北侧石头山之制高点被攻占。当即召集各旅、团长及幕僚人员直属营长研究对策。185旅旅长涂焕陶说，逐屋守备，还可支持3天。我说羊山制高点已被占领，全村情况了如指掌，已成瓮中之鳖，最多支持到次日中午。涂仍坚持要逐屋守备。通信营长陈光复原想建议，于天亮之前突出去，见涂坚持要守，未便说出。天亮之后，大雨倾盆，仍继续战斗。到28日中午，西北方面已被突破。我认为继续战斗下去，徒招致双方更多的伤亡，乃派一中尉附员浙江嘉善人某（姓名记不起）由羊山集东端出去找到解放军的一个连指导员进来，表示停止战斗。我和参谋长以下的参谋人员，1个旅长（13旅旅长罗贤达逃脱），3个团长均被生俘。"

　　至此，鲁西南战役结束。经过 28 天连续作战，共歼国民党军 4 个整编师师部、9 个半旅 6 万多人，缴获各种炮 820 余门及大量军用物资，打乱了国民党军在南部战线的战略部署，开辟了挺进大别山的道路，揭开了人民解放军战略进攻的序幕。

　　刘伯承有感而发，欣然赋诗一首：

　　　　　狼山战捷复羊山，炮火雷鸣烟雾间。

　　　　　千万居民齐拍手，欣看子弟夺城关。

毛泽东评陈伯钧

【陈伯钧简历】

陈伯钧（1910—1974），原名陈国懋，字少达，号稚勉。四川达县（今重庆达州）人。

1923 年，就读于四川万县（今重庆万州）省立第四师范学校，曾参加进步学生运动。1927 年 1 月，入武汉中央军事政治学校学习。同年 5 月，加入中国共产党。参加击退叛军夏斗寅部的战斗，后编入武昌国民革命军第二方面军教导团。8 月，在第 20 军独立团任团部副官、训练处主任。9 月，参加毛泽东领导的湘赣边界秋收起义，任中国工农革命军第 1 军第 1 师第 3 团排长。到井冈山后，任工农革命军教导队副队长兼党支部书记、第 4 军第 31 团连长，先后参加龙源口战斗和黄洋界保卫战。1929 年 1 月，红 4 军主力向赣南出击后，奉命坚守井冈山革命根据地。5 月起，任红 4 军驻吉安代表兼赣西游击纵队参谋长、红 20 军第 2 团政治委员。1930 年 7 月起，任红 20 军参谋长、红 3 军第 7 师师长、红 15 军军长、红 5 军团参谋长、红 13 师师长等职，参加中央苏区历次"围剿"。1933 年 8 月，被中央革命军事委员会授予二等红星奖章。1934 年 10 月，率部参加长征，负责掩护中央纵队行动。12 月调任红 5 军团参谋长，参与指挥部队担负中央红军的后卫任务。1935 年 6 月，中央红军与红四方面军会师后，调任红四方面军第 9 军参谋长。9 月，因反对张国焘的分裂活动而被免职，改任红军大学主任教员。1936 年，任红 4 军参谋长。7 月，调任红二方面军第 6 军团军团长。10 月，率部到达陕北苏区，与红一方面军会师。

全面抗战爆发后，任八路军第 120 师第 359 旅旅长，后到中共中央党校学习。1938 年 6 月，调任中国人民抗日军事政治大学训练部部长。12 月，任抗大第 2 分校校长。组织干部、学员进入晋察冀抗日根据地，参与指挥反日、伪军"扫荡"斗争，同时坚持办学。1939年9月，率抗大学员参加陈庄战斗。1940年5月，回延安。1941年11月起，任军事学院副教育长、陕甘宁边区保安司令部副司令员、第385旅副旅长兼陇东军分区副司令员。1945年8月，任陕甘宁晋绥联防军副参谋长。抗日战争胜利后，率干部队到冀热辽军区。1946年，任北平军事调处执行部热河执行小组中共方面代表。1946年7月，转赴东北，先后任东北军政大学教育长、合江军区司令员兼东北野战军上级干部大队大队长。1948年5月，任东北野战军第1前方指挥所副司令员。1949年4月，任第四野战军第12兵团第一副司令员兼第45军军长，率部参加辽沈、平津、衡宝、广西等战役。

中华人民共和国成立后，兼任湖南军区第一副司令员，率部清剿湘西国民党军残余武装和土匪。后参与组建中国人民解放军军事学院，1950年12月起先后任训练部副部长、副教育长兼军事科学研究部部长、教育长、副院长、代理院长，协助院长刘伯承主持全院工作。1957年9月，任高等军事学院副院长，1962年9月任院长。第一届至第三届国防委员会委员。1955年，被授予上将军衔，获一级八一勋章、一级独立自由勋章、一级解放勋章。1974年2月6日，在北京病逝。

【毛泽东评点】

"闻你在六军，为红军庆得干才……我们都好，相见之期不远，愿共努力！"

——摘自《中国人民解放军高级将领传》第10卷，解放军出版社2013年版，第164-165页。

【评析】

1926年7月，以推翻帝国主义支持的北洋军阀统治为目标的北伐战争开始。在中国共产党发动工农群众大力支援下，北伐军势如破竹，在不到半年时间就基本打垮北洋军阀吴佩孚、孙传芳的主力。国共合作加快了中国革命前进的步伐，工农群众运动风起云涌，掀起了全国革命的高潮。

这年10月，北伐军光复武汉。为迎接革命大发展，满足政治、军事人才的需要，中国共产党和国民党左派在武昌两湖书院旧址成立黄埔军校武汉分校，称为中央军事政治学校。黄埔军校第五期政治科学员由广州移往武昌就读，同时面向全国招收新生。此时正在四川省立第四师范学校学习的陈伯钧，因不断参加学生运动而被当局开除。当他听到黄埔军校武汉分校在重庆招生的消息，立即投身报考，如愿以偿地考入了中央军事政治学校（黄埔军校第六期）。

随着北伐军节节胜利，11月8日，国民党中央政治会议决议将中央党部及国民政府由广州迁往武汉。在武汉火热的革命气氛中，陈伯钧如饥似渴地阅读进步革命书籍，积极倾听革命家的演讲，还聆听了毛泽东的精彩演说。

当时，中共中央农民运动委员会书记毛泽东在武昌创办中央农民运动讲习所，对学员进行军事训练，培养农民运动和革命武装斗争的骨干，支援国共合作的北伐战争。他有时也会应邀到中央军事政治学校演讲，用亲身实践加上丰富的理论思考，对中国革命的前途和命运进行了科学、细致的分析，并号召大家支持农民运动，将农民组织并武装起来，打倒地主土豪劣绅，推翻旧政府的统治，建立新政权。毛泽东的演讲让心中充满革命激情的陈伯钧产生了极大震撼，由衷地钦佩毛泽东的远见卓识，进而对共产党的政策主张产生很大兴趣。

正当轰轰烈烈的大革命如火如荼展开时，洪流中包裹的暗流、胜利中暗藏的危机也在发展。1927年4月12日，蒋介石公然背叛革命，在上海发动了反革命政变，对共产党人举起了屠刀。江苏、浙江、安徽、福建、广东、广西等省也相继以"清党"为名，大肆捕杀共产党员和革命群众。年轻的陈伯钧一度痛苦和迷茫，但他很快认识到：要想打倒强权，建立平等政权，只有中国共产党可以办到。这个信念使陈伯钧在日后的革命战争中表现非常勇敢。

4月27日，中国共产党第五次代表大会在武汉召开。中共五大提出争取无产阶级对革命的领导权，建立革命民主政权和实行土地革命等一些正确的主张，但对无产阶级如何争取革命领导权、如何领导农民实行土地革命，特别是如何建立党领导的革命武装等问题，没有提出有效的具体措施。

5月中旬，驻鄂西南的独立第14师师长夏斗寅乘国民革命军向郑州二次北伐、武汉空虚之机，公开叛变。叛军7个团及地主武装沿武长铁路，一直打到距武昌仅40里的纸坊镇。危急关头，中国共产党坚决主张保卫武汉、镇压夏斗寅反革命叛乱。陈伯钧和军校同学被编入中央独立师，在武汉卫戍司令叶挺的指挥下，向叛军发起攻击并将叛军击溃。陈伯钧还在咸宁前线申请加入了中国共产党。

然而危机却越来越严重。5月21日，国民革命军第35军第33团团长许克祥在长沙发动反革命叛乱，捕杀共产党员和革命群众100多人，史称"马日事变"。6月6日，国民革命军第五方面军总指挥、江西省政府主席朱培德以所谓"礼送出境"的名义，把共产党员和国民党左派逐出江西，禁止工农运动。7月15日，汪精卫公开宣布"分共"，对共产党员和革命群众大开杀戒。

轰轰烈烈的大革命就此失败，数十万共产党员和革命群众的鲜血，使尚处于幼年时期的中国共产党历经了化茧为蝶的痛苦，得出了刻骨铭心的认识：不掌握军权，不创建一支新型的人民军队，不开展武装斗争，就没有共产党的地位、无产阶级的地位、人民的地位，就没有革命的胜利。中国共产党由此开始了革命斗争方针的转变。

7月12日，中共中央进行改组，成立了由张国焘、李维汉、周恩来、李立三、张太雷组成的临时常务委员会。随后决定将党所掌握和影响的部队向南昌集中，准备发动武装起义，并联合第二方面军总指挥张发奎重回广东，建立新的革命根据地，实行土地革命。

7月20日，李立三与谭平山、邓中夏、叶挺、聂荣臻等在九江召开会议。因为发现张发奎已经站在汪精卫一边，会议提议独立发动反对南京和武汉的国民党政府的军事行动。

8月1日，在以周恩来为书记的中共中央前敌委员会领导下，贺龙、叶挺、朱德、刘伯承等率领党所掌握和影响的军队2万多人，在南昌打响了武装反抗国民党反动派的第一枪。按照原定计划，陈伯钧随国民革命军第二方面军教导团参加南昌起义。但因起义提前，教导团在九江被张发奎缴械。陈伯钧到第20军独立团担任团部副官，负责新兵训练。

8月18日，中共湖南省委在长沙市郊的沈家大屋召开会议，任命毛泽东为前敌委员会书记，确定集中力量在湘东赣西发动以长沙为中心的武装起义。参加起义的部队共3个团约5000人，目标是夺取长沙。此时，陈伯钧也来到江西铜鼓，担任工农革命军第1军第1师第3团第3营第6连第1排排长，准备参加湘赣边界秋收起义。

9月9日，长沙的铁路工人和部分农民开始分头破坏长沙至岳阳和长沙至株洲段的铁路，工农革命军第1师师部在修水率第1团宣布起义，向平江方向推进，湘赣边界秋收起义正式打响。

10日，毛泽东从湖南浏阳赶到铜鼓。在第3团团部，毛泽东召开干部会议，阐述当前形势和党的任务，宣布起义计划。

会上，年仅17岁的陈伯钧敢于表达自己的主张，他的一口四川话引起了毛泽东的注意。会后，毛泽东亲切地询问他的年龄、籍贯和经历，开心地说："好啊！上过黄埔军校，还入了党，我们党很需要你这样的干部。"并夸奖陈伯钧说："人小志气大，有革命抱负，好啊！"

当日深夜，安源工农武装和矿警队起义，组成工农革命军第1师第2团，向萍乡方向前进。这就形成三路分别向平江、浏阳、萍乡推进的态势。毛泽东兴奋地写下了《西江月·秋收起义》：

军叫工农革命，旗号镰刀斧头。修铜一带不停留，便向平浏直进。
地主重重压迫，农民个个同仇。秋收时节暮云沉，霹雳一声暴动。

11日，毛泽东指挥第3团向浏阳白沙镇挺进。由于日夜兼程长途奔袭，毛泽东的身体十分虚弱，陈伯钧和其他同志一商量，做了个简易担架。为了不耽误部队行进，毛泽东只好坐上去，风趣地对陈伯钧说："只好烦劳你做一回轿夫了。"

在攻打白沙镇时，陈伯钧带领全排战士勇猛冲杀，击溃敌军。12日，第3团又攻克东门市，各歼敌一部。14日，国民党军约2个营分路向东门市反扑，第3团奋勇抗击数小时，后因力弱而失利向上坪转移。其他两路起义军也先后遭受严重挫折。第1师师部和第1团在到达平江东郊金坪时，由于起义前夕收编的黔军邱国轩团突然叛变并从背后袭击，部队受到巨大损失。第2团出师后最初发展顺利，先后攻克醴陵、浏阳县城，但因国民党正规军集中优势兵力反攻，几乎全部溃散。这时，第1师已由原来的5000人锐减到11500余人。毛泽东当机立断，改变原有部署，下令各路起义部队停止进攻，先退到浏阳文家市集中。

19日，第3团全部、第1团余部和第2团的零散人员陆续到达文家市。当晚，毛泽东在文家市里仁学校召开前委会议。经过激烈争论，最终同意了毛泽东提出的放弃原定计划，迅速脱离容易遭受国民党军围攻的平江、浏阳地区，把部队沿罗霄山脉向南转移到敌人统治力量薄弱的农村山区，再图发展的主张。

20日清晨，陈伯钧随部队在里仁学校操场上集合，亲耳聆听毛泽东宣布南下命令。毛泽东满怀信心地说：现代中国革命没有枪杆子不行，有枪杆子才能打倒反动派。我们现在好比一块小石头，蒋介石反动派好比一口大水缸，但总有一天，我们这块小石头，一定要打烂蒋介石那口大水缸。

起义部队从文家市出发，一路南下。失败的情绪笼罩在每个人的心头，饥寒交迫、险象环生的斗争现实无情地考验着每个人。意志不坚定的人对革命产生了动摇，有的不辞而别，有的叛变投敌，逃跑的人越来越多。"那时，逃跑变成了公开的事，投机分子竟然互相询问：'你走不走？''你准备往哪儿去？'这真是一次严峻的考验。"

毛泽东说：人各有志，不能勉强，想走的可以，你报个名，打个招呼，把枪留下，给你发路费，今后好见面。以后你要再革命，再跟上队伍，但你要记住，这是唯一正确的方向。

在这关键时刻，陈伯钧没有动摇革命信念，跟随部队继续南下。29日，进到永新县的三湾村。此时，起义部队建制上虽然还是2个团，但人员已不足千人，士气更加低落，内部出现了混乱和动摇，组织很不健全，一些指挥员也处于不知所措的境地。

为了适应革命斗争需要，巩固这支新生的革命军队，当晚，毛泽东在泰和祥杂货铺主持召开前委扩大会议，决定对部队进行整顿和改编，这就是著名的"三湾改编"。

改编的主要内容有三项：一是缩编建制，将原来的1个师缩编为1个团，称工农革命军第1军第1师第1团，下辖2个营，并设立特务连、军官队、卫生队和辎重队，编余的干部编入军官队。同时加强思想教育工作，克服错误思想倾向，资遣不愿留队的人员。二是健全共产党组织，设立党代表。由原来在团以上单位建立党组织改为在班、排设党小组，连设党支部，营、团设党委。连以上各级设党代表，负责党的工作和政治工作。实行党的前敌委员会统一领导的制度，规定凡属重要问题都要经营、团党委集体讨论决定，从组织领导体制上确立并保证党对军队的绝对领导。三是实行民主制度，建立新型官兵关系。规定官长不准打骂士兵，官兵待遇平等，经济公开，士兵有开会说话的自由，废除繁琐的礼节。在团、营、连各级建立士兵委员会，参加部队管理，以保证士兵的政治地位和民主权利。

10月3日，毛泽东在部队离三湾出发前，对刚刚进行了改编的部队全体指战员作动员。他说：敌人在我们后面放冷枪，没有什么了不起。大家都是娘生的，敌人有两只脚，我们也有两只脚。贺龙同志两把菜刀起家，现在当军长，带了一军人。我们现在不只是两把菜刀，我们有2个营，700多条枪，还怕干不起来吗？

已改任第3营第8连第1排排长的陈伯钧站在部队里，备受鼓舞。在继续行军途中，他听到战士们纷纷议论："毛委员不怕，我们还怕什么？""贺龙两把菜刀能够起家，我们几百人还不能起家吗？"

当天，起义部队抵达宁冈县的古城。毛泽东在这里主持召开了前委扩大会议，初步总结了秋收起义的经验教训，指出：现在我们人少了，但是很精干，大有希望。会议着重研究了在罗霄山脉中段建立落脚点和开展游击战争问题，认为井冈山是理想的落脚场所。对原在井冈山的袁文才、王佐这两支地方武装要从政治上军事上对他们进行团结和改造，并尽快先在茅坪设立后方留守处和部队医院。

井冈山，地处湘赣边界罗霄山脉中段，介于江西永新、宁冈、遂川和湖南酃县交界，总面积约4000平方公里。这一地区崇山峻岭，地势险要，山高林密，只有几条狭窄的小路通往山内，进可攻、退可守，因远离中心城市，交通不便，国民党统治力量薄弱，而且在大革命时期建立过共产党的组织和农民协会，并有由共产党员袁文才和旧式农民武装首领王佐领导的两支绿林式的农民武装，各有一百五六十人、60 支枪，群众基础比较好。山上的茨坪、大小五井等地都有水田和村庄，周围各县农业经济可供部队筹措给养。陈伯钧曾回忆："敌人在山的周围转一圈要一个星期，我们只要一天时间，就能由东到西，由南到北地打击敌军。"在敌我力量悬殊的条件下，这里确实是一块理想的落脚点。

当时，王佐部驻在山上的茨坪和大小五井等处，袁文才部驻在井冈山北麓的宁冈茅坪，互相配合，互相呼应。袁文才、王佐虽早年就参加绿林组织，但大革命时期都受过革命风暴的洗礼。1926 年，袁文才担任宁冈县农民自卫军总指挥，并在同年加入中国共产党；王佐同袁文才是拜把兄弟，也将所部改为遂川县农民自卫军。1927 年 7 月，他们曾会同永新、永福、莲花的暴动队伍一度攻克永新县城，组成赣西农民自卫军。不久因国民党军 5 个团来攻，袁、王两部遂退回井冈山。

工农革命军要在井冈山落脚，不得到袁文才、王佐的允许是根本不可能的，而事情并不那样简单。他们两人虽然参加过大革命，袁文才还是共产党员。但他们对前来的这支工农革命军毕竟没有多少了解，还担心这支比他们力量大得多的部队上山会不会"火并山寨"，夺取他们原有的地盘，心中难免存有疑虑。

在古城会议期间，袁文才的代表、曾是武昌中央农民运动讲习所学员的陈慕平表示：可以接济工农革命军一些给养，但请工农革命军"另找高山"。据何长工回忆，当时工农革命军中，"有人曾提议，解除他们的武装，把他们解决，他们那几十支枪，一包围缴械就完了。毛泽东同志说，谈何容易，你们太狭隘了，度量太小啦。我们不能采取大鱼吃小鱼的吞并政策，三山五岳的朋友还多呢！历史上有哪个能把三山五岳的土匪消灭掉？三山五岳联合起来总是大队伍。毛泽东同志说服我们，不能只看到几十个人、几十杆枪的问题，是个政策问题；对他们只能用文，不能用武，要积极地争取改造他们，使他们变成跟我们一道走的真正革命武装。"

怎样说服和争取这两支农民武装？毛泽东选定先从已加入中国共产党的袁文才入手，再通过他去做王佐的工作。他从陈慕平的谈话中已经知道，他们最看重枪，人可以少一个，枪却不能少一支。袁部有一百五六十人，只有 60 支枪。于是，毛泽东向前委提议，准备一下子送他们 100 支枪，将袁文才的全部人员都武装起来。前委成员听到这个大胆的设想，有的表示怀疑，有的坚决反对。经过毛泽东反复说明，才以多数通过。

10 月 6 日，毛泽东带上几个随员到宁冈大仓村去会见袁文才。起初，袁文才心里还有些怕，预先埋伏下 20 多人枪。但当他见到毛泽东只来几个人时，就比较放心了，埋伏的人始终没有出来。

见面后，毛泽东说明是由江西省委介绍来找他们的，充分肯定他们"劫富济贫"的革命性，同时说到工农革命军目前的困难。双方谈得很投机。毛泽东当场宣布送给他们 100 支枪，这很出袁文才的意料，也很受感动，立即向毛泽东表示，一定要竭尽全力帮助工农革命军解决各种困难，并回赠给工农革命军 600 块银圆，同意革命军在茅坪建立后方医院和留守处，答应上山做王佐的工作。

不久，毛泽东又应袁文才的要求，派游雪程、徐彦刚、陈伯钧等党员军事干部到袁文才部队里帮助他们进行政治和军事训练。出发前，毛泽东在水口朱家祠专门与陈伯钧等促膝谈心，告诫他们："到那里要好好同人家合作，要搞好关系，听袁营长的话，注意了解当地情况，传播革命种子。"陈伯钧等到职后，集中在茅坪步云山进行军事训练。

11 月 18 日拂晓，工农革命军第 1 团团长陈浩和第 1 营党代表宛希先率领第 1 营和特务连攻克茶陵县城。毛泽东因为脚背被草鞋磨破而溃烂，无法随军前去，来到茅坪养伤。

在这里，毛泽东与陈伯钧了进行多次谈话，还到练兵场上检查战士们的军事训练。陈伯钧后来回忆说："在我们操练空闲的时候，毛委员还开玩笑地对我们说，《封神榜》上有个土行孙，还有个哪吒，他们会入地土遁、腾云驾雾，为什么你们没有那样的本事呀！"陈伯钧心领神会，加强了"能打能走"的训练。

12 月下旬，湘军第 8 军独立团和当地地主武装向茶陵反扑。毛泽东的脚背溃烂稍有好转，得知湘军反扑的消息后立即动身赶往茶陵。陈伯钧带领袁文才部一个班，护送毛泽东下山。下山第二天，陈伯钧让这个班战士回山归建，只和毛泽覃带几名战士继续护送毛泽东。经过一天急行军，他们在距茶陵约 3 公里的小村庄住宿。

这时，传来国民党围攻茶陵城的枪声。夜间大家轮流放哨，毛泽东便与陈伯钧一起担任下半夜到拂晓的警戒。夜半时分，茶陵方向的枪声逐渐稀落下来，撤出茶陵的红军部队不向井冈山撤退，却往南向水口方向撤退。原来，团长陈浩因遭到挫败而严重动摇，公开声称工农革命军没有前途，把部队往南带，企图到湘南投靠国民党军第 13 军军长方鼎英。

毛泽东预感事态严重，决定立即向南追赶部队。在路上，他问陈伯钧："假若后面敌人追来怎么办？"陈伯钧立即回答："我同警卫员在后面打掩护，你们只管往前走好了。"他们终于在茶陵湖口赶上队伍。宛希先、张子清等报告了陈浩等人的背叛活动。

当晚，毛泽东召集团营干部紧急会议，果断地扣押了陈浩一伙，决定将工农革命军全部带回宁冈砻市。为此，毛泽东又命陈伯钧连夜抄小道往砻市送信给永新县委，做好迎接大部队的准备。陈伯钧圆满完成任务，受到毛泽东的表扬。

经过这场生死与共的考验，陈伯钧取得了毛泽东的信任，他们之间的革命情谊进一步加深了。在随后成立工农革命军教导队时，毛泽东任命陈伯钧为副队长兼党支部书记，叮嘱他好好读书，带好队伍。

陈伯钧没有辜负毛泽东的期望，每天以教导队为家，认真带队操练，苦学战斗技能。毛泽东也非常关心教导队的成长，不仅经常抽空给教导队上课，而且听取陈伯钧的汇报，耐心地指导陈伯钧等人的工作。年仅 18 岁的陈伯钧在毛泽东的鼓励和培育下，在井冈山艰苦的战争环境中日益成熟起来。

1928 年春，陈伯钧在一次战斗中缴获了一支手枪，因枪有锈斑拉不动枪栓。教导队队长吕赤开玩笑说："什么破枪，'半斤铁'，扔掉算了！"

陈伯钧舍不得扔，把手枪零部件拆开，找来煤油反复擦拭，终于鼓捣好了。

一天，吕赤外出归来，刚迈进院子，陈伯钧笑着迎上去，持枪比画说："我这枪可不是'半斤铁'了。"随即拉动了枪栓。但他万万没想到枪栓带动撞针，击发了一粒尚未退出枪膛的子弹。

"砰"的一声枪响，吕赤应声倒在血泊中。陈伯钧顿时惊呆了：同是四川老乡、黄埔军校生，又一起上的井冈山，平日里朝夕相处感情甚笃的亲密战友，竟突然倒在自己的枪下……陈伯钧跪倒在地，呼唤吕赤的名字，但一切已无可挽回。

上级机关随即将陈伯钧关了禁闭，等候上级处理。黄埔军校的同窗好友、时任第1师第2团参谋长的徐彦刚怕陈伯钧想不开，陪他住了两个晚上，劝导他相信毛泽东会对此事作出公正的处置。

吕赤之死，让毛泽东极为难过，在弄清情况后并没有马上作出决定，而是找来士兵委员会主任张令彬，以征询的口气问："你们吕队长被陈伯钧误杀了，你看不杀陈伯钧好不好？"

张令彬说："很多人都要求杀。"

毛泽东说："如今已死了一个黄埔生，要再杀一个黄埔生，就失去了两个军事指挥员。陈伯钧不是故意伤人，我看还是不杀为好。你回去做做工作，开个士兵委员会，讲清不杀的道理。"

张令彬也认为很有道理，便回教导队向学员们转述了毛泽东讲的话。接着，毛泽东通知部队集合，向大家说："吕赤是个好同志，陈伯钧也不是坏人，他是跟吕队长开玩笑，枪走火误杀了人。他们一个是黄埔军校出来的，一个是黄埔武汉分校出来的，表现都不错，军事上也有一套。这样的人我们很缺呀！我们能不能只追悼一个人？否则另一个人还不好追悼呢！你们看怎么样，我讲得对不对？"

毛泽东讲的话既不失法度军纪，又入情入理，使本来力主枪毙陈伯钧的人逐渐平静下来。但仍有人问毛泽东："难道陈伯钧杀了人就不了了之吗？"

毛泽东严肃地说："当然不能不了了之。我们不让他偿命，但是要惩罚他的。吕赤同志未能完成的工作要由陈伯钧一个人加倍完成。另外再罚他一百板子，大家同意不同意？"

看到大家沉默不语，毛泽东让警卫员找来竹板子，在大家的监督下对陈伯钧执行惩罚。实际并没真打一百板子，打了二十几下就收住了。陈伯钧不喊不叫，心悦诚服地接受了处罚。事后，陈伯钧讲，毛泽东并非搞体罚，而是通过此种形式教育惩戒自己。同时为平息大家的情绪，毛泽东将陈伯钧作降职处理，调离教导队，到第 1 团第 1 连任副连长。

毛泽东成功地说服大家，从枪口下救出陈伯钧，由此结下了生死情谊。

1932 年 1 月，中共临时中央通过《关于争取革命在一省与数省首先胜利的决议》，在红军中全面推行王明"左"倾冒险主义军事战略，要求红军夺取中心城市或以"先发制人"的主动进攻打破敌之进攻。同时，削弱红军中的党委集体领导制，否定红军行之有效的作战原则，取消了红军筹款、做群众工作的任务。由于毛泽东对冒险主义的抵制，率领中央红军取得了漳州战役等胜利。10 月，中共苏区中央局在宁都召开扩大会议，对毛泽东进行错误的批判，免去了其红一方面军总政委职务。随后，"左"倾领导人在红军部队中撤换了一批领导干部。陈伯钧因忠实执行毛泽东的战略方针，被免去红 15 军军长职务，调到瑞金红军学校学习。

由于"左"倾教条主义错误的战略指导，1934 年 10 月，中央苏区第五次反"围剿"失利，中央红军被迫进行战略大转移，由此开始了震惊寰宇的二万五千里长征。

当时，红 5 军团下辖陈伯钧的红 13 师和陈树湘的红 34 师，共 1.2 万余人，担任全军后卫。打后卫意味着会付出更大的牺牲。面对尾追的国民党军 9 个师，红 5 军团顽强抗击，打阻击，走夜路，吃不好，睡不成，边打边走，边走边打，艰苦至极。湘江一役，红 5 军团损失惨重。红 34 师被阻隔在湘江东岸，演绎了这支英雄部队最悲壮的绝唱。红 13 师也损失大半。渡过湘江后收拢部队，红 5 军团全部人马加起来还不到两千人。

1935 年 1 月，遵义会议召开，清算了"左"的错误领导，重新确立了毛泽东在党中央和红军中的领导地位，从而挽救了党，挽救了红军，挽救了中国革命。陈伯钧出任红 5 军团参谋长。6 月，中央红军在四川省懋功（今小金）地区与红四方面军会师。不久，中央红军恢复红一方面军番号，陈伯钧调任红四方面军第 9 军参谋长。

在随后召开的两河口会议上，中共中央确定了北上创建川陕甘苏区的战略方针。8 月，红一、红四方面军混编为左、右两路军共同北上。但率左路军行动的张国焘公开反对中央的北上方针，并企图以武力威胁中央。中共中央遂率红一方面军主力先行北上。北上红军改编为陕甘支队，于10月到达陕甘苏区，胜利结束长征。

随左路军行动的陈伯钧因反对张国焘的分裂活动而被免职，改任红军大学主任教员。1936年7月初，由湘鄂川黔苏区长征到达甘孜地区的红2、红6军团与红四方面军会师。根据中共中央决定，红2、红6军团及红32军合编为红二方面军，陈伯钧调任红6军团军团长。随后，两个方面军共同北上。

中共中央对红二、红四方面军北上表示极大的欣慰和关怀。7月22日，中共中央指示红二、红四方面军，"以迅速出至甘南为有利"，"取得三个方面军的完全会合，开展西北伟大局面"。

10月15日，当得知红6军团到达甘南、即将与红一方面军会师时，正在陕北的毛泽东挥笔给陈伯钧写了一封短信："闻你在六军，为红军庆得干才！你的身体好否？同志都想念的。我们都好，相见之期不远，愿共努力！"

10月9日、22日，红四、红二方面军分别到达甘肃会宁和静宁以北的将台堡（今属宁夏西吉），与红一方面军会师。至此，红军三大主力长征胜利结束。陈伯钧也再次回到毛泽东的麾下。

陈伯钧虽是知识分子出身的将领，但性如烈火、心直口快、疾恶如仇。

1937年秋，八路军第120师第359旅驻军洛川。西北地区已近初冬，天气越来越寒冷，而部队寒衣尚未解决，时任第359旅旅长的陈伯钧十分焦虑。恰好这时，摩托学校有位司机开车去延安。陈伯钧便派人搭车，去延安领公款，以解决部队冬衣问题。但这名司机不仅不同意，反而出言不逊，两人因此大吵了一架。情急之下，陈伯钧给了司机一个嘴巴子。

旅长打人之事被传得沸沸扬扬，毛泽东很快知道了这件事，将陈伯钧叫到延安，就打人一事作了严肃批评，指出根源是"主观性太强，客观性太差，此其一。其二是由于一切问题尚未完全提到原则性来看，再具体一点说，就是对片面与全面，局部与整体的关系未确实了解并统一起来"。

毛泽东的批评和教导，使陈伯钧很快认识到了自己的错误，他诚恳地说："打人行为表面上看是脾气急躁所致，实则是个人修养修为不足造成的。"毛泽东又和他谈了关于个人修养、思想及工作方法上的问题，谆谆告诫他说："对待一切问题都要讲原则，时刻都要以一个马克思主义者的标准去要求自己。"谈话结束后，毛泽东提议陈伯钧去党校学习。

在党校学习的日子里，毛泽东与陈伯钧见面机会增多，并常有书信来往，二人公谊私交也愈加深厚。

一次，陈伯钧的二哥陈笃斋从四川来延安看望。毛泽东听说后，亲自设宴招待，临别时还送了 300 元旅费，希望他回川后利用其社会关系，做些抗日统一战线工作。毛泽东对其二哥的亲切接待使陈伯钧心中充满了感激之情。

不久，毛泽东在百忙之中抽空给陈伯钧写信："你那些兄弟应用好的态度去影响他们，争取他们的转变。"同时关切地询问陈伯钧的学习情况。陈伯钧在回信中详细报告学习情况，并将一些不能领悟的理论问题向毛泽东寻求帮助指导。

1941 年 10 月 1 日，陈伯钧收到毛泽东一封信，教诲他要"以不浮、不露、不躁'三不'为戒，再加上深刻和切实的精神，着重实行，则过之改必易"，改掉暴露于外、喜形于色、不够深刻和稳重的缺点，培养全局观念、勇于牺牲自我。

从此，陈伯钧以毛泽东的"三不"指示为戒，努力加强个人的思想道德修养。他在日记中告诫自己："心直口快，夸夸其谈的老毛病，今后在自我修养的日程上应随时注意痛绝之。"

毛泽东评罗炳辉

【罗炳辉简历】

罗炳辉（1897—1946），原名罗德富，又名罗南煌，字宿星。云南彝良人。

1915年，入滇军当兵，参加讨袁护国战争。1922年，参加孙中山领导的北伐战争，任排长、连长、营长。1926年，参加国共合作的北伐战争，在国民革命军第3军任营长。在江西省吉安县靖卫大队大队长。1929年7月，加入中国共产党。10月15日，率领靖卫大队起义。历任红军团长、旅长、纵队司令。1930年后，任红12军军长、福建军区司令员、红22军军长、红9军团军团长。率部参加中央苏区历次反"围剿"。曾获二等红星奖章。两次当选为中华苏维埃共和国中央执行委员。长征中，多次率部担负掩护主力转移的任务。1935年，任红32军军长。到陕北后率部参加山城堡战役。抗日战争初期，以八路军副参谋长名义，在八路军驻武汉办事处从事统战工作。1938年起，任新四军第1支队副司令员、第五支队司令员、江北指挥部副指挥兼第五支队司令员。1941年1月，新四军重建军部后，任第2师副师长、师长兼淮南军区司令员。解放战争时期，任新四军第2纵队司令员、新四军第2副军长兼山东军区副司令员。1946年6月初，他带抱病指挥枣庄战役，胜利后病情加重，病逝于就医途中。1989年11月，被中央军事委员会确定为33位军事家之一。2009年9月，被中宣部、中央组织部等11个部门评选为"100位为新中国成立作出突出贡献的英雄模范人物"。

罗炳辉具有高超的军事指挥才能，素以多谋善断、机智灵活、英勇顽强著称，创造了许多为人称道的作战范例。土地革命战争时期，在中央革命根据地第一次反"围剿"作战中，他运用"牵牛鼻子"战术，为反"围剿"的胜利立了大功。抗日战争时期，他运用毛泽东提出的战略方针和作战原则，结合作战实际，创造了伏击和运动游击为特色的"梅花战术"，巩固和扩大了淮南抗日根据地。毛泽东称他是"一个追求真理的将军"。后因战功卓著，被授予"红旗勋章"，并有"红军轻骑"之誉、"游击专家"之称。

【毛泽东评点】

"牵牛鼻子的能手"。

——摘自《中国人民解放军高级将领传》第 5 卷，解放军出版社 2013 年版，第 408 页。

【评析】

1930 年 2 月 7 日至 9 日，中共红 4 军前委在江西吉安陂头主持召开了有红 5 军军委、红 6 军军委和赣西特委参加的联席会议，史称"二七会议"。毛泽东代表红 4 军前委主持会议并作《目前政治形势及党的任务》的报告，会议讨论了政权、土地、武装、组织、行动等问题，决定扩大苏维埃区域，彻底分配土地和扩大工农武装为赣西南党的三大任务。

红 6 军第 2 纵队司令员罗炳辉是第一次参加共产党和红军的高级会议。就在两个多月前，1929 年 10 月 15 日，时任江西省吉安县靖卫大队大队长的罗炳辉率部举行吉安值夏起义，参加了红军。

在"二七会议"上，罗炳辉认识了许多红军的高级将领，参加了一些重大问题的讨论，受到很大教育。特别是会议上有关土地革命的报告"给我的启发最深"。作为一个贫农的儿子，罗炳辉从小就受尽恶霸的欺压，深知土地对于穷苦农民意味着什么。他在回忆录中写道："在 10 岁时，已日渐知道地主、豪绅横行霸道的万恶。母亲经常痛哭不能生活。在日夜勤劳中，肩负不起横祸，弄得衣食难顾还事小，首先是粮将熟、猪将肥即被拉走。"

罗炳辉看到共产党为了使穷人能有土地，花费了这么多心血，深感共产党是真心为人民的。苏区处于偏僻的农村，生活艰苦，但当群众打倒了地主豪绅、清除了贪官污吏、分到了梦寐以求的土地时，劳动生产积极性空前提高，踊跃支援红军，苏区到处呈现出生机勃勃的景象，这和国民党统治区域贪官污吏多如牛毛、民不聊生的情形截然不同。虽然仍是敌强我弱，但得民心者得天下，共产党和红军的前途是光明的，是一定能取得最终胜利的，罗炳辉对此充满信心。

会议期间，罗炳辉拜见了仰慕已久的"朱毛"。虽然他与毛泽东是第一次见面，但对于毛泽东的名字早已如雷贯耳。事实上，就在两年前罗炳辉和毛泽东、朱德的部队在永新等地交过手。那时罗炳辉还是国民党军队的一个营长，在"进剿"井冈山革命根据地的战斗中大败而归，还差一点丢了命。此后，他由衷地佩服"朱毛"用兵如神。

对朱德，罗炳辉并不陌生。当年他在滇军任下级军官时，朱德就已是滇军里闻名的将领。罗炳辉与朱德第一次见面是 1927 年春，时任国民革命军第 3 军营长的罗炳辉在陈赞贤烈士的追悼大会上，听了朱德的一番讲话，很受感动。会后，他很想拜见朱德。朱德念其是滇军军官，立即接见，并对其进行了革命教育。这使得罗炳辉看到了光明的前途。此后，罗炳辉和同乡赵镕又去见过朱德。朱德也几次到第 3 军，给营、团长以上的军官讲话。

毛泽东高大魁伟，穿的黄棉衣背后有两个洞，还未来得及补好，裤子打着补丁，一双胶鞋也快烂了，梳着大背头，显得很清瘦。朱德身着简朴的军装，打着绑腿，态度和蔼可亲，平易近人，甚至像一个老伙夫。罗炳辉万万没想到这样两个大人物穿着竟跟普通战士一个样。他更加深切地感到：共产党和国民党就是不一样，这里上下一致，官兵一致，同甘苦共患难，真是名不虚传。他更为自己曾和"朱毛"交过手而感到愧疚和不安。

见到有点拘束的罗炳辉，毛泽东笑着说："你在中国革命极端困难时期，毅然参加中国共产党并带了部队过来，加强了红军的战斗力，打击了国民党，你为工农大众的解放事业立了一次大功劳、你是一个追求真理的将军，党和人民会纪念着你的。"

罗炳辉静静地听着毛泽东的高度评价，深受鼓舞，感到毛泽东的这些话仿佛就是针对他这几个月的情况讲的，因初入红军时所遇到的一些冷眼而产生的疑虑、困惑一扫而光。真是不打不成交，经历了磨难、历尽了坎坷，终于走上革命道路的罗炳辉越发感到自己走对了路，更加坚定了他跟着共产党，跟着毛泽东、朱德将革命进行到底的决心。

交谈中，毛泽东要罗炳辉看看 1929 年 12 月中共红 4 军第九次代表大会通过的决议（即古田会议决议案），并指出决议的主要精神是："红军是一个执行革命的政治任务的武装集团，必须服从党的领导，纠正单纯军事观点，以及极端民主化、绝对平均主义、流寇思想等。特别是现在，红军绝不是单纯地打仗的，它除了打仗消灭敌人军事力量之外，还要负担宣传群众、组织群众、武装群众、帮助群众建立革命政权以至于建立共产党的组织等项重大的任务。离了对群众的宣传、组织、武装和建设革命政权等项目标，就失去了打仗的意义，也就是失去了红军存在的意义。"

听着这些从未听说过的道理，罗炳辉深受启发，表示一定好好学习、坚决执行古田会议决议，坚决服从党的领导，紧密地和群众保持联系，积极做群众工作。

一天，罗炳辉特意请毛泽东给他的部队讲话，毛泽东欣然同意。听说毛委员来了，战士们激动不已，迅速排好了队。毛泽东健步走到队列前，用洪亮的声音说："同志们，知道你们起义，到红军来了，我们很欢迎，很欢迎呀！你们辛苦了，据说最近还打了不少胜仗，你们不错，是值得称贺的！"队伍顿时爆发出经久不息的掌声、欢呼声。

毛泽东接着说："我们红军很苦，每天吃五分钱的伙食，穿的也很差，大家是见到的了。反动派卡我们的脖子，人民群众也很苦，我们只有到敌人手中去拿。"然后，毛泽东又问大家："你们怕不怕苦？"

"不怕！"战士们响亮地回答。

"能不能战胜困难？"

"能！"

毛泽东满意地点点头，继续说道："同志们，蒋介石反动派同帝国主义串通一气，不消灭红军他们不解恨，蒋介石要置我们于死地，我们就偏要生存，偏要发展壮大。我们还要打仗。现在，有个国民党的唐云山独立旅跟在我们屁股后头追，我们走他们也走，我们停他们也停。这个祸胎迟早要打掉。这个旅原属冯玉祥部下，北方人，个子大，能打能拼，吃面粉，吃不惯苞谷大米，爬山不行，地形又不熟，我们有许多有利条件足以消灭他们。"

接着，毛泽东转为轻松的讽刺口吻说："他们在我们后面跟了这样长一段时间，也很辛苦了，叫他们休息休息，快过年了嘛，让他们也好好过一个年，然后再去'迎接'他们……"

毛泽东幽默风趣的话语、深入浅出的道理，句句说到战士们的心坎上，也给罗炳辉留下了深刻的印象。

1930年夏，红军经过三年游击战争，主力部队和地方武装迅速发展到约10万人，并开辟了10余块苏区。对此，国民党当局异常恐惧。10月，蒋介石同冯玉祥、阎锡山的中原大战刚结束不久，蒋介石即下令调集重兵，转向各苏区的红军，由过去一省或几省军阀的"进剿""会剿"，改为全国统一组织的大规模"围剿"，企图在3—6个月内消灭红军。其中，首要目标是红一方面军及其所在的中央苏区。20日前后，蒋介石调集了7个师又1个旅，由国民党江西省政府主席兼第九路军总指挥鲁涤平统一指挥，对红一方面军和中央苏区进行第一次大规模"围剿"。

这时，红一方面军约4万人正在中央苏区西北部清江至分宜段的袁水两岸地区活动。红一方面军总前敌委员会在查明敌情后，同江西省行动委员会就反"围剿"的方针问题进行了多次讨论。

由于一部分人受到"左"倾冒险主义"进攻路线"的影响，不肯承认敌强我弱的现实，把退却看作"保守路线"。而一些地方干部更担心退却会使民众的"坛坛罐罐"被打烂，把守地看家看得很重，极力主张仍按中共中央和军委8月初的指示，进攻南昌、九江，以迫使国民党军转入防御，放弃其"围剿"。

总前委书记毛泽东据理力争，指出：敌人在南昌、九江等中心城市的力量还很强大，防御工事也很坚固，红军的武器装备相当简陋，在苏区尚未巩固、敌强我弱的严峻形势下，不宜脱离苏区贸然攻打大城市。因此，面对国民党军的大规模"围剿"，应主动退却，将敌诱进苏区内部，积极利用根据地地形等优势，发现和造成敌之弱点，依靠苏区人民的支援，选择有利于红军作战之战场，集中兵力适时反攻，各个歼敌于运动之中，以粉碎其"围剿"。

但因少数红3军团的领导干部坚持要在赣江西岸作战，会议并没有形成统一意见。

10月25日，朱德、毛泽东率领红一方面军总部到达新喻（今新余）的罗坊，立即召开红一方面军总前委和江西省行动委员会联席会议，史称"罗坊会议"。

会议继续讨论反"围剿"的战略方针问题。毛泽东指出：在强大的敌人进攻面前，红军决不能冒险攻打南昌，必须采取诱敌深入的作战方针，选择好战场，创造有利条件，充分依靠人民群众，实行人民战争，把敌人放进来，才能集中力量消灭敌人。朱德也指出：敌军已在南昌、九江周围集结了优势兵力，红军只能东渡赣江，采取"诱敌深入"的方针，在革命根据地内消灭敌人。经过毛泽东、朱德耐心细致的劝说，大家终于统一认识，一致通过《关于目前政治形势与一方面军及江西党的任务的指示》。30日，会议正式通过两个军团一起东渡赣江、"诱敌深入"的作战方针。

讨论中，罗炳辉认真听着毛泽东的分析和主张，深深为毛泽东的雄才大略所折服，从中领略着指导中国革命战争的真谛。

11月1日，红一方面军总前委发布命令，规定了"诱敌深入至赤色区域，待其疲惫而歼灭之"的方针，同时发布《移师赣江东岸筹措给养训练部队的命令》。11月5日，又下达《红一方面军右路军向抚州前进的命令》。

遵照红一方面军总前委命令，罗炳辉、谭震林率领红12军与红4军组成右路军，在峡江县城附近东渡赣江，开向崇仁地区，沿途发动广大群众，捉土豪，收缴反动武装，筹集给养，同时加强纪律教育和训练，紧张地投入反"围剿"的准备。并根据总前委指示，针对沿途土匪甚多的情况，加强警戒，防止其夜间扰乱。至11月16日，右路军已在崇仁、宜黄、南丰、南城一带分散筹款。

11月中旬，国民党"围剿"军主力在赣江以西没有找到红军主力，发觉红军主力东渡赣江后，深恐红军夺取樟树、抚州，急忙调整部署，调集主力转向赣江以东地区。这时，红一方面军主力遵照总前委命令，逐次向苏区中心区退却，以保存实力，待机破敌；红12军第35师则在罗炳辉的率领下，伪装红军主力迷惑敌人，诱敌深入。

11月18日至20日，国民党"围剿"军进占新淦、吉水、崇仁、永丰、南城、宜黄、乐安等地。因红军已转向苏区中部，国民党军又一次扑空。

11 月 26 日，红一方面军主力继续退到东固、南垄、龙冈地区待机，继而于 12 月 1 日转移到黄陂、小布、洛口地区隐蔽集结。

这时，蒋介石亲自赶到南昌组织对中央苏区的"围剿"。他认为，红军主力位于赣南，"此股一经扑灭，其余自易解决"。因此确定于 12 月中旬开始，各路"围剿"军以东固地区为会攻目标，分进合击。同时急电催调第十九路军由武汉入赣参战；另调驻福建的第 56 师、第 49 师、暂编第 2 旅向闽赣边界推进，堵截红军。至此，"围剿"军总兵力增至 11 个师又 2 个旅，共 10 万余人。为加强指挥，蒋介石下令设立陆海空军总司令南昌行营，任命鲁涤平兼主任，第 18 师师长张辉瓒为前线总指挥。

敌人一步步深入苏区内部，红一方面军总前委在宁都县黄陂召开会议，再次研究反"围剿"作战方案。会议认为，敌军虽有 10 万多人，但这种宽大正面的"围剿"布势，势必造成战线拉长、间隙过大、兵力分散，而且"围剿"军均非蒋介石嫡系部队，内部派系复杂，协调不畅，当前的战场态势已利于红军反攻。

据此，毛泽东等人决定选择接近红军集中地的"围剿"军主力为歼击目标，集中兵力实施中间突破，割裂"围剿"军整个部署，然后各个击破，粉碎"围剿"。随即命令红 12 军第 35 师赴兴国东北约溪地区引敌西向并监视之，主力全部集中到黄陂、麻田地区隐蔽待机，抓紧进行政治鼓动和临战准备。

由于误将在东固一带担任"诱敌"任务的红 35 师当作红军主力，12 月 7 日，鲁涤平下达了围歼红军于东固的作战计划。12 月 16 日，各路国民党军"以捣破东固匪巢，肃清各股匪为目的"，开始向中央苏区中心地区进攻。

这时，罗炳辉正率红 35 师的主力在东固。12 月 19 日，原定 20 日进攻东固的第九路军新编第 5 师公秉藩部第 9 旅未经与红军交战，提前进占东固附近之九寸岭大山。罗炳辉率红 35 师在东固山连夜挖伪装工事，凭险抵抗一阵，给敌以重大杀伤后，主动撤出战斗，把东固山区"让"给了公秉藩师。

毛泽东评罗炳辉

罗炳辉部的伪装和撤离，不仅达到了诱敌深入的目的，而且还有意外收获。

就在国民党军新编第 5 师到达东固的当晚，张辉瓒第 18 师前卫工兵营到达东固附近。之所以以工兵当前卫，是因为听说红军敷设了地雷，故而派工兵为前卫前来扫雷。20 日凌晨，第 18 师先头部队进至东固。在晨雾中，他们把山顶上第 9 旅王懋德部的哨兵当作了红军，立即开枪射击。双方误会，一时间机关枪、迫击炮齐发，互有伤亡。随后，王懋德部在对方死者身上发现第 18 师番号，才用号音联络，解除了误会。但是，公秉藩此后率部自由行动到因富，脱离了张辉瓒的掌握，张也负气不再与其联络。随后，张辉瓒将朱耀华第 54 旅留在东固，亲率戴岳、王捷俊两旅向龙冈轻率冒进。

12 月 22 日，红一方面军主力向北集中到黄陂、麻田、另封、洋衣地区隐蔽待机。同时派罗炳辉率红 35 师独立活动于兴国东北约溪地区，严密监视西面国民党军第 18、第 28 师的行动，并将国民党军的注意力吸引到西面。

国民党军经过几天休整后，于 12 月 24 日继续向苏区腹地推进。此后，逐步深入到苏区腹地的国民党军，在红军一部和赤卫军、少先队的不断阻击、袭扰下，兵力分散，补给困难，疲劳沮丧，弱点暴露。国民党军第 18 师在战后报告中详细介绍了当时的情况："东固暨其以东地区尽属山地，蜿蜒绵亘，道路崎岖。所有民众久经匪化，且深受麻醉，盖匪即是民，民即是匪。对于我军进剿不仅消极地认为恶意，且极端仇视，力图抗拒。如是对于我军作战上发生下列之困难：（一）我军师行所至，农匪坚壁清野，悉数潜匿山中。（二）潜伏山中之匪徒，对于我军状态窥探无遗。如是我军企图完全暴露。（三）我方不仅不能派遣一侦探，即欲寻一百姓探问道路亦不可得，以故我方对于匪情全不明确，即对友军之联系亦不容易。（四）山地道路崎岖，行军已感困难，而匪徒对我前进路之崎岖道路亦大加破坏，几使我无路可走。盖一则可予我以极大之疲劳，一则无形中可迟滞我之前进。匪军长处能攀登高山，且有极大之行军力，夜行军尤其所长，故每夜可走百数十里，极机动之能事。其所以不放一枪，自行放弃其极坚固之东固匪巢者，即欲诱我深入锥区，予我以上述种种痛苦，而发挥其特长，将我一举包围而歼灭之也。独惜当时各级长官均为责任心所驱使，均以灭此朝食为快，致对此未暇深虑也。"

国民党军已被诱进苏区腹地，红军转入战略反攻的时机成熟了，决战即将拉开帷幕。但这一仗该怎么打呢？先打哪支敌军？

鉴于国民党军多路进攻，兵力分散，易于各个击破，朱德和毛泽东反复研究，决定集中优势兵力，先打左翼的张辉瓒部第18师或离红军主力最近的谭道源部第50师。"张、谭两师是'围剿'主力军，'围剿'军总司令江西主席鲁涤平的嫡系部队，张又是前线总指挥，消灭此两师，'围剿'就基本上打破了。"

25日，红军在宁都小布河畔召开苏区军民歼敌誓师大会。毛泽东特意写了一副对联，贴在主席台两旁的柱子上。上联是："敌进我退，敌驻我扰，敌疲我打，敌退我追，游击战里操胜算"；下联是："大步进退，诱敌深入，集中兵力，各个击破，运动战中歼敌人"。

罗炳辉在心中反复吟诵，打心底里钦佩这副对联写得好。短短46个字，就把红军的战略战术讲得明明白白，而且通俗好记。

会上，毛泽东以这副对联为题，具体生动地解释了"诱敌深入"的必要和好处，详细分析此次反"围剿"敌必败、我必胜的六个条件：一是苏区军民一致、人民积极援助红军，这是最重要的条件；二是红军可以主动选择最有利的作战阵地，设下陷阱，把敌人关在里面打；三是红军集中了优势兵力，可以一部分一部分地歼灭敌人，一口一口地把敌人吃掉；四是红军可以发现敌人的薄弱部分，拣弱的打；五是红军可以把敌人拖得筋疲力尽，然后再打；六是红军可以造成敌人的过失，乘敌之隙，加以打击。

最初，毛泽东、朱德选择了孤军深入的谭道源第50师作为首歼目标。

12月25日和27日，红一方面军主力曾两次在小布地区设伏，准备出其不意地歼灭该敌于运动中，均因敌人有所警觉未出动而于当晚撤回，再等战机。

两次设伏谭道源不成，红军立即撤出阵地，回到原集结地继续等待战机。有的指战员难免产生了急躁情绪，甚至有人还说起牢骚怪话来。毛泽东和朱德一起商议作战行动时说："机会总是要来的，我们还得耐心地等一等。"

战机终于出现了。12月28日，鲁涤平命令已经深入苏区的5个师，向宁都以北的黄陂、小布、麻田地区实施总攻。遵照部署，急于立功"雪耻"的张辉瓒率部经善和、藤田，向上固、龙冈一带推进，计划从龙冈向宁都、黄陂、小布地区进攻。红一方面军总前委获悉这一战机，当即决定改打张辉瓒的第18师。

为求首战必胜，毛泽东召集各军领导人详细研究作战方案。他提出："要牵着张辉瓒的鼻子走。"红3军军长黄公略建议："罗炳辉同志对这一带地形最熟悉，对敌情也很了解，牵鼻子的任务由他担负最适宜。"毛泽东点头同意，并对罗炳辉说："你率领35师，从藤田方向，牵住张辉瓒的牛鼻子，把他引到龙冈去。你们边走边打，只准败，不许胜。"罗炳辉接受任务后，立即召开连以上干部会议，传达总前委的指示，强调了这次任务的艰巨和重要，号召大家努力完成。

冬天的赣南，群峰雾锁，枫叶霜红。罗炳辉率领红35师从永丰的藤田出发，晓行夜宿，与敌人若即若离，边打边退。为了制造仓皇败退的假象，罗炳辉沿途命令战士们丢下一些杂物：破枪、背包、旧衣服、烂草鞋、破斗笠、水壶、马灯、大刀等，还把子弹袋装满秸秆丢在路上。为了诱使敌人上当，罗炳辉甚至要求部队多做饭菜，把刚做好的雪白的大米饭和炖肉留给第18师。张辉瓒果然中计，看到红军沿途丢弃的物品，连现成的饭菜都顾不上吃，误以为红军在"狼狈"退却，于是穷追不舍，拼命追赶。在罗炳辉的指挥下，红35师为张辉瓒当了3天"向导"，逐步把这头野牛乖乖地牵到了龙冈附近，引入了红军的预设阵地。

12月29日上午10时，张辉瓒先头部队第103团到了龙冈，后续部队继续跟进。

龙冈位于永丰县南端，四面群山环抱，峭壁林立，前临一条六七米宽的河，河对岸是一座坡度不大的小山。这里易守难攻，极便于红军隐蔽、集中兵力。当地群众基础好，能够帮助红军封锁消息，因此是红军设伏的理想场所。龙冈南面有座小桥，罗炳辉率部到达后，即下令过河拆桥，迫使张辉瓒部集中到龙冈镇上，成为瓮中之鳖。

当晚8时，毛泽东、朱德下达命令：左路红3军为右翼，于30日晨占领木坑以北地区，继向龙冈攻击前进，红12军（欠第35师，指挥第64师）为左翼，于30日拂晓向表湖前进，以一部占领龙冈南端之盲公山，主力截断龙冈至南垄大道，从兰石、茅坪攻击第18师侧后；右路红3军团、红4军以主力向上固、下固前进，以一部到还铺附近，向龙冈西北端之张家车攻击前进，如上固无敌，主力向还铺、张家车攻击前进，以一部向下固、潭头警戒。在约溪地区的红35师，于30日午前插至南垄、龙冈之间，配合红12军主力攻击龙冈，并向南垄警戒。红一方面军总部30日进至小别附近的黄土岭指挥。

30日凌晨，龙冈山区大雾弥漫，毛泽东、朱德步上龙冈、君埠之间的黄竹岭临时指挥所。毛泽东手指眼前的景物，风趣地对朱德说："总司令，你看，真是'天助我也！'三国时，诸葛亮借东风大破敌兵；今天，我们乘晨雾全歼顽敌啊！"

清晨，张辉瓒以第18师第52旅为先头，师部和第53旅随后，在细雨薄雾中由龙冈出发，向五门岭前进，计划向东面的小布、黄陂开进，以期会同其他各部围歼红军主力。但他哪里会想到，他正逐步钻进了红军精心布置的天罗地网之中。

9时许，浓雾渐渐散去，天气豁然开朗，龙冈山区晴空如洗。红军指战员居高临下，清清楚楚地看到第18师先头部队正大摇大摆、旁若无人地走进伏击圈。

随着一声"打"，正在龙冈以东、小别以西艰步登山的第52旅突遭居高临下的红3军先头第7师迎头痛击。张辉瓒错误地判断红军主力还远在黄陂、小布一带，先头部队遭遇的只是红军小部队袭击，便自恃兵力、武器占优，根本没放在心上，当即命令先头组织部队反扑。一时间，战斗呈现胶着状态。

战至中午，红3军全部加入战斗，红12军主力在政治委员谭震林的率领下，突然从左侧后向第52旅展开攻击。15时许，张辉瓒孤注一掷，亲自指挥4个团拼力向红军实施多路猛攻，均被红军击退。

此时，红12军主力已沿龙冈南侧占领表湖及其附近各山头，红4军和红3军团一部已插到张家车，截断了第18师与东固、因富等地国民党军的联系，并从侧后向龙冈猛攻；红3军团主力占领了上固及附近有利阵地，切断了国民党军从西北方向增援和第18师向西北方向突围的道路。罗炳辉则率红35师赶到龙冈南面，截断南垄大道，完成了迂回敌后的任务，切断了国民党军从西南方向增援和第18师向西南方向突围的道路。至此，红军完成了对第18师主力的合围。

16时许，红军发起总攻，红军指战员在"活捉张辉瓒"的呐喊声中冲向敌阵。张辉瓒指挥部队突围，均被击退，逐渐被红军压迫在毛家坪、万功山一带。眼见包围圈越来越小，红军战士的喊杀声此起彼伏，张辉瓒知道大势已去，再无先前的狂横，命令第53旅旅长王捷俊率部抢占万功山，掩护师部向东固方向撤退。王旅像蚂蚁一样，黑压压一片往山上爬。

这时，罗炳辉率领红35师也赶到了万功山背面的山脚下，奋力登山。紧急关头，速度就是胜利。罗炳辉带头攀登，战士们也如猛虎上山，终于先敌一步登上了山顶，与红12军其他部队一起，居高临下，痛击突围之敌。王捷俊组织多次攻击，均被罗炳辉率部击退。战斗中，"他走到哪里都带一挺重机枪，作部队前进的火力掩护、支援"。

整个龙冈，漫山遍野红旗飘扬，红缨如火，刀光闪动，一片"缴枪不杀"的喊声。战至18时许，太阳还没下山，战斗全部结束。第52旅旅长戴岳混入伤兵中侥幸逃脱，第53旅旅长王捷俊束手就擒。张辉瓒偷偷换上士兵衣服，企图夹在散兵队伍里逃跑，不料因"身广体胖"行动不便被红军捕获。

龙冈一战，红军全歼第18师师部和2个旅，缴获各种武器9000件，子弹100多万发，电台1部。"铁军师"被包了饺子，成了"豆腐师"。由于从第18师后方杀入，红12军缴获颇丰，特别是第36师，虽然刚刚组建，但打得十分英勇，缴获也最多。

战后，毛泽东难以抑制心中的喜悦，诗兴大发，写下了脍炙人口的《渔家傲·反第一次"围剿"》，前半阕是：

万木霜天红烂漫，天兵怒气冲宵汉。雾满龙冈千嶂暗，齐声唤，前头捉了张辉瓒。

红一方面军能够首战全胜，罗炳辉率部出色诱敌至为关键。中央革命根据地第一次反"围剿"作战结束后，毛泽东特意表扬了红12军成功诱敌的功绩，称赞罗炳辉是"牵牛鼻子的能手"。

毛泽东评钟赤兵

【钟赤兵简历】

钟赤兵（1914—1975），原名钟志禄。湖南平江人。

1929年，加入中国共产主义青年团。1930年7月，参加中国工农红军，同年转入中国共产党。曾任红3军团第5军第3师连政治委员、师军需处政治委员，第4师第12团政治处主任、团政治委员，第5师政治部主任、政治委员，参加了两次攻打长沙的战役和中央苏区历次反"围剿"作战。1934年，获中央革命军事委员会授予的三等红星奖章。长征中任红3军团第5师政治委员、第12团政治委员。1935年，在娄山关战斗中负重伤，失去右腿。到陕北后，任中革军委后方办事处政治部主任、陕北省军事部部长。1938年，赴苏联入共产国际党校学习，次年转入伏龙芝军事学院学习。1946年回国后，任北满军区政治部主任、东北军区后勤部部长、第四野战军特种兵政治委员，参加了辽沈、平津等战役。

中华人民共和国成立后，任中央军委民用航空局局长、防空部队政治委员、解放军总后勤部营房管理部部长。1957年起，任贵州省军区司令员、解放军武装力量监察部副部长、国防科学技术委员会副主任、广州军区副司令员。1975年，任国防科学技术委员会副主任。1955年，被授予中将军衔，获一级八一勋章、二级独立自由勋章、一级解放勋章。1975年12月20日，在北京逝世。

【毛泽东评点】

"钟赤兵是好人，打断了一条腿还走完了长征，是打仗打出来的，是功臣，要保护。"

——摘自《中国人民解放军高级将领传》第31卷，
解放军出版社2013年版，第201页。

【评析】

1955 年，中国人民解放军第一次实行军衔制时，授予元帅 10 名、大将 10 名、上将 55 名、中将 175 名、少将 802 名。在这些开国将帅中，有一批因战伤而断臂断腿、终身残疾的将军。他们是彭绍辉上将、贺炳炎上将、余秋里中将等 9 位断臂将军，还有钟赤兵中将、谢良少将 2 位独腿将军。

钟赤兵原名钟志禄，后改为赤兵，取"红色一兵"之意。自 16 岁参加红军，他便时刻牢记自己是"红色一兵"，为中国革命披肝沥胆，屡建功勋。"文化大革命"开始后，主持国防科学技术委员会日常工作的钟赤兵，对红卫兵乱揪、乱斗国防科委系统的科技人员非常反感，采取了许多保护措施。这下惹怒了林彪、江青等人，给钟赤兵扣上"军内反革命一小撮""'臭老九'的黑保护伞"等帽子，指使红卫兵对其进行揪斗。

毛泽东得知此事后，说："钟赤兵是好人，打断了一条腿还走完了长征，是打仗打出来的，是功臣，要保护。"有了毛泽东的明确指示，红卫兵只得立即把钟赤兵送回国防科委，自此不再进行批斗。

钟赤兵的右腿是在遵义战役中坚守娄山关时负伤失去的，毛泽东对那场战役记忆深刻，曾写下脍炙人口的《忆秦娥·娄山关》：

> 西风烈，长空雁叫霜晨月。霜晨月，马蹄声碎，喇叭声咽。　雄关漫道真如铁，而今迈步从头越。从头越，苍山如海，残阳如血。

1935 年 1 月，中共中央政治局在遵义召开扩大会议，史称"遵义会议"。这是中国共产党历史上第一次独立自主地运用马克思列宁主义的基本原理，解决中国革命和革命战争的重大问题，是中国共产党在政治上成熟的重要标志。它确立了以毛泽东为代表的新的中央领导，在中国共产党和中国工农红军最危急的关头，挽救了党，挽救了红军，挽救了中国革命。

会后，毛泽东、张闻天、陈云等分别向各军团、军委纵队传达会议精神，号召"全党同志像一个人一样团结在中央的周围，为党中央的总路线奋斗到底"，极大地鼓舞了全军将士的斗志。时任红 3 军团第 5 师政委的钟赤兵也和大家一样沉浸在欢乐之中。

这时，蒋介石为阻止中央红军北进四川同红四方面军会合或东入湖南同红2、红6军团会合，围歼中央红军于乌江西北的川黔边境地区，调集其嫡系薛岳兵团和黔军全部，滇军主力和四川、湖南、广西的军队各一部，向遵义地区进逼。

中共中央和中革军委根据遵义会议确定的方针，准备从四川省泸州以西的蓝田坝、大渡口、江安一线北渡长江，进至四川省西北部创建苏区，在红四方面军的配合下转入反攻，争取赤化四川。1月19日，中央红军分三路从松坎、桐梓、遵义地区出发，向土城、赤水方向挺进。29日，中央红军一渡赤水河，进入川南。为了有利于进行运动战，红3军团缩编为第10、第11、第12、第13团，钟赤兵任第12团政委。

这时，国民党军分路对红军进行围追堵截，并且加强了长江两岸的防御。据此，中革军委决定，中央红军暂缓执行北渡长江的计划，改在云南、贵州、四川三省边界地区机动作战。红军进入川滇边境后，蒋介石重新调整部署，将湘军改为第1路军，何键为总司令，以其主力在湘西"围剿"红2、红6军团；薛岳兵团和滇黔两省军队组成第2路军，龙云为总司令，薛岳为前线总指挥，辖4个纵队：以薛岳兵团的8个师组成第1、第2纵队，滇军4个旅为第3纵队，黔军5个师为第4纵队，在川军及第1路军一部的协同下，企图围歼中央红军于长江以南、横江以东、叙永以西地区。

2月9日，中央红军集结云南省扎西（今威信）地区进行整编。这时，国民党第2路军各纵队分别向扎西迫近。为了迅速脱离川、滇军的夹击，毛泽东等决定东渡赤水河，向国民党军兵力薄弱的黔北地区发动进攻。

贵州，地处中国西南边陲，是个"天无三日晴，地无三里平，人无三分银"的贫穷偏僻山区。统治它的是国民党贵州省主席兼第25军军长、人称"双枪将"的王家烈。当时，黔军第25军共有5个师，却分属4个派系：王家烈指挥第1、第2师，下辖5个旅15个步兵团及特务团、山炮团各1个；副军长侯之担指挥教导师，下辖4个旅8个团；副军长犹国才指挥独立第1师，下辖2个旅6个团；师长蒋在珍指挥第3师，下辖2个旅4个团。

从表面上看，黔军人数不少，但编制复杂，派系林立，装备不整，缺乏训练，而且黔军上至军长下至伙头军，人人吸食鸦片，号称"双枪兵"（一支步枪、一支烟枪），战斗力极差，军纪太坏，每到一处都要大肆抢掠，"军行所至，鸡犬不留"，简直就是一群乌合之众。

毛泽东正是看中了这一点。11日，中央红军从扎西挥师东进，于18日至21日在太平渡、二郎滩渡过赤水河，返回黔北，向桐梓地区急进，同时以红5军团的1个团向温水方向开进，以吸引追击之川军。

红军二渡赤水，回师黔北，完全出乎国民党军的意料。川军3个旅慌忙由扎西附近向东追击，黔军3个团从遵义向娄山关、桐梓增援，第1纵队2个师由黔西、贵阳地区向遵义疾进，企图阻止并围歼红军于娄山关或遵义以北地区。

24日，红1军团先头部队第1团重新占领了桐梓，黔军退守娄山关。25日，红5、红9军团在桐梓以北地区阻滞川军，红1、红3军团进攻娄山关及其以南地区的黔军，相机夺取遵义。当日晨，王家烈率部从遵义出发，企图在红军到达娄山关之前将红军截住。

娄山关，雄踞娄山山脉的最高峰，海拔1440多米，为黔北门户。这里地势险恶，群峰如剑，直插云霄。一条通向关口的公路镶嵌在十步一曲、八步一弯的盘山道上，直通云天。公路两边是高山和深涧，山腰是点灯山，山脊又高又陡，山上茅草棘藤相互盘绕，灌木野竹丛生，乱石相杂其间，成为通向娄山关的天然屏障。真可谓"一夫当关，万夫莫开"。山顶峰竖着石碑一块，上书"娄山关"三个遒劲的大字。

要夺取遵义，娄山关成为双方必争之地。红3军团军团长彭德怀命令红12、红13团为先锋团，直取娄山关。

这是同时间赛跑。下午3时许，彭雪枫、李干辉率红13团先敌几分钟赶到娄山关，随后与黔军展开激战，打退了其多次反扑。当晚，钟赤兵和团长谢嵩率领红12团一路急行军到达桐梓县城。全团官兵饥渴劳累，都想休整一下。谁知刚歇脚，钟赤兵和谢嵩便接到命令，要在次日拂晓前赶到娄山关口，接替红13团。红12团立即向娄山关进发。为了能在拂晓前赶到，指战员们冒着蒙蒙细雨和刺骨寒风，在坎坷泥泞的公路上一溜儿小跑地前进。

26日拂晓时分，红12团刚到娄山关下的南溪口，就隐约听到断断续续传来"砰砰砰"的枪声。紧接着派出去的传令兵从关上回来报告，说敌人从南面的峡谷里沿公路向娄山关反扑，红13团设在半山腰的哨所已经丢失。

情况紧急，钟赤兵对谢嵩说："我带1营为先锋，跑步向关上开进，抢占娄山关，你带2营、3营跟进。"

"还是我带先锋营吧。"

"别争了，你的担子也不轻，要准备随时带部队冲击。"钟赤兵说着走到队前，挥手命令道："1营跟我来！"

在钟赤兵的带领下，1营指战员踏着凹凸不平的山地，迅速冲向娄山关。关上，雨雾浓云铺天盖地，黑压压地压得人喘不过气来。他们刚到"娄山关"三个大字的高大石碑下，敌人已先一步占领娄山关制高点——点金山。

"快，把敌人打下去，为兄弟部队开道！"钟赤兵命令1营向敌军进攻。机枪、步枪、手榴弹一阵猛打，关口之处即被突破。

这时，2营、3营在谢嵩带领下赶到，一阵冲杀，直杀得"双枪兵"鬼哭狼嚎，尸横遍野，狼狈逃窜。

王家烈听说点金山失守，恼羞成怒，立即组织兵力反扑。他命令第4团沿桐遵公路北上，从中路增援退守在娄山关下南坡的部队；命令旅长杜肇华坐镇黑神庙指挥作战，不惜一切代价"扼守待援"；命令宋华轩团、金祖典团由板桥出发，从左右两翼包抄娄山关。

上午8时，浓雾从峡谷中缓缓散去。过足了烟瘾的"双枪兵"仗着人多弹足，在轻、重机枪的掩护下，从娄山关下沿着弯弯曲曲的公路，号叫着向上扑来。公路又陡又窄，敌人进攻队形密集，控制娄山关口的红12团1营居高临下，奋力迎战。一阵猛烈的手榴弹和机枪扫射，打得敌人尸横遍野。剩下的敌人连滚带爬龟缩到公路旁的战壕里。

钟赤兵率1营乘胜追击，冲到黑神庙时，突遭敌人约1个团兵力的反击。敌众我寡，红军伤亡很大。钟赤兵一手挥动马刀，一手紧握驳壳枪，指挥1营与敌人进行殊死搏斗。战斗中，钟赤兵的身子猛地一晃，一下子摔倒在地上。警卫员胡胜辉以为他被绊倒了，赶上去一看，却见殷红的鲜血从钟赤兵的右小腿上冒了出来，敌人的枪弹撕开了他右小腿上的一大块肉，血如泉涌。

"政委，你负伤了！"胡胜辉赶忙替钟赤兵包扎伤口，可伤太重，一连包了10多层，仍然止不住血。他跑去找来卫生员，又叫人把政委负伤的情况报告给团长。谢嵩命令胡胜辉，一定要让钟政委马上撤下来。

谁知，钟赤兵还没等卫生员包扎好伤口，就拖着伤腿继续指挥战斗。他站着困难，就趴在石头上指挥。这时，又有一股敌人冲向1营阵地。战士们已经没有了弹药，就用刺刀捅、马刀砍。刺刀捅弯了，马刀砍缺了口，就搬起石头砸向敌人。

战斗打得异常激烈、残酷，但指战员们在钟赤兵英勇顽强精神的鼓舞下，毫无惧色，一连打退了敌人的数次疯狂反扑，始终牢牢地控制着阵地。钟赤兵拖着伤腿坚持指挥，直到因流血过多昏了过去。

红3军团在红1军团的密切配合下，连续击溃黔军的多次反扑，接着乘胜向遵义方向追击。27日，在遵义以北的董公寺、飞来石地区击溃黔军3个团的阻击。28日晨，再占遵义城，并控制了城西南的老鸦山、红花岗一线高地。

红军坚决迅速攻克娄山关和遵义的行动，使前来增援的薛岳所部吴奇伟纵队陷于被动。在遵义城外的忠庄铺，他碰到逃出遵义的王家烈。此时，王家烈身边只剩下一个手枪排，一副失魂落魄的模样。

吴奇伟认为他的部队装备远优于红军，红军主力到遵义是过路，只要发动攻击，红军就会撤离，因而信心十足地说："我带的第4军，2个师正在行进途中，大约再过一两个小时就可赶到。我们现在的任务是反攻遵义，应协力作战。"

28日清晨，唐云山第93师进至忠庄铺地区，前锋伸至距遵义南门仅5里的洛江桥；韩汉英第59师已进至新站，正向忠庄铺急进。吴奇伟计划以第59师2个团和第93师1个团为主攻，经桃溪寺向遵义城南的红花岗、老鸦山发动攻击；另以黔军2个团为配合，自忠庄铺向北助攻；第93师主力和第59师1个团为预备队，集结于忠庄铺地区。

根据敌情，中革军委决定乘吴奇伟部孤军冒进之机，集中兵力，求歼其于遵义城以南地区。具体部署为：以红3军团部署于红花岗、老鸦山一带高地阻敌；红1军团则出遵义东南，从敌侧后迂回，达一举全歼之功效。

上午9时许，战斗打响了。韩汉英见右翼地形于己十分不利，即向吴奇伟建议应率先占领前面不远的老鸦山和红花岗。

一场激烈的战斗便围绕着红花岗右侧主峰老鸦山展开。双方皆拼尽全力争夺，敌人摆出猛打猛冲的态势，一口气夺得了红花岗、老鸦山前几座山头。红军随即组织反攻，也一口气夺回了几座山头。不久，敌人又组织兵力反扑，把红军逼迫下去；红军复组织反攻，再将几座山头的敌人赶了下去……如此拉锯一般，双方在山上山下反复争夺，战斗达到了白热化程度。

激战至中午时分，敌人见一下难奏奇效，遂改变部署，以2个团的兵力牵制红花岗方向的红军，其余4个团均集中于老鸦山，企图先攻下老鸦山，再行扩展，以获全功。防守老鸦山主峰的是红3军团第10团，这是一个善打硬仗的团队，面对强敌丝毫不惧。双方又一次重演了阵地上反复争夺的一幕。好几次，敌人离主阵地只有几十米了，但又被红军指战员的大刀和石块赶了下去。

血战至下午6时，在敌优势兵力、火力和不计伤亡的轮番冲击下，红10团损失严重，团长张宗逊负伤，参谋长钟伟剑牺牲，老鸦山主峰丢失。敌军不仅居高临下威胁红花岗阵地，而且直接威胁遵义城的安全。

战局已是千钧一发之际，山谷里突然响起嘹亮的冲锋号声，红1军团第1、第2师像两只猛虎，迎着公路排山倒海般冲杀下去，尖刀一般直插吴奇伟的指挥部。正在公路上运动的敌人最先掉头往后跑，整个阵线随即发生动摇。红1军团一口气追至懒板凳，将第59师击溃，接着又追至刀靶水，将第93师打得溃不成军。这两个师据说参加第五次"围剿"以来从未败过。这回被红1军团追得全军溃乱，建制崩溃，失魂落魄，连师部指挥所和后方机关都来不及撤掉，文件、武器和物资更是丢得满地都是。

遵义战役历时5天，红军运用灵活机动的战略战术，取桐梓、夺娄山关、占遵义城，共击溃和歼灭国民党军2个师又8个团，俘敌3000余人，缴枪2000支（挺）以上，漂漂亮亮地打了一场大胜仗。

红军二占遵义城后，医生立即为钟赤兵治伤。但因伤势严重，拖延时间过长，必须从小腿以下进行截肢。当时的手术条件极其简陋，没有医疗器械，没有麻药，工具只是一把老百姓砍柴用的刀和一条断成半截的木匠锯。

钟赤兵忍着剧痛躺在手术台上，紧闭眼睛。手术刚刚进行了20多分钟，豆大的汗珠就从他的脸上、身上直往下淌，浸湿了衣裤，但他凭着坚强的毅力依旧一声不吭。医生瞅着他，既难受又同情，关切地说："如果疼痛难忍，你可以喊，可以叫，这样兴许会好些。"钟赤兵摇摇头，没有说话。手术中，他几次昏死过去，又几次苏醒过来。在场的医生、护士都被他那坚强的意志所感动。

当钟赤兵再一次从昏迷中苏醒过来时，整个右腿已失去了知觉。他感到轻松，又感到痛苦。轻松的是手术终于完了，痛苦的是失去了伴随他南征北战的腿。他为自己的日后而忧心忡忡：我还能率领部队冲锋陷阵与敌人厮杀吗？我还年轻，才21岁呀！

贵州本是个天无三日晴的地方，加上医疗条件很差，手术时没有条件消毒，所以没过几天，钟赤兵的伤口就感染了，腿肿得分不清小腿和大腿，高烧持续不退。昏迷中，他一会儿喊着"冲呀""杀呀"，一会儿又大声惊叫。彭德怀得知钟赤兵的病情严重，特地在看望他时嘱咐医生："一定要想尽办法救活钟赤兵。"

为了把钟赤兵从死神那里拉回来，医生只得决定给他进行第二次截肢，将右腿膝盖以下剩余的部分截去。他又经受了一次生与死的考验。可命运总是跟他作对。第二次手术同样因为医疗条件差，消毒条件不好，伤口不能愈合，继续感染，危及生命。医生无奈，狠了狠心，不得不将他的整个右腿从股骨根部截去。半个月内，三次截肢，对一个人来说，要忍受多么大的痛苦啊。钟赤兵真是命大，竟然奇迹般地活了下来。他称自己的生命是捡来的，格外珍惜，常常告诉身边的战友："是党救了我的命，我只有拼命地为党、为人民、为革命多做工作，才感到问心无愧。"

钟赤兵截去了右腿，虽然保住了生命，但伤口在短期内却难以治愈，身体极度虚弱。是把他留在老百姓家里养伤，还是让他拖着仅有的一条腿继续跟部队行军，领导们一时间举棋不定。红军不仅要对付围追堵截的敌人，还要爬山涉水，同恶劣的大自然斗。这些对一个身体健全的人来说都是很不容易的，何况他是一个被锯掉一条腿的残疾人。然而，他毫不犹豫地选择了后者，坚决表示跟着部队走。彭德怀亲自征求钟赤兵的意见，他坚定地回答："就是爬，我也要跟上部队！无论如何，我不离开红军。"

一天，毛泽东、周恩来、刘少奇等领导到医院看望伤病员。忽然，毛泽东发现了钟赤兵，便走到病床前，亲切地拉着他的手说："小鬼，又负伤了？"

钟赤兵用手指了指失去的右腿，没有说话。毛泽东看着他痛苦的表情说："应该在娄山关立个石碑，写上'钟赤兵在此失腿一只'。"没有人能想到，22年后，钟赤兵又回到当年战斗负伤失去右腿的贵州省，出任省军区司令员。

在得知有人建议把钟赤兵寄养在贵州当地群众家里养伤时，毛泽东说："钟赤兵很能打仗、是有战功的，就是抬也要把他抬着北上！"

就这样，钟赤兵在毛泽东等领导的关怀下，被安排到中央卫生部干部休养连，随中央直属部队行动。休养连是一个特殊连队，有体弱年老的领导，如被誉为"长征四老"的林伯渠、徐特立、谢觉哉、吴玉章，也有妇女干部和中央领导人的家属，如蔡畅、邓颖超、贺子珍等人。休养连连长是夺取遵义战斗中腿部负重伤的红3军团第10团团长张宗逊，指导员是原中央苏区女部长李坚真，党支部书记是董必武。

钟赤兵被编入休养连第1排第2班。由于他刚做过手术，伤口还没有完全愈合，行军时只能躺在担架上。为了减轻担架员的劳累，每当遇到陡峭山路担架不好走的时候，钟赤兵都主动爬下担架，拄着拐杖，一颠一颠地跳着走。双拐是木棍做的，十分粗糙，走不几步，两个胳肢窝就被磨肿了，但他总是咬着牙，一步一步地向前挪动。伤口稍有好转，他就让战友扶他上马行军。当红军进入川西北藏区时，经常遭到国民党特务和当地反动武装的冷枪偷袭，行军要格外小心，随时随地注意隐蔽和疏散。钟赤兵为了战友的安全，为了缩小部队行动的目标，坚决不坐担架，咬着牙坚持一个人拄着双拐行走，有时遇到难以通过的地方就爬着过。行至腊子口时，钟赤兵的伤口再次发炎，并伴随着高烧。但当他得知另一位同志也在发高烧时，就毅然把照顾自己的担架让给那位同志，自己拄着拐棍走过腊子口。

就这样，钟赤兵硬是凭着顽强的毅力和坚定的意志，爬雪山，过草地，终于到达了红军长征的终点——陕甘苏区。要知道，在参加长征的几支主力红军近 20 万大军中，仅靠一条腿走完漫漫长征路的只有钟赤兵一人，无愧于"钢铁战士"之称。

毛泽东评贺炳炎

【贺炳炎简历】

贺炳炎 1913—1960），原名向从炎，曾用名贺明炎。湖北宜都人。

1929年，参加中国工农红军。同年加入中国共产党。曾任红4军中队长、骑兵连连长兼政治指导员。1932年，在湘鄂西红军学校学习，并兼任区队长。后任红3军手枪大队区队长、大队长。同年8月，红8师主力攻入草市镇遭敌军伏击时，主动率部驰援，掩护红8师突出重围。后任襄北独立团团长、黔东独立师师长。参加过湘鄂西和湘鄂川黔苏区历次反"围剿"。1935年，任红18团团长，率部参加板栗园战斗。同年11月，任红2军团新编第5师师长。长征途中作战时再次负伤，被截去右臂，在担架上坚持指挥作战。1936年7月，任红二方面军第6师师长。

全面抗战爆发后，任八路军第120师第716团团长，曾率第716团一部取得雁门关伏击战的胜利。后率部转战于冀中、冀南、冀鲁豫等地，任第120师独立第3支队司令员、第358旅副旅长兼晋绥军区第3分区司令员，参加百团大战。1941年到延安，先后在军事学院和中共中央党校学习。1944年11月，奉命率数百名干部到洪湖地区开辟抗日根据地，组建江汉军区，任新四军第5师兼鄂豫皖湘赣军区第3军分区司令员、中原军区江汉军区司令员。

1946年，参加中原突围。后任晋北野战军副司令员，晋绥军区第3纵队副司令员兼第5旅旅长，西北野战军第1纵队副司令员、司令员，参加保卫陕甘宁边区和解放西北战役。1948年，率第1纵队参加瓦子街战役，对敌实行包围时，友邻部队未赶到预定阵地，果断派出所部预备队堵住缺口与敌激战，对争取战役的全胜起了重要作用。

中华人民共和国成立后，任第一野战军第1军军长兼青海军区司令员，四川省军区司令员，西南军区副司令员，成都军区司令员。1955 年，被授予上将军衔，获一级八一勋章、一级独立自由勋章、一级解放勋章。第一、第二届国防委员会委员，第三届全国政协常务委员会委员。1960 年 7 月 1 日，在成都逝世。

【毛泽东评点】

"中国从古至今，有几个独臂将军？旧时代是没有的，只有我们红军部队，才能培养出这样独特的人才！""你作战勇敢，思想觉悟也高，我是知道的，要继续保持发扬！"

——摘自《中国人民解放军高级将领传》第 11 卷，
解放军出版社 2013 年版，第 209 页。

【评析】

1935 年 10 月，蒋介石设立宜昌行营，以陈诚为参谋长代理行营主任，抽调曾与中央红军多次作战的中央军嫡系、半嫡系军队 130 多个团，采取持久作战和堡垒主义方针，对湘鄂川黔苏区发动新的大规模"围剿"，妄图将长江以南唯一的主力红军——贺龙、任弼时等领导的红 2、红 6 军团消灭掉。

中共湘鄂川黔省委和军委分会决定，红军转到外线寻求机动，争取在贵州的石阡、镇远、黄平地区创建新苏区。11 月 19 日，红 2、红 6 军团共 1.7 万余人从湖南省桑植县刘家坪等地出发，退出湘鄂川黔苏区，开始战略转移。

20 日黄昏，红军前卫第 49 团到达大庸和溪口之间的澧水北岸张家湾附近，随即开始强渡澧水。当晚 22 时，成功强渡，并巩固了滩头阵地。红 2、红 6 军团主力随即渡过澧水，突破了国民党军精心构筑的第一道封锁线。随后，红军顺利渡过沅江，于 28 日截断了长沙、沅陵间的交通，长驱直下，纵横 300 里。

至 28 日，红 2 军团第 4 师进占辰溪、第 5 师进占溆浦、第 6 师进占浦市，红 6 军团东渡资水，第 16、第 17 师相继夺取新化、蓝田、锡矿山，从而控制了湘中广大地区，获得了大量补充。

在龙山、桑植、永顺地区"围剿"红2、红6军团失败后，蒋介石连忙任命何键为"追剿"军总司令，指挥李觉、陶广、郭汝栋、樊崧甫、汤恩伯5个纵队共12个师又1个旅，分路"追剿"，企图将红2、红6军团消灭在沅江、资水之间。其中，以李觉纵队3个师从沅陵、卢溪向辰溪、溆浦进逼；以陶广纵队3个师、郭汝栋纵队8个团进抵沅水西岸，堵截红军西进；以樊崧甫纵队4个师渡过沅水，向新化、溆浦推进；以汤恩伯纵队2个师13个团调至长沙、岳阳防守，作为预备队。另以徐源泉、孙连仲部在湘鄂川黔革命根据地"围剿"红18师，并防止红2、红6军团返回根据地。

面对敌军重兵逼近，军委分会召开会议研究对策。贺龙说："敌人追来了。我们再拖他们一阵。我们兵分两路向东南兜个大圈子，索性把这帮敌人全部吸引过来，让他们跟在我们屁股后头追，弄得他们人困马乏，我们再掉头去贵州。"

红2、红6军团决定退出湘中，转向西进贵州石阡地区。12月11日，红军从溆浦的潭家湾、底庄、桥江等地出发，采取声东击西的战术，向东南方向急进，摆出一副东渡资水的架势，以调动和迷惑敌人。

国民党军果然中计，立即调头猛追。红2、红6军团经过连续9天的急行军，于20日进抵湖南省武冈县以北的高沙和洞口地区。这时，国民党军大批"追剿"军被吸引过来，连桂军也开始向北调动，进行防堵，阻止红军东进。

时值严冬，北风呼啸，红2、红6军团指战员们忍着饥饿，顶着寒风，突然转向，沿着山间小道急速西进。两天后，红军到达瓦屋塘，与一天前进占此地的陶广纵队发生激战。

由于敌军炮火十分猛烈，红军伤亡不少，拖延下去更加不利。贺龙同任弼时、关向应等商量后，决定调红5师从左翼加入战斗。红5师是长征出发前夕，由鄂川边、龙桑、龙山3个独立团新组建的，干部战士大部分来自地方部队，但在师长贺炳炎的带领下进步很快。

别看贺炳炎年纪不大，只有22岁，却是一位久经沙场的老将。1929

年，16岁的贺炳炎参加红军，作战十分勇猛，枪一响就往前冲。贺龙十分钟爱这位打起仗来不要命的猛将，曾对人说："是不是好干部，你要在最艰苦、最危险的时候去看他。好的，一定坚决，一定不悲观动摇。贺炳炎这个家伙就越打越硬，尽管环境极端困难，他也拿得出劲来！"

在接到命令后，贺炳炎立即率部队赶往战斗第一线，向敌人发起冲锋。他深知指挥员的榜样，就是战士的力量，尤其像刚由地方武装升级为正规红军的部队更是这样。于是，不顾警卫员的劝阻，夺过战士手中的一挺花机关枪，与战士们一道向敌人发起冲锋。

见师长如此英勇无畏，全师官兵顿时士气大增，一阵猛烈的冲击即将敌军压下山去。不料战斗中，敌人的一发炮弹在贺炳炎身边爆炸，贺炳炎倒在血泊中，这是他第六次负伤。

警卫员立即把已陷入昏迷的贺师长抬进红2军团总指挥部卫生部，卫生部长贺彪检查后发现：贺炳炎的右臂被炸断了，只剩下一层皮连着。

贺龙、任弼时得知贺炳炎负伤后，立即赶到卫生部。贺彪汇报贺炳炎的伤情：右臂完全断了，看来保不住。

贺龙问：能不能保守治疗？

贺彪说：由于贺炳炎患有急性肺气肿，此时已经呼吸困难，若不立即做截肢手术，就会有生命危险。

然而敌人可能随时发起新的进攻，部队马上就要转移，没办法做手术。贺、任二人商量一下，决定推迟转移，立即为贺炳炎做手术，同时派出警戒部队监视敌军行动。

动手术需要起码的器械和麻醉药，可大部队转移时已经全部带走，临时救护所没有。为了救贺炳炎的命，贺彪命令卫生部迅速搭起简易的手术台，并让人找来木工锯子代替手术锯，找来吗啡代替麻醉药。木工锯还尚可凑合着用，而吗啡服少了不管用，服多了会损伤大脑和上瘾。

贺龙来到贺炳炎床前，轻声说："炳炎，你的右胳膊要锯掉，可是没有麻药，本想打些麻药后再做，可伤势等不了哇！"

贺炳炎将送到嘴边的吗啡扔在地上，强忍着疼痛说："老总，你放心，那吗啡我是绝不吃的。关云长还能刮骨疗毒，何况我是共产党员。"他定了定神，恳求地说："把毛巾塞在我嘴里，把我绑在门板上，锯吧！我受得住。"

于是，贺彪在炮火连天、枪声不绝于耳的战线亲自为贺炳炎做截肢手术。两个小时后，手术终于做完了，塞在贺炳炎嘴里的毛巾被嚼得稀巴烂！

贺炳炎吐出嘴里的毛巾泥，看了看失去的右臂，含着眼泪，担心地问贺龙，"我还能打仗吗？"

"为什么不能！你还有左手，照样可以骑马、打枪嘛！"贺龙握着贺炳炎的左手，轻轻给他擦去脸颊上的汗水和泪水，肯定地说。

贺炳炎用左手攥紧住贺龙的手，激动地说："老总放心，我一定学会用左臂打仗和生活。"

果然，这位钢铁般的汉子手术后仅仅在担架上躺了6天，就又骑上战马，率部驰骋沙场了。

1937年7月7日，卢沟桥事变爆发，日本发动了全面侵华战争，妄图速战速决，灭亡中国。在关系到中华民族生死存亡的历史关头，中国共产党迅速作出反应，事变的第二天即通电全国号召民民众志成城，共同抵抗外侮。毛泽东、朱德和彭德怀等红军将领还致电蒋介石，要求全国总动员，并代表红军将士请缨杀敌。7月15日，周恩来将《中共中央为公布国共合作宣言》递交蒋介石，郑重声明：愿取消红军番号，改编为国民革命军，准备随时奔赴抗日前线。

8月22日，国民党政府军事委员会发布命令，宣布红军主力改编为国民革命军第八路军，简称"八路军"。25日，中共中央军委发布改编令，将中国工农红军第一、第二、第四方面军及陕北工农红军改编为八路军，朱德任总指挥，彭德怀任副总指挥，下辖第115、第120、第129师，共4.6万人。

9月22日，国民党中央通讯社发表中国共产党于7月15日递交的《中共中央为公布国共合作宣言》。次日，蒋介石发表谈话，申明了国共合作、团结御侮的必要性，事实上承认了中国共产党的合法地位。这也标志着以第二次国共合作为基础的抗日民族统一战线正式形成了。

为解救华北危局，八路军不待改编就绪，即誓师出征，由陕西三原、富平经韩城地区东渡黄河，挺进山西抗日前线。这时，山西形势已十分危急。北面，大同失陷，雁北沦于敌手；东北面，浑源失守，灵丘陷落。国民党军放弃恒山山脉，日军步步紧逼。

9月25日，八路军第115师给予进犯平型关的日军板垣第5师团第21旅团以有力打击，取得歼敌千余人的重大胜利，但日军在突破雁门关等内长城要隘后，连陷代县、崞县（今属原平），沿同蒲（大同—风陵渡）铁路长驱直入，矛头指向山西省会太原。

10月初，国民党第二战区司令长官阎锡山决心在忻口组织会战，调集8万兵力，由刚刚率部入晋的第14集团军总司令卫立煌担任前敌总指挥，扼守忻口以北龙王堂、南怀化、大白水、南峪一线阵地。中共中央军委和八路军总部要求八路军各部队积极打击与钳制敌人，配合国民党军在忻口的防御作战。

10月16日，驻守大同的日军调集300多辆汽车，满载武器弹药，一路驶来，有经雁门关南开忻口的迹象。据此，八路军第120师师长贺龙命令第358旅第716团深入日军侧后，在代县的广武、雁门关、太和岭间，破击大同经代县、忻口到太原的公路，打击日军运输队，截断日军补给线。

雁门关是著名的隘口。熟悉中国历史的人都知道，汉武帝建元五年（前136年），李广率军出雁门关抗击匈奴，因寡不敌众而受伤被俘。押解途中，他飞身夺得敌兵马匹，射杀追骑无数，回到汉营，从此赢得了"飞将军"称号。此外，这里还有民间广为流传的北宋杨家将抗击金兵的故事。

可以说，雁门关早已不是一个普通的关隘。正如著名史学家翦伯赞先生所指出的：如果把漠北草原比作是中国历史演变的大后台，那么雁门关就是演绎一幕幕波澜壮阔、金戈铁马历史剧的出场门！

设伏雁门关是八路军第120师与日军的第一次交手，必须要保证首战告捷。因此，贺龙将此重任交给了第716团团长贺炳炎，并特意把贺炳炎和副团长廖汉生召到师部，对他们说："忻口会战正在进行，敌人从大同经雁门关不断往忻口运输弹药、给养。这是日军最主要的一条运输线。但是，他们很嚣张，自以为那一带已经成为他们的后方，没有中国军队，因此，警戒疏忽。你们到那里去就是要充分利用日军这个弱点，发动群众，给鬼子来个突然打击，把这条运输线切断。"明确要求他们必须于17日到达目的地，完成袭占雁门关，切断交通的任务。贺炳炎、廖汉生表示坚决完成任务。贺龙又叮嘱说："到目的地以后，要联系群众搞好侦察。现在是打日本侵略者，打游击战，这和内战时期打国民党不同，战术上要转得快。"

17日拂晓，贺炳炎率部由老窝村进至离雁门关土路不远的王庄、秦庄宿营。到达宿营地后，他和廖汉生就带着连以上干部勘查地形。他们悄悄钻进黑石沟，爬上山顶。

只见一条弯弯曲曲的公路一览无余地呈现在脚下。从雁门关伸出，在黑石头沟由西向东绕了一个大圈，然后向忻口方向折去。公路西面是悬崖峭壁，北面是一段陡坡，顺公路向南不远处有一座石拱桥。整条沟南低北高，沟底是山洪冲下的乱石头，公路顺沟由南向北而上。

贺炳炎高兴地说："果真是一个绝好的设伏之地，我们就将伏击地设在这里，让日本鬼子神不知鬼不觉地被消灭在这黑石头沟里。"

廖汉生等人也纷纷表示同意，认为这里既便于部队隐蔽接敌，又使得敌人遭打击后无法进行有效还击。

贺炳炎当即作出具体部署：命令1营、2营埋伏在陡坡南北，中段由3营负责主攻，再由1营派出1个连向阳明堡方向警戒。3营11连埋伏在石桥西，断敌逃路。

明确任务后，贺炳炎十分严肃地说："这是咱们120师到前线的第一仗，贺师长信任我们，把第一个任务交给了咱，咱可要打一个漂亮仗，攻击信号一起，全团要一齐动作，力求把敌人干净、彻底地消灭在黑石沟内……"

18日凌晨，天黑得伸手不见五指。第716团主力踏着牧羊人走的山间崎岖小路，神不知鬼不觉地进入黑石沟，在公路西侧高地设好埋伏。

黎明前的黑夜格外沉寂，只有南面偶尔传来几声炮响。贺炳炎虽已身经百战，打过许多的硬仗、恶仗，但像今天这样严阵以待地等着日军汽车开过来，还真是头一回。耳边又回响起贺老总的指示："现在打的是日本侵略军，不是国民党的反动军队了。"

为防止出现意外，贺炳炎专门跑到前沿阵地上，亲自检查战前准备和隐蔽的情况。

在检查中，贺炳炎意外地发现团部的文书、炊事员等勤杂人员都跑到阵地上来，便问："怎么，你们也来了？"

几个人争着回答："团长，打鬼子人人有责，这是第一次和鬼子交手，不让参加心里憋得慌，不好受啊！"

有人继续补充说："老大哥在平型关给鬼子吃了个大苦头，这回也叫他尝尝咱们的厉害！"

"别想得太容易了，要知道这是 300 辆汽车啊！"贺炳炎严肃地说。

"甭说 300 辆，3000 辆也别想溜过去！不信打起来看！"战士们一个个情绪高昂。

在焦急的等待中，天渐渐亮了，远处古老的雁门关巍然可见。贺炳炎站在山头上用仅有的左臂举起望远镜仔细观察，只见公路上冷冷清清，毫无生息。

有的战士不耐烦了，不时抬头向山下公路上张望。贺炳炎立即命令各营：耐心等待，绝对防止暴露目标。

10 时左右，北面公路上腾起滚滚尘土，同时还传来隆隆的马达声。战士们抑制不住内心的兴奋，悄悄地传递着消息。

"听见动静了没？鬼子来了！"

"好家伙，这得多少辆汽车，把半拉天弄得灰天灰地的……"

团属炮兵连的阵地上，4 门迫击炮早已就位，10 多发炮弹在炮侧摆得齐齐整整。2 门平射炮的炮架已被牢牢地固定在地上，黑洞洞的炮口指向山下的公路。战士们也都把手榴弹盖揭开，摆放在阵地上。

约有 100 多辆日军汽车由南向北依次驶来，眼看着长龙般的车队就要进入第 716 团的伏击圈了。就在这时，3 营送来情报：南面阳明堡又开来一队日军汽车，估计在这一带会合。

南北两头都开来了敌人的汽车，这是事先没有预料到的。如此一来，敌人的数量无形间增多，为战斗带来意想不到的困难。

贺炳炎略加思考了一下,分析道:有可能是鬼子为了互相警戒通过这一险要地带,采用南北会车。这种情况也许是巧合,而且越是这样,敌人越有恃无恐,只要我们隐蔽得好,部队动作快,这些敌人仍然可以消灭。

"既然送上门来了,就一起吃掉它!"

廖汉生连连点头,果断地说:"对!马上通知1营、3营,听统一号令,一块儿消灭!"

两路汽车鸣着喇叭,大摇大摆地开了过来。南来的日军车队,几乎都是空车,只有第一辆车上坐着十几个日军士兵,后面的少数几辆车里装有伤兵和死尸。北来的日军车队可就不同了,前面的引头车上坐满了荷枪实弹的日军,不时警惕地注视着四周,一个腰挎指挥刀的军官,还不时地用望远镜向四面瞭望,一副如临大敌的架势。后面的车上满载武器弹药。两个车队正巧在第716团的伏击圈内交会了。

贺炳炎回忆道:

两个车队愈走愈近,车上的敌人都活跃起来,一个个趾高气扬,"哇里哇啦"地打着招呼。北面车上的敌军官见南面车上面拉着死尸,急忙指挥士兵脱帽致哀,然后还扯开喉咙唱起挽歌来。好骄横的家伙!竟敢把这里当作他们的"王道乐土"!我抑制着满腔怒火,待两队汽车全部开进狭窄的黑石头沟,正在并排交错时,立即发出命令:"打!"

平射炮和迫击炮首先开火。只听得几声隆隆的巨响之后,前面的几辆汽车陡然间飞上天,然后火光一闪,又轰轰地爆炸起来。

为断敌车队后路,炮兵立即调整炮口,瞄准两个车队的后尾,又是一阵齐射。后面的日军见势不妙,掉头就跑。

"打!"

3营营长王发祥挥动着驳壳枪,指挥全营官兵向着公路上的敌人开始了第一轮攻击。轻重机枪和步枪同时开火,上百颗手榴弹在敌人的汽车前后爆炸开来。有的落在车头上,有的落在轮胎旁,有的直接落进了车厢里,炸得敌人无处藏身、血肉横飞……

"冲啊！"

王营长驳壳枪一举，3营的官兵们如汹涌的波涛冲下山岗。

日军遭到突如其来的打击，一个个从车上往下跳，但有的还没跳下车就送了命。在短暂的混乱后，日军立即组织反击，这时汽车上装载的弹药被引爆了。只听得一声声如爆雷般巨响，汽车被炸得轮滚板飞，整个沟里火光冲天，爆炸声响彻云霄。

冲上公路的八路军战士们大声呐喊着，与残余的日军展开白刃战。10多里长的公路上，刺刀撞击的铿锵声，血肉迸飞的惨号声，拼死挣扎的呼喊声搅成一片。

在这次伏击战中，第716团的官兵们接受了第115师的沉痛教训。在不久前的平型关大战中，第115师虽歼敌上千人，但自身也付出了巨大伤亡代价。

"据说，当时很多鬼子都躺在地上，等八路军靠近时突然起来开枪"。因此，第716团的官兵们不再呼喊"缴枪不杀"的口号，只要敌人没放下枪，不举起双手，就毫不手软地将他消灭掉。

11连指导员胡觉三把驳壳枪往腰间一别，拔出背后的大刀杀向敌阵。他连续砍倒两个日本兵，解救了一名被围战士，一个钻在汽车底下的日军向他举枪射击。胡觉三前胸中弹，鼓起全身力量最后喊了一声："同志们！坚决地打，为宁武的老乡们报仇！"

"为指导员报仇"的口号声响彻山谷，激励着广大官兵奋勇杀敌。

一个多小时后，枪声渐渐稀落下来，公路上的火药味浓烈扑鼻，日军尸体横七竖八地躺在公路上、山坡上，有的淹没在一尺多深的烂泥里。

战斗胜利结束。方圆数十里内的老乡们听说八路军在雁门关打了大胜仗，都好奇地赶过来，和战士们一起搬运战利品，清扫战场，黑石头沟里充溢着一片开心的欢笑声。

正在战场上巡视的贺炳炎，忽然看到一名年轻战士正在用铁锹狠命地砸汽车，一边砸一边还气呼呼地骂："我叫你再跑！我叫你再跑！"

贺炳炎笑着对他说："这样多的汽车，哪砸得完？"

虽说汽车是战利品，可是由于八路军打的是游击战，再说也没有人会开汽车，因此这些战利品只能处理掉。

想到这里，廖汉生上前阻止道："不要砸了，用炸药炸掉，绝不能把它们再留给鬼子……"

爆炸声四起，烟火弥漫，日军的一辆辆汽车冒出滚滚的浓烟。这时，北面警戒部队报告：从广武方向开来的日军增多，有百八十辆载满弹药和士兵向忻口增援的汽车，正向黑石头沟开来。

贺炳炎和廖汉生命令部队迅速打扫战场，准备撤出战斗。没过一袋烟的工夫，从北面开来的日军冲杀过来，有的跳下车登山，顺着西边的山梁转到3营左侧，向公路上的3营射击。贺炳炎马上命令部队重新上山。

在撤离公路时，贺炳炎的胸前被一颗子弹横着穿过，把身上的皮袄贯穿了两个洞，身旁的警卫员也被日军射中，负了重伤。

当第716团到达山顶时，远远望见雁门关附近又开来几十辆汽车，一队日军正沿着公路搜索，天空中出现4架敌机，在黑石头沟上空盘旋，为日军尸体和正燃烧着的汽车残骸"吊丧"。

此战，第716团共毙伤日军300余人，击毁汽车20余辆。

两天后，第716团再次以夜幕为掩护，前往黑石头沟地区设伏。这次分兵三路：一路占雁门关，一路向广武镇，一路向太和岭，并连夜破坏了广武至太和岭间的公路及8座桥梁。

21日上午9时，日军由南向北的汽车200余辆和由北向南的汽车数十辆相向而来。当其先头车辆驶入伏击区时，第716团居高临下，以突然而猛烈的火力展开攻击。

日军汽车因公路被破坏无法前进，约1个大队的步兵下车迎战。日军吸取上次教训，防守严密，还派出8架飞机支援。但是经过2小时激战，日军仍然以3倍于我的伤亡败退。

两次伏击战斗，第716团共毙伤日军500余人，击毁汽车30余辆。这是继平型关大捷后，八路军取得的又一场较大的胜仗。

由于八路军第120师切断了日军由大同到忻口的交通补给线，第115师打击了蔚县至代县的日军交通补给线，使进攻忻口日军的弹药、油料供应濒于断绝，攻势顿挫。忻口会战前敌总指挥、国民党第二战区副司令长官卫立煌在战役结束后，曾对周恩来说："八路军把敌人几条后路都截断了，对我们忻口正面作战的军队帮了大忙。"

毛泽东在《抗日游击战争的战略问题》一书中，也对雁门关伏击战给予高度评价："游击战争还有其战役的配合作用。例如：太原北部忻口战役时，雁门关南北的游击战争，破坏同蒲铁路、平型关汽车路、杨方口汽车路，所起的战役配合作用，是很大的。"

雁门关伏击战后，贺炳炎随第120师主力开赴冀中，扩编组建游击第3支队，开辟大清河畔根据地。首战板家窝大获全胜，敲了日军一闷棍；二战朱占魁，给了土匪队伍一记响亮的耳光；三战柴恩波，平息了独立第2支队的叛乱……第3支队频频出击，连战告捷，很快在大清河地区打开了局面，附近的一些民众自发参加抗日武装，纷纷找到八路军要求改编。

1941年，贺炳炎奉命由抗日前线到延安，先后入军事学院和中共中央学校学习。

1945年4月23日，中国共产党第七次全国代表大会在延安杨家岭中央大礼堂隆重开幕。这次大会是在德、意法西斯面临彻底覆灭和中国抗日战争日益接近最后胜利的前夜举行的。出席大会的正式代表547人，候补代表208人，代表全国121万党员。

任弼时主持了开幕式。会上，毛泽东作了《论联合政府》的政治报告，朱德作了《论解放区战场》的军事报告，刘少奇作了《关于修改党章的报告》，周恩来作了《论统一战线》的讲话。任弼时、陈云、彭德怀、张闻天、陈毅、叶剑英等也作了发言。这些报告和发言从各个方面论述党的政治路线、军事路线、组织路线的基本精神，总结党的历史经验，并对各条战线的任务和政策提出了具体意见。

大会制定了"放手发动群众，壮大人民的力量，在我们党的领导下，打败侵略者，建设新中国"的政治路线。并强调指出，为了建立新中国，当前最重要的、最迫切的任务，就是立即废止国民党一党专政，建立民主联合政府，这也是全国人民的呼声和要求。大会还通过了新党章。新党章规定："中国共产党，以马克思列宁主义的理论与中国革命的实践之统一的思想——毛泽东思想，作为全党一切工作的指针，反对任何教条主义的和经验主义的偏向。"

七大充满着民主和团结气氛。在讨论大会的报告和发言中，代表们畅所欲言，自觉深入地开展批评与自我批评。贺炳炎也参加了这次大会。

休息时，毛泽东笑盈盈地走过来，贺炳炎激动地站起身来，挺直胸膛，举着左手，向毛主席敬了一个庄严的军礼。

毛泽东连忙用右手握住他的左手，亲切地说："贺炳炎同志，你是独臂将军嘛！不用这样敬礼。从今往后免掉你这份礼吧！"

"主席，你不要我当兵了吗？我还有一只手，能够冲杀！"

毛泽东把他的手握得更紧了，又拉他在自己身边坐下，严肃而又肯定地说："要，怎么能不要呢？中国从古到今，有几个独臂将军？旧时代是没有的，只有我们红军部队，才能培育出这样独特的人才！好好学习，等革命胜利了，你还要用一只手建设新中国呐！"

"可我是个穷矿工的儿子，从小放牛打铁，什么也不懂啊！"

毛泽东很满意他的朴实谦逊，热情地鼓励说："我小时候也放过牛呀。咱们都是在牛背上长大的，看来有共同语言。不要说自己什么都不懂，你现在指挥打仗，日军都怕'一把手'到来，这就是才能，你就算得上是人才，军事人才嘛！至于有不懂的事情，可以学嘛！你要好好利用这次学习机会，多学多记多问。相信你一定会克服重重困难，相信你一定会学得好！"

"是，我一定不辜负主席的教导，好好学习！"

毛泽东评徐海东

【徐海东简历】

徐海东（1900—1970），原名徐元清，湖北黄陂（今湖北大悟）徐家桥村人。

1925年，加入中国共产党。1926年夏，入国民革命军第4军12师任代理排长，参加北伐战争。1927年，大革命失败后返乡，在窑工中建立中共支部，任黄陂县河口区农民自卫队队长，11月率队参加黄麻起义。1929年，领导夏区的"年关暴动"。在创建鄂豫皖苏区斗争中，历任中共黄陂县区委书记，县赤卫军大队长，中国工农红军第四军营长、团长，红四方面军师长。骁勇善战，身先士卒，被群众誉为"徐老虎"。1932年秋，红四方面军主力离开鄂豫皖后，任重建的红25军副军长兼74师师长。1933年10月，组建红28军，任军长。1934年4月，重编红25军，任军长，连续取得长岭岗、扶山寨等战斗的胜利。11月奉中革军委指示撤出鄂豫皖苏区。改任副军长，参与率红25军长征，创建鄂豫陕苏区，曾任中共鄂豫陕省委代书记，后任红25军军长。1935年，到陕北后，任红15军团军团长，指挥劳山战役和榆林桥战斗。1936年12月，任中央革命军事委员会委员，红军南路军总指挥。

抗日战争初期，任八路军第115师第344旅旅长，率部参加平型关战役和晋察冀边区反"八路围攻"、晋东南反"九路围攻"，指挥温塘、张店、町店等战斗。1939年9月，任新四军江北指挥部副总指挥兼第4支队司令员，12月任中共中央中原局（后为华中局）委员。指挥周家岗等战斗，取得反"扫荡"胜利。1940年病情严重，仍随军参与指挥作战。

中华人民共和国成立后，曾任中央人民政府人民革命军事委员会委员，第一至第三届国防委员会委员，当选为中共第八、第九届中央委员。

在病中主持编写了《红二十五军战史》等。1955 年，被授予大将军衔，荣获一级八一勋章、一级独立自由勋章、一级解放勋章。1970 年 3 月 25 日，逝世于郑州。

【毛泽东评点】

"工人阶级的一面旗帜"

　　　　——摘自《解放军将领传》第 1 卷，解放军出版社 2013 年版，第 505 页。

"红军的领袖，群众的领袖"

　　　　——摘自《解放军将领传》第 1 卷，解放军出版社 2013 年版，第 505 页。

"对中国革命有大功的人"

　　　　——摘自《解放军将领传》第 1 卷，解放军出版社 2013 年版，第 505 页。

【评析】

　　土地革命战争时期，国民党政府曾对中国共产党和工农红军的主要领导人开出过悬赏令。在这份长长的名单中，蒋介石竟然出 10 万大洋的高价买一位红军将领的项上人头。要知道，当时毛泽东的悬赏金额也只是 10 万大洋，而彭德怀、林彪才 6 万大洋。这位年轻的红军将领就是被蒋介石诬蔑为"中国文明一大害"的徐海东。

　　窑工出身的徐海东，1900 年生于湖北黄陂。早年当过 11 年窑工，从小就饱尝了人间的苦难，对土豪劣绅怀有强烈的憎恨。受革命思想影响，1925 年初来到武昌，同年 4 月加入中国共产党。后被派到直系军阀刘佐龙部学习军事。1926 年夏，在国民党第 4 军第 12 师任代理排长，参加北伐战争。汀泗桥一役，曾率全排冲垮敌 4 个炮兵连。

　　1927 年"四一二"反革命政变后，徐海东返回家乡，任河口区农民自卫军队长，在窑工中秘密发展党员，建立党组织，同年 11 月参加黄麻起义。1928 年，任中共黄陂县委军事部部长兼夏区区委书记，组织开展游击活动。翌年领导夏区的年关暴动。在创建鄂豫皖苏区的斗争中，历任县赤卫军大队长，工农红军营长、团长、师长等职。当地百姓给徐海东送了一个绰号——"徐老虎"，形容他打仗勇敢，昼伏夜出，以山为家。从此，"徐老虎"的威名不胫而走。战斗时，徐海东常常挥舞大刀率先冲入敌阵，敌人见了胆战心惊，因此也跟着老百姓叫他"徐老虎"，听到"徐老虎"的名字，心中就十分害怕。

虽说徐海东没有上过一天的正规军事院校，是在红军"青山大学"中成长起来的，但他身经百战，通过战争学习战争，作战指挥能力突飞猛进，短短几年就从一名基层指挥员迅速成长为优秀的高级将领。在风云变幻的战争年代，徐海东的威名震动了中国的半壁河山。无论是黄埔军校高才生胡宗南、卫立煌等率中央军"围剿"，还是老牌地方实力军阀杨虎城的西北军、张学良的东北军、阎锡山的晋军以及凶狠彪悍的马家军，都一一败在他的手中。

尤其是1934年11月16日，红25军在军长程子华、政委吴焕先和副军长徐海东等人的率领下，从河南省罗山县何家冲出发，进行战略转移。关山重重，征途漫漫。12月上旬，在陕南庾家河激战中，程子华身负重伤，徐海东头部中弹，昏迷不醒达四天之久。在随后的葛牌镇战斗中，当时徐海东伤势很重，无法前往一线指挥，但他听说部队打得不好，有全军覆没的危险，就立即让四名战士扶着他爬到山上的军指挥部，协同指挥部队，使战场形势发生转机，一举打垮了敌人的进攻，共歼敌1个团另2个营。

就这样，红25军在徐海东等人的正确领导下，以不足3000兵力，突破了10万国民党大军的围追堵截，屡屡化险为夷，不仅没有折损兵力，反而越打越壮大，一连攻破了10多个县城，包括当时甘肃省第二大城市——天水，并开辟了鄂豫陕边苏区。

国民党军对"徐老虎"又恨又怕，提及徐海东都变色不已。蒋介石在红25军撤离鄂豫皖苏区开始长征后，派兵抄了徐海东的家，血洗徐家窑，焚毁房屋，屠杀了他的全家连同亲属、宗族共66人，其中近亲有徐元海、徐元波、徐元大、徐文初、徐文财等27人，几乎是满门被灭。徐海东后来回忆："蒋介石曾下令一旦占领我的家乡，姓徐的一个也不能留。"可见蒋介石对徐海东的痛恨。

1935 年 7 月中旬，当红 25 军得知中央红军与红四方面军在川西会师，并开始北上的消息后，决定主动出击，配合红军两大主力行动。在陕西省长安县（今西安市长安区）子午镇以西 20 里处举行的中共鄂豫陕省委紧急会议上，徐海东表示：能牵制敌人，保证中央顺利北上，对全国革命也有意义。在此行动中，即使我们这 3000 多人牺牲了，也是光荣的。

鄂豫陕省委同意了徐海东的意见，红 25 军随即在"迎接党中央！迎接第一、第四方面军"的口号声中，从西安以南的沣峪口出发，经鄠县（今户县）、盩厔（今周至）县境西进，继续长征。这使蒋介石大为不安，连电国民党军各部加强西安、宝鸡、汉中碉堡封锁线，严防红军"流窜"进入甘肃境内。

8 月 21 日，红 25 军在途经甘肃省泾川县四坡村时突遭国民党军袭击。战斗中，吴焕先不幸中弹牺牲。9 月 7 日，红 25 军到达陕甘苏区的保安县豹子川。中共鄂豫陕省委召开会议，决定徐海东任军长，程子华任政委、代理省委书记。15 日，红 25 军到达延川县永坪镇，成为长征中第一支到达陕甘苏区的红军。16 日，红 25 军与红 26、红 27 军胜利会师，随后合编为红 15 军团。徐海东任军团长，程子华任政治委员，刘志丹任副军团长兼参谋长。下辖第 75、第 78、第 81 师，共 7000 余人。

10 月 1 日，红 15 军团取得劳山战役的胜利，全歼国民党军第 110 师师部和 2 个团，毙伤师长何立中、参谋长范驭州以下 1000 余人，俘团长以下 3700 余人。25 日又取得榆林桥战斗的胜利，全歼守军 1 个团又 1 个营，毙伤敌 300 余人，俘团长高福源以下 1800 余人，为把全国革命大本营放在西北做出了重要贡献。

此时，红 15 军团急切地盼望着中央红军的到来，但因双方没有电台联系，只能每天派人四处打探消息。

一天，手枪团的战士从敌占区背回一大捆报纸，发现其中有一条消息："毛匪流窜固源、西峰镇等地骚扰。"徐海东兴奋极了，立即命令手枪团：今天好好休息，明天接受新任务。次日一大早，徐海东派手枪团的战士化装成当地回民前往西峰镇侦察。黄昏时分，侦察员带回了喜讯：已联系上中央红军啦!

徐海东把经理部长查国桢找来,问部队还有多少钱。答:7000大洋,并报告说:添冬装要用多少,买药用多少,买盐、买油……要是再有三五千块,这个冬天就好过了。

"中央红军到了,他们一路上很辛苦,我们多送些钱去,留下2000,拿出5000送去。"见查国桢面露难色,徐海东解释道:中央红军刚到,困难比我们多,我们要勒紧腰带,多为中央红军解决困难。

随后,徐海东又把财务科长傅家选找来,让他代红15军团领导人给彭德怀、毛泽东写了封信,信上说:中央领导人和中央红军来到陕北,内心无比喜悦,表示坚决拥护遵义会议决议,拥护党中央领导,拥护党中央北上抗日的正确主张。并汇报了红25军到陕北以后的情况。

徐海东叫侦察员用一块蓝色的印花包袱把钱和信包好,连夜送去。第二天,侦察员带回了彭德怀、毛泽东的复信:

> 徐海东、程子华、刘志丹同志:
>
> 你们辛苦啦!感谢你们的帮助和支援。我们日久听到了二十六军同志们在陕甘区长期斗争的历史、二十五军同志在鄂豫皖英勇斗争的历史,和在河南、陕西、甘肃的远征,听到了群众对你们优良纪律和英勇战斗的称赞。最近听到你们会合的消息,不断取得消灭白军、地主武装的胜利,这些使我们非常喜欢。现在,中央红军、二十五军和陕北红军这三支部队会合了!我们的会合,是中国苏维埃运动的伟大胜利,是西北革命运动大发展的导炮!我们表示热烈祝贺!
>
> 此致敬礼!
>
> 中国工农红军北上抗日陕甘支队司令员彭德怀,政治委员毛泽东

毛泽东对徐海东的雪中送炭记忆犹新,曾多次提及此事,并称赞徐海东是"对中国革命有大功的人"。

10月29日,陕甘支队发布《告红二十五、二十六军全体指战员书》,指出:"陕甘支队经过二万余里的长征,与红二十五军、红二十六军会合,

是中国苏维埃运动的一个伟大胜利，是西北革命运动大开展的号炮，它将为开展西北苏维埃运动大局面、赤化全中国打下巩固的基础。"

红15军团与中央红军会师在即，陕甘苏区反"围剿"斗争也进入了关键时刻。然而就在这时，一场浩劫悄然而至。

这年秋，新成立的陕甘晋省委在王明"左"倾错误执行者的主导下，决定"开展反对右倾取消主义的斗争"，发起肃反运动，将斗争矛头直指陕北红军和苏区的创建人刘志丹。一时间，整个苏区被"左"倾错误执行者搞得鸡飞狗跳、人人自危。地主、富农、反革命分子趁机捣乱，一些地区发生"反水"现象。国民党军也增调兵力，完成了对苏区新的"围剿"部署，妄图从南北两路夹击，聚歼红军。陕北红军和苏区元气大伤，内外交困，原本大好形势一下子变得岌岌可危起来。

11月3日，中共中央政治局常委会议在甘泉县下寺湾召开。会议听取了陕甘晋省委副书记郭洪涛和西北军委主席聂洪钧的汇报。

虽说中央到陕北仅有短短10多天的时间，但毛泽东已听到当地的干部和群众反映"陕北的肃反有问题"。于是，毛泽东提出"刀下留人，停止捕人"，迅速稳定苏区局势，并说："我们刚刚到陕北，仅了解到一些情况，但我看到人民群众的政治热情很高，懂得许多革命道理，陕北红军的战斗力很强，苏维埃政权能巩固地坚持下来，我相信创造这块根据地的同志是党的好干部。"

当陕甘晋省委汇报到肃反问题时，毛泽东当即指示：停止逮捕、停止审查、停止杀人，一切听候中央解决。这时，中共中央正忙于直罗镇战役准备，便派刚刚接任国家保卫局局长的王首道率刘向三、贾拓夫等人组成的工作组，代表中共中央前往瓦窑堡接管"左"倾错误执行者控制的保卫局，并调查、纠正肃反中的错误。

工作组临行前，毛泽东特意叮嘱王首道等人："杀头不能像割韭菜那样，韭菜割了还可以长起来，人头落地就长不拢了。如果我们杀错了人，杀了革命的同志，那就是犯罪的行为。大家要切记这一点，要慎重处理。"

同日，毛泽东、周恩来、彭德怀发布通令："奉中华苏维埃中央政府命令，兹委任毛泽东、周恩来、彭德怀、王稼祥、聂洪钧、林彪、徐海东、程子华、郭洪涛九同志为西北革命军事委员会委员，以毛泽东为主席，周恩来、彭德怀为副主席。"并决定恢复红一方面军番号，下辖第1、第15军团。西北革命军事委员会发布命令，委任彭德怀为红一方面军司令员，毛泽东为政治委员；林彪为红1军团军团长，聂荣臻为政治委员；徐海东为红15军团军团长，程子华为政治委员。全军共5个师又4个团，1万余人。

5日，红1军团到达甘泉象鼻子湾。6日，毛泽东与彭德怀致电徐海东，要求尽快消灭张村驿团匪。7日，毛泽东同彭德怀前往道佐铺红15军团部，会见徐海东、程子华等。

毛泽东开口只一句"海东同志，你们辛苦了"，竟使徐海东激动得不知说什么好。徐海东汇报了当前敌情。毛泽东取出军用地图，边听边看着地图，还不时点头。

这时，警卫人员端上饭菜，大家边吃边聊。饭后，徐海东对毛泽东说："我马上回前方去。"毛泽东交给他一部电台，要他带到前方使用。当晚，徐海东返回红15军团驻地，向指战员们传达了他见到毛泽东的情况，并发出攻打张村驿的命令。

自红四方面军撤出鄂豫皖苏区后，红25军一直孤军奋战，由于没有电台，听不到中央的声音，得不到中央指示，就像与亲人失散的游子一样无依无靠。现在好了，党中央和毛主席来了，中央红军也来了！

徐海东后来回忆："回顾进入陕北以后这一时期，是我一生难忘的。在这以前，我和红二十五军的同志们，在党的第三次'左'倾错误路线和张国焘的错误路线下，经历过失败和挫折，走过一段曲折的道路，终于找到了英明伟大的领袖毛主席。""走到了陕北，走到毛主席身边以后，许多问题使我有了很大提高。在比较长的一段时间内，我跟毛主席一路行军，一块住，他的思想、言行，以身作则的伟大榜样，科学的工作方法等，都给自己很深的影响。"

11月8日晚，张村驿战斗打响了。备受鼓舞的红15军团将士个个奋勇，争先爬上两丈多高的围墙，冲了进去，没费多大气力就打开了这个有300条枪的民团据点。战斗结束后，徐海东用毛泽东送给的电台，向党中央报告了战斗胜利的消息。毛泽东和彭德怀复电徐海东、程子华，要他们注意发动群众斗争，分配土地，建立政权，以利将来作战。

远在南京的蒋介石闻讯极为震惊，立即调集重兵向陕甘苏区包围过来。西北"剿总"以东北军5个师的兵力分为东西两路，首先构成沿葫芦河的东西封锁线，并打通洛川、鄜县、甘泉、延安之间的联络，构成沿洛河的南北封锁线，限制红军向南发展，尔后采取南进北堵，逐步向北压缩的战法，消灭红军于洛河以西、葫芦河以北地区。

形势万分危急，中革军委召开会议，认真分析敌我双方的情况，认为敌军兵力多于红军一倍以上，如果让敌人构成东西、南北封锁线，就很难粉碎敌人对陕甘苏区的第三次"围剿"，中共中央将无法在陕甘地区立足。

会上，毛泽东提出：第十七路军20个团是杨虎城指挥的，他有抗日的要求和一定的进步思想，过去同共产党和一些党员有过友好关系。东北军60个团虽是"围剿"军的主力，但他们在东北沦陷后背井离乡，流亡关内，不愿意再打内战，而是强烈地要求抗日收复故土；东北军领袖张学良，同日本侵略者有着家仇国恨，势不两立，因此是可以争取的。前提是必须狠狠地教训他一下，使其认识到"剿共"只有死路一条，唯一的出路是联合抗日。

针对敌人的进攻态势，会议决定集中兵力，向南作战，首先歼灭葫芦河东进之敌东北军第57军1至2个师，尔后视情况转移兵力，各个歼灭敌人以打破这次"围剿"。

红1军团随即隐蔽进至鄜县西北的秋林子和甘泉西南的老人仓地区；红15军团则攻占了直罗镇以东的张村驿、东村等据点，并以1个独立营和1个骑兵连前出直罗镇、黑水寺一带进行游击，监视东进之敌。12日后，红1军团进至九原、上高池、套通地区，红15军团主力隐蔽集结于张村驿、桃花砭地区。

这时，第57军进至太白镇地区已近半个月，一直犹豫徘徊，停滞不前。

为调动敌人，造成在运动中歼敌的有利时机，红一方面军决定以红15军团第81师1个团加紧对甘泉城的围攻，以造成敌人判断失误，调动第 57 军东进；以第 81 师另 1 个团在羊泉镇地区布防，准备阻击第 67 军第 117 师。

果然不出红军所料，西北"剿总"命令第 57 军立即东进。

17 日，第 57 军以第 108 师留守太白镇，军部率第 106、第 109、第 111 师沿葫芦河向鄜县方向前进。至 19 日，先头部队第 109 师进入黑水寺地区，军部及另 2 个师进抵张家湾地区。

19 日，红 1 军团进至直罗镇东北纸房沟、新窑子、石咀、凤凰头地区集结待机。这时，军团长林彪和政治委员聂荣臻接到毛泽东、彭德怀的电报："敌一〇九师明日有到直罗镇的可能，我军应准备后日作战。"

直罗镇位于甘肃合水通向陕西鄜县的必经之路，在葫芦河南岸，南北有连绵的土山对峙，中间系一条窄长的河谷。这一带山势并不险峻，道路却很差，车辆不能通过，步兵和驮马行军，只能摆成一字长蛇阵，蜿蜒行进。

红军决定在直罗镇设伏，以一部兵力节节抵抗敌人，诱敌深入。彭德怀亲率红 1、红 15 军团团以上干部，前往现场察看地形，研究作战部署。徐海东回忆道：

> 从出发地到直罗镇 30 余里，一小时不到就赶到了。大家下马后，首先登上了直罗镇西南面的一座高山。直罗镇就在脚下，它是个不过百户人家的小镇，三面环山，一条从西而东的大道像一条白色的带子铺向镇子的中央，穿镇而过。镇子东头，有座古老的小寨，里面的房屋虽然倒塌，石头砌的寨墙却大部完好；镇的北半面，是一条流速缓慢而平静的小河。我们几十架望远镜举在眼上，从左到右，从东到西，细心地观察着道路、山头、村庄和河流。一个小山包，一棵小树，一条小沟，一家独立房屋，都是指挥员们观察研究的对象。

这些久经沙场的红军将领们都清楚，在战前观察时疏忽一条小沟、漏掉一个山头，说不定在战斗中会增加意想不到的困难。当登上紧靠镇东南侧的高地时，彭德怀指着那座用石块堆砌成的寨子，对徐海东说："这个土寨子敌人可能会占它！"

这个寨子位于山包顶部，像个没有顶的碉堡，当地人称它为直罗寨子。

徐海东点头称是，"这个寨子是镇中的制高点，如为敌所用，我们就会吃亏。今晚就派一个营拆掉它！"

看过地形后，这些久经沙场的将领们一个个兴高采烈，摩拳擦掌，纷纷表示："这一带的地形，对我们太有利了！""敌人进到直罗镇，真如同钻进了口袋。""彭总、徐军团长，下命令吧！"

20 日晨，第 109 师师长牛元峰率领所辖的 3 个团和第 111 师的 1 个团，在数架飞机的掩护下，分三路沿葫芦河谷及南北山地向直罗镇推进。担任诱敌任务的红军小部队节节抗击，且战且退，将敌人一步步引向直罗镇。下午 4 时，敌人气势汹汹地开进了直罗镇。牛元峰命 2 个团分别驻守直罗镇两侧高地——北山寺和旗杆山，并作好警戒，加强防范；命第 111 师的那个团回归建制；自己则带着师部和另外 1 个团进驻镇内。

这时天色渐暗，全师官兵在陕北的黄土高坡上走了整整一个白天，早已是人困马乏，饥渴交加，开始大肆劫掠镇子里老百姓的粮食和家畜，准备美美地饱餐一顿，庆祝"胜利"。

就在敌人大吃大喝、疏于防范之际，红 1、红 15 军团由待机地域在黑夜的掩护下向直罗镇迅速开进。深夜时分，红军从四面八方将第 109 师围了个水泄不通。

此战直接影响到中共中央和红军能否在陕北站稳脚跟，可谓关系重大。毛泽东亲临前线，将指挥所设在北山坡吴家台北端高地几个破窑洞附近。在战斗打响前下达作战命令时，他斩钉截铁地说：这个仗，一定要打好！我们要的是歼灭战，不是击溃战。

21 日拂晓，战役打响了。

随着嘹亮的冲锋号声，红 1 军团由北向南、红 15 军团由南向北，犹如两只铁拳，向直罗镇猛砸下去。

牛元峰从睡梦中惊醒，听到四周密集的枪炮声，顿时心惊胆战起来，知道是被红军主力包围了，一面向军部发电求援，一面命令各团占据有利地形，拼死抵抗，企图固守待援。

仓促应战的第 109 师官兵，在红军将士勇猛的冲击面前，立即陷入被动。但敌人凭借精良的武器装备，妄图垂死挣扎。

战斗进行得十分艰苦，也很残酷。

直罗镇附近的葫芦河两岸是这次作战的主要战场，需要来回穿行。白天观察葫芦河最宽处不过 200 米，窄处只有二三十米，河水流量不大，流速也不快。但当红军将士们下水后才发现，河水并不像想象中那样浅，一下子就淹到了胸部，刚换上的新棉衣全湿透了，几乎不能御寒。河底全是淤泥，不少战士的鞋子掉在河泥中，只能赤着脚与敌人拼杀。时任连长的王诚汉曾回忆：天气很冷，是这次战斗给我的深刻印象。并非隆冬的那种寒冷，而是河水太冷。

经过几个小时的激战，红军占领了直罗镇两侧高地北山寺和旗杆山。在此据守的第 626、第 627 团大部被歼，一个团长被红军击毙，一个团长举枪自杀，残部向镇内溃逃。

红军乘胜追击，将残敌围堵在两山之间的一条山沟里，集中火力予以痛击。这时，红 1 军团第 2 师也已攻入镇内。

牛元峰见地面指挥体系已被红军打乱，急忙收缩剩余兵力，然后实施疯狂反扑，企图突围而逃。激战中，红 1 军团第 2 师第 2 团团长李英华、第 4 团代政治委员黄甦先后牺牲，就连林彪和聂荣臻的军团部也险遭敌人冲击。

战至中午时分，第 109 师 2 个团和师直属队被全歼。残部 500 余人在牛元峰带领下仓皇窜入镇东头的小寨子里，用一天前红军拆下的石头重新砌成围墙，抢修工事，继续负隅顽抗。

此时，东西两路国民党援军迫近直罗镇。红一方面军遂以少数兵力围困第 109 师残部和阻击由鄜县西援之第 117 师，主力向西迎击由黑水寺向直罗镇增援之第 106、第 111 师。该两师被阻击后，因惧怕被歼，于 23 日下午沿葫芦河西撤。红 1 军团主力及红 15 军团 2 个营，冒雪跟踪追击，在张家湾至羊角台途中，歼第 106 师 1 个团，余部退回太白镇。西援之第 117 师，遭红 15 军团第 81 师部队阻击后，退回鄜县县城。被围于直罗镇土寨子的第 109 师残部待援无望，于 23 日午夜突围，24 日上午红 15 军团

毛泽东评徐海东

将其全歼，击毙师长牛元峰。

此役，红军共歼敌1个师又1个团，击毙师长牛元峰以下1000余人，俘虏5300余人，缴获各种枪支3500余支（挺），打破了国民党军对陕甘苏区的第三次"围剿"。毛泽东曾高度评价这次战役：

> 直罗镇一仗，中央红军同西北红军兄弟般的团结，粉碎了卖国贼蒋介石向着陕甘宁边区的"围剿"，给党中央把全国革命大本营放在西北的任务，举行了一个奠基礼。

24日，毛泽东会见徐海东，同他谈了当前敌人动向和红军将采取的对策，并询问部队伤亡和伤员安置情况，要他好好组织部队休息，让战士们都洗洗脚。

当听徐海东讲到在鄂豫皖根据地搞的肃反中还有300多"反革命嫌疑犯"没有作结论时，毛泽东十分震惊，问他们是些什么问题？

徐海东气愤地说："有的是说了几句怪话，被扣上'第三党'；有的是丢了枪上的一个零件，被当成反革命嫌疑犯；有的是无根据地被指控为'AB团'成员；也有的说是历史上有问题，但找不到证明人。从鄂豫皖到陕北，一路上，他们被剥夺了拿枪的资格，每天抬伤员，挑子弹箱，背东西，处处受人监督，不能随便说话。我总觉得他们不像反革命。"

毛泽东思考了一会儿，严肃地说："这些同志都跟着长征一路过来，吃了许多苦，为什么还当作反革命？要立刻给他们摘掉嫌疑犯的帽子，党员恢复党籍，团员恢复团籍，干部要分配工作。"并要徐海东亲自去向那些同志做解释和慰问工作。

许多年后，徐海东在《生平自述》中回忆道：

> 我按照毛主席的指示，向三百多个被冤枉的同志宣布了恢复他们的党团关系。三百多个同志全哭了，我也流了泪。从这件事，我又一次感受到，毛主席是最实事求是的。那些同志如果不是毛主席，不知还要被冤枉多久呢！

素以骁勇善战而著称的徐海东，仅在鄂豫皖苏区的十年间就负伤八次，身上留下了十几处伤痕。埃德加·斯诺在《西行漫记》中写道："他的每条腿、每条胳膊，他的胸口、肩膀、屁股都受过伤。"别看徐海东平时由于身体不好常常躺着，可打起仗来就如同猛虎下山，虎虎生威。指战员们都亲昵地称他为"徐老虎""中国的夏伯阳"。毛泽东称赞他是"红军的领袖""群众的领袖""工人阶级的一面旗帜"。

全面抗战爆发后，徐海东任八路军第 115 师第 344 旅旅长，率部参加平型关战役和晋察冀边区反"八路围攻"、晋东南反"九路围攻"，并指挥温塘、张店、町店等战斗。特别是町店一战，全歼日军 1 个联队，毙伤敌近千人。徐海东从山西打到河北，从正太路打到平汉线。由于日夜辗转，积劳成疾，1938 年 6 月，因肺病复发而咳血而病倒战场，返回延安治疗休养。毛泽东特地批了 50 元钱，给徐海东增加营养。

10 月，中国共产党在延安召开扩大的六届六中全会。尽管当时徐海东的身体还没有复原，但仍以中共中央军事委员会委员的身份列席了会议。在会议休息时，他向毛泽东提出重返前线的要求，毛泽东摇手拒绝了，叮嘱他要好好养病。不久，徐海东提出想利用养病的这段时间多读点书，毛泽东当即同意。就这样，徐海东进入马列主义学院。这也是他参加革命十多年来，第一次进入正规学校学习。徐海东十分刻苦，先后学习了马克思列宁主义、中国近代史、党史等课程。特别是通过聆听毛泽东和许多中央领导人的讲课，感到深受教益。

1939 年初，新四军第 4 支队第 7 团、淮南抗日游击纵队等部先后进到淮南路东的肥东青龙厂、下塘集等地活动，积极袭扰敌人。4 月 24 日，中共中央在给中共东南局并第 4 支队第 8 团的电示中，进一步明确了江北部队发展的方向和任务，指出目前在皖东的中心任务是建立皖东抗日根据地，要迅速扩大部队，积极向东、向北发展，建立后方。

5 月，新四军江北指挥部成立，第 4 支队归其指挥。同月，由第 4 支队第 8 团第 2 营扩编的挺进纵队，从滁县常山岭出发进入津浦（天津—南京浦口）路东地区。7 月，以第 8 团为基础扩编成立新四军第 5 支队，罗炳辉任司令员、郭述申任政治委员，下辖第 8、第 10、第 15 团和教导大队。

随后，第4、第5支队在张云逸、戴季英、罗炳辉等领导下，深入淮南津浦路西、路东地区，开展敌后游击战争，积极协同地方党组织开展抗日救亡工作，建立抗日群众团体，为创建淮南抗日游击根据地奠定了基础。

至1939年上半年，第4支队发展到近万人，战斗在皖中、皖东广大地区，对日伪军作战90余次，共毙伤日军1700余人，俘虏12人，毙伤伪军600余人，俘400余人；歼灭土匪及反动武装3700余人。但由于王明"一切经过统一战线"右倾机会主义路线的错误影响，地方党的组织力量薄弱，方向不明，既不敢放手发展人民武装，又不敢建立政权；部队干部缺乏，装备不齐，武器很差，缺少弹药；冬季无棉衣，粮食的供应难以为继。

与此同时，国民党抢先在皖东各地设立县、区、乡政权。安徽省政府皖北行署及其第12游击纵队设驻定远县；第5行政区督察专员公署及其第10游击纵队和桂军1个特务营则设驻全椒县古河镇，同时收编土杂武装，扩充势力，与新四军争夺淮南地区。

皖东新四军不仅在政治、经济等方面孤立无援，而且处于日、伪、顽的夹击之中，情况危急。8月，徐海东再次向毛泽东提出重返前线的请求。经研究，党中央决定派徐海东随中共中央中原局书记刘少奇去华中地区，传达中共六届六中全会精神，批判王明右倾机会主义的错误路线及其在新四军中的影响，强调要独立自主地发展抗日武装，建立抗日根据地和民主政权。

为打开皖东的抗战局面，鼓舞民心，使新四军在津浦路西站稳脚跟，更好地创建皖东抗日根据地，中原局决定组织一次反"扫荡"战斗，给日军以沉重打击。反"扫荡"战斗由刘少奇直接领导，并点名要徐海东亲自指挥。

9月，徐海东抱病随刘少奇赶赴淮南抗日根据地中心区藕塘，出任新四军江北指挥部副总指挥兼第4支队司令员，率领第4支队在津浦路南段两侧广泛开展游击战争。

皖东抗日形势的迅猛发展令日军深感不安，决心派兵"清剿"。12月中旬，日军第6师团师团长谷寿夫纠集南京、明光、蚌埠等地的日伪军2000余人，麇集于安徽省滁县、沙河集、全椒等地，分多路对全椒西部的周家岗、大马厂、古河等地进行"扫荡"。

谷寿夫是个出名的刽子手,曾经纵容部下对南京城进行了长达6个星期的血腥屠城,双手沾满了中国人民的鲜血。此次大"扫荡",日伪军步、骑协同,配有九二式步兵炮和山炮10余门,运送弹药、物资的骡马、挑夫紧随其后。敌人倚仗装备优势,气焰嚣张,一路上鸣枪放炮,见人就杀,见房就烧,见东西就抢,实行灭绝人性的"三光"政策。

12月19日23时,盘踞全椒的日伪军出动1000余人,经东旺集于20日拂晓进至大马厂;21日晨,另有300余人从全椒出动,经石沛桥、枣岭集,向周家岗进犯。

驻守滁县的日伪军700余人于20日晨分两路出动:一路经赤湖铺、关山店、珠龙桥,窜入施家集;另一路经官庄窜入施家集。两路会合后,向周家岗攻击前进。

为配合全椒、滁县的日伪军对周家岗地区实施大"扫荡",驻巢县的日伪军于21日出动近千人,经含山和程家市侵入古河镇。

驻扎在古河镇的国民党安徽省第5督察专员兼第10游击纵队司令李本一(原为桂军第171师师长),虽拥兵5000余人,但早已被日伪军的凶残吓得丧魂失魄,一枪未放即弃镇而逃,一口气跑到和县善厚集躲了起来,被称作"逃难专员"。

杀气腾腾的日伪军没有遇到任何抵抗,就闯进了古河镇。敌人兽性大发,奸淫掳掠,无所不为。全镇一片火海,被烧毁砖瓦木结构小楼10座、平房400余间,被杀害的无辜群众达100余人,农民童严发被日军用刺刀活活捅死。随后,这股日伪军离开古河,配合北路之敌"围剿"周家岗。

一道道急如火烧的敌情通报传到中原局、江北指挥部和第4支队司令部,刘少奇于12月18日紧急召集江北指挥部指挥张云逸、副指挥徐海东、政治部主任邓子恢等人开会,商讨对策。

在详细分析敌情后,刘少奇认为:此次敌人出动兵力多,来势凶猛,我们应先避其锐气,转移待机,而后击其弱的一路。

徐海东则提出了自己的看法:"您来皖东后,一直讲抗战要有个'家',我们在皖东的这个'家'才搭了个架子,敌人就大动干戈,要摧毁它。这次如果不给敌人一个迎头打击，敌人的气焰会更加嚣张，今天'扫荡'这个地方，明天'扫荡'那个地方，就会把我们这个'家'扫光了。"

他顿了顿，接着说："敌人现在骄傲得很，我们要充分利用敌人这一弱点，找准机会，出其不意，攻其不备，狠狠地揍敌人一顿，使敌人不敢再轻举妄动，以巩固和扩大我们这个'家'。我请求，把这个任务交给四支队。"

大家表示赞同，但又都担心徐海东的身体吃不消。

徐海东笑呵呵地说："一有仗打，我的病就好了。"

会议研究确立了"避敌锋芒，击其弱翼，精心捕捉战机，充分利用有利地形，出敌不意在运动中给以歼灭性打击，以缩小'扫荡'范围，缩短'扫荡'时间，减少人民的损失"的反"扫荡"作战方针。

在敌强我弱的情况下，要做到出其不意，攻其不备，最好的战法就是打伏击。敌人现在求战心切，一心想找新四军主力决战，如投其所想，就能将敌人诱至预设的伏击区，达到预期效果。

伏击区放在哪里？怎样引诱敌人？部队如何部署？

徐海东不分昼夜，废寝忘食地考虑着如何打好这一仗。他一遍又一遍地审视地图，反复分析各路敌情。周家岗与复兴集之间有块狭窄山地，在此埋兵伏击定能出奇制胜。敌人为打击第4支队定会合击周家岗，而大马厂一路的敌人距周家岗较远，很可能首先行动。如果在复兴集一带阻止大马厂一路敌人北犯，就可以引诱已进至施家集、枣岭集的两路敌人进入伏击区。

一个完整的作战方案终于形成：选择有利地形，诱敌深入，伏击敌人，给敌人以有力打击，待敌溃退时，再沿途袭击和追击。

徐海东立即从新四军江北指挥部和第4支队司令部驻地周家岗西北太平集，赶到陈郢村第7团团部，下达了作战部署：

以第7团3营7连、8连在周家岗西北之常山岭大邵家一线占领阵地，防备施家集之敌西犯太平集，保证中原局、指挥部和第4支队司令部的安全；

以第9团主力在周家岗以南复兴集、玉屏山一带构筑阵地，先以少量兵力阻击大马厂之敌北进，伪装成第4支队主力，引诱枣岭集和施家集两路敌军来夹击，待敌溃退时，主力再出动，乘胜追击；

以第7团1营、2营和3营9连埋伏在周家岗至复兴集之间的一带山地，占据有利地形，构成口袋形伏击区，待敌进入伏击区后，狠狠地予以打击；

另有若干小分队埋伏在敌人可能溃退的路上，袭击逃敌。

在战前动员部署会上，徐海东斩钉截铁地说："战争，不仅仅是武器装备的对抗，更是智力的竞赛、勇气的较量。敌人的武器装备虽然比我们好，但在中国这块土地上，我们有人民的支持，我们在斗智斗勇上远远超过敌人。这一次，我们要坚决粉碎敌人的'扫荡'，打开皖东抗战的新局面。"

敌人的行动果然不出徐海东所料。

21日拂晓，进至大马厂的日伪军率先北犯，企图进攻周家岗。

第9团坚守在玉屏山的1连、9连依托有利阵地，顽强阻击敌人。敌即缩回复兴集，以炮兵猛轰新四军阵地，掩护大队继续伸进。第9团3连当即在复兴集附近与敌激战7个小时，将敌死死挡在大道上，并给予较大杀伤。敌人被迫退缩复兴集、大马厂一带，不敢向周家岗前进。

当天上午，进至施家集和枣岭集的两路敌军合击周家岗，结果扑了个空。在得知复兴集附近激战正酣，两路敌军迅即向复兴集方向运动，企图与复兴集守敌合击新四军。

16时30分，当敌先头部队到达山根曹、后续部队离开西魏村时，刚好进入第7团预设的伏击圈。

在此设伏的第7团1营，前身为徐海东在鄂豫皖率领的红25军第74师一部，是一支久经沙场、以能打硬仗恶仗著称的英雄部队。徐海东对这支部队很熟悉，所以才把伏击敌人的重任交给他们。

伏击阵地上，1营官兵们紧握子弹上膛的步枪，捏着开盖的手榴弹，瞪大眼睛，怒火满腔地注视着正沿山路缓缓而来的大队敌人。

按照战前部署，1营放过日军的前卫部队，待随行的骡马辎重和伪军刚一露头，即以猛烈火力发起突然攻击，枪声、手榴弹声响成一片。敌人猝不及防，慌乱一团。1营迅即发起冲锋，战士们如猛虎下山，锐不可当，冲入敌阵，顿时将敌军截为数段，首尾不能相顾。

日军前卫部队不敢回援，匆忙占领了两座小山头盲目开炮还击。被截断的敌军多数是伪军，战斗力不强。面对新四军的英勇冲锋，早就吓破了胆，不是四散奔逃，就是举手投降。一时间，受惊的骡马东奔西窜，辎重、弹药丢弃满地。

激战中，一名押运弹药的日本小队长，长得膀粗腰圆，被四五名新四军战士团团围住，头部也被刺刀挑破，鲜血直流，可武士道精神十足，就是不肯放下武器，仍作困兽犹斗。结果被3名战士猛扑上去，生擒活捉，押下阵地。

敌人遭到伏击，伤亡惨重，前不敢进，后不敢退，见天色已晚，只好龟缩在山根曹、西河家一带的小山庄，据险固守，不敢妄动。

徐海东料定敌军天明后必会向复兴集逃窜，随即命令第7团除以1营一部趁夜袭击敌人外，其余兵力分别设伏在通向复兴集的道路旁。

1营1连指战员在夜幕掩护下，发起突袭，打得十分英勇，反复冲击10多次，与敌展开肉搏拼杀。战斗中，1排长壮烈牺牲，3排的正副排长也都挂了花。

22日天大亮后，被杀得心惊胆战的日伪军果然由西何家夺路向复兴集溃逃。结果又遭到第7团伏击部队的痛击，被消灭一部，残部窜入复兴集。当夜，困守复兴集的日伪军又遭到第7团一部的袭击。

连日来，各路"扫荡"的日伪军屡遭打击，接连受挫，伤亡甚众，士气低落，加上携带的弹药所剩无几，被迫于23日上午从周家岗、复兴集、大马厂等地全线撤退，向东旺集、古河、全椒逃窜。

第7、第9团随即跟踪追击。回窜巢县的一部，被第9团沿途追击，予以杀伤。第9团乘势收复古河镇，从河里捞出不少李本一部逃跑时丢弃的掷弹筒和枪支。回窜全椒的一路，途经小尚村和东刘村时，遭第7团预伏部队的猛烈阻击。敌军且战且退，在退到大小童的中心时，再遭第7团10多挺机枪和无数手榴弹的突然打击。惊魂未定的敌军无力还击，夺路而逃。第7团一直追到谭墩才胜利收兵。

此役是新四军挺进皖东敌后，第一次与日军在战场上大规模的正面交手，结果取得一场以少胜多的胜利。徐海东指挥第4支队2个团与三倍于己的日伪军进行围追阻击三昼夜，战术灵活，有进有退，攻守有序，以较小的牺牲夺取胜利，共毙伤俘敌 160 余人，其中击毙日军中队长毛高千穗，俘虏日军小队长 1 人，缴获了大量的武器弹药和军用物资，收复了周家岗、复兴集、大马厂、古河等地，粉碎了敌人的三路"扫荡"，打破了所谓新四军"游而不击"的谎言，巩固和扩大了皖东抗日根据地，狠狠打击了日军的嚣张气焰。

周家岗战前，日军"扫荡"所到之处，长驱直入，无所顾忌，三五成群到处烧杀抢掠。此役后，日军龟缩滁城、珠龙桥等据点长达半年之久，不敢轻举妄动。夜晚即使听到异常动静，也不敢越出炮楼半步，只得对天鸣枪警示。

战后，第 9 团在古河镇停留休整时，"逃难专员"李本一带着几十名武装随从，耀武扬威地回到古河，态度强横地向新四军索要地盘。

徐海东当即训斥他们：你们贪生怕死，不配合作战，丢掉古河，很不应该，但为了团结抗日，准备将古河交给你们。

当李本一得知说话者就是大名鼎鼎的徐海东时，态度立刻软下来，连声表示感谢，并大摆宴席，盛情款待。

几天后，新四军主动离开古河镇，移驻大墅街整训。李本一率军政官员和古河镇的百姓，敲锣打鼓，鸣放鞭炮，热烈欢送，并赠送了许多大米、猪肉等物资表示慰问。

皖东军民在欢庆胜利的气氛中迎来了 1940 年元旦。

在第 4 支队所到的每个村子里，锣鼓声、鞭炮声响成一片。百姓们从四面八方拥来，欢迎自己的队伍。孩子们排着队，手执小红旗，唱着临时编的歌谣：

> 欢迎新四军，
> 欢迎新四军，
> 打鬼子，
> 呱呱叫，
> 呱呱叫……

慰劳部队的老百姓络绎不绝。有的挑着大米，有的赶着肥猪，有的送来布鞋，真比赶集还要热闹。

第7团驻地周家岗的街道上，燃放鞭炮的纸屑积了厚厚的一层；大墅街第9团团部门前，前来慰劳的百姓里三层外三层，围了个水泄不通。

当时担任大沙乡副乡长的路国良感慨地说："过去乡里也曾经搞过对国军的慰劳，可是群众从来没有像这一次那么热情。可见谁抗日，人民就拥护谁。老百姓的心是向着共产党，向着新四军的！"

时任新四军第4支队组织干事的陈祥回忆道：

> 1940年元旦那天，4支队各团驻地都召开了军民联欢大会，演出了文艺节目，部队首长在会上报告了全国抗战的形势，宣传了中国共产党坚持抗战、团结、进步，反对投降、分裂、倒退的主张，并号召青年参加抗日部队，打鬼子保家乡。会后，许多人报名参加新四军，仅大沙，石溪、管坝等乡参军的男女青年就有120多人。

第4支队的干部战士们更是笑逐颜开，纷纷说："徐司令一到，就旗开得胜，今后保险更能打胜仗！"

但徐海东却沉着脸，扳着指头，算了一笔账：消耗子弹8000多发，只毙伤敌人160多，"你们平均是50发子弹才打倒一个敌人，太不合算了！如果我们能更好地讲究战术，射击准确，就能更多地消灭敌人。这次没能很好地利用战机，实在可惜。我们要进一步提高战术。"

1月28日，第4支队营以上干部大会在太平集一所学校的大教室里召开。

徐海东首先讲述了周家岗战斗的经过，总结了这次战斗的经验教训："这是四支队挺进津浦路西后第一次较大的战斗，我们要认真吸取这次作战的经验教训，准备粉碎敌人以后的'扫荡'。为了发展华中，党中央、毛主席要我们不停地向前，向东。我们一定要……"

说到这里，徐海东突然口吐鲜血，昏倒在会场。医生诊断是肺病复发。

这次，徐海东的病情比哪次都严重。一连十几天都是天天吐血，时而昏迷，时而苏醒，只能躺在特制的担架上，自此卧床不起。

中原局将此事上报中央。不久，毛泽东来电，表彰了第 4 支队取得周家岗战斗胜利，安慰徐海东好好养病。电报的最后 8 个字是"静心养病，天塌不管"。

徐海东看完电报，落下了热泪。此后，他只要不昏迷，就让秘书读文件，念战报和报纸，或找人来谈话，还经常打电话到前线询问情况，指导部队建设，研究作战部署，被皖东人民誉为"担架上的将军"。

毛泽东评陶勇

【陶勇简历】

陶勇（1913—1967），原名张道庸。安徽霍邱叶集人。

1929年2月，加入中国共产主义青年团，4月到商城参加游击队。1932年5月，转入中国共产党。1931年11月起，在中国工农红军第四方面军任连长、营长、团长，参加了鄂豫皖、川陕苏区反"围剿"、反"围攻"和长征。到陕北后，任红9军教导师师长。1936年10月，随部西渡黄河作战。1937年3月，西路军失败后，辗转到西安。后到延安入中国人民抗日军事政治大学学习。

全面抗战爆发后，任新四军第1支队副参谋长、第2支队第4团团长。1939年10月，与卢胜率第4团主力北渡长江组成苏皖支队，任司令员，领导开辟扬州、仪征、天长、六合地区抗日游击根据地。1940年7月起，任新四军苏北指挥部第3纵队司令员、第1师第3旅旅长兼苏中军区第4分区司令员、苏浙军区第3纵队司令员兼政治委员，率部参加黄桥、车桥、天目山等战役。

抗日战争胜利后，任华中野战军第8纵队司令员兼政治委员、第1师副师长，华东野战军第4纵队司令员，第三野战军第23军军长，参加了苏中、莱芜、孟良崮、豫东、淮海、渡江、上海等战役。

中华人民共和国成立后，任第9兵团副司令员。1950年11月，参加抗美援朝战争，先后任中国人民志愿军兵团副司令员、代司令员兼政治委员，参加第二、第五次战役。1952年，回国后任华东军区海军司令员、人民解放军海军东海舰队司令员、海军副司令员兼东海舰队司令员。1963年11月，兼任南京军区副司令员。1955年，被授予中将军衔，获一级八一勋章、一级独立自由勋章、一级解放勋章。"文化大革命"中，受林彪反革命集团迫害。1967 年 1 月 21 日，在上海逝世。

【毛泽东评点】

"你是陶勇吧？久仰你的大名，你的仗打得好嘛！"

——摘自《中国人民解放军高级将领传》第 34 卷，
解放军出版社 2013 年版，第 403 页。

【评析】

1953 年 2 月，毛泽东南下巡视到达南京，时任华东军区海军司令员的陶勇奉命率舰队从上海开到下关接受检阅。毛泽东在接见陶勇时，紧紧地握住他的手说："你是陶勇吧？久仰你的大名，你的仗打得好嘛！"

想不到自己的战斗经历，毛泽东还记在心里，陶勇一时百感交集。人如其名，陶勇在战将如云的人民解放军将领中素以勇猛著称，堪称一员勇将，解放战争初期的苏中战役更能体现毛泽东对他的这一评价。

那是 1946 年 6 月 26 日，国民党统治集团在战争准备就绪后，公然撕毁停战协定，调集重兵向中原解放区发动大规模进攻，紧接着又将战火扩大到其他解放区，发动了全面内战。

蒋介石对发动这场大规模内战充满自信，对部下说："我们军队的长处是什么呢？就是我们有特种兵以及空军、海军，而共产党没有这些兵种。"因此"我们就一定能速战速决"，扬言要在 3 个月至半年内消灭共产党。

对于华东地区，蒋介石的如意算盘是实行由南向北的逐步压缩，先将解放军华中主力赶过陇海铁路（今兰州—连云港）以北，再会同胶济铁路（青岛—济南）南下的国民党军将其聚歼于鲁中地区，以解除其宁沪杭中心地带的"心腹之患"。于是，7 月上旬，国民党军调集 58 个旅约 46 万人大举进攻华东解放区。

作为华东解放区东南前哨的苏中解放区，南濒长江，北连淮阴、淮安，东临黄海，西抵京杭大运河，直接威慑国民党统治中心南京，是国民党军进攻的主要方向之一。蒋介石命令国民党第一"绥靖"区司令官李默庵指挥 5 个整编师（军）15 个旅约 12 万人，集结于长江北岸南通、靖江、泰兴、泰州一线,企图先占如皋、海安,而后再沿通榆公路和运河一线向北攻击前进。配合向淮南、淮北进攻的国民党军,夹击苏皖边解放区首府淮阴。

这时,华中野战军驻守海安、如皋一线的部队是第1、第6师和第7纵队,共19个团3万余人。国共双方兵力对比是4∶1。蒋介石扬言要"在7月中用两个星期夷平苏北解放区"。

当苏中大地战云密布时,中央军委曾设想:以晋冀鲁豫野战军河山东野战军进击豫东、津浦铁路徐州至蚌埠段;以华中野战军由苏中西出淮南、进击津浦铁路蚌埠至浦口段,作为策应。华中野战军司令员粟裕认为,苏中地区物产丰富,补给方便,部队指战员多系苏中人民子弟兵,熟悉地形、民情,在苏中作战更为有利,遂向中央军委建议:华中野战军主力先在苏中作战,尔后出击淮南。

7月4日,中央军委采纳了这一建议,指示:胶济、徐州、豫北、豫东、苏北等地国民党军可能同时发动进攻,我先在内线打几仗,再转外线,在政治上更为有利。

10日,江苏海安,华中野战军司令部内正在召开旅以上干部会议。会前粟裕刚刚得到情报:敌人可能在15日同时进攻黄桥、如皋、姜堰、海安等地。粟裕认为:敌众我寡,敌强我弱,等敌人攻到跟前再抵御就晚了。不能硬拼,只能巧取。会上,他让大家就"打与不打,如何打"展开讨论。

第1师副师长陶勇很清楚国民党军已经部署就绪,大军云集,个个箭头指向两淮。他提出利用苏中的有利条件,进行内线作战,诱敌深入,在运动中歼灭敌人有生力量。同时,他还进一步指出,要在放弃苏中若干城市之前,必须先打几个大仗,歼灭大量敌人,以挫敌人之锐气,坚定解放区人民必胜的信念。粟裕对此深表赞同。

在讨论先打哪路敌军时,大家议论纷纷:泰州之敌,离海安较近,踞我军侧背,对我威胁较大。但泰州是中等城市,难以迅速攻克。若围攻其前出据点,求歼援敌,这一带地形又不利,从泰州直到海安,是水网地区,河川纵横如棋盘,有些地方没有桥梁,难以通行,南面是较宽的运粮河,大兵团很难行动，而且每个村庄都有水圩子，易守难攻。打这一路如不能速决，南通、靖江方向的敌人将会乘虚而入，进占如皋、海安。东南方向的南通、白蒲一路，距离较远，如我军远出寻歼该敌，泰州、泰兴、靖江的敌人必然会三路并进，可能很快突破我阻击阵地，威胁如皋、海安。只有打宣家堡、泰兴这一路最为有利。不过，这一路之敌又是苏中战场上，装备最好、战斗力最强的整编第83师。

会议反复讨论，认为：整编第83师是蒋介石的嫡系部队、第二"绥靖"区司令官王耀武的基本部队之一，原为第100军，全部美械装备，由美军教官训练，在抗日战争后期曾作为中国远征军入缅作战，战斗力很强。但也有一个很大的弱点就是骄傲，做梦也不会想到我军敢于主动向他们进攻，并且到他们的进攻出发地去打。

经过权衡利弊，最终决定发起宣（家堡）泰（州）作战：除以第7纵队3个团监视东路之敌、第10纵队3个团牵制邵伯方向之敌外，集中第1、第6师共12个团的兵力围歼宣家堡、泰兴的整编第83师第19旅第56、第57团及旅属山炮营。

慎重初战，先打弱敌，一向是我军的传统战法和宝贵经验。宣泰作战采取先发制人、主动出击，一反我军诱敌深入、后发制人的惯用战法，被后来的事实证明：完全符合实际，完全出乎敌人的预料。

7月13日，国民党第一"绥靖"区在常州召开作战会议。主持会议的是刚刚走马上任的中将司令官李默庵。尽管兵力占有绝对优势，但有着与共军多年交手的经验，李默庵对此次作战行动还是比较谨慎，一一征求各位师长的意见。

整编第83师师长李天霞有些不耐烦了，赌气地说："干吧，老拖着干吗！我那里没有问题。如果再拖下去，或许拖出问题来。"

整编第83师是这次苏北作战的主力。初来乍到的李默庵不好当面驳斥李天霞，只是提醒说："苏北赤化严重，共军素来狡猾，粟裕工于计谋，不得不防啊！"

同日，第1师参战部队已经由如皋到达宣家堡一带。黄昏时，第3旅第8团首先打响了战斗，当面守敌约有1个营的兵力。

这天晚上，月明如昼，能见度很高。敌人像是故意显示他们美式装备强大，各种火器全都用上：从土木工事密密层层的枪眼里喷射出的机枪火力又密又急，一刻不停地向外倾泻；各种口径的火炮不停地向攻城部队射击。第8团第一次攻击没有成功，随即准备发起第二次攻击。

陶勇闻讯赶到第8团团部，暗中思忖：攻击没奏效，难道仅仅是因为敌人装备好、火力猛？有个绰号叫"小钢炮"的连长，提着驳壳枪，跑到陶勇面前，嚷道："副师长，你批准，我带突击队，硬拼也要拼上去！"

第一次攻击没得手，连队遭受不小的损失，10多名战士牺牲，把"小钢炮"打红眼了。陶勇来不及解释，说了声："不准蛮干！"就匆匆走进了团指挥所。

这时，陶勇接到第1旅第3团的捷报：全团3个营分多路进攻，一举全歼驻守许家堡的敌军1个营。他又对照了一下第8团的作战部署，发现该团在第一次攻击时仅出动1个营的兵力，与守敌大致相当，并不占合优势，而在火力上明显吃亏。

陶勇察觉到了问题所在，立即命令第8团停止攻击，明晚再战。在研究守敌布防情况后，陶勇发现西北方面由于河沟环流，又是守敌侧后方，只设置了两道铁丝网，兵力也不多，是敌人的薄弱环节。

陶勇调整部署，以第8团继续从东面进攻，吸引守敌火力；以第9团1营攻击南面，实施佯攻；集中第7团在西北面担任主攻。

14日，战斗打响后，进展十分顺利。第7团2营一举从西北面突破。守敌慌忙调动兵力，第8团乘机从东面突破。

师指挥所里顿时热闹起来，电话铃声响个不断，各团捷报纷纷传来。受战斗形势所鼓舞，大家你一言我一语地议论起来："天亮以前，敌人这个团就可以报销了。""这一仗，敌人是输定了！""敌人样子蛮吓人，其实没啥了不起！"

激战至15日拂晓，除据守泰兴城核心据点庆云寺的第57团团部外，华中野战军共歼国民党军整编第83师2个团另2个营3000余人，首创歼灭美械装备的蒋介石嫡系部队的纪录。苏中战役初战告捷。

遭到华中野战军当头一棒后，李默庵恼羞成怒，急于寻找华中野战军主力报复。毕竟是黄埔一期生，李默庵指挥作战还是很有一套的，当他得知华中野战军主力仍在泰兴、宣家堡地区后，立即调整作战部署：命令整编第65师由扬中火速北渡，会同靖江第99旅增援泰兴，进攻黄桥；命令整编第49师昼夜疾进，由南通、白浦进攻如皋，增援泰兴，截断华中野战军东去之路；命令整编第25师148旅由泰州东进，进攻姜堰。这一部署的确狠毒，妄图以三路重兵夹击华中野战军主力于如皋、黄桥之间。

敌人的作战部署很快被华中野战军侦察得知。粟裕原本打算在宣泰战斗后，集中兵力打击增援泰兴的整编第65师。不料，局势发生意想不到的变化。

7月17日，整编第49师部率第26旅前进至如皋东南鬼头街、田肚里地区，第79旅前进至宋家桥、杨花桥地区，准备合击如皋。

战机稍纵即逝，粟裕命令第1、第6师立即转兵，日夜兼程，火速东进，歼灭整编第49师于如皋城东南地区。

接到粟裕的电报后，陶勇立刻率部出发，为了争取时间，他在行军途中把各旅指挥员找来，边走边讨论作战计划。他左手托着地图，用右手食指指着地图上的进攻方向说："我们师展开5个团，像一把梳篦，自西南向东北侧击敌人。敌人在运动中，我们也在运动中，谁碰上敌人，谁就将敌人分割包围聚歼，动作要快，要猛。"

18日，陶勇率第1师主力到达白蒲、林梓之间地区，迅速攻占林梓、丁堰，断敌退路，由南向北攻击整编第49师侧后，并在第7纵队一部配合下，将其师部及第26旅包围于鬼头街、田肚里地区；第6师将第79旅包围于杨花桥、宋家桥地区。激战至当日下午，陶勇派第3旅副旅长张云龙到第8团加强指挥并转告该团领导："尽量将敌人向如皋方向压缩，以便在有利地形上围歼敌人。"

19日，陶勇将主力第7团投入战斗。战至下午，敌军各部顿时陷入混乱，军心恐慌动摇，开始向南突围。陶勇率第1师全线出击，第7纵队和华中第1军分区特务团同时从北面密切配合，将整编第49师师部大部和第26旅全部歼灭于田肚里以西地区，仅师长王铁汉率领百余人向西突围，逃至整编第79旅驻地。

此战，华中野战军共歼整编第 49 师师部、第 26 旅全部及第 79 旅大部共 1 万余人，生俘少将旅长胡坤以下 6000 多人。一次歼敌如此之众，解放战争还是第一次。战斗结束当天，中央军委和毛泽东就致电华中野战军：庆祝你们打了大胜仗！

宣泰、如南两战皆负。消息传到南京，蒋介石和参谋总长陈诚大为震惊，眼看两个星期就要过去了，苏北解放区不但没有"夷平"，反倒是国军连遭重创，蒋介石连忙派陈诚赶到南通，主持召开作战会议，决心继续增兵，命第二梯队 6 个旅 10 余万人渡江北进，协助李默庵消灭苏中野战军。

这时，华中野战军已经连续作战 10 天，实现了作战预定目标，但十分疲劳，遂主动撤离如皋县城，主力转移至海安东北地区，其中陶勇率领第 1 师前往三仓河一带休整待机。国民党军趁隙于 7 月 23 日进占如皋，随后以整编第 49 师余部由如皋向北，以第 160、第 187、第 148 旅自姜堰、大白米一线向东，在几十架飞机支援下，企图两路夹击海安，与华中野战军主力决战。为防止被各个击破，李默庵改用锥形攻势，严令各旅在正面不足 30 里、纵深 10 余里的地域，靠拢前进。

海安，东临黄海，西通扬州、泰州，南达长江，北连盐城、阜宁，通榆公路、通扬公路、海（安）黄（海）公路和串场河、运粮河在此交汇，被称为"南北跳板"，历来就是兵家必争的咽喉要地。此次进攻苏北，国民党军把攻占海安作为第一步作战的重要目标，企图构成西至扬泰、东达海边的封锁线，以巩固苏中南部占领区，打通苏中通向淮北的门户。然后再与徐州南下部队会攻两淮，实现其"解决苏北"的战略目标。为此，汤恩伯坐镇南通指挥，白崇禧也赶到徐州督战。

从 7 月 30 日起，华中野战军第 7 纵队以 4 个团 3000 多兵力在海安外围实行运动防御，英勇抗击 5 万多敌军的轮番猛攻，不断迟滞、消耗敌人。在连续阻击 5 天后，于 8 月 3 日主动撤离海安。此战，第 7 纵队以伤亡 200 多人的代价毙伤敌 3000 多人，创造了敌我伤亡 15 比 1 的新纪录，并为野战军主力赢得了宝贵的休整时间。

进占海安后，李默庵认为苏中野战军主力损失惨重，大势已去，遂命令各部分兵进行"清剿"，意图攫取南通、如皋、海安、启东整个地区，扩大和巩固占领区，准备继续北犯。

8月6日，李默庵调整部署：整编第83师撤回泰州；整编第65师（欠第154旅）附新编第7旅驻守姜堰、海安；整编第49师第105旅继续向角斜发展。为保证第105旅（欠第315团）能集中兵力攻占角斜，李默庵令驻原海安的新编第7旅派1个团前往李堡，接替第105旅防务。

这一情报很快就被华中野战军司令部"四中队"侦悉。被誉为"无名英雄"的"四中队"是一支掌握当时"高科技"的技术侦察队伍。他们利用无线电侦察、破译敌人的作战部署和各种密令，为野战军首长掌握敌情、作出决策提供可靠的情报。

粟裕觉得战机已然出现，绝不能错过。他当即向中央电请调在淮南的第5旅参战，准备围歼李堡之敌，并准备迎歼可能由海安东援之敌，打开主力南下作战的通道。

8日，毛泽东复电表示同意。华中野战军政治委员谭震林率第5旅和军区特务团奉命东进海安集结。这时，国民党第一"绥靖区"正按照预定作战计划，忙着调兵遣将，分兵占地，在东起海边西至扬州的300里地段上摆出"一字长蛇阵"的封锁线，企图"清剿"封锁线以南占领区。

9日，整编第65师经海安去泰州、黄桥接替整编第25师和第99旅防务。10日，新编第7旅由海安东进，接替整编第105旅在李堡的防务。国民党军的频繁调动，正好给了华中野战军在运动中歼敌的好时机。

李堡，位于"一字长蛇阵"的东端，李默庵把第105旅第314团孤零零地摆在那里。8月9日，华中野战军下达命令，决心攻歼进占李堡、角斜及丁家所之敌，而后相机围攻海安，打击如皋、黄桥、泰州增援之敌。要求各参战部队于10日23时发起攻击，第1师以1个旅兵力负责解决李堡之敌，另1个旅包围攻击丁家所，务必于11日17时完成歼灭李堡之敌的任务。

陶勇接到命令后，立刻召开全师营以上干部作战会议，制定了作战部署，全师上下赶紧投入到战前准备工作。10日，陶勇率部从驻地三仓河地区悄悄地向李堡进发，沿途避开大路走小道，想以突袭的手段，给敌人来个措手不及。

行军途中，突然接到上级停止前进，原地待命的命令。

原来是敌情起了变化，李堡与海安之敌正在换防，新编第7旅副旅长田从云率第19团已到达李堡；整编第105旅旅长刘玉山率第314团交防未妥，移住在李堡东边2里左右的杨家庄。

在敌军守备兵力增加一倍，且武器装备又好于我军的情况下，这个仗还能不能打？怎样打？陶勇马上召集师里其他领导在路旁的一棵大树下研究对策。对这一情况进行了周密细致的研究后，他果断地说："敌兵力虽说增加了一倍，但换防之际必然混乱，而疏于防范；要走的已交卸守备责任必无斗志，刚来的又不熟悉情况，难于坚守。这正是我军发动攻击的大好时机。"大家都同意这一分析判断。于是，陶勇作战决心上报野司获得批准后，向部队下达了按原计划歼灭李堡之敌的命令。部队又开始急行军，傍晚时分进入李堡镇外围。

陶勇决心集中第3旅第7、第8、第9团及第1旅第3团，从李堡镇的北、西、南三面对守敌展开进攻；同时派出第1旅第1、第2团向李堡镇东侧的杨家庄守敌发动攻击，以牵制其对李堡的增援。

当晚20时，枪炮声大作，四周火光冲天，把李堡照得如同白昼一般。

此时，第19团刚接替李堡防务完毕，警戒还没有派好，工事也没有做好，部队位置也没有分布好，突然间发现解放军分路向李堡包围攻击。田从云和第19团团长介景和立刻向在海安的新编第7旅旅长黄伯先求援，并向杨家庄第105旅旅长刘玉山告警。

刘玉山闻讯大吃一惊，提出第19团或竭力固守到天明，或立即向杨家庄第314团靠拢，连接第314团阵地构筑工事，共同防守。但田从云和介景和都担心部队在夜间转移会遭到解放军伏击，遂决心固守李堡，以第2营在李堡北端占领阵地，以第3营在李堡西端占领阵地，以第1营及团直属部队担任李堡东南防御并构筑第二线阵地，企图坚持到天明，等待黄伯先从海安前来增援。

新编第7旅原系滇军，刚刚调到苏中地区打内战。由于不是蒋介石的嫡系部队，装备较差，战斗力也不强。面对第1师的猛攻，第19团很快就败下阵来。战至 23 时，第 3 旅第 8 团首先突入李堡镇西街，打乱了守敌的部署，第 7、第 9、第 3 团也迅猛冲击，从敌人两侧和后面围攻上来。守敌军心大乱，企图向杨家庄第 314 团阵地以南地区撤退，但在第 1 师的重重包围中，根本无法逃出。11 日拂晓，第 19 团被全歼，田从云束手就擒。

此时，据守杨家庄的第 105 旅第 314 团仍在激烈抵抗。陶勇立刻集中第 1 旅 3 个团及第 3 旅第 9 团，对守敌发起强攻。14 时攻克杨家庄，活捉副旅长金亚安，仅有旅长刘玉山率少数人逃回如皋城。黄伯光亲率 1 个团从海安向李堡火速增援，当进至洋蛮河时，落入华中野战军打援部队第 6 师和第 7 纵队预设的"口袋"里，也没有逃出被全歼的命运。这样，李堡战斗前后仅用 20 小时，华中野战军共歼敌 1 个半旅 8000 余人。中央军委发来贺电："庆祝你们第二次大胜利"。

从 7 月 13 日发动宣泰作战起，短短一个月内，华中野战军四战四捷，共歼敌 3 万余人。蒋介石"用两个星期夷平苏北解放区"的誓言成了笑柄。

这时，李默庵手中的机动兵力已经不多，且部队疲惫，难以继续全面进攻，不得不调整"清剿"计划：暂时放弃在李堡、角斜一带建立封锁线的打算，东面重点扼守南通经如皋到海安的公路干线，西面由扬州沿运河北上进攻邵伯、高邮，正面加强海安至泰州线以南占领区的"清剿"和防御。具体部署是：整编第 49 师余部及整编第 65 师主力置于海安、如皋地区；整编第 83 师位于泰州、曲塘及口岸等地；交通警察第 7、第 11 总队共 7 个大队位于丁堰、林梓方向。

8 月 13 日，中央军委指示华中野战军："苏中分散之敌利于各个击破，望再布置几次作战，即如交通总队凡能歼灭者一概歼灭之。你们能彻底粉碎苏中蒋军之进攻，对全局将有极大影响。"据此，华中野战军决心集中主力第 1、第 6 师和第 5 旅、特务团等共 3 万余人从海安、如皋东侧隐蔽南下，深入敌后腹地，对南通、如皋一线敌人兵力较薄弱的丁堰、林梓发起攻势，打开缺口，诱敌出援，于运动中歼灭之。具体作战部署是：以第 1 师攻占丁堰，准备歼灭如皋出援之敌，相机攻占陈草籍；以第 6 师攻占林梓，准备歼灭南通出援之敌，相机攻占白蒲；以第 7 纵队袭击海安、立发桥，第 1 军分区部队佯攻黄桥，第 9 军分区部队进逼南通，迷惑国民党军，同时破坏海安、泰州公路，维护李堡、富安间水路交通，策应第 1、第 6 师作战。

丁堰、林梓是（南）通如（皋）公路上的两个集镇，位于封锁圈中部，交通警察总队的 7 个大队在此驻守。由抗战时期的"忠义救国军"和上海税警团改编而成的交通警察总队，名义上属国民政府交通部，实则为军统掌握，由美国特务梅乐斯和国民党特务头子戴笠合作训练。这支部队政治上极其反动，全部美械装备，每人配备长短枪各一支，号称国民党的"袖珍王牌军"。

按照华中野战军的作战命令，陶勇决定以第 3 旅第 7、第 8 团为主力，从东北、西北两面对丁堰镇展开攻击。21 日晚，战斗打响。丁堰守敌为交警第 7 总队的 4 个大队，以街南头的纱厂为核心，以东头及西北角的庙宇作支撑点，负隅顽抗。激战至 22 日，华中野战军第 1、第 6 师等部全歼丁堰、林梓之敌 5000 余人，缴获了大批军火物资，并乘胜攻占丁堰以北的东陈镇，从而切断了南通至如皋的公路，打开了主力西进泰州、扬州的通道。

丁堰、林梓战斗后，苏中敌我形势仍十分复杂。

北线国民党军已占领淮北睢宁，正准备向华中解放区首府淮阴、淮安进犯。李默庵判断华中野战军将要进攻如皋，急令黄桥守军第 99 旅增援如皋，增强防御；同时命令整编第 25 师沿运河北上，向邵伯、高邮方向进攻。他认为，华中野战军主力集中在如皋东南，如要增援邵伯，就必须从北面绕过封锁圈，需要不少时间。利用这段时间，整编第 25 师完全可以攻下邵伯，然后挥师北进，配合北线国军进逼两淮。对这一作战部署，李默庵非常得意：既救了东头，又拣了西头，东西呼应，可谓一举两得。

粟裕得知这一情况，决定采取攻黄（桥）救邵（伯）战术，以第 10 纵队和第 2 军分区 2 个团坚守邵伯；以第 7 纵队佯攻海安、姜堰；以第 1、第 6 师及第 5 旅及特务团由丁堰、林梓西进，准备围攻泰州，调动整编第 25 师回援。

23 日晚，陶勇率部由丁堰西进，准备攻打泰州守敌。正当先头营穿过如黄公路时，突然接到"停止前进"的命令。

原来，华中野战军司令部截获敌人重要情报：由黄桥出动增援如皋的第99旅惧怕在运动中遭受打击，迟迟不敢轻进，反而要如皋守军派出1个团沿如黄公路前来接应，实施东西对进。计算时间，两路敌军恰好与我军撞个满怀。于是，华中野战军司令部当机立断，紧急命令陶勇：部队以战斗队形行进，并严密注意敌情，准备在如黄路上打一场预期的遭遇战。

25日晨，第99旅在如皋的第187旅全部和第79旅1个团等部的接应下，离开南桥东进。中午，华中野战军主力与东西对进的国民党军遭遇，立即先敌展开。第6师在南面分界地区同第99旅交火，陶勇率领的第3旅在北面加力地区与从如皋出动的第187旅遭遇。

这时，第1师主力都还没有赶到，只能依靠第3旅孤军奋战。战斗进行得非常激烈，陶勇赶到最前面的第7团1营，亲自指挥战斗。第187旅依仗精良的美械装备攻击前进，一直打到了1营营部门口。危急关头，第5旅及时赶到参战，一下子插到第185旅和如皋城之间，截断其退路。经短促激战，第1、第6师分别将第187、第99旅包围于加力、分界地区。但国民党军拼死抵抗，企图固守待援。

激战至黄昏，陶勇正准备把第1旅投入总攻时，突然接到野司电话："你们那边敌人是3个多团，如皋还有2个团，你们和5旅共9个团。九比五，一下子还不能解决战斗。不如干脆把1旅加到6师那边，来个雷公打豆腐，先打掉南面的，再集中力量消灭北边的。"

按照野司命令，陶勇派第1旅火速西进，赶往分界地区，配合第6师，围歼第99旅。

26日，第6师和第1师第1旅、特务团以5比1的绝对优势兵力，向分界之敌发起进攻。只用两个小时就全歼第99旅2个团3000多人，生擒少将旅长朱志席、少将副旅长刘光国。

分界战斗结束后，第1师第1旅、第6师第18旅和特务团连夜东进，会同第1师第3、第5旅，以共15团的优势兵力，围攻加力之敌。战至27日，被围加力的第187旅和第79旅1个团大部被歼。数百名敌军拼死突出包围圈，惶惶如丧家之犬向如皋逃窜。正所谓：天网恢恢，疏而不漏。

途中，这股残敌恰好被第 5 旅迎面拦住了去路。

一个极富戏剧性的场面出现了。第 5 旅身着黄色军服，与苏中部队的灰蓝色军服不同，而与国民党军的黄绿色军服颇为近似。敌军误以为援兵来到，顿时欢呼雀跃，奔入黄色大军，在兴高采烈中当了俘虏。

此时，驻守黄桥的第 160 旅 5 个连已孤立无援。第 5 旅乘胜扩大战果，一夜急行军，将黄桥团团包围。31 日，突围无望的敌人全部缴械投降，黄桥再次回到人民手中。与此同时，第 7 纵队攻占白米、曲塘等地。

这一仗打得干净利落，共歼国民党军两个半旅 1.7 万余人，创造了解放战争以来一次作战歼敌数字的新纪录。

此时，黄百韬正指挥整编第 25 师兵分三路，在飞机、炮艇配合下，向邵伯、乔墅、丁沟三地猛烈进攻。当他得知第 99、第 187 旅等部在如黄路被歼的消息后，大吃一惊，深感自己侧后已受到严重威胁，如果再打下去恐怕是凶多吉少。李默庵也觉得再战下去，难以取胜，遂下令整编第 25 师撤回扬州。历时 4 天 4 夜的邵伯保卫战以华中野战军共毙伤敌军 2000 余人而告结束。

至此，从 7 月 13 日到 8 月 31 日，华中野战军在苏中战场上，七战七捷，创造了一个战役歼敌 5.3 万余人的纪录，创造了战争史上的奇迹。成为当时震撼神州大地的事件。党中央和毛泽东都给予了高度评价。延安总部发言人称这次胜利加上中原突围、定陶战役，"这三个胜利，对于整个解放区的南方战线起了扭转局面的重要作用。蒋军必败，我军必胜的局面是定下来了。"并称赞"粟裕将军的历史，就是一部为民族与人民解放艰苦奋斗的历史。今天，粟裕将军成了苏皖军民胜利的旗帜。"

毛泽东还亲自为中央军委起草电报，将这一战役作为我军执行"集中绝对优势兵力、各个歼灭敌人"的范例通报全军。

毛泽东评陶峙岳

陶峙岳（1892—1988），别名岷毓。湖南宁乡人。

1911 年，陶峙岳考入武昌陆军第三中学堂，不久参加武昌起义，旋即入同盟会。1916 年，毕业于保定陆军军官学校，历任湘军营长、团长。曾参加护国、护法之战。1926 年，参加北伐战争，任国民革命军独立第 2 师团长。后任第 40 军第 3 师副师长，代理南京卫戍司令，第 3 师师长，第 8 师旅长、师长等职。

全面抗战爆发后，陶峙岳拥护中国共产党提出的"反对内战，一致抗日"的主张，积极投身抗日。1937 年 9 月，率部从陕西经河南驰援上海，参加八一三抗战。后在国民党军胡宗南部任第 1 军军长、第 34 集团军副总司令、第 37 集团军总司令、河西警备总司令等职。抗战胜利后，陶峙岳应张治中邀请任新疆警备总司令部总司令、西北行政长官公署副长官。其间，拥护和平民主的政治主张，释放关押在新疆监狱的一大批共产党员和进步人士，并派人将他们护送回延安。1949 年 9 月 25 日，率驻新疆的国民党军官兵通电起义，接受中国共产党领导，为和平解放新疆、维护祖国统一和民族团结作出了重要贡献。

中华人民共和国成立后，陶峙岳历任中国人民解放军第 22 兵团司令员、西北军政委员会委员、新疆军区副司令员兼新疆生产建设兵团司令员。其间，根据中共中央、中央军委指示，为团结军政人员，维护民族团结和地方秩序，废除旧制度，实行新制度，发布了《告全疆将士书》，积极宣传和平解放的重大意义和中国共产党的方针政策，并参加领导屯垦戍边，建设新疆和巩固边防的斗争。1982 年 9 月，加入中国共产党。1955 年，被授予上将军衔，获一级解放勋章。第四、五届全国人大常委会委员，第一至第三届国防委员会委员，第三至第五届全国政协常务委员会委员，第六届全国政协副主席。曾担任湖南省第六届人大常委会副主任。1988 年 12 月 26 日，在湖南长沙逝世。

【毛泽东评点】

"希望你们团结军政人员，维持民族团结和地方秩序，并和现在准备出关的人民解放军合作，废除旧制度，实行新制度，为建设新新疆而奋斗。"

——摘自《毛泽东年谱（1893—1949）》下卷，人民
出版社、中央文献出版社 1993 年版，第 579 页。

【评析】

1949 年夏，国民党政府在西北的反动统治已是风中残烛，摇摇欲坠。时任国民党政府西北军政长官公署副长官兼新疆警备总司令的陶峙岳和新疆省政府主席包尔汉均倾向和平。

驻守新疆的国民党军为整编第 42、第 78 师及骑兵第 1 师、第 9 旅等部共 7 万余人，号称 10 万大军，是国民党赖以维持西北地区反动统治的一支举足轻重的军事力量。辽沈、淮海、平津三大战役后，国民党南京政府代总统李宗仁曾多次电令陶峙岳，要求他只留下 1 个旅担任新疆防务，其余驻军全部调入关内，以加强长江防线，企图抗拒解放军渡江。

陶峙岳不愿回到关内打内战，同时考虑到新疆地处边陲，外有强邻觊觎，内有复杂关系，稍有不慎就可能酿成大乱，军队是保证新疆安定的重要因素，如果把绝大部分部队调走，势必难以保持安定。他思前想后，最终采用了拖字诀，亲自拟订了一个 10 万大军在千里戈壁行军的庞大军费计划，上报给李宗仁。他本人也以种种理由，不去南京和广州，以争取时间，等待形势的发展。

1949 年 4 月，西安解放后，陶峙岳已有了起义的念头。他与部下赵锡光、陶晋初等人密谈，一致认为，国民党政府即将彻底崩溃，不能再为蒋介石卖命，为维护新疆局势的稳定，也为驻疆官兵谋得一条出路，必须起

义。为此，陶峙岳多次召开会议，向部属阐述"保国安边"的思想，要他们以国家安全、民族团结为重，以新疆人民的生命财产为重，为和平起义打下了思想基础。

中共中央审时度势，决定促成新疆和平解放。早在这年3月中共七届二中全会上，毛泽东主席就提出了解决残存国民党军的天津、北平（今北京）、绥远三种方式。5月，原国民党和谈代表团顾问、迪化（今乌鲁木齐）市市长屈武，受周恩来委托赶回迪化，暗中策动和平起义。

8月6日，毛泽东在给第一野战军司令员兼政治委员彭德怀的电报中指出："西北地区甚广，民族甚复杂，我党有威信的回族干部又甚少，欲求彻底而又健全又迅速地解决，必须采取政治方式，以为战斗方式的辅助。现在我军占优势，兼用政治方式利多害少。……陶峙岳现在动摇，有和平方式解决新疆的意向。"

这时，彭德怀正指挥第一野战军数十万大军进军西北，对国民党军实施战略追击。8月26日，攻占兰州，打开了进军宁夏、新疆的门户，奠定了解放西北全境的基础；9月5日，进占西宁，马步芳部基本被歼；9月23日，解放银川，马鸿逵部全部覆灭；9月27日，进驻酒泉。至此，第一野战军歼灭了西北地区国民党军大部，解放陕西、甘肃、宁夏、青海四省，挺进甘肃河西走廊，主力集结于酒泉、玉门、安西、敦煌一线，威逼新疆。

在此情形下，国民党新疆军政当局的决策者面临着严峻的抉择。战，无取胜条件；逃，无可钻之隙；和，是唯一出路。但当时的新疆物价飞涨，民不聊生，驻军惶惶不安，加之军内军外派系林立，民族关系复杂，和亦不易。

随着兰州、西宁等西北重镇的相继解放，促成新疆和平解放成为摆在毛泽东面前一项亟待解决的问题。

此间，中共中央得到有关方面的报告，称新疆方面赞成和平的力量，现已处在优势地位，但由于受资历、声望、立场、观点等各方面因素的限制，均难以被其他各派政治势力共同拥戴。因此，那种登高一呼、山鸣谷应的核心人物，就成了和平解决新疆问题的关键所在。谁来担当这一核心人物呢？毛泽东把目光锁定在张治中身上。

1946年4月至1949年5月，张治中担任国民党西北行营主任兼新疆省政府主席。在新疆期间，张治中推行亲苏和共、民主选举、民族平等、民族自治、释放政治犯等一系列政策和措施，缓和了民族矛盾，安定了全省局面，威信甚高。此外，掌握新疆军政大权的陶峙岳是起义的关键人物，他与张治中私人交往甚密，既是保定军官学校的同期同学，又曾和包尔汉一同在张治中手下担任过副职。

9月8日，毛泽东在中南海接见了张治中。

"西北野战军已由兰州及青海分两路进军新疆，希望你去电新疆军政当局，敦促他们起义。根据情报，只要你去电，他们一定会照办的。"毛泽东开门见山。

张治中异常兴奋地说："我早有此意，不过新疆和我通信早已中断，怎能联系？"

毛泽东听了十分高兴："不要紧，我们派了邓力群同志已到了伊宁建立电台，你的去电可由邓转到迪化。"

9月10日，张治中致电报陶峙岳、包尔汉："今全局演进至此，大势已定；且兰州解放，新省孤悬，兄等为革命大义，亦即为全省人民及全体官兵利害计，亟应及时表明态度，正式宣布与广州政府断绝关系，归向人民民主阵营……甚望兄等当机立断，排除一切困难与顾虑，采取严密部署、果敢行动，则所保全者多，所贡献者亦大。"同时告诉陶、包二人他已做好不日返疆的准备。

电报发出后，张治中又考虑到新疆情况特殊，论位置则孤悬塞外，四面皆山，交通梗阻；论处境则北界苏联，南邻外蒙，西连中亚细亚，西南为印度次大陆；论人文则有13个民族，历史上曾互相砍杀，积恨极深。而马步芳一旦弃青海率马家军入疆则局势更为复杂，稍有不慎则后果不堪设想。同时驻疆部队中还有一部为胡宗南的嫡系，坚持反共不愿起义，必须利用矛盾，分化争取。于是第二天张治中单独致电陶峙岳，指示起义的有关注意事项，特别是要密切注意马家军的动向。

与此同时，毛泽东致电彭德怀，命令第一野战军尽快向新疆进军：第1兵团由青海取捷径进入河西，直取张掖；第2兵团沿兰新公路进逼西北。

待两兵团会师后向酒泉挺进，务必切断青海通往新疆的道路，阻止马家军退守新疆。

9月15日，邓力群秘密前往迪化，会见了陶峙岳、包尔汉、刘孟纯、刘泽荣、屈武和进步组织"战斗社""先锋社"的负责人，并转交了张治中给陶峙岳、包尔汉的电报，转达了中共中央对新疆各族人民的关怀与期望，阐明了共产党和平解放新疆的政策和主张。陶峙岳向邓力群介绍了新疆军事情况和和平起义的准备情况。

为加速推进新疆和平解放的进程，毛泽东致电彭德怀，命令第一野战军尽快向新疆进军：第1兵团由青海取捷径进入河西，直取张掖；第2兵团沿兰新公路进逼西北。待两兵团会师后向酒泉挺进，务必切断青海通往新疆的道路，阻止马家军退守新疆。彭德怀亲自邀请当时在兰州的新疆进步人士和休假军官，请他们介绍新疆的情况，并向他们宣传中国共产党的政策，派他们回新疆做和平解放的工作。

9月17日，陶峙岳、包尔汉联名电复张治中，表示即将与广州反动政府断绝关系，接受人民革命军事委员会的领导，并提出了具体的意见。毛泽东在北平见到他们的电文后，深感满意，写信给张治中，进一步指示和平解放新疆事宜。

9月22日，张治中再次致电陶峙岳和包尔汉，指示他们派人和人民解放军副总司令彭德怀接洽和平起义事宜。陶峙岳即派第8补给区司令曾震五赴兰州面见彭德怀，商谈新疆起义事宜。至此，新疆和平解放已是水到渠成。

然而，驻守新疆部队中整编第42、第78师属胡宗南系统，骑兵第1师属马步芳系统，名义上统归陶峙岳指挥，但陶峙岳实际上很难调动。当时新疆驻军内部形成"主战派"和"主和派"，和平解放并非一帆风顺。

果然，顽固坚持反共的骑兵第1师师长马呈祥、整编第78师师长叶成、第179旅旅长罗恕人及特务头目密谋，准备劫持陶峙岳，将部队转移至南疆。

9月20日深夜，陶峙岳向马呈祥、叶成、罗恕人摊牌："新疆既不能战，又不能守，更无退路。虽说有10万官兵，但首尾不能相顾，彼此无法救援，粮弹补给又如何解决。当然，人各有志，我决不将我的看法强加于人，干涉别人的自由，但共事多年，私交还是存在的。如果我们失去理智，放弃和平，点燃战火，则人民流离失所，10万官兵盲目牺牲，民族仇杀因之而起，这些恶果，历史不会饶恕我们。何去何从，悉听尊便，我已尽到道义上的责任了。"

陶峙岳的一番肺腑之言既申明大义，又晓以利害。三人明知国民党大势已去，抵抗下去只有死路一条，但要他们就这样脱离部队、交出军权，内心里十二万分的不乐意。于是，三人相互对视，谁也不表态。

陶峙岳趁热打铁，表示在保证他们及家人生命财产安全的前提下，尽量满足他们物质上的要求。最终，马呈祥、叶成、罗恕人同意交出部队，放下武器，只带家眷、亲随和私人财产出走国外。

9月23日，胡宗南给陶峙岳、叶成、罗恕人分别发来电报。给陶峙岳的电报中说："据报，兄已率河西、新疆部队投降，真太糊涂，究竟情况如何？应速来电报告！"给叶成、罗恕人的电报则要求他们"肃清迪化叛乱分子，将部队撤往南疆。"

陶峙岳当即给胡宗南、蒋介石各发去一电，称："我所以留在新疆，实因现在情况是部队不能战，又不能动，这里有10万人以上的生命，非同儿戏。我无别意，就是不能把10万人扔在戈壁滩上置之不顾。"

叶成与罗恕人接电报后找马呈祥商议，结果三人都认为"大势已去，不能有为"，就没有执行胡宗南的电令。

9月24日，马呈祥、罗恕人离开迪化。同日，陶峙岳召开会议，任命韩有文为整编骑1师师长，莫我若为整编78师师长，刘抡元为第178旅旅长，罗汝正为第179旅旅长。

9月25日清晨，叶成也从迪化启程。他们分乘6辆卡车，满载黄金、银圆等贵重物品，先到南疆，翻过昆仑山，经克什米尔到达加尔各答。有的去伦敦，有的去巴基斯坦，多数转到香港和台湾。

新疆和平解放的障碍彻底解除了。

天山积雪冻初融，哈密双城夕照红。9月25日、26日，西北边陲连传佳音：陶峙岳、包尔汉在毛泽东的亲自谋划和张治中的影响下，经过新疆进步力量的积极推动，利用解放军大军压境的有利形势，战胜各种反动势力的重重阻挠，经过惊心动魄的一次次斗争，先后通电宣布率领 7 万余国民党军官兵和新疆省国民党政府毅然起义。全疆 160 万平方公里的土地从此获得解放，回到了人民的怀抱。

陶峙岳在起义的电文中郑重宣布："自即日起，与广州政府断绝关系，竭诚接受毛主席之八项和平声明与国内和平协定。全军驻守原防，维持地方秩序，听候人民革命军事委员会及人民解放军总部之命令。"

9 月 28 日，毛泽东、朱德复电，称："我们认为你们的立场是正确的。你们声明脱离广州反动残余政府，归向人民民主阵营，接受人民政治协商会议的领导，听候中央人民政府及人民的愿望，我们极为欣慰。希望你们团结军政人员，维持民族团结和地方秩序，并和现在准备出关的人民解放军合作，废除旧制度，实行新制度，为建立新疆而奋斗。"陶峙岳及所部将士和新疆各族人民获悉这份电文后无不欢欣鼓舞。

10 月 2 日，迪化市各族人民在和平广场载歌载舞，欢庆中华人民共和国诞生、新疆和平解放。陶峙岳发表了演说。

然而在国民党反动派破坏新疆和平解放的阴谋失败后，盘踞在新疆境内的帝国主义分子和反动封建头目仍做垂死挣扎，企图趁人民解放军尚未进疆之际，发动反革命叛乱，破坏和平解放。新疆局势仍然动荡不安，多座城市的街上经常会响起断断续续的枪声，出现一些反动分子的标语，迪化市内更是谣言频起，危机四伏。

陶峙岳的心刚为新疆和平解放而欣慰，这时又压上了沉重的石头，彻夜难眠。他四处奔走，亲自到部队作报告，分析新疆形势、国内形势，宣传共产党和解放军的政策，说明起义的种种理由，逐步稳定了军心。但由于新疆地域辽阔，部队驻地分散，骚乱事件仍时时发生。

10 月 5 日，陶峙岳到酒泉见到了彭德怀和王震。

陶峙岳是湖南宁乡人，彭德怀是湖南湘潭人，王震是湖南浏阳人，三人的家乡相距只有百十里路，口音相近。王震后来回忆说，我们三个都是湖南人，交谈中乡音未改，格外亲切。尽管是初次相识，大家像老朋友一样。

陶峙岳汇报了新疆的复杂形势，感叹地说："我做梦都在想解放军早日进疆啊！"

彭德怀诚恳地对陶峙岳说："陶将军，你们的起义，对中国革命有功。我们现在是朋友了，今后我们就在一起共事了，不要有什么顾虑。"

为保卫胜利果实，早日接管新疆，安定西北局势，中央军委决定第一野战军第 1 兵团率第 2、第 6 军（欠 1 个师）进军新疆。

进军新疆是艰苦而光荣的任务。新疆幅员辽阔，人烟稀少，交通不便，部队粮秣补给十分困难。时值深秋，但塞外已临近寒冬，夜间气温在零下一二十度，天山南北到处是一片白茫茫的冰雪世界，而进疆部队冬装尚未齐备。由于车辆不足，公路失修，多数部队只能徒步开进，沿途要经过渺无人烟的戈壁瀚海，翻越高耸入云的雪山峻岭。

彭德怀赶到酒泉，请前去迎接解放军入疆的起义将领，向进疆部队师以上干部介绍情况，并指导部队制订了周密的进军计划，鼓励官兵：新疆的特殊条件，可能会给部队带来极大的困难，但我相信，你们这支久经战斗考验的英勇劲旅，一定会发扬英勇顽强的战斗作风，为党为人民立新功。

第 1 兵团党委向进疆部队发出了"不怕一切牺牲，不怕一切困难，奋勇前进，把五星红旗插上帕米尔高原"的战斗号召。各级党委都向部队进行了深入的政治动员，组织学习毛泽东主席在七届二中全会上的报告和《将革命进行到底进》等著作，学习党的民族宗教政策，介绍新疆各族人民盼望解放的迫切心情，提高了对进军新疆的战略意义的认识，激发了部队的革命斗志。干部战士人人制订立功计划，个个献计献策，加紧进行组织和物资准备，争取早日入疆。

就在这时，中华人民共和国成立的喜讯传来，全军将士欢喜若狂。在庆祝大会上，兵团领导向部队宣布了毛泽东主席、朱德总司令关于进军新疆的命令，官兵们群情激愤，纷纷表示：一定要把革命进行到底，解放祖国的每一寸土地。

10 月 10 日，第 2、第 6 军等部离开酒泉，西出玉门关，北穿星星峡，数路大军齐头并进，向新疆展开了气势磅礴的大进军。

官兵们顶风雪，冒严寒，跋山涉水，穿越城乡，日夜兼程前进。没有车辆运送给养，就自己背上干粮、饮水和烧柴；没有房子也没有帐篷，就在戈壁滩上露营。由于连续行军，许多战士的脚都磨破了，腿走肿了，但没有人叫苦，豪迈地说："我们这支部队是具有光荣传统的部队。从井冈山斗争到二万五千里长征，从五台山抗日到参加百团大战，从进占绥、米、葭、吴、青到南泥湾大生产，从南下北返到保卫延安，南征北战，久经考验，杀退了敌人的围追堵截，冲破了重重困难，无论什么艰难险阻，都挡不住我们前进的步伐。"有的战士风趣地说："戈壁大，大不过我们的脚掌；天山高，高不过我们的鞋底。"有的战士还写了一首打油诗："大雪纷飞边塞天，革命战士意志坚。精神抖擞不怕冷，定要战胜大自然。"

第2军第5师第15团进抵阿克苏后，获悉和田正在酝酿反革命叛乱。当时从阿克苏到和田有三条路可走：两条大路，水草较多，是人们常走的，但路途较远；另一条可以少走三分之一的路，但要横穿塔克拉玛干大沙漠。塔克拉玛干，是维吾尔语，意为"进去出不来"。千百年来，一直被视为险途，称作"死亡之海"。

为争取时间，粉碎敌人的阴谋，第15团毅然决然地选择了这条险道。他们迎着刺骨的寒风，在黄沙漫漫的大沙漠里，艰难前进。进入沙漠腹地后，大风暴突然袭来，狂风卷着黄沙，搅得天昏地暗，使人睁不开眼，站不稳脚，搞不清方向。借着指北针指引的方向，大家手挽手，顶风前行。在干旱的沙漠里，缺水是最大的困难，有时十几个小时里也喝不到一口水，指战员们个个嘴唇干裂出血。他们发扬一往无前、团结友爱的精神，相互鼓励、相互帮助，把最宝贵的水留给生病体弱的战友。就这样，第15团以每天50多公里的惊人速度，走了15天，胜利到达和田，粉碎了敌人的反革命叛乱计划。

这时，隐藏在起义部队里的特务、反动分子和民族败类，策动驻防哈密、吐鲁番、库车、轮台等地的部分部队暴乱，烧杀抢掠，残害人民。进疆部队加速前进，赶往出事地点，以迅速果敢的行动，平息了叛乱。

进疆途中，广大指战员自觉执行党的民族宗教政策，尊重少数民族的风俗习惯，严格遵守三大纪律八项注意。每到一地，主动为群众挑水、打柴、治病、扫院子；宁愿露宿野外，也不进群众的房子；宁可轮流做饭、晚开饭，也不借群众的炊具；有的还拿出自己的口粮，救济贫苦群众。这同一向纪律涣散、习惯欺压百姓的国民党军队形成了鲜明对比，各族群众异口同声地称赞："从来没有见过这样好的军队！"不禁纵情欢呼："亚夏松（万岁）毛主席！亚夏松共产党！"

在全体进疆官兵的共同努力和新疆各族人民的大力支援下，继先遣支队战车团于 10 月 20 日进驻迪化后，王震率领第 1 兵团部于 11 月 6 日飞抵迪化，郭鹏、王恩茂率领第 2 军于 12 月 22 日前先后进驻南疆阿克苏、喀什、和田、库尔勒、若羌等重要城镇，罗元发、张贤约率领第 6 军于 11 月 5 日至 1950 年 1 月 20 日进驻迪化及北疆哈密、吐鲁番、迪化、伊宁等地，胜利完成了进军新疆的任务，把五星红旗插上了天山、阿尔泰山和帕米尔高原。陶峙岳万分激动，挥毫写下了《七绝·迎王震军入疆》："军谈笑指天山，便引春风渡玉关。绝漠红旗招展处，壶浆相迎尽开颜。"

在此期间，1949 年 12 月 7 日，新疆军区正式成立。彭德怀任司令员，王震、陶峙岳等任副司令员。19 日，新疆起义的国民党军整编第 42、第 78 师和整编骑兵第 1 师等部开始集中整编。陶峙岳以起义部队最高指挥官的名义，发布了《为整编部队告起义士书》，要求全体起义官兵根据新政府共同纲领中关于军事制度的精神，在中央人民政府、人民革命军事委员会的领导下，实行统一指挥、统一制度、统一编制、统一纪律。

起义前，陶峙岳曾和赵锡光相约：要尽力保境安民，不让国土在自己手中受到帝国主义势力入侵；新疆一旦和平解放，他们把国土和新疆10 万部队交给共产党和解放军，即解甲归田。然而在中国共产党大公无私精神的感召下，陶峙岳、赵锡光打消了引退之意，决心做些有益于人民的事情。

1949 年 12 月 29 日，经中国人民革命军事委员会批准，新疆起义部队正式改编为中国人民解放军第 22 兵团，陶峙岳任司令员，第 1 兵团司令员王震兼任第 22 兵团政治委员，赵锡光任副司令员，饶正锡任副政治委员，陶晋初任参谋长，李铨任政治部主任。下辖第 9 军和骑兵第 7、第 8 师，共 6.5 万余人。隶属第一野战军暨西北军区建制。

1950年2月，陶峙岳赴北京汇报工作，当面向毛泽东汇报了新疆的工作情况。毛泽东非常满意，对新疆工作做了几点指示，并请陶峙岳共进晚餐。席间没有大鱼大肉，山珍海味，只有几样湖南家乡菜，使陶峙岳既感动又亲切。

两位湖南老乡一直谈到深夜，不仅谈了国家大事，还谈到陶峙岳的家庭等。其间，毛泽东诚恳地勉励陶峙岳："要好好学习，自我改造，过好三关。第一关是解放战争关，现已过去，过得很好。第二是土地改革关，不久就要过去。第三是社会主义关，现在还没有开始，要有思想准备。"

陶峙岳当时并不完全理解。但他确信，只要跟着共产党走、什么关都会过去的。后来，陶峙岳回忆起这次会见，不由自主想起谒见蒋介石的情形。那是1930年在蚌埠的火车上，蒋介石看到陶峙岳应召来见，只略略点了点头，鼻子里哼了哼，一句话都没有说。说起来陶峙岳还和蒋介石是保定陆军军官学校的校友，蒋介石却摆出这么大的架子。毛主席的平易近人、简约朴素，给他留下深刻印象。

通过与毛泽东、周恩来、彭德怀、贺龙、王震等人的接触，陶峙岳深深感到共产党人待人真诚，肝胆相照，不谋私利，生活简朴，他的内心更生崇敬，更加坚定了跟着党走，与人民的事业荣辱与共的坚定信念。

随着中华人民共和国的成立，人民解放军的任务由武装夺取政权转为保卫胜利成果，捍卫国家主权、领土完整和安全，同时参加国家经济建设。新生的共和国百废待兴，急需休养生息，发展生产，医治长期战争遗留下来的创伤。为此，党中央确定把恢复国民经济、争取国家财政经济状况好转作为中心任务。1949年12月5日，毛泽东签发《军委关于一九五〇年军队参加生产建设工作的指示》，号召全军"除继续作战和服勤务者而外，应当担负一部分生产任务，使我人民解放军不仅是一支国防军，而且是一支生产军，借以协同全国人民克服长期战争所遗留下来的困难，加速新民主主义的经济建设"。

为巩固边防、加快发展，减轻当地政府和各族人民的经济负担，早日改变新疆的落后面貌，第22兵团改编完毕后，陶峙岳即领导部队开展诉苦运动和民主教育，执行生产以及维持社会秩序、维护民族团结等任务，同时坚决贯彻执行中共中央和毛泽东提出的"屯荒戍边、开垦资源，进行经济建设"的指示，带领兵团官兵铸剑为犁，创造出在戈壁滩上种植棉花、兴修水利、植树造林、建造城市等许多奇迹，把昔日地广人稀、经济落后的新疆建设成牛羊成群、麦浪滚滚、瓜果飘香的好地方。新疆逐渐走出落后贫困的古道，成为国内外闻名的农业示范区。

1950 年，第 22 兵团在极其艰苦的条件下，屯垦戈壁，挥汗荒原，自力更生，艰苦创业。他们穴地而居，化雪为炊，用原始的砍土馒、土犁铧、十字镐，开荒造田，挖渠引水。据不完全统计，仅 1950—1952 年驻疆部队就开垦荒地 10.6 万公顷，建起 43 个农牧场。其中，第 22 兵团在 1950 年就垦荒 23 万亩，超额完成了军区布置的任务，实现了蔬菜、肉食和粮食的自给或大部自给，打赢了屯垦戍边的第一仗。1952 年，第 22 兵团在玛纳斯垦区植棉 2 万亩，亩产籽棉超过 400 斤，创造了当时全国棉花亩产量的最高纪录。

陶峙岳亲自参加生产，经常深入垦区检查指导工作，为边疆工农业生产的发展和经济的繁荣，为人民物质文化生活的改善，为边防的巩固作出了不可磨灭的贡献，受到边疆人民的信任和拥护。与此同时，他还积极支持和参与在玛纳斯河畔石河子小镇建设新城的工作，使原来只有 200 余人口的小地方，逐步发展成为绿树成荫、道路整齐、工厂林立、农工商综合发展的新型城市，被誉为"戈壁明珠"。2000 年，石河子被联合国授予"人类居住环境改善良好范例城市"的光荣称号。

1954 年 10 月，第 22 兵团与新疆军区生产管理部合并为新疆军区生产建设兵团（后改为"新疆生产建设兵团"），接受新疆军区和中共中央新疆分局双重领导，实行党政军企合一体制，执行"生产队、工作队、战斗队"的历史使命，长期扎根边疆，世代守卫和建设边疆。第 22 兵团所辖第 25、第 26、第 27 师依次改编为农业建设第 7、第 8、第 9 师，骑兵第 7 师改编为农业建设第 10 师，骑兵第 8 师编为工程建筑第 1 师。陶峙岳担任新疆军区副司令员兼新疆生产建设兵团司令员、国防委员会委员。

1955 年，陶峙岳被授予中国人民解放军上将军衔，获得一级解放勋章。1982 年 9 月，经中共中央、中央军委批准，年过 90 的陶峙岳正式加入中国共产党。

　　早在新疆和平解放后不久，王震就问过陶峙岳是否要加入中国共产党，并非常直白地说："你早该加入到中国共产党的行列了！"陶峙岳考虑到自己曾是国民党的旧军官，早年还率部参与"围剿"中央苏区，便无奈地回复"是所愿也，不敢请也"，但同时真诚地说："我不敢轻易启齿要求加入中国共产党，但是跟着共产党走的决心，是坚定不移的。"

　　自此，"加入中国共产党，成为一名光荣的共产党员"便成为陶峙岳萦绕在心头的愿望。

　　1965年，陶峙岳已经与其他共产党员一起奋斗了10多年，经过深思熟虑后，向组织郑重提交了入党申请。因特殊原因，这份申请被搁置下来。直到1982年5月，陶峙岳再一次向党组织递交了入党申请书。他在入党申请书中写道"我觉得人生最大的幸福，莫过于对崇高理想的追求和有益于人类社会事业的实践"。

　　历史就是如此巧合，1949年9月28日，毛泽东、朱德复电赞扬陶峙岳新疆起义的壮举；33年后的1982年9月28日，陶峙岳被正式批准成为中国共产党党员，30多年的夙愿终于实现。

　　已是耄耋之年的陶峙岳不禁老泪纵横，百感交集中撰文表达了自己的心声："在和共产党人相处的30多年中，我深深地感到他们的襟怀是那样的坦荡，他们的感情是那样的诚挚，他们的行动又是那样的说一不二，我从内心深处感到真是'追随幸有缘！'""在有生之年，仍应有一分热，发一分光，在建设祖国、统一祖国的神圣事业中，竭尽绵薄之力。同时，要严格要求自己成为一个真正合格的共产党员，不辜负党对自己的期望。"

毛泽东评黄公略

【黄公略简历】

黄公略（1898—1931），原名础，字汉魂，曾用名黄石、田文。湖南湘乡人。

1914年，毕业于湘乡县高等小学。1916年底，参加湘军，后提升为排长。1922年，与彭德怀、李灿等一起考入湖南陆军军官讲武堂。1923年8月，结业后，回湘军第2师第3旅第6团任副连长、连长。1926年，参加北伐战争，在攻占武昌城等战斗中立有战功。其间，开始了解中国共产党和接触马克思列宁主义。同年底，入中国国民党陆军军官学校（即黄埔军校）高级班学习。

1927年12月，参加广州起义。同年，加入中国共产党。1928年3月，回湖南任国民党军独立第5师随营学校副校长、第3团第3营营长，在官兵中宣传革命思想。7月，同彭德怀、滕代远等领导平江起义，任中国工农红军第5军第13师第4团党代表、中共红5军军委委员。后任红5军第2大队大队长、第2纵队纵队长。同年11月，彭德怀、滕代远率红5军主力赴井冈山后，他率留下的部队，担负起保卫和发展湘鄂赣边革命根据地的任务。1929年秋，先后组织发动毛田、鲁家湾、老乌塅、金坑等地暴动，指挥白沙、大胜、永和等战斗，消灭大量国民党驻军和挨户团，在平江、浏阳、修水、铜鼓等县境内开辟数块根据地。同年4月，任湘鄂赣边境红军支队支队长。9月初，彭德怀率部返回湘鄂赣边区与红军支队重新合编为红5军，任副军长。参与制定和指挥红5军向北开辟鄂东南地区，向南打通与湘赣苏区联系的作战行动，扩大了湘鄂赣苏区。

1930年1月，调任红6军军长，率部在赣西南地区领导发动群众，发展革命武装，建立苏维埃政权，使分散的游击区连成大块的革命根据地，为建立中央苏区打下重要基础。毛泽东曾赋诗赞颂："赣水那边红一角，偏师借重黄公略。"同年 6 月，任红 1 军团第 6 军（7 月改称红 3 军）军长、中国工农革命委员会委员。8 月至 10 月，率部参加文家市、长沙、吉安等战斗。在中央苏区第一至第三次反"围剿"中，执行诱敌深入的战略方针，指挥红 3 军英勇作战，屡建战功。第一次反"围剿"时，红 3 军在龙冈战斗中担任正面攻击任务，为全歼国民党军第 18 师、活捉张辉瓒立了大功。第二次反"围剿"时，红 3 军独当一面，在富田战斗中配合友邻部队歼灭国民党军第 28 师大部和第 47 师 1 个旅一部。第三次反"围剿"时，红 3 军和兄弟部队一起，首战莲塘，次战良村，再战黄陂，取得三战三捷。在老营盘战斗中歼灭国民党军第 9 师独立旅。1931 年 9 月 15 日，率部参加方石岭追击战，又歼国民党军第 52 师等部，指挥所部转移途中在江西吉安东固六渡坳遭敌机袭击，身负重伤，当晚牺牲。

【毛泽东评点】

"赣水那边红一角，偏师借重黄公略。"

——摘自《毛泽东诗词集》，中央文献出版社 1996 年版，第 461 页。

【评析】

1929 年 4 月 12 日，中共湘鄂赣边特委在平江东乡八区召开扩大会议。出席会议的正式代表和旁听代表共 47 人。时任红 5 军第 2 纵队纵队长的黄公略参加了会议。会议根据新的形势要求，决定统一边区赤色武装组织，成立湘鄂赣边境支队，由黄公略任支队长、张启龙任政治委员，下辖 3 个纵队，共 600 余人。会议还根据中共"六大"决议的精神和边区的形势，通过了边区特委的任务与前途及目前工作计划等各项决议案。

湘鄂赣边特委扩大会议后不久，边区形势又发生急剧变化。1929 年六七月间，湘、鄂、赣三省国民党军调集近 5 个团的兵力，联合湘、赣七县的反动地方武装向边区再次发动猖狂进攻。正当边区军民处于十分困难的时刻，彭德怀率领红 4 军第 5 纵队回到边区。9 月初，根据中共湖南省委指示，两部合编重新组建红 5 军，彭德怀任军长，滕代远任政治委员兼政治部主任，黄公略任副军长，邓萍任参谋长，下辖 5 个纵队，共 3000 余人。

此后，红 5 军第 5 纵队到鄂东南地区，第 4 纵队到湘赣边莲花一带；主力留在湘东北和赣西北地区开展群众工作，扩大苏区。12 月初，红 5 军军部率第 1、第 3 纵队到达莲花县境与第 4 纵队会合，接着收复和攻占莲花、宁冈、永新、安福、分宜、新余等县城。与此同时，坚持湘鄂赣边区斗争的第 2 纵队先后取得黄茅、文家市、达浒、古港、献钟等战斗的胜利；活动在鄂东南的第 5 纵队，也取得攻克通山、大冶、阳新、崇阳等地的胜利，促进了鄂东南苏区的建立。

1930 年 1 月，江西红军独立第 2、第 3、第 4、第 5 团与永新、莲花、宁冈等县游击队合编，组成红军第 6 军，黄公略任军长，中共赣西特委书记刘士奇兼任政治委员（后为陈毅），曾昭汉任参谋长，毛泽覃任政治部主任，辖第 1、第 2、第 3 旅，共 2600 余人。

红 6 军成立不久，就攻占吉水县城。2 月 24 日，又配合红 4 军在吉水的水南、吉安的值夏、赤家山一带歼灭赣军金汉鼎部唐云山独立第 15 旅 1600 余人，缴枪 2000 余支，扩大与巩固了赣西南苏区。此后，红 6 军分布在赣西南的广大地区开展游击战争，发动群众，深入土地革命，建设红色政权，扩大红军和地方武装。

黄公略在游击战争中，十分注意教育部队执行党的政策、遵守群众纪律。他自己和群众关系十分亲密，每到宿营地就找群众开座谈会、个别谈心，了解群众疾苦，帮助解决困难。群众对他非常爱戴，经常给他送些吃的东西，但每每都坚决拒收。为了使群众了解红 6 军的宗旨、政策和号召群众起来斗争，黄公略还用自己和政治委员陈毅的名义发布了一份六言体的《红军第六军司令部布告》：

> 反动国民逆党　代表地主豪绅
> 摧残革命团体　屠杀工农士兵
> 勾结帝国主义　敢向苏联挑衅

为着争权夺利　制造军阀战争
增加苛捐杂税　民众痛苦日深
当此严重时期　本军应运而兴
接受共产指导　努力民权革命
实行武装游击　肃清地主豪绅
彻底分配土地　给予贫苦农民
工人减时加资　保护商人邮政
废除苛捐杂税　统一累进税金
打倒帝国主义　没收洋商资本
推翻反动统治　实现工农专政
至于白军靖匪　准其悔过投诚
所过秋毫无犯　纪律特别严明
望我工农群众　一致向敌进攻
特此剀切布告　望各一体凛遵

在黄公略的率领下，红6军在赣西南的广大地区开展游击战争，发动群众，建立红色政权，不断扩大红军和地方武装力量，使原来零星割据的赣西南地区发展成为有统一领导、联成一片的大块革命根据地。

6月中旬，中共红4军前委和中共闽西特委在福建省长汀召开联席会议。根据全国红军代表会议关于各地红军分别集中组建正规军团的决定，将红4、红6、红12军组成中国工农红军第1路军（后改称红1军团）。朱德任总指挥，毛泽东任政治委员，朱云卿任参谋长，杨岳彬任政治部主任，共2万余人。同时成立中国红军第1路军总前敌委员会，毛泽东任书记。红1军团的成立，使赣南、闽西战略区的红军进入集中组织、统一指挥的新阶段。从此，黄公略在毛泽东、朱德的直接领导下，驰骋沙场，屡立战功，与朱德、毛泽东、彭德怀被人们并称为"朱毛彭黄"。

6月22日，朱德、毛泽东按照中共中央和中央军委关于"取南昌，攻九江，夺取整个江西"的指示，签发《由闽西出发向广昌集中的命令》。月底，红1军团总部及直属队从长汀北上，经江西广昌、瑞金到达兴国。

在从长汀向长沙的行军途中，毛泽东有感于赣西南的大好革命形势，挥笔写下了《蝶恋花·从汀州向长沙》：

六月天兵征腐恶，万丈长缨要把鲲鹏缚。赣水那边红一角，偏师借重黄公略。　　百万工农齐踊跃，席卷江西直捣湘和鄂。国际悲歌歌一曲，狂飙为我从天落。

毛泽东对黄公略开辟赣西南革命根据地这一历史功绩的高度评价，跃然纸上。

7月，红6军改称红3军，下辖第1、第2、第3纵队，黄公略仍任军长。27日，彭德怀率领红3军团乘虚攻克湖南省会长沙。在国民党军重兵反扑下，于8月6日撤出长沙城，向平江县长寿街方向转移。国民党军第4路军总指挥何键以15个团编成3个纵队，分为左、中、右三路，跟踪追击红3军团。正在江西安义、奉新地区休整的红1军团从缴获的敌人报纸上获悉后，毛泽东、朱德决定立即率领全军团西进，主动与红3军团靠拢，以支援红3军团作战，并求得打开湘鄂赣边地区的斗争局面。

8月5日至7日，红1军团总指挥部率各军分经宜丰、上高等地，向赣湘边境挺进。12日，到达万载县城及其以西、以北地区。

这时，"追剿"红3军团的何键第4路军右路第3纵队经普迹、枫林铺、孙家埠向陈家坊追击前进。第3纵队下辖第47旅和独立第9旅第1、第2团共4个团，由第16师副师长兼第47旅旅长戴斗垣任司令。

18日，红1军团进至万载以西的黄茅时，戴斗垣率4个团亦进至湘赣交界的文家市、孙家埠之线，与其他两路纵队相距较远，呈孤立冒进态势。红1军团前委当即决定乘戴部立足未稳之际，集中兵力，在当地赤卫队配合下，采取奔袭战术，将其歼灭。20时，朱德、毛泽东下达《进攻文家市的命令》：

（一）红4军于19日经慈化、清水塘进到桐木，20日晨由桐木出发，经下湾、肖家湾等地，歼灭敌设在大路上的警戒，迅速向文家市包围攻击前进。

（二）红3军（欠第3纵队）于19日经慈化进到清水塘，20日凌晨2时由清水塘出发，经斗谷巷、白竹坳、龙头湾向高升岭、棺材岭敌阵地攻击前进；红3军第3纵队于19日12时许经佛子口、铁岩岩至岩前，20日凌晨3时由岩前出发，经槐花墩、白马洲、避水岭、石牛潭、五神岭、黑石嘴、荷连塘等地向文家市攻击前进。

（三）红12军于19日经王家厂、桥下、万阳桥等地进到大土里、松树坳一线，20日晨向孙家塅攻击前进。

（四）红1军团总指挥部于20日晨进到岩前指挥。

19日，红1军团3个军按照命令分三路由黄茅逼近文家市、孙家塅，在指定地域隐蔽待机，并与当地赤卫队取得了联系。

20日拂晓，红4、红3军对文家市，红12军对孙家塅突然发起攻击。戴部猝不及防，驻孙家塅的1个团迅速被歼，驻文家市的主力在失去外围制高点后纷纷向镇内龟缩。

红4、红3军发起猛攻，在当地赤卫队的配合下，仅用3个小时就攻入文家市，将镇内残敌大部歼灭。此战，红1军团歼敌3个团又1个营，毙伤1000余人，俘1000余人，击毙第3纵队司令戴斗垣，取得了红1军团成立后取得的第一次重大胜利，对于支援红3军团打破敌人"追剿"，巩固和扩大湘鄂赣苏区，具有重要意义。

23日，红1军团主力北上湖南浏阳永和市，同红3军团胜利会师。当天，红1军团前委和红3军团前委举行联席会议，决定成立中国工农红军第一方面军，朱德任总司令，毛泽东任总政治委员，彭德怀任副总司令，滕代远任副总政治委员，朱云卿任参谋长，杨岳彬任政治部主任。下辖第1、第3军团，共3万余人。同时成立以毛泽东、朱德、彭德怀、滕代远、黄公略、林彪、谭震林等为委员的中共红一方面军总前敌委员会，毛泽东任书记；成立以毛泽东、朱德、彭德怀、滕代远、黄公略、林彪、谭震林等为委员的中国工农革命委员会，毛泽东任主席，统一领导红军和地方工作。

红一方面军的成立，使活动于赣南、闽西和湘鄂赣苏区的两支主力红军汇集一起，对加强红军建设、提高战斗力、实现由以游击战为主向以运动战为主的战略转变具有重要意义。

9月中旬，红一方面军总前委在株洲、袁州（今宜春）等地连续召开会议，讨论方面军行动方针，最后决定：先以红1军团攻取有利于红军和根据地发展的赣西重镇吉安。

地处赣江中游西岸的吉安，是赣西南重要的政治、经济、文化中心。它北通南昌，南达赣州，西临井冈山，东连东固山，是江西南北的水陆交通枢纽。城西郊从北到南环绕着螺子山、真君山、天华山和雄踞禾水出口处的神岗山。由于吉安地形险峻，易守难攻，且又扼南北交通要道，因而历来为兵家必争之地。

驻守吉安城的是国民党军新编第13师师长邓英所率的3个团。守军在吉安城周围的神岗山、真君山、螺子山设置7道通电的铁丝网，挖2丈多宽、1丈多深的壕沟，埋竹钉、暗桩，并筑有许多明碉暗堡，形成一个半圆形的外围纵深防线。邓英更是牛皮吹得嘟嘟响，大肆吹嘘"吉安是金城汤池"，红军根本攻不下的。

9月底，红一方面军总部率红1军团由袁州、萍乡、攸县等地向吉安方向前进，红3军团由萍乡以南地区向清江方向开进。

10月2日，红1军团到达吉水阜田一线，毛泽东、朱德下达命令：部队分五路进军吉安。3日下午，毛泽东、朱德率红一方面军总部到达吉安长塘山前村，发布"4号拂晓总攻吉安"的命令：红4军从左翼向螺子山、真君山之敌攻击；红3军（欠第1纵队）、红12军从右翼向神冈岭、天华山一线之敌攻击；红20军归红4军指挥，从正面向真君山、天华山一线之敌佯攻，左与红4军、右与红3军取得联络。

4日拂晓，在地方武装的配合下，红4军在城北、红3军（欠1个纵队）在城南、红20军从正面向吉安城发起进攻。螺子山、真君山、天华山、神岗山一带，遍地红旗招展，号角阵阵，杀声震天。守军凭借有利地形和坚固工事，在飞机的支援下抗击红军的攻击。由于兵力不集中，红军进攻受挫。下午，红12军赶到吉安城南，进一步增强了攻击力量。当晚，红军发起夜战。地方群众武装组成冲锋队，用禾草填满壕沟，用柴刀砍断铁丝网，用木板、楼梯搭桥，协助红军攻城。

5 日清晨，红 1 军团进占吉安城。两天后，红一方面军在吉安城内中山广场举行万人大会，庆祝胜利。同时宣告江西省苏维埃政府成立，使赣西南苏区的赣江以西和赣江以东连成一片，推动了该地区革命斗争的发展。

红 3 军在黄公略的带领下，经过文家市、吉安等战斗的考验，迅速成长为红 1 军团的一支精锐之师。

此时，蒋介石在中原大战中基本取得胜利后，立即调集兵力向红军和革命根据地发动大规模的"围剿"，提出要在 3—6 个月内消灭红军，重点是中央苏区，同时指令国民党江西省政府主席、第九路军总指挥鲁涤平组织实施。

红一方面军总前敌委员会在查明敌情后，同江西省行动委员会就反"围剿"的方针问题进行了多次讨论。由于一部分人受到"左"倾冒险主义"进攻路线"的影响，不肯承认敌强我弱的现实，把退却看作"保守路线"。而一些地方干部更担心退却会使民众的"坛坛罐罐"被打烂，把守地看家看得很重，极力主张仍按中共中央和军委 8 月初的指示，进攻南昌、九江，以迫使国民党军转入防御，放弃其"围剿"。

10 月 25 日，朱德、毛泽东率领红一方面军总部到达新喻（今新余）的罗坊，立即召开红一方面军总前委和江西省行动委员会联席会议，史称"罗坊会议"，继续讨论反"围剿"的战略方针问题。

会上，毛泽东指出：在强大的敌人进攻面前，红军决不能冒险攻打南昌，必须采取诱敌深入的作战方针，选择好战场，创造有利条件，充分依靠人民群众，实行人民战争，把敌人放进来，才能集中力量消灭敌人。朱德也指出：敌军已在南昌、九江周围集结了优势兵力，红军只能东渡赣江，采取"诱敌深入"的方针，在革命根据地内消灭敌人。

黄公略也参加了这次会议，坚决支持毛泽东、朱德的正确主张。会议最终统一了认识，确定了红 1、红 3 军团一起东渡赣江、"诱敌深入"的作战方针。

11 月 1 日，朱德、毛泽东向红一方面军发出东渡赣江的命令：红一方面军拟诱敌深入赤色区域，待其疲惫而歼灭之，决以主力移到赣江东岸，相机取樟树、抚州，发展新淦（今新干）、吉水、永丰、乐安、宜黄、崇仁、南丰、南城各县工作，筹措给养，训练部队。并规定各路红军在一个月内完成反"围剿"的准备工作。

按照命令，黄公略率红3军留在赣江西岸监视国民党军，毛泽东、朱德指挥红一方面军主力分批从袁水两岸东渡赣江，在新淦、崇仁、南城、宜黄、乐安、永奉之间地区伺机作战，并向樟树、临川方向进逼。

12月初，蒋介石亲自赶到南昌组织对中央苏区的"围剿"，确定于中旬开始，各路"围剿"军以东固地区为会攻目标，分进合击。为一举剿灭"赤匪"，蒋介石不惜血本，投入11个师又2个旅共10万余人的兵力，并电令悬赏5万块大洋，购缉朱德、毛泽东、彭德怀、黄公略的项上人头。

敌人一步步深入苏区内部，红一方面军总前委在宁都县黄陂召开会议，再次研究反"围剿"作战方案。会议认为，敌军虽有十万之众，但这种宽大正面的"围剿"布势，势必造成战线拉长、间隙过大、兵力分散，而且"围剿"军均非蒋介石嫡系部队，内部派系复杂，协调不畅，当前的战场态势已利于红军反攻。据此，毛泽东等人决定选择接近红军集中地的"围剿"军主力为歼击目标，集中兵力实施中间突破，割裂"围剿"军整个部署，然后各个击破，粉碎"围剿"。

然而就在此时，由于红一方面军内部对富田肃反问题有意见，有人提出了"打倒毛泽东，拥护朱彭黄"的错误口号，来挑拨朱德、彭德怀、黄公略与毛泽东的关系。

在大敌当前、党和红军面临分裂的严重时刻，黄公略立即识破了这一挑拨离间的阴谋。12月18日，他和朱德、彭德怀联名发表公开信，严正指出："诱敌深入是整个一方面军总前委的策略，已不是泽东同志个人意见，所谓反对泽东同志的右倾等于无的放矢。"公开信郑重宣告："目前决战在即，凡是革命的布尔什维克同志，应站在共产党总前委领导之下，一致团结，坚决消灭敌人，谁不执行这一任务，谁破坏这一任务，谁就是革命的罪人。朱德、彭德怀、黄公略对于同志之去就，只有革命与反革命之分，没有私人拥护与否之别。"

这封信旗帜鲜明地维护了以毛泽东为首的总前委的领导和红一方面军的团结，保证了第一次反"围剿"的胜利。

12月29日，国民党"围剿"军前敌总指挥、第18师师长张辉瓒率该师2个旅孤军冒进龙冈。

龙冈接近红军主力集结地，群山环抱，中间为一狭长盆地，当地群众基础好，能够帮助红军封锁消息，因此是红军设伏的理想场所。朱德、毛泽东等当即决定以一部兵力在赤卫军、少先队配合下，牵制源头、洛口、头陂之第50、第24、第8师；集中主力分左、右两路秘密西进，求歼第18师主力于运动中或立足未稳之际。

下午，红军主力隐蔽西进，在向龙冈前进途中，查明第18师主力已到龙冈。当晚8时，朱德、毛泽东下达命令：左路红3军为右翼，于30日晨占领木坑以北地区，继向龙冈攻击前进，红12军（欠第35师，指挥第64师）为左翼，于30日拂晓向表湖前进，以一部占领龙冈南端之盲公山，主力截断龙冈至南垄大道，从兰石、茅坪攻击第18师侧后；右路红3军团、红4军以主力向上固、下固前进，以一部到还铺附近，向龙冈西北端之张家车攻击前进，如上固无敌，主力向还铺、张家车攻击前进，以一部向下固、潭头警戒。在约溪地区的红35师，于30日午前插至南垄、龙冈之间，配合红12军主力攻击龙冈，并向南垄警戒。

30日凌晨，龙冈山区大雾弥漫。黄公略率领红3军按照预定部署进入伏击阵地，但等了很久仍不见敌人。战士们求战心切，黄公略一直沉着冷静。

清晨，浓厚的大雾仍弥漫着整个龙冈，群山遍野云雾笼罩，如同黑沉沉的夜间。上午9时许，浓雾渐渐散去，天气豁然开朗，龙冈山区晴空如洗。红军指战员居高临下，清清楚楚地看到第18师先头部队正大摇大摆、旁若无人地走进伏击圈。

黄公略果断下命令攻击，红3军先头第7师猛烈开火，凭借有利地形，居高临下给敌人以迎头痛击。张辉瓒错误地判断红军主力还远在黄陂、小布一带，先头部队遭遇的只是红军小部队袭击，便自恃兵力、武器占优，根本没放在心上，当即命令先头组织部队反扑。一时间，战斗呈现胶着状态。

战至中午，红3军全部加入战斗。张辉瓒亲自组织2个团的兵力展开猛攻，战斗进行得十分激烈，给红军造成了较大的伤亡。激战至下午3时，张辉瓒孤注一掷，亲自指挥 4 个团向红军阵地实施多路进攻，均被击退。

此时，红 4 军和红 3 军团一部已插到张家车，截断了第 18 师与东固、因富的联系，并从侧后向龙冈猛攻；红 3 军团主力占领了上固及附近有利阵地，切断了敌从西北方向增援和龙冈之敌向西北方向突围的道路，完成了对第 18 师的完全包围。

下午 4 时，红军发起总攻。眼见包围圈越来越小，红军战士的喊杀声此起彼伏，张辉瓒知道大势已去，再无先前的狂横，带着手下的残兵败将向西北方向仓皇逃窜。但为时太晚，张辉瓒和他的第 18 师已成瓮中之鳖，插翅难逃。

各路红军从龙冈背面的高山上猛冲下来，迅速将敌军冲得七零八落。第 52 旅旅长戴岳混入伤兵中侥幸逃脱，第 53 旅旅长王捷俊束手就擒。张辉瓒偷偷换上士兵衣服，企图夹在散兵队伍里逃跑，不料因"身广体胖"行动不便被红军捕获。

龙冈战斗是红军第一次大规模消灭敌人，全歼第 18 师师部和 2 个旅近万人，缴获各种武器 9000 余件、子弹 100 万发，以及电台等其他军用物资。

取得一场酣畅淋漓的大胜，毛泽东以十分兴奋的心情，写下了脍炙人口的《渔家傲·反第一次大"围剿"》：

> 万木霜天红烂漫，天兵怒气冲霄汉。雾满龙冈千嶂暗，齐声唤，前头捉了张辉瓒。　二十万军重入赣，风烟滚滚来天半。唤起工农千百万，同心干，不周山下红旗乱。

1931 年 2 月初，蒋介石任命军政部长何应钦兼任南昌行营主任，统一指挥湘、鄂、赣、闽四省"围剿"部队，准备对中央革命根据地发动第二次大规模的"围剿"。

3 月下旬，蒋介石增调的第 5、第 26 路军以及第 52 师、第 5 师 4 个团全部到达江西境内，连同第一次"围剿"失败后留在中央苏区周围的第 6、第 19 路军等部，共计 18 个师另 3 个旅和 3 个航空队，20 余万人，分别在雩都（今于都）、赣州、兴国、万安、泰和、吉安、吉水、永丰、乐安、宜黄、南城、黎川、南丰、康都、建宁等地集结完毕。

鉴于第一次"围剿"惨败的教训，蒋介石改变原先"长驱直入，分进合击"的战术，制定了"以厚集兵力、严密包围及取缓进为要旨"，首先在苏区周围集结兵力，从江西吉安到福建建宁构成东西八百里的弧形战线，并实行经济封锁，断绝一切物资输入苏区，然后以"稳打稳扎，步步为营"的方针，主力分四路推进，互相策应，以期消灭红一方面军，摧毁中央苏区。

4月1日，国民党军分四路开始向中央苏区大举进攻。至23日，进到江背洞、龙冈头、富田、水南、严坊、招携、界上、横石、广昌之线。此次"围剿"中央苏区，国民党军采取军事、政治、经济、特务相结合的手段。按照"稳打稳扎，步步为营"的方针，每天只前进2.5—10公里，每占一地，即构筑工事和进行"驻剿"；召回地主豪绅，组织"善后委员会"和"守望队"，实行恐怖统治和欺骗宣传；大肆抢劫、烧杀，并毁坏禾苗，屠杀牲畜，制造苏区经济困难；派遣特务进入苏区，刺探情报，制造谣言，挑拨人民群众与红军的关系，扰乱红军的后方。

蒋介石妄图诱降黄公略，派人将黄公略的母亲和妻子押到长沙，然后在报纸上大造舆论，称"黄公略既将母与妻子送来长沙，足见悔过情殷，投诚心切。现在三省大军已布置稳妥，水陆并进，分道合围，准备一鼓肃清，你们也应当趁机赶快动作，协同消灭朱毛及其匪部，将功赎罪，以为你们彻底悔悟的证明。"

5月，蒋介石委任黄公略的堂叔黄汉湘为宣抚使，进驻南昌；派黄公略同父异母的哥哥黄梅庄为少将参议，带着蒋介石和黄汉湘写给黄公略的亲笔信及1500块大洋潜入中央苏区，劝诱黄公略"归正"。

彭德怀把这一情况电告毛泽东和朱德。毛泽东对黄公略的革命坚定性深信不疑，回电称：这个问题由黄公略同志自己处理。黄公略得知后，立即给毛泽东回电："在红军的沉重打击下，蒋介石为了挽救他的失败，采取了分裂红军的可耻阴谋。我黄公略坚信革命必定成功，对蒋介石不抱任何幻想，我义无反顾，与黄梅庄一刀两断，并请求将黄梅庄处以死刑，将黄梅庄的口供印发各军，借以教育部队提高革命警惕。"

根据黄公略的意见，黄梅庄被处以死刑。事后，红3军全体指战员和当地数千名群众召开军民动员大会。毛泽东在讲话中高度评价了黄公略大义灭亲的革命坚定性，号召全军指战员向黄公略学习，为革命的胜利而奋斗。

在第二次反"围剿"中，黄公略率领红3军按照毛泽东的部署，坚持诱敌深入的方针。

5月13日，红一方面军决定在东固山区消灭来犯的王金钰部公秉藩第28师和第47师一部。当晚10时，朱德、毛泽东发布命令："本方面军为各个破敌巩固苏区向外发展起见，决心先行消灭进攻东固之敌，乘胜掩击王金钰属全部，努力歼灭之，以转变敌我攻守形势，完成本军目前的任务。"

根据作战部署，黄公略率红3军（欠第7师）为中路军，沿东固至中洞大道向桥头江一线攻击前进。

14日黄昏时分，红一方面军总部电台截获第28师师部电台用明码向该师驻吉安留守电台的通报："我们现驻富田，明晨出发。"

吉安台问："到哪里去？"

富田台答："东固。"

原来敌人以为红军没有无线电台，所以肆无忌惮地用明码谈话。

毛泽东、朱德果断决定：全军主力立刻从北面的郭华宗师和南面的蒋光鼐、蔡廷锴师之间25公里的空隙中隐蔽西进，钻过这个"牛角尖"，以两翼包抄的方式突然攻击王金钰部的后背。

15日拂晓，红军各部按照上述部署开始行动，快速行进。

能不能顺利钻过这个"牛角尖"而不被敌人发觉，关系到整个战局。毛泽东专门赶到担负正面攻击任务的红3军军部，与黄公略一起进行实地调查。结果发现在东固通向中洞的大路南侧，还有一条不为人知的小路。毛泽东立刻改令红3军沿这条小路秘密前进。这一改变使红3军大大缩短行程，争取到宝贵时间，对消灭第28师起到了重要作用。

16日清晨，毛泽东带着电台和警卫排登上了位于东固至中洞大道北侧的白云山。接着，朱德带着总部少数人也登上白云山。

此时，由小道悄悄前进的中路红3军主力已埋伏在中洞南侧，处于居高临下的有利地形。国民党军自进入苏区后，始终没有发现红军主力的行踪，还误以为红军主力远在宁都地区，便放心大胆地向东固疾进。

待第28师尾部离开中洞时，红3军突然从山上猛攻下来。毫无应战准备的第28师顿时陷入一片混乱，没有抵抗多久，便四处逃窜，全师崩溃。战至下午4时许，红3军将第28师大部歼灭。与此同时，红4军、红64师向第47师1个旅展开攻击。经激战，将其大部歼灭于富田、东固之间地区，残部逃向水南。担任迂回任务的左路军红3军团、红35军，攻占固陂圩，歼灭第28师兵站，当夜进占富田。红12军主力转向大源坑、潭头方向进攻，第43师逃向水南。第二次反"围剿"首战告捷。

17日，毛泽东、朱德指挥红一方面军主力向水南追击。逃向水南之国民党军，因在潇龙河上架设的便桥已被赤卫军拆除，河水深不能徒涉，便转向白沙。红3、红4军跟踪猛追，红3军团亦直插白沙河附近。

19日，各路红军在白沙截住了正在仓皇撤退的第47师残部和第43师1个旅，当即发起猛烈攻击。早已被红军打得晕头转向的国民党军毫无斗志，争相逃命。红军将士个个如下山猛虎，猛冲狠打，没费多大劲儿，便将这股敌人全歼，共俘3000余人，缴枪2000余支（挺）。与此同时，红12军攻占沙溪，驻藤田的第54师连夜逃往永丰；第19路军也由城冈撤回兴国，随后又撤到赣州。第二次反"围剿"中的第二次战斗——白沙战斗胜利结束。

红一方面军按预定计划，继续向东横扫，又接连取得中村、广昌、建宁战斗的胜利。半月之内，红军横扫700余里，连续作战，五战五捷，歼敌3万余人，缴枪2万余支（挺），占领赣东、闽西北广大地区，巩固和扩大了中央苏区，痛快淋漓地打破了敌人的第二次"围剿"。兴奋之余，毛泽东挥笔疾书，写下了《渔家傲·反第二次大"围剿"》：

　　　　白云山头云欲立，白云山下呼声急，枯木朽株齐努力。枪林逼，飞将军自重霄入。　　七百里驱十五日，赣水苍茫闽山碧，横扫千军如卷席。有人泣，为营步步嗟何及！

　　1931 年 6 月，第二次"围剿"中央苏区的枪炮声刚刚平息了 20 多天，不甘失败的蒋介石就飞抵南昌，亲任"围剿"军总司令，准备对中央苏区发起第三次更大规模的"围剿"。

　　这次，蒋介石信心十足，发表《为"围剿"告全国将士书》，声称要"戒除内乱""剿灭赤匪"，并聘请了英、日、德等国的军事顾问随军参与策划，任命心腹爱将何应钦为前线总司令。为毕其功于一役，蒋介石更是不惜血本，将其嫡系部队陈诚的第 14 师、罗卓英的第 11 师、赵观涛的第 6 师、蒋鼎文的第 9 师、卫立煌的第 10 师调到江西，连同原在中央苏区周围的和新调来的非嫡系部队，参加"围剿"作战的总兵力达 23 个师又 3 个旅，共计 30 万人。此番"围剿"，蒋介石吸取了前两次失利的教训，决定改"步步为营"为"长驱直入"的方针，企图首先消灭红军主力，摧毁苏区，然后再深入进行"清剿"。对此，蒋介石信心十足，曾对手下人说："这次'围剿'如不获全胜，死也不回南京。"并严令各路将领："限三月之内'肃清'江西共军，如不成功则成仁；如不获胜，自刎首级。"

　　6 月 25 日，蒋介石收到情报，将在宜黄、南丰以南地区活动的红 3 军第 9 师和红 4 军第 12 师误认为红一方面军主力，遂下令进攻，并令第 10 师归左翼集团军指挥，以疾风暴雨之势向中央苏区"长驱直入"。

　　仅有 3 万多人的红军在第二次反"围剿"作战后，还没有来得及得到充分的休整，就要面对 30 万敌军的多路进攻，形势十分危急。后来朱德回忆道："我们知道这一次比第一、二两次更困难了，知道硬打是不行的。"

　　6 月底，红一方面军临时总前委在南丰康都召开第一次扩大会议，研究决定，不管敌人分几路进攻，红军仍继续采取"诱敌深入"的方针，把敌人引到赣南中央苏区腹地兴国、雩都（今于都）、宁都、瑞金一带，寻找战机，实行反攻，以打破"围剿"。

　　毛泽东、朱德当机立断，命令留驻赣南的红军独立第 4 师、第 5 师和红 3 军第 9 师在吉安、吉水、永丰、乐安、宜黄以南地区，红 4 军第 12 师在南丰以南和东南地区，协同当地地方武装和赤卫军、少先队，以运动防御和游击战，牵制敌军，迟滞敌军前进；红 3 军团、红 4 军主力、红 12 军由闽西、闽西北、闽赣边和赣南等地迅速收拢部队，回师赣南。

7月10日，红一方面军主力在毛泽东、朱德指挥下，冒着盛夏酷暑，忍饥挨饿，昼夜兼程。经过10多天的急行军，于22日前到达雩都以北的银坑、琵琶垄、平安寨、桥头地区，同由雩都、瑞金北上的红3军主力、红35军和由赣江以西赶来的红7军及红20军军部和第175团会合，随后隐蔽在赣南的深山峡谷里休整。28日，秘密转移到兴国县城西北的高兴圩地区，完成了回师集中的战略任务。

国民党军进入苏区后，东奔西突，虽然相继进占广昌、宁都等地，却屡屡扑空，始终无法找到红军主力，冤枉路倒是没少跑，武力"围剿"变成了"武装游行"。加之天气酷热难耐，地形不熟，时常受到小股红军和地方武装的袭扰，狼狈不堪，锐气挫去了一半。

8月7日至11日，红一方面军三战三捷，取得莲塘、良村、黄陂战斗的胜利，随后主力秘密西返兴国县境内隐蔽休整。9月初，红一方面军主力继续西移，转到兴国、万安、泰和之间的均村、茶园冈地区隐蔽待机。

9月6日晚，红一方面军总部得悉兴国地区国民党军正沿高兴圩大道向北撤退。毛泽东、朱德当即决定首先抓住兴国地区北撤之敌一部歼灭之，尔后视机扩张战果。具体部署为：红3军、独立第5师迅速抢占老营盘，断敌退路；红3军团、红4军（并指挥第35师）、红35军进攻高兴圩及其南北之敌；红7军牵制兴国之敌。

7日拂晓，国民党军第4军团由兴国地区向北撤退，其先头独立旅撤到老营盘附近时，黄公略指挥红3军一部切断了该旅与第4军团后续部队的联系。随后，率军主力与独立第5师向敌独立旅发起迅猛攻击。激战至14时许，将其全歼。

13日，国民党军第4军团主力和第52师分别由长途口、兴国等地向吉安撤退，红3军等部对敌实施追击。15日拂晓，在第4军团主力通过东固山方石岭隘口后，黄公略率红3军主力赶到，一部抢占了方石岭，截住第52师及第9师的1个炮兵团和1个步兵营，并将其包围于方石岭以南地区，随即发起猛攻。激战至9时，将被围之敌全歼。其他各路国民党军纷纷撤至吉安、永丰、宜黄、南城、南丰、广昌、宁都、赣州等地。至此，红一方面军粉碎了国民党军对中央苏区的第三次大规模"围剿"。

方石岭战结束后，红3军奉命向瑞金、石城、于都、宁都地区转移。然而当部队行军至东固六渡坳时，突遭敌机袭击，黄公略不幸中弹，当晚7时许牺牲。一代将星就此陨落。噩耗传开，革命根据地军民无比哀痛。在黄公略追悼大会上，会场主席台两侧悬挂了毛泽东所写挽联：

广州暴动不死，平江暴动不死，如今竟牺牲，堪恨大祸从天落；
革命战争有功，游击战争有功，毕生何奋勇，好教后世继君来。

1931年11月，中华苏维埃共和国临时中央政府成立后，为纪念黄公略曾决定将中央苏区的吉水、吉安、泰和县各出划一部，设置公略县；在吉安东固和瑞金叶坪分别修建公略纪念亭；并将中国工农红军第2步兵学校命名为公略步兵学校。

毛泽东评粟裕

【粟裕简介】

粟裕（1907—1984），侗族，湖南会同人。

1926年11月，加入中国共产主义青年团。1927年5月，参加国民革命军第24师，6月转入中国共产党，8月参加南昌起义。1928年，参加湘南起义后到井冈山，历任连长、营长、团长、师长、军参谋长、军团参谋长等职。参加井冈山斗争，转战赣南、闽西和中央苏区第一至第五次反"围剿"。1934年7月，任红军北上抗日先遣队参谋长，转战闽浙赣皖边。1935年，任挺进师师长、闽浙军区司令员，开辟浙南游击根据地。

全面抗战爆发后，任新四军第2支队副司令员、先遣支队司令员，率部挺进江南敌后，首战韦岗告捷。1939年8月，任新四军江南指挥部副指挥，同陈毅一起开辟了苏南抗日根据地。1940年7月，率部挺进苏北，任新四军苏北指挥部副指挥兼参谋长。10月协助陈毅指挥黄桥战役，巩固发展了苏北抗日根据地，开创了华中敌后抗战的新局面。皖南事变后，任新四军第1师师长（后兼政治委员）、苏中军区司令员兼政治委员、中共苏中区委员会书记。1944年3月，开始对日军发动局部反攻，组织指挥车桥战役，12月率第1师主力南渡长江，任苏浙军区司令员兼政治委员，后又兼中共苏浙区委员会书记，巩固和发展了苏南、浙东抗日根据地，开辟了浙西抗日根据地。1945年，指挥所部在天目山区对国民党顽固派军队进行3次自卫反击战。

1945年10月，任华中军区副司令员、华中野战军司令员。指挥高邮战役和陇海线徐海段战役，使华中、山东解放区连成一片。1946年7月，指挥华中野战军主力进行苏中战役，七战七捷，一个半月中歼敌5.3万余人，为解放战争初期的作战指导提供了实践经验。1947年1月，任华东野战军副司令员，先后指挥了宿北、鲁南、莱芜、泰蒙、孟良崮等战役，共歼敌 7 个军（整编师）和 1 个快速纵队，内有国民党号称"王牌军"的整编第 74 师。1948 年 5 月，任华东野战军代司令员兼代政治委员。6 月，兼任豫皖苏军区司令员，指挥豫东战役，歼敌 9 万余人，取得了大规模攻城打援作战的胜利，改变了中原、华东战场的战略态势，为尔后进行更大规模的歼灭战创造了有利条件。9 月，指挥济南战役，歼敌 10 万余人。9 月 24 日提出进行淮海战役的建议，经中央军委批准，中原、华东野战军并肩作战，于 11 月 6 日发起淮海战役。1949 年 1 月，任第三野战军副司令员兼第二副政治委员，参加指挥渡江战役。5 月指挥上海战役。后兼任上海市军管会副主任、南京市军管会主任、南京市市长、华东军政委员会副主席。

1951 年，任中国人民解放军副总参谋长，1954 年，任总参谋长。1955 年，被授予大将军衔和一级八一勋章、一级独立自由勋章、一级解放勋章。是第一至第三届国防委员会委员。1958 年，在军委扩大会议上受到错误批判。同年调任国防部副部长兼军事科学院副院长。1972 年任军事科学院第一政治委员。中共第七届中央候补委员，第八至第十一届中央委员。1967—1968 年、1975—1982 年任中央军委常委。1980 年，当选为全国人大常委会副委员长。1982 年，当选为中共中央顾问委员会常务委员。1984 年 2 月 5 日，在北京病逝。

【毛泽东评点】

"此次粟部歼敌二万，打得很好，今后作战亦不要过于性急，总以打胜仗为原则。"

——摘自《毛泽东年谱（1893—1949）》下卷，中央文献出版社 1993 年版，第 116 页。

"全军指挥，由粟裕担负。"

——摘自《毛泽东军事文集》第 5 卷，军事科学出版社、中央文献出版社 1993 年版，第 7 页。

【评析】

　　1928 年 1 月，粟裕随朱德、陈毅率领的起义军进驻湖南宜章，参加了著名的湘南起义。4 月上旬，他又跟随朱德、陈毅撤出湘南，向井冈山地区转移。

　　4 月 24 日，毛泽东领导的秋收起义部队和朱德、陈毅领导的南昌起义保存下来的部队，在井冈山胜利会师了。两支部队合编为中国工农革命军第 4 军，不久改称中国工农红军第 4 军。粟裕任第 28 团第 5 连党代表。粟裕的军事生涯从此翻开了崭新的一页。

　　从 1928 年 4 月上井冈山开始，到参加中央苏区的创建和反“围剿”斗争，粟裕一直跟随着毛泽东、朱德南征北战，在革命战争的海洋里学习游泳。

　　上井冈山不久，毛泽东、朱德总结提出了“十六字诀”的游击战术：“敌进我退，敌驻我扰，敌疲我打，敌退我追。”这 16 个字听得明，记得牢，是毛泽东人民战争战略战术的雏形。粟裕视为学习军事指挥的好教材，熟记在心，结合战例细细体会，领略到它的重要作用和巨大威力。

　　1928 年 6 月，粟裕运用毛泽东、朱德讲授的战法，在七溪岭打了一场漂亮仗，展示了这位年轻指挥员不凡的勇气、过人的胆识和非同寻常的指挥才能。

　　当时，湘、赣两省国民党军抽调 10 个团的兵力，分两路对井冈山革命根据地发动第四次“进剿”。6 月 22 日，驻永新城的赣军以 3 个团进至龙源口和白口，企图进犯井冈山根据地中心地区宁冈。

　　毛泽东、朱德决定红 29 团和红 31 团 1 个营在新七溪岭正面阻击，红28 团经老七溪岭迂回敌后，寻机歼敌。

　　时任红 28 团 3 连连长的粟裕率领全连迂回赶到老七溪岭时，不料敌先头部队已抢先占领了老七溪岭制高点——百步墩。粟裕立即组织部队展开攻击。战斗进展得不顺利，从早上一直打到中午，连续三次攻击受挫，部队伤亡不断增大。如不尽快控制老七溪岭，不仅红 28 团站不住脚，还可能使坚守在新七溪岭的红军部队腹背受敌。

　　关键时刻，粟裕抓住时机，趁敌人疲惫松懈时隐蔽接敌，突然发起攻击，出其不意地突破了敌人防御阵地。战斗中，粟裕身先士卒，冲锋在前。当他冲上百步墩制高点后，才发现自己的身边只有 9 个人，连队主力都落在了后面。怎么办？是退回去，还是继续追下去？

狭路相逢勇者胜。粟裕当机立断，留下 6 名战士控制制高点，接应后续部队，自己带上 3 名战士，越过山顶，猛追逃敌。翻过山坳，粟裕发现有百余名敌人猬集在一个山沟里，就立即冲上去，举起手中的枪，大声喊道："不许动，你们被包围了，缴枪不杀！"敌人一时蒙了，还没弄清粟裕他们究竟有多少人，就乖乖地缴枪投降。

老七溪岭战斗，粟裕一战成名。他英勇顽强的战斗作风和机智果断的指挥才能，迅速在红军中传开，并为他赢得了"青年战术家"的美誉。

虽然身在红军最基层和战斗第一线，粟裕却把学军事的注意力放在高层次战略决策和战法上。毛泽东的雄才大略，高人一筹的建军思想，使粟裕钦佩不已。他认真学习，细心揣摩，在实战中渐渐领悟到毛泽东、朱德指挥战争的精髓。仅仅两年时间，就由一名连级干部成长为一名师级指挥员。

50 多年后，粟裕回忆这段历程，深有体会地说：

> 我跟随毛泽东、朱德同志学习打仗所得到的最深刻的体会，是战争有它自己的规律，克敌制胜的办法必须依据敌我双方的实际情况和战争内在规律去寻找。我学到的这条道理，使我终身受益。

1928 年 12 月，蒋介石集中湘、赣两省 6 个旅约 3 万兵力，分五路大举进犯井冈山，发动了历史上的第三次"会剿"。毛泽东、朱德决定避开与强敌正面交锋，将红军主力部队迂回到赣南敌后，钳制敌人对井冈山的进攻。

1929 年 1 月 14 日，粟裕随红军主力下了井冈山，长途跋涉向赣南挺进，开辟新的革命根据地。由于沿途没有群众的帮助，红军的行军、宿营和侦察工作都很困难。而穷凶极恶的敌人又采取轮番追击的策略，一路咬住不放，穷追不舍。红军只好避其锋芒，翻山越岭。时值寒冬腊月，崎岖的山路冰雪覆盖，水晶般光滑，人马辎重寸步难行，下坡滑行，上坡则需用刀凿，就这样连滚带爬地行军，到了宿营地，人人变成了泥猴子。部队苦得很，经常是边走边打，从早到晚粒米不进，滴水未沾，每日急行军都在九十里以上。炊事担子也常常掉在后面，赶不上为大家做饭。

粟裕看在眼中，急在心里，每天都琢磨如何让战士们在行军中吃上口热饭。功夫不负有心人。几天后，他和战友们发明了一种"快速煮饭法"——每人带一个搪瓷缸子，里面放一把米，加上水，一个班烧起一堆篝火，把缸子放在火中，大家围着火睡觉，等到醒来时饭也熟了，吃过饭接着走，既省事又省时间。

2月9日，这天是农历除夕，红4军抵达赣南瑞金的大柏地。此时，国民党军第15旅旅长刘士毅率2个团尾追而来。毛泽东决定趁敌孤军冒进之机，在大柏地打一场伏击战。当日，红4军主力悄悄埋伏在离大柏地20多里的石板道两旁山间树木里。

次日下午3时，刘士毅部大摇大摆地来了，毫无觉察地走进了伏击圈。红军随即发起猛攻，双方激战整整一夜。粟裕指挥连队扼守要隘，把敌军死死地堵在了伏击圈里。此役共歼刘士毅部2个团大部，活捉团长以下官兵800多名。这是红4军离开井冈山以来的第一个重大胜利。

粟裕没有上过一天的正规军事院校。他是通过战争学习战争，作战指挥能力突飞猛进，从红军的一名基层指挥员，迅速成长为优秀的高级指挥员。作为朱毛红军"青山大学"中成长起来的年轻将领，粟裕善于思考，具有超出一般指挥员的敏锐见识，并把从毛泽东、朱德那里学到的作战经验和指挥艺术运用于战争实践中，取得了一系列骄人战绩。

1930年12月，蒋介石调集11个师又2个旅共10余万人马，大举"围剿"中央苏区。此时，粟裕任红64师师长。该师不是红军主力，人不过千，武器装备更是差得出奇，除去几百支土造的"单打一"长枪外，其余就是清一色的梭镖，被戏称为"梭镖大队"。

面对强军压境，毛泽东、朱德决定采取诱敌深入的方针，率红军主力向苏区中部退却，寻机歼敌。

12月25日，红军在宁都小布召开苏区军民歼敌誓师大会。毛泽东特意写了一副对联，贴在主席台两旁的柱子上。上联是："敌进我退敌驻我扰敌疲我打敌退我追游击战里操胜算"，下联是："大步进退诱敌深入集中兵力各个击破运动战中歼敌人"。粟裕反复吟诵，打心底里钦佩这副对联写得好。短短 46 个字，就把红军的战略战术说讲得明明白白，而且通俗好记。

毛泽东、朱德选择了孤军深入的谭道源第 50 师作为首歼目标。25 日和 27 日，红一方面军主力先后两次在小布地区设伏，准备出其不意围歼谭道源师。结果等了两天，敌人也没有来。

原来，谭道源率第 50 师自接到"围剿"命令后，经永丰每天以 70 里的速度经宜黄向宁都进犯。该师曾与红军交过手，深知红军组织严密、行动神速、战斗勇猛，而苏区军民早已坚壁清野，不仅粮食一粒也找不到，就连向导也找不到一个，因此越是深入苏区越是心虚胆战。正如谭道源在后来战报中写的"真是漆黑一团，如同在敌国一样"。进抵源头后，狡猾的谭道源本打算继续进犯小布。但他似乎嗅到了空气中弥漫着一种不祥的气息，怎敢孤军深入，于是走到半道又撤了回去。两次设伏谭道源不成，红军立即撤出阵地，继续耐心地寻找战机。

29 日，任国民党军前线总指挥的张辉瓒率第 18 师 2 个旅孤军冒进龙冈。战机终于出现了。当晚 8 时，朱德、毛泽东下达命令："红军主力隐蔽西进，在龙冈地区围歼张辉瓒师。"

30 日晨，大雾弥漫着整个龙冈，红军按照预定部署进入了伏击阵地。上午 9 时许，浓雾渐渐散去，天气豁然开朗。红军战士居高临下，清清楚楚地看到 18 师先头部队正大摇大摆、旁若无人地走进伏击圈。随着一声"打"，红 3 军先头第 7 师猛烈开火，凭借有利地形给敌人以迎头痛击。张辉瓒自恃兵力、武器占优，根本不把红军放在眼里，当即组织部队反扑。一时间，战斗呈现胶着状态。

激战至下午 3 时，张辉瓒孤注一掷，亲自指挥 4 个团向红军阵地实施多路进攻，均被击退。这时，粟裕率红 64 师随红 12 军主力沿龙冈南侧占领表湖及其附近各山头，向敌侧后攻击。红军其他参战各部也按预定部署，从各自方向发起攻击，并完成了对第 18 师的完全包围。张辉瓒已成瓮中之鳖，插翅难逃。下午4时，红军发起总攻。至黄昏时分，战斗全部结束。

龙冈战斗，是红军第一次大规模消灭敌人，全歼第18师师部和2个旅近万人，缴获各种武器9000余件、子弹100万发。师长张辉瓒也当了红军的俘虏。毛泽东诗兴大发，情不自禁地吟诗一首：《渔家傲·反第一次大"围剿"》。

　　　万木霜天红烂漫，天兵怒气冲霄汉。雾满龙冈千嶂暗，齐声唤，前头捉了张辉瓒。　　二十万军重入赣，风烟滚滚来天半。唤起工农千百万，同心干，不周山下红旗乱。

粟裕更是喜不自禁，红64师也来了一个大改装，所有的梭镖和土造的"单打一"长枪，全部换成了五响快枪"汉阳造"。全师上下士气高涨，准备以更大的胜利迎接新年的到来。

张辉瓒师在龙冈全军覆没的消息传来，深入苏区的各路敌军都知道了红军的厉害，惊恐之下，纷纷退缩自保，当起了"缩头乌龟"。

1931年1月1日深夜，早已尝过红军苦头的谭道源丝毫没有过新年的喜悦，反倒是坐立不安，生怕自己成为朱毛红军下一个打击目标。冥思苦想一番后，他决定还是三十六计走为上，赶快离开这个"鬼地方"，离得越远越好。事不宜迟，说走就走。谭道源急令所部各取捷径连夜开赴东韶，相机向广昌靠拢。名为开赴，实为夺路溃逃。但谭道源万万没有料到的是：他的一举一动早就在红军的掌控之中。

2日，毛泽东、朱德指挥红军尾追进击。3日晨，红军主力在东韶附近向谭道源师发起猛攻。粟裕率红64师担任正面攻击。战斗进行得异常激烈。敌军依仗优势装备，集中火力向红军发起反冲击，竟然冲开了一个缺口，一直冲到红64师师部指挥阵地前。

这时，师部只有一个警卫排，加上司号员、通信员等少数几个非战斗人员，不过二三十人。形势万分危急。粟裕临危不乱，指挥大家全力拼杀，硬是将敌人堵在阵地前，不能前进一步。在红军强大的攻势下，敌军犹如惊弓之鸟，伤亡惨重，全线不支。谭道源早已六神无主，无心恋战，率残部突围，一口气逃到了抚州，总算保住一条性命。

东韶战斗，红军共歼国民党军第50师1个多旅，缴获长短枪2000余支，声威大震。各路国民党军争相撤离苏区转入防御，对中央苏区的第一次"围剿"就此以失败告终。

此后，粟裕又参加了中央苏区第二至第五次反"围剿"斗争。他在对敌斗争中茁壮成长，努力学习毛泽东、朱德的积极防御、诱敌深入、运动战、歼灭战等战略战术，作战指挥愈发出神入化，成为一名智勇双全的高级指挥员。同时他创造性地执行各项任务，逐渐练就了独立思考、通观大局的能力，为日后独立领导一个地区的革命斗争打下了坚实的基础。

几十年后，粟裕回忆起井冈山时期在毛泽东、朱德指挥下作战的经历和体会时，深情地写道：

> 毛泽东、朱德同志指挥我们打了一系列胜仗，使我认识到，两军对阵，不仅是兵力、火力、士气的较量，也是双方指挥员指挥艺术的较量。在敌强我弱的情况下，我军开始常处于被动，但只要指挥员善于运筹，可以驰骋的领域仍然是很宽广的。战争指挥艺术是一门无止境的学问。

1934年7月，粟裕任红军北上抗日先遣队参谋长，转战闽浙赣皖边。1935年1月，同刘英率先头部队500余人突破封锁线到浙南，任挺进师师长、闽浙军区司令员，率部在国民党统治的腹心地区开辟浙南游击根据地。在与上级党组织失去联系的情况下，粟裕独立领导部队开展游击战争，摒弃"左"倾教条主义的影响，从实际情况出发，把公开的武装斗争与隐蔽的群众工作结合起来，挫败了国民党军多次"进剿"和大规模"围剿"，使浙南游击根据地得到巩固和发展。

自粟裕离开中央苏区后，毛泽东就一直惦记着这位井冈山时期智勇双全的青年将领。由于挺进师在进军浙南通过敌人封锁线时，唯一的一部电台被打坏了，与中共中央就此失去联系。屈指算来，毛泽东已有3年多没有得到粟裕的一点儿消息了。所以当中共闽浙边临时省委和中共中央接上关系，毛泽东就来电询问粟裕的情况。

当时，国民党军"围剿"正猛，粟裕率挺进师四处游击，行踪无定，和临时省委也失去了联系。省委几次派人寻访都没有音信，便如实报告中共中央："粟裕同志可能已经牺牲。"

1937年5月，陕北召开苏区代表会议，张闻天在致开幕词后宣读了一份烈士名单，其中就有粟裕。

1938年初，闽浙边临时省委派人到南昌新四军军部向副军长项英汇报工作时，专门介绍了粟裕在浙西南坚持斗争的情况，并说："粟裕现在已经回到省委，正同刘英在一起加紧培养干部，训练部队。"

刚从延安来的新四军副参谋长周子昆立刻电告延安：粟裕还在。闻听这个喜讯后，毛泽东高兴地笑了。

抗日战争初期，粟裕同陈毅一起，执行中共中央关于新四军东进北上、独立自主地开展游击战争的战略方针，开辟了苏南抗日根据地。后率部挺进苏北，协助陈毅指挥黄桥战役，巩固发展苏北抗日根据地，开创了华中敌后抗战的新局面。

皖南事变后，粟裕制定游击战与要点争夺相结合的作战方针，在临江濒海、交通发达的平原水网地区开展游击战争，挫败日伪军频繁"扫荡"、"清剿"和"清乡"，建成了巩固的苏中抗日根据地。

1944年12月，粟裕率新四军第1师主力南渡长江，领导巩固和发展了苏南、浙东抗日根据地，开辟了浙西抗日根据地。1945年，他指挥所部在天目山区，对国民党顽固派军队进行三次自卫反击战，缴获大批美械装备，率先实现了从游击战向运动战的转变。

抗日战争胜利后，粟裕率部回师江北，任华中军区副司令员、华中野战军司令员，歼灭拒降日伪军2万余人，为迎击国民党军的进攻准备了内线作战的有利条件，使华中、山东解放区连成一片。

1946年6月，蒋介石冒天下之大不韪，悍然发动了全面内战。他自恃拥有装备精良的400多万大军，背后还有美国主子的撑腰，根本不把仅靠"小米加步枪"作战的120余万"土八路"放在眼里，狂妄叫嚣要在三个月内消灭共产党。

7月上旬，国民党军 58 个旅约 46 万人进攻华东解放区。作为华东解放区东南前哨的苏中解放区，南濒长江，北连淮阴、淮安，东临黄海，西抵京杭大运河，直接威慑国民党统治中心南京，是国民党军进攻的主要方向之一。蒋介石命令国民党第一"绥靖"区司令官李默庵指挥 5 个整编师（军）共 15 个旅约 12 万人，集结于长江北岸南通、靖江、泰兴、泰州一线，企图先占如皋、海安，尔后再沿通榆公路和运河一线向北攻击前进，配合向淮南、淮北进攻的国民党军，夹击苏皖边解放区首府淮阴。

这时，华中野战军驻守海安、如皋一线的部队是新四军第 1、第 6 师和第 7 纵队，共 19 个团 3 万余人。国共双方兵力对比是 4 比 1。蒋介石得意忘形，扬言要"在 7 月中用两个星期夷平苏北解放区"。部署就绪后，便偕夫人宋美龄到庐山避暑去了。然而蒋委员长做梦也没有想到，等待他的是粟裕的当头一棒。

当苏中大地战云密布时，中央军委曾设想：以晋冀鲁豫野战军和山东野战军进击豫东、津浦铁路徐州至蚌埠段；以华中野战军由苏中西出淮南，进击津浦铁路蚌埠至浦口段，作为策应。

华中野战军司令员粟裕认为，苏中地区物产丰富，补给方便，部队指战员多系苏中人民子弟兵，熟悉地形、民情，在苏中作战更为有利。遂向中央军委建议：华中野战军主力先在苏中作战，尔后出击淮南。

7月4日，中央军委采纳了这一建议，指示：胶济、徐州、豫北、豫东、苏北等地国民党军可能同时发动进攻，我先在内线打几仗，再转外线，在政治上更为有利。

"对付敌人，不单斗力，更要斗智。"面对四倍于己的敌军，粟裕信心百倍，苏中战幕尚未拉开便显示出运筹帷幄的能力。

从 7 月 13 日到 8 月 31 日，粟裕率领华中野战军发起苏中战役，以 3 万多人对抗国民党军 12 万余人，七战七捷，首创一个战役歼敌 5.3 万余人的纪录，歼敌总数为华中野战军参战兵力总数的 1.76 倍，打出了神威，创造了战争史上的奇迹，成为当时震撼神州大地的事件。

党中央和毛泽东都给予了高度评价。延安总部发言人称这次胜利加上中原突围、定陶战役，"这三个胜利，对于整个解放区的南方战线起了扭转局面的重要作用。蒋军必败，我军必胜的局面是定下来了。"并称赞："粟裕将军的历史，就是一部为民族与人民解放艰苦奋斗的历史。今天，粟裕将军成了苏皖军民胜利的旗帜。"

毛泽东还亲自为中央军委起草电报，将这一战役作为我军执行"集中绝对优势兵力、各个歼灭敌人"的范例通报全军。

1947年2月初，刚刚取得宿北、鲁南两大战役胜利的山东野战军、华中野战军和山东军区部队合编为华东野战军。陈毅任司令员兼政治委员，粟裕任副司令员。所属部队整编为11个步兵纵队和1个特种兵纵队，总兵力约30万人。

在华东野战军正式组建前夕，毛泽东便确定："在陈毅领导下，大政方针共同决定，战役指挥交粟裕负责。"

2月20日，华东野战军在陈毅、粟裕的指挥下发起莱芜战役。至23日，歼灭国民党1个"绥靖"区前方指挥所、2个军部、7个师共5.6万余人，生擒第二"绥靖"区中将副司令官李仙洲，解放县城13座，使鲁中、渤海、胶东、滨海4个解放区连成一片。

为一举扭转全国战局，蒋介石孤注一掷，把最大的赌注都押在了山东战场上，将24个整编师（军）45.5万人，编成3个机动兵团，由南向北向鲁中山区推进。具体部署是：汤恩伯率第1兵团8个整编师共20个旅20万人，企图首先占领沂水、坦埠一线，尔后与王敬久的第2兵团和欧震的第3兵团通力向北、向东进攻，迫使华东野战军主力决战或北渡黄河。第二"绥靖"区5个军部署在胶济铁路和津浦铁路泰安以北地区，策应3个兵团作战；第三"绥靖"区2个整编师在峄县、枣庄为二线部队。

3月中旬，按照蒋介石的计划，顾祝同指挥汤恩伯、王敬久、欧震3个机动兵团，向山东解放区大举进攻。

这次，国民党军吸取了以往作战被各个歼灭的教训，采用"密集靠拢、加强维系、稳扎稳打、逐步推进"的新战法，成纵深梯次部署，作弧形一线式推进。汤恩伯兵团由临沂向北，欧震兵团由泗水向东北，王敬久兵团由泰安向东，企图对华东野战军形成弧形包围态势。

在兵力配备上，蒋介石更是煞费苦心，采取"烂葡萄里夹硬核桃"的部署，将整编第 74 师、整编第 11 师、第 5 军这三支一等王牌主力部队及战斗力相当强的整编第 25 师作为"硬核桃"摆在第一线中央纵队，左右两翼各配备几支作为"烂葡萄"的杂牌军和二流部队。若解放军要插入中间攻击其中一支王牌军，两翼的杂牌部队和另外两支王牌军即可接应增援，让解放军啃不动这个"硬核桃"；若解放军先打两翼杂牌军，他们则拼着先牺牲几个"烂葡萄"，待解放军精疲力竭之时再以"硬核桃"王牌主力出击。蒋介石对此十分满意，认为横扫山东共军指日可待。国民党军参谋总长陈诚甚至扬言："即便全是豆腐渣，也能撑死共军！"

面对重兵压境、强敌云集的严重形势，陈毅、粟裕沉着应战，指挥华野 10 个纵队在鲁南和沂蒙山区忽南忽北、忽东忽西不停地机动，在运动中吸引、调动、疲惫、迷惑敌人，以创造战机。陈毅把这种战法形象地比喻为"耍龙灯"：我军挥舞彩球，逗引敌军像长龙一样回旋翻转。

4 月上旬，国民党军打通了徐州至济南段的津浦铁路线，并侵占了临沂公路和鲁南地区，随即直扑鲁中腹地沂蒙山区。华野主力抓住有利时机，隐蔽绕到王敬久兵团侧后，突然对其左翼薄弱环节、据守泰安的整编第 72 师发起攻击。

20 日，华野以 3 个纵队攻击泰安，另以 4 个纵队待机歼灭援军。激战三昼夜，全歼整编第 72 师，活捉中将师长杨文泉。由于整编第 72 师是川军，非蒋介石嫡系，邻近泰安的各路国民党军居然"见死不救"，一直按兵不动，使华野"围点打援"的计划落了空。

至 5 月初，华野与国民党军"耍"了一个多月的"龙灯"，诱使汤恩伯、王敬久、欧震兵团 25 万大军进行了一次千余公里的"武装大游行"，但因其始终保持密集靠拢的队形且行动谨慎，几次交锋，均未达到作战意图。

这时，国民党军继续向北推进，步步逼近，侵占了新泰、蒙阴等地，形势十分紧张。陈毅、粟裕准备以 3 个主力纵队南下，插到鲁南、苏北敌后地区，以调动敌人。

5 月 4 日，中央军委指示华野："敌军密集不好打，忍耐待机，处置甚妥。只要有耐心，总有歼敌机会。"6 日，中央军委又电示陈毅、粟裕："目前形势，敌方要急，我方并不要急……待敌前进或发生别的变化，然后相机歼敌。第一不要性急，第二不要分兵，只要主力在手，总有歼敌机会。"

据此，陈毅、粟裕当即调整部署，将主力东移，后撤一步；并以准备南下华中的第2、第7纵队隐蔽集结于莒县地区，以进入鲁南的第6纵队隐蔽在平邑附近地区，待机配合主力作战。

果然不出所料，蒋介石见迟迟不能"打掉陈、粟主力"，愈发焦躁不安。得知华野主力东移，错误地判断华野"攻势疲惫"，已无力决战，遂于5月10日下令顾祝同跟踪进剿，变"稳扎稳打"为"稳扎猛打"。

为抢头功，汤恩伯不待王敬久兵团、欧震兵团统一行动，即以整编第74师为骨干，在整编第25师和整编第83师的配合下，自垛庄、桃墟地区进攻坦埠，企图乘隙占领沂水至蒙阴公路；另以第7军及整编第48、第65师在左右两侧担任掩护。

5月11日，整编第74师经孟良崮西麓，向坦埠以南华野第9纵队阵地发起进攻。善于捕捉战机的粟裕立即提出了新的作战方案：不打敌军侧翼的第7军和整编第48师，改打中路强敌整编第74师。但整编第74师是一只用美械装备武装到牙齿的"钢铁老虎"，华东野战军司令部召集各纵队指挥员会议反复研究。会上，粟裕详细阐述了围歼该师的理由：

整编第74师是国民党军"五大主力"之一、蒋介石的"王牌军"，又是这次重点进攻的骨干和急先锋，歼灭该师必将震撼敌军，给敌人以实力上和精神上最沉重的打击，极大地鼓舞我军士气，进而可以挫败敌人的进攻。

其次，蒙阴、沂水地区多为岩石山区，地形复杂。整编第74师是重装部队，进入山区，机动受到很大限制，重装备不能发挥威力，甚至成为拖累。加之该师处于较突出地位，与左右邻之间空隙较大，我军可利用山区地形，隐蔽集结，寻隙穿插，采取正面突击、分割两翼、断敌退路、四面包围和阻击南北各部援敌的战法，在坦埠以南、孟良崮以北地区，将其从敌人重兵集团中割裂出来，予以围歼。

再次，整编第74师师长张灵甫一向自恃作战有功，骄横跋扈，与同僚的矛盾很深，在我围歼该师又坚决阻援的情况下，其他敌军不会见死不救，但也不会奋力相救。

在兵力对比上，我军在鲁中只有 9 个步兵纵队和 1 个特种兵纵队，大大少于敌军的 17 个整编师（军），但我军主力位于 74 师进攻正面，不需要作大的调动，就可出其不意地迅速集中，在局部对整编第 74 师形成 5 比 1 的绝对优势。因此，打最强的整编第 74 师定能出其不意，攻其无备，必将大奏奇效。

陈毅当即表示赞同："好！我们就是要有于百万军中取上将首级的气概！"

12 日晨，陈毅、粟裕命令正在东移的各部队立即西返蒙阴以东坦埠以南地区，作出围歼整编第 74 师的部署：以第 1、第 4、第 6、第 8、第 9 纵队和特种兵纵队担任主攻；以第 2、第 3、第 7、第 10 纵队担任阻援；另以地方武装牵制各路援敌和在临沂及临泰公路沿线敌之后方袭扰与破坏。

13 日，围歼整编第 74 师的战斗打响了。在漆黑的夜幕掩护下，担任迂回穿插任务的华野 1 纵、8 纵以一部兵力在整编第 74 师正面实施阻击，主力从其两翼寻隙向纵深楔进。1 纵 3 师攻占曹庄及其以北高地，逼近蒙阴，阻击整编第 65 师；纵队主力攻占黄斗顶山、尧山、天马山、界牌等要点，割断了整编第 74 师与整编第 25 师的联系，并歼整编第 25 师一部，该师大部缩回桃墟。8 纵主力攻占桃花山、磊石山、鼻子山等要点，割断了整编第 74 师与整编第 83 师的联系；一部占领孟良崮东南的横山、老猫窝。同时，4 纵、9 纵从正面发起攻击，占领黄鹿寨、佛山及马牧池、隋家店一线，扼制了整编第 74 师的进攻。位于鲁南敌后的第 6 纵队由铜石地区急速北上，于 14 日晨抵达垛庄西南观上、白埠地区。

14 日上午，张灵甫得知天马山、马牧池、磊石山等地失守后，预感到有被围歼的危险，即仓促向孟良崮、垛庄方向撤退，并组织一部兵力进行反击。

华东野战军发现整编第 74 师南撤，立即乘胜猛攻。担任正面攻击的第 4、第 9 纵队经彻夜攻击，进占唐家峪子、赵家城子一线；第 6 纵队在第 1 纵队一部协同下，于 15 日拂晓攻占垛庄，截断了整编第 74 师的退路；第 8 纵队攻占万泉山，同第 1、第 6 纵队打通了联系，在芦山、孟良崮地区形成了对整编第74师的四面包围。

74师被包围，蒋介石、顾祝同虽感吃惊，但认为该师战斗力强，所处地形有利，已控制制高点，必能坚守；如左右邻加速增援，可造成与华东野战军主力决战的机会。因此，除令整编第74师固守待援，牵制华东野战军主力外，严令新泰的整编第11师、蒙阴的整编第65师、桃墟的整编第25师、青驼寺的整编第83师以及河阳、汤头的第7军、整编第48师等部迅速向整编第74师靠拢；并调第5军自莱芜南下，整编第20师自大汶口向蒙阴前进，企图用10个整编师的兵力在蒙阴、青驼寺地区歼灭华东野战军主力。张灵甫也认为建制尚完整，部队战斗力强，居于战线中央，会得到左右邻的积极增援，因此，一面请求空投粮弹，一面调整部署，固守待援。

此时，孟良崮地区出现了不同寻常的战场态势：华野以5个纵队包围着整编第74师，国民党军又以10个整编师（军）包围着华野。这是一场主力对主力、王牌对王牌，攻对攻、硬碰硬的大决战。

鉴于敌援军多数已距孟良崮仅一至两天路程，有的只有十几公里，情况十分紧急，如不能在短时间内歼灭整编第74师，将陷入敌军重兵围攻之中。粟裕下令阻援部队坚决阻击各路援敌，主攻部队要不惜代价加速猛攻，一定要在援敌赶到之前把孟良崮拿下来，坚决、彻底、干净地全歼整编第74师！

15日13时，华野发起总攻，各部队从四面八方多路突击，整编第74师竭力顽抗。每一阵地均经反复争夺，有的阵地得而复失，几次易手。激战至16日上午，华野攻占雕窝、芦山，整编第74师主阵地全部丢失。下午天阴云低，能见度很差，华野指战员挤满了各个山头，以为整编第74师已被全歼，但在核算俘虏人数时，发现歼敌数与该师编制数相差万余人。各部队随即严密搜索，终将整编第74师及整编第83师1个团余部全歼，击毙张灵甫。

此役，华野在国民党军重兵集团密集前进的态势下，从战线中央割歼其精锐整编第74师及整编第83师1个团共3.2万余人，粉碎了国民党军的"鲁中决战"计划，对挫败国民党军对山东解放区的重点进攻具有决定性意义，有力地配合了陕北和其他战场的作战。

毛泽东收到这一捷报后，也抑制不住内心的激动。平时极少沾酒的他竟然找炊事员要酒喝，炊事员大惑不解。毛泽东激动地说："知道74师吗？它被我们消灭啦！"

后来，毛泽东对粟裕说："你们那样果敢、迅猛地消灭了74师，在中国这块土地上，有两个人没想到，一个是蒋介石，另一个是……"

粟裕脱口而出："陈诚？"

毛泽东："不足挂齿。"

粟裕："何应钦？"

毛泽东："何足道哉。"

"那是谁呢？"

"第二个没想到的就是我毛泽东！"毛泽东的得意之情溢于言表。

1948年1月27日，中央军委致电粟裕："为迫使敌人改变战略部署，吸引其二十至三十个旅回防江南，我们确定华东野战军的第一、第四和第六纵队立即编为华野第一兵团，由你率领渡长江南进，在南方数省执行宽大机动作战任务。"

根据军委计划，华野第1兵团南渡长江，进入鄂南，然后经湘鄂西、湘鄂、闽粤赣，逐步跃进，直抵闽浙赣，在国民党统治区的心腹地带实现新的战略展开，前锋直逼京沪，借以调动国民党军主力南下，从而为中原大量歼敌创造战机，进一步改善中原战局。

3月16日，粟裕率华野1兵团北渡黄河，来到了中原古城——濮阳，进行渡江前的整训。而此时中原战局出现了重大变化。刘邓大军在华野外线兵团的密切配合下，浴血奋战，不仅粉碎了国民党军对大别山区的"清剿"，而且还成功地开辟了桐柏、江汉和沙河淮河之间的三个新解放区，拦腰斩断了中原地区两条交通大动脉——陇海、平汉铁路。同时，西北野战军取得宜川大捷，歼灭国民党军两个整编师，迫使胡宗南从中原战场抽调一个兵团回援西安。在苏中，由于苏北兵团的积极作战，也吸引了部分国民党军从中原地区东调。这样，国民党军中原防御体系统开裂痕。

随着中原战场形势的变化，一个突出的问题摆在了粟裕的面前：一兵团是迅速渡江、争取把国民党军主力一部牵到江南去有利于呢？还是暂不渡江，集中兵力歼敌主力于长江以北更加有利呢？

粟裕认为，在整个解放战争中，解放军战略战术的秘诀就在于歼灭敌人的有生力量。

从当时中原地区敌我态势看，解放军已初步具备在短期内打几个大歼灭战的条件，也有这样的战机可寻。而渡江后，解放军从中原抽走了 3 个主力纵队，客观上势必会削弱在中原打大歼灭战的力量。同时，华野 1 兵团十万大军突入敌后，将陷于国民党军重兵围追堵截之下，行程上万里，不仅在群众和地方工作上得不到较好的配合，而且在兵员补充、粮弹供给、伤员安置上都会有诸多困难。而这次渡江南下，虽说总的形势与当年不可同日而语，但也要辗转数省，路程比抗日先遣队要远一倍多，估计到达目的地时，能保有五万部队就很不错了。那时，华野 1 兵团即便在江南站住了脚，也无力攻克大中城市，甚至当出现了有利的战机，也会因为力量不足而难以取胜。

更为重要的是，粟裕判断：华野 1 兵团南渡后，必将调动一部分国民党军尾随南下，减轻对中原战局的压力。但其在中原战场的 4 个主力军却无法调动。因为第 5 军和整编第 11 师都是蒋介石嫡系主力，是半机械化部队，又是国民党军在中原战场的骨干。蒋介石就是再傻也不会把他们统统调回江南与解放军去打游击。而第 7 军和整编第 48 师则是桂系主力，一向害怕桂系拥兵自重、尾大不掉的蒋介石，更不会纵虎归山，让他们回到江南老家。这样就无法实现"吸引敌人二十至三十个旅回防江南"的"预期行动目的"，中原战场仍会在较长时间内呈现僵持局面。

从某种意义上说，战争是一种数学的竞赛。粟裕又算了一笔细账：如果不能调走国民党军在中原的主力，只调走一般的力量，那么以较小的兵力南下即可达到同样的目的。而把华野 3 个主力纵队留在中原地区作战，以同样的代价便可歼灭国民党军 3 至 5 个整编师，这对中原战局将更为有利。两利相较取其大，粟裕逐渐形成一个主力暂不渡江南进而留在中原作战的构想。

征得陈毅的同意后，粟裕于 4 月 16 日致电刘伯承、邓小平，报告了自己的构想。两天后，他又以个人名义正式致电中央军委和华东局，详细陈述了自己的想法：

> 三个主力纵队暂不渡江，而集中中原和华东两大野战军主力，背靠解放区，在黄河以南、淮河以北地区打大规模的歼灭战。同时部署三线武装，紧密配合。即以主力留在中原歼敌；以旅为单位组成游击兵团到淮河以南配合主力作战；以一个师的兵力组成许多支五六百人的游击队，深入江南，扰乱敌人后方，破坏敌人支援战争的力量。

粟裕是个作风严谨的人，深知这一建议的分量。为此，在电报结尾处又特意注明："以上是指个人不成熟的意见，加以对政局方面情况了解太少，斗胆直呈，是否正确尚祈指示。我们对南渡准备仍积极进行，决不松懈。"

在战略转折的关键时刻，在涉及战争全局的战略决策上，粟裕一再"斗胆直陈"，提出不同于中央既定方针的建议，再次表现了他无私无畏、实事求是的作风。

此时，毛泽东已同中央机关离开陕甘宁边区，来到了河北阜平城南庄。在收到粟裕电报的同时，毛泽东也收到了刘伯承、邓小平发给中央的电报。刘邓在电报中表示：在此情况下，渡江南下以"迟出几个月为好"。这样，华野1兵团就可"加入中原作战，争取在半后方作战的情况下多歼灭些敌人，而后再出，亦属稳妥，亦可打开中原战局"。

对粟裕的"熟筹见复"，毛泽东立即电令陈毅、粟裕尽快到中央当面汇报，以便中央对行动方针作出最后决策。

4月30日，陈毅、粟裕赶到了城南庄毛泽东的住处。许多年后，毛泽东的警卫人员李银桥、阎长林仍清晰地记着毛泽东和粟裕在城南庄会面的一幕：

二人长时间地握手，互相热烈地问候。抚今忆昔，不胜感慨。

毛泽东激动地说："我们的英雄回来了！欢迎你，粟裕同志！十七年了啊，有十七年没见面了吧？"

粟裕回答："是的，十七年不见了，主席。主席好吗？"

"你们打了那么多漂亮的大胜仗，我们很高兴啊！你们辛苦了。这次要好好听听你的意见哩！"

当天，中共中央书记处扩大会议，史称"城南庄会议"，在毛泽东的主持下召开了。参加会议的除时称"五大书记"的毛泽东、刘少奇、周恩来、朱德、任弼时外，还有陈毅、粟裕、彭真、薄一波、聂荣臻、李先念等。这是"五大书记"会合后第一次全体会议，也是部署夺取全国胜利的一次重要会议。会议的一项重要议题就是集中听取粟裕关于华野1兵团渡江南进的意见。

"党中央领导同志这种处处从实际情况出发，十分重视前线指挥员意见的领导作风，使我深受教育和感动。"粟裕完全打消了顾虑，在会上直抒己见，汇报了暂不渡江南进、集中兵力在中原黄淮地区大量歼敌的方案，并详细说明了这个方案的依据。

会议经过慎重研究同意了粟裕的建议。几天后，中共中央任命邓小平、陈毅、邓子恢为中原局第一、第二、第三书记，并决定重建中原军区，刘伯承任司令员，邓小平任政委，陈毅、李先念任副司令员，邓子恢、张际春任副政委，统一指挥中原野战军和华东野战军外线兵团。华野其他部队由粟裕指挥。

至此，"歼敌主力于长江以北"的战略方针正式确定，指挥体制亦已建立，中原大战迫在眉睫。正如粟裕在回忆录中谈到的：

> 中央和毛泽东同志采纳了华东野战军3个纵队暂缓渡江南进、集中兵力在中原打大仗的建议，陈毅同志又暂时离开华野。我深感自己的担子沉重，觉得这次是向中央立下了"军令状"，一定要把仗打好，以战场上的胜利来回答党中央和毛泽东同志的殷切期望。

粟裕果然没有让毛泽东失望。1948年6、7月间，指挥华东野战军8个纵队、中原野战军2个纵队进行豫东战役，歼国民党军9万余人，取得了大规模攻城打援作战的胜利，改变了中原、华东战场的战略态势，打乱了国民党军防御体系，为尔后进行更大规模的歼灭战创造了有利条件。随后又指挥济南战役，攻克坚固设防的大城市济南，歼守敌 10 万余人。

9 月 24 日，粟裕提出进行淮海战役的建议，经中央军委批准，中原、华东野战军并肩作战，于 11 月 6 日发起淮海战役。两天后，他与华东野战军副参谋长张震联名提出将南线国民党军主力抑留于徐州及其周围逐步歼灭的重要建议，为中央军委采纳，对扩大淮海战役规模，发展成为南线的战略决战起到了积极作用。

淮海战役历时 66 天，人民解放军在战场总兵力少于敌军的情况下，及时把握决战时机，精心选择主要突击方向，实行大规模运动战与大规模阵地战相结合，将敌军分割成几大块，逐步转移兵力，形成局部优势，分批予以歼灭，实现了中共中央军委关于在淮海地区歼灭国民党军刘峙这个主要战略集团的决心，共歼灭和争取起义、投诚国民党军 5 个兵团部、22 个军部、56 个师，55.5 万余人，解放了长江中下游以北广大地区，使国民党政府的政治中心南京和经济中心上海完全暴露在人民解放军攻击矛头之下。

据李银桥回忆，毛泽东在 1949 年的一次谈话中还说："淮海战役，粟裕同志立了第一功。"这是一个经得起实践检验的历史结论。

毛泽东评程世才

【程世才简历】

程世才（1912—1990），湖北礼山（今湖北大悟）人。

1930年，参加中国工农红军。同年，加入中国共产主义青年团。1931年，转入中国共产党。曾任红四方面军第11师第33团特务连政治指导员、团长兼政治委员。1933年，参加川陕苏区反"三路围攻"。后任红30军第90师政治委员、第88师师长兼政治委员、副军长、代理军长、军长，率部参加仪南、营渠、宣达等战役。在反"六路围攻"中，率部实施大纵深迂回，在徐向前指挥下，同友邻部队一起，在黄木垭（黄猫垭）地区围歼国民党军万余人。后率部参加嘉陵江战役。长征途中，与李先念指挥包座战斗，歼灭国民党军胡宗南部第49师，打开了红军向甘南进军的门户。1936年10月，奉命率部西渡黄河作战。西路军失败后，率余部沿祁连山西进，转战40余天，抵达新疆迪化（今乌鲁木齐）。

全面抗战时期，曾入抗日军政大学和中央党校学习。1939年，任冀察热挺进军参谋长兼第12支队司令员，参与领导开辟平西、平北抗日根据地。后任中共中央党校第4部副主任。解放战争时期，任辽南军区司令员、辽东军区副司令员、东北民主联军第3纵队司令员、南满军区司令员、安东军区司令员、辽西军区司令员等职，参加了四平、鞍山、本溪战役和四保临江及辽沈战役。

中华人民共和国成立后，曾入南京军事学院深造，后任公安军第一副司令员，沈阳军区副司令员兼沈阳卫戍区司令员。1959年至1982年，任中国人民解放军装甲兵副司令员。1955年，被授予中将军衔，获一级八一勋章、一级独立自由勋章、一级解放勋章。1982年、1987年，被选为中共中央顾问委员会委员。1988年，被授予中国人民解放军一级红星功勋荣誉章。第五届全国人大常务委员会委员，中国共产党第七、第八次全国代表大会代表，在中国共产党第十二次、第十三次全国代表大会上当选中央顾问委员会委员。1990 年 11 月 15 日，在北京逝世。著有《烽火年代》《万里征途》。

【毛泽东评点】

"你这个军长很年轻啊"。

——摘自《中国人民解放军高级将领传》第 37 卷，解放军出版社 2013 年版，第 389 页。

【评析】

1935 年 5 月中下旬，长征中的中央红军进入川康边，正经会理、冕宁北上。此时，另一支红军主力——红四方面军正驻扎在茂县一带。两军会师，指日可待。红四方面军总部决定由红 30 军政治委员李先念率领第 88 师和红 9 军第 25、第 27 师各一部，西进小金川地区，扫清敌人，迎接中央红军。

6 月 8 日，中央红军突破国民党军的芦山、宝兴防线。接着以坚韧不拔的毅力，克服重重困难，翻越终年积雪、空气稀薄的大雪山——海拔 4000 多米的夹金山。

这时，红四方面军先头部队红 9 军第 25 师在翻越海拔 4556 米的红桥山雪山后，接到方面军总部命令：从川军手中拿下懋功，迎接中央红军。

红 25 师师长韩东山立即给部队作动员：我们马上就能见到中央红军，见到毛主席、朱总司令了，我们也会马上迎来革命胜利的新局面了。

当天，韩东山就率部队急行军，于 11 日占领川军邓锡侯部据守的懋功县城。韩东山留下 2 个营守城，主力部队来到县城东南的达维镇。

6 月 12 日早晨，韩东山得到报告：对岸山间小路上发现了一队人马正朝达维而来。他赶紧到前沿阵地用望远镜观察，发现走来的是支衣衫褴褛，服装式样各一的队伍，也看不清是红军，国民党军，还是地方武装。韩东山让司号员吹起军号询问，半天也没问出个名堂。他心里嘀咕着，这会不会就是中央红军？他命令先头部队下到沃日河上达维桥一探究竟。

达维桥并不大，却是连接沃日河两岸的战略重地，也是红军长征时夹金山地区北上小金的唯一通道。东西走向的沃日河澎湃汹涌，属水量丰沛、落差极大的峡谷河段。

临近中午，守在达维桥边的红25师第74团战士们看到，之前行进在山腰的队伍，正是中央红军的先头部队。他们刚刚翻越夹金山，正在往达维方向进发。

韩东山兴奋不已，急忙命令部队赶紧清理驻地，张贴标语，挑水做饭。达维小镇子瞬间沸腾了。

17日下午，毛泽东、周恩来、朱德等在部队和当地群众的欢呼声中走进了达维镇。韩东山一眼看见了队伍中的陈赓，便跑上前去，敬了一个礼："老首长，还记得我吗？"

"哎呀！原来是小韩啊！"陈赓大叫一声，伸开双臂紧紧地把韩东山抱住。

陈赓在鄂豫皖苏区任红12师师长时，韩东山是他下属的第36团副团长。陈赓马上把韩东山介绍给毛泽东、周恩来、朱德和其他几位中央领导同志。

两支主力红军的指战员，来自五湖四海，四面八方，操着不同的乡音，有着不同的经历。为了中国人民的解放，为了共产主义的理想，他们胜利会师了，走到了一起。

18日，中共中央、中革军委率领中央红军主力到达懋功，与李先念率领的红四方面军先头部队会师。这是红军在长征中的第一次大会师，为粉碎国民党军的进攻，开创新的局面，创造了有利条件。

中共中央根据全国形势和当时情况，提出创建川陕甘苏区的战略方针。而红四方面军领导人张国焘却主张继续向青海、新疆或西康（今分属四川、西藏）等偏远地区转移。

为统一战略思想，26日，中共中央政治局在懋功以北的两河口召开会议，作出《关于一、四方面军会合后战略方针的决定》，指出："在一、四方面军会合后，我们的战略方针是集中主力向北进攻，在运动中大量消灭敌人，首先取得甘肃南部，以创建川陕甘苏区根据地，使中国苏维埃运动放在更巩固、更广大的基础上，以争取中国西北各省以至全中国的胜利。"

据此，中革军委制订了夺取松潘的战役计划。

7月18日，中共中央、中革军委任命张国焘为红军总政治委员。21日，中革军委决定以红四方面军总指挥部为红军前敌总指挥部，徐向前兼任总指挥，陈昌浩兼任政治委员。另将中央红军第1、第3、第5、第9军团改编为第1、第3、第5、第32军，与红四方面军互相协同，迅速夺取松潘，以利向北作战。

然而刚刚会师的红军内部出现了裂痕。张国焘自恃红四方面军人多枪多，公然向党中央争权夺利，借口"统一指挥"和"组织问题"没有解决，故意拖延行动，致使红军丧失了夺取松潘的有利时机。

8月初，中共中央、中革军委来到毛儿盖地区，召集会议研究敌情，确定行动部署。朱德、毛泽东、张闻天、博古、王稼祥、张国焘、刘伯承、陈昌浩、叶剑英、徐向前等出席了会议。会议认为，因松潘地区敌人兵力集中，凭垒固守，红军屡攻难克，决定放弃攻打松潘的部署，决定改道经草地北出甘南，将红一、红四方面军混编为左、右两路军，进取甘肃南部的夏河、洮河流域，尔后向东发展。其中，红一方面军第5、第32军和红四方面军第9、第31、第33军编为左路军，由红军总司令朱德、总政治委员张国焘率领，经阿坝北进；红一方面军第1、第3军和红四方面军第4、第30军编为右路军，由前敌总指挥徐向前、政治委员陈昌浩率领，经班佑北上。中共中央和中革军委随右路军行动。

在毛尔盖，毛泽东向徐向前提出要见一见红30军的主要领导，因为他听说在红四方面军的序列中，红30军组建时间并不长，但成长迅速，领导干部都非常年轻，军长程世才只有23岁，政委李先念也不过26岁。

红30军是1933年7月上旬，在红四方面军取得川陕苏区反"三路围攻"胜利后，以红11师为基础，同苍溪、长池等县独立团合编而成，下辖第88、第89、第90师，共1万余人。红30军组成后，先后参加了仪（陇）南（部）、营（山）渠（县）、宣（汉）达（县）战役和川陕苏区反"六路围攻"、广（元）昭（化）、陕南以及嘉陵江等战役。1935年5月，红四方面军长征后，红30军由岷江地区西进，担当开路先锋。

于是，在中共中央驻地的一座喇嘛庙里，程世才得以见到了仰慕已久的毛泽东。

毛泽东向程世才、李先念等详细询问了部队的情况，各连都有多少人，战士的情绪高不高，生活给养如何，休息了几天……所有能想到的都问了。

因为庙里找不到桌椅，毛泽东就一边问一边招呼大家席地坐下，风趣地说："我们与土地贴得越紧，这心里就越踏实啊！"

毛泽东把地图在地上铺展开，详细讲述他对战局的思考：第一，红军向东还是向西，这是全局中的关键。向东，是积极的方针。否则，将被敌人迫使红军向西，陷红军于不利的境地。第二，从洮河左岸或右岸前进，均可视情况而定。如有可能，采取包座至岷州的路线才是北上的最佳方案。占领西宁，目前是不智之举。第三，不能视左路军为战略预备队，作战略预备队它赶不及，不能指望。他们要向右路靠拢。日后，在川陕甘建立革命根据地以迎接全国抗日高潮的到来，那么整个形势对我们是有利的！目前我军北上，必先取包座！

这是程世才第一次见到毛泽东，并接受了他亲自部署的任务。特别是毛泽东那和蔼可亲的态度，与广大红军战士同甘共苦，对革命形势了如指掌……给程世才留下了不可磨灭的印象。

毛泽东在同程世才握手告别时，端详着他说："你这个军长很年轻啊！"

当他发现程世才竟然拎着一支长枪时，就更为诧异了。徐向前上前自豪地解释道："程世才同志作战勇猛，指挥靠前，总是冲在阵地最前沿，所以虽然当了军长，可步枪仍不离手。"

听了这话，毛泽东重新又打量一番身形高大的程世才，微微点了点头，将他的手重重地握了一下。

回到部队驻地，程世才、李先念立即召集师、团干部，布置战斗任务，要求全军官兵遵照党中央、毛泽东的指示，坚决打好这一仗。

8月15日，左路军从卓尔基出发，向阿坝地区开进。21日，右路军从毛儿盖地区出发，走进人迹罕至、鸟兽无踪、气候变幻无常的茫茫草地。

辽阔的草原，起伏的山峦，湛蓝的天空，交织成一幅壮丽而神秘的画卷。行进的队伍，逶迤蛇行，忽隐忽现，如同漂泊在浩渺无际的绿色海洋里。

这是军事上罕见的艰苦行军，是人类同自然界的殊死斗争。在这片神秘的土地上，既显示着大自然力量的凶猛无情，更表现着具有高度觉悟的人——红军指战员的无穷智慧和力量。

天气令人莫测地变幻着。中午还是晴空万里，烈日炎炎，下午突然黑云密布，雷电交加，暴雨、冰雹铺天盖地而来。夜间气温达零度以下，冻得人们瑟瑟发抖，彻夜难眠。

黑色的泥沼，被深草覆盖着，一不小心，人和牲口陷进里面，就会被吞没。水塘不少，但大都含有毒汁，喝下去又吐又泻。四野茫茫，渺无人烟，找不到粮食。野芹菜、草根、马鞍、皮带，成为红军指战员充饥的食物。

红一方面军的部队减员尤多。因为他们长途转战，体力消耗太大，实在经不起恶劣环境的折腾。为减少死亡和发病率，中共中央、前敌指挥部和各军领导想了些办法：命令先头部队在沿途标上安全路标，指示道路；组织有经验的人挖野菜、尝"百草"，个人不要乱挖乱吃；尽量减少一切不必要的辎重和干部坐骑，腾出马匹、牦牛，供宰杀食用；夜间组织联欢会，大家围坐在一起，边活跃情绪，边取暖御寒；加强政治思想工作，发扬团结友爱和革命乐观主义精神，不准丢弃伤病员，从绝境中求胜利；等等。

就这样，依靠广大指战员的高度觉悟和坚强毅力，经过近一周的艰苦行军，至8月底，右路军终于走出被视为生命禁区的茫茫草地，胜利到达班佑、巴西地区。

包座位于四川省松潘县的北部，距离巴西、班佑100多里，地处深山峡谷的包座河流域，藏语意为枪筒，因地形得名。上下包座相距数十里，包座河纵贯其间，松（潘）甘（肃）古道蜿蜒于包座河沿岸，山高路险，森林密布，包座河水深流急，两岸石崖陡峭，地形险要。

上下包座是红军进入甘南的必经之路。守军为国民党军第1军胡宗南部补充旅第2团和张孝莱支队，共2700多人。团长康庄派第3营驻守上包座大戒寺及其附近山头阵地，团部和第1、第2营驻守下包座求吉寺（救济寺），张孝莱支队驻守下包座附近的阿西茸。守军利用山险隘路，修筑集群式碉堡，构成一个防御区。

在得悉红军北上的消息后，胡宗南深恐包座有失，急调伍诚仁的第49师于8月27日由漳腊向包座驰援，企图在上下包座至阿西茸一线堵击红军。

抢在胡宗南增援部队赶来之前，攻占包座，开辟北上前进通路，出师甘南，是摆在右路军面前的紧急任务。如果丧失战机，就有被迫退回草地的危险。据此，右路军前敌总指挥部决定赶在国民党军援兵到来之前，速战速决，攻取上下包座，然后集中兵力打援。鉴于红一方面军所属的红3军尚未通过草地，红1军在长征途中减员太多，徐向前和陈昌浩建议：攻打包座的任务，由红四方面军第30、第4军承担。毛泽东批准了这一建议。

具体部署是：以红30军第89师第264团攻击包座南部的大戒寺；第88师两个团和第89师另两个团位于包座西北地区，相机打援；以红4军一部攻击包座以北的求吉寺守敌。红1军作预备队，集结于巴西和班佑地区待机，并负责保护中共中央的安全。右路军前敌总指挥部设在上下包座之间的一座山头上。

当日傍晚，程世才、李先念命令红88师第264团突然向大戒寺国民党守军发起猛烈进攻。程世才、李先念和红89师师长邵烈坤在包座河西岸边指挥战斗。

大戒寺紧靠着一座大山，寺前有条两丈宽的河，水深而湍急，形成一道天然屏障。战斗打得非常艰难，敌人凭借险要地势和强大火力，固守待援。激战一夜，红264团歼灭守军2个连，击毙少校营长陈嘘云以下数十人，残部逃至大戒寺后山碉堡继续顽抗。

这时，红30军侦察处将绘制的包座守军和援军路线图，以及俘虏的1名敌军排长、2名班长送到军指挥部。程世才、李先念亲自审问，进一步查明增援的第49师是胡宗南部主力，约1.2万人。而红30军虽名为1个军，但因爬雪山、过草地减员很大，又划拨出1个团补充到红一方面军，只剩下不到1.3万人。特别是在长征中，因缺乏粮食，没有油盐等副食品，战士们的体力已受到严重损害。要歼灭装备比红军好、数量几乎相等的敌人，确实是一个艰巨的任务。在这种情况下，仗打得好坏，正确的判断、周密的计划就更加重要。因此程世才带上参谋人员，连夜摸到包座守军阵地前沿，又重点对援兵必经之路进行勘查，制定了详细的作战方案。

30日上午，红军除以少量兵力继续包围监视包座守敌外，将红88师和红89师主力埋伏在第49师必经之路的西南山上，并派1个连控制了东山制高点。这座险峻的山岗，西可俯视来援之敌，北可对包座之敌形成包围。据俘虏供称，前来增援的第49师将在这天下午到达，但没有按时来。直到入夜后，第49师先头团才抵达大戒寺南。红军略作抵抗后，主动后撤，诱其深入。

31日，第49师主力沿着松潘通向包座的道路浩浩荡荡开进。起初，伍诚仁十分狡猾，不肯轻易冒进，只以一部兵力搜索前进，待与红军接触，经过局部战斗，夺取有利地形后，才命令主力大举前进。

程世才和李先念识破了敌人的诡计，命令主力部队隐蔽好，只以正面的第263团一部在一些非重点防御的小山头上抗击，给敌以大量杀伤后就节节撤退，诱敌进入埋伏圈。同时命令第264团加强对大戒寺的围攻。

很快，大戒寺国民党守军团长康庄急呼第49师迅速来援。胡宗南也严令第49师火速增援，务必于当晚进驻包座。

这下，伍诚仁不敢怠慢，命令包座河东岸的第294团（缺第3营）和包座河西岸的第291团附第294团第3营，夹河并进，向北攻击；河西岸的第289团在第291团以南向西北方向警戒，掩护师之侧背，师部进到大戒寺以南。第49师排成5路纵队，向包座方向蜂拥疾进，加快了行动。此举正中了程世才的欲擒故纵之计。

下午3时，隐蔽在山上的红30军各部按部署一齐向进入包围圈的第49师发起全面攻击，枪、炮和手榴弹爆炸声响成一片，六七里长的战场，眨眼成了片火海。

红268团首先来了一个"中心开花"，从正面插入河西岸敌军南北两团接合部，并以一部夺取包座桥，切断了东西两岸敌军联系，将敌军一下子分割为三部分。

为打通联系，敌军疯狂地向红268团反扑。红268团两面对阵，连续打垮了敌人数次冲击，战斗异常激烈。一时间，包座河两岸，枪炮声、喊杀声响成一片。红军指战员英勇奋战，连续猛烈突击。第49师渐渐不支，遂向沿岸森林退缩。

程世才在回忆文章中生动地描述了包座战斗的激烈场面："在总的地势上，我们是居高临下，但敌人是纵深配置，并占据着许多小山头。尤其是漫山遍野都是大桦树和灌木丛，敌人运动兵力我们看不到。我军冲到哪里，哪里的敌人就利用树林、山包或河坎作掩护，拼命地守卫，拼命地反击。"

关键时刻，程世才命令把军部的几门迫击炮用来支援红88师，用仅有的几十发炮弹轰击敌人集群。战士们用手榴弹、刺刀和大刀片同敌人厮杀。有的马尾手榴弹挂在树上，杀伤不了敌人，战士们就端着刺刀或挥着大刀片扑上去。前边的倒下了，后边的又冲上去，同敌人展开了肉搏战，一个山头也要经过几次争夺，敌人抢占了，红军就再把它夺回来。

程世才在他的回忆录中写道："后来我们经过这段已为红军最后攻占的阵地时，几乎每一步都会踏到烈士们洒下的鲜血。有一个烈士，一只胳膊打断了，另一只手里还紧紧握着大片刀。这种情景是多么令人感慨啊！他们在草地上吃的是野菜、树皮，为人民贡献出的是宝贵的生命和鲜血！"

战斗进行得异常激烈残酷。到最后，师、团掌握的所有预备队及其机关和军的通信连、警卫连、保卫排等都投入了战斗；军部的机关干部、宣传队员以及有的炊事员和饲养员，也都拿起武器参加了战斗。不仅师、团指挥员都在战斗第一线，就连军领导也都到了前边。程世才起初用电话和通信指挥，最后出击时干脆拎起步枪，跟随部队进行实地指挥。

就这样，战斗激烈地进行了七八个小时，直到夜晚，红军才终于把截成三段的敌人一段段地啃掉。第49师大部被歼，师长伍诚仁胳膊也被打断，成了红军的俘虏。同时还俘虏了敌团长、副团长各1名。

战士们押着伍诚仁来见红88师政委郑维山。只见这个一天前还神气十足的敌军主力师师长，如今却吊着个受伤的胳膊，垂头丧气地站在那里。郑维山当即用电话向程世才做了报告，并派人把伍诚仁押到军部来。不料，由于天黑下大雨，伍诚仁乘着战场混乱跳河逃跑了。

在得知第49师包座被围后，胡宗南急得在屋里团团转，对参谋长于达说："派部队救援吧，不但时间上来不及，徒劳无益，而且怕在半途被共军拦路吃掉；不去吧，又恐校长责怪我坐视部队临危不救。"

苦思冥想了一晚上，他才决定派第1旅旅长李铁军率所属3个团前去救援。

不巧的是，部队出发后不久，就遇上了坏天气。大雨倾盆而下，草地上烂泥成浆，第1旅可吃尽了苦头，根本不是在走，而是在"滚"，官兵个个浑身泥污，有的丢了帽子光着头，有的走烂了鞋子光着脚，简直成了一支乞丐大军。足足"滚"了两天，才走了百余里路，不足一半行程。

这时，包座方向传来令人震惊的消息：第49师已被红军击溃，装备也损失殆尽。

胡宗南生怕第1旅中途遇袭，急电李铁军："四十九师在毛儿盖全部被红军缴械，该旅严加警戒，并限星夜赶回松潘原驻地待命。"

李铁军自然不敢迟疑，立即率部返回松潘。而伍诚仁也真的是"无成仁"，侥幸从红军包围中只身脱逃出来。在松潘，当他向李铁军谈及和红军的作战经过时，仍是谈虎色变，惊魂未定。

蒋介石做梦也没有想到红军会通过几百里荒无人烟的草地，更没有想到红军在包座击溃第49师，打开了进军甘南的门户。震怒之下，分电薛岳、胡宗南将伍诚仁撤职查办，遗缺由副师长李及兰升代。同时又致电甘肃省主席朱绍良，令鲁大昌率新编第14师扼守岷县及腊子口，另电令王均率第3军在岷县及天水、武山地区利用已构筑之工事布置堵截。

围歼国民党第49师的战斗即将结束时，程世才、李先念命令预备队红269团主力直插大戒寺，协同红264团消灭包座守敌。

战至次日2时，红军歼灭了2个多连的敌人，攻占了大戒寺的北山，并从西南面攻入寺内。国民党守军抵挡不住，便放火焚烧寺内粮库，残部400余人趁着大雾从东南方向逃往南坪。困守大戒寺后山高地的200余人，在红军政治攻势下全部投降。红军占领上包座。

包座战斗是红一、红四方面军会师后在中革军委指挥下的第一次战斗，打开了红军向甘南进军的门户。徐向前在回忆录中写道："包座战斗，我30军立了大功，4军打得也不错。是役共毙伤敌师长伍诚仁以下4000余人，俘敌800余人，缴获长短枪1500余支、轻机枪50余挺，电台1部，粮食、牦牛、马匹甚多。我军指战员经过草地的艰难行军，不顾疲劳，不怕牺牲，坚决完成党中央和毛泽东同志赋予的打开北进通道的任务，取得了全歼蒋介石嫡系部队胡宗南一个师的重大战果，有不可磨灭的历史意义。"

包座之战的胜利，也使毛泽东的脑海中深深印下这位提着长枪的红30军军长。直到20年后，1955年7月18日，根据国防部的命令，公安部队改编为公安军，正式成为中国人民解放军的一大军种。毛泽东亲自圈定程世才担任公安军第一副司令员，司令员由公安部部长罗瑞卿兼任，实际工作是由程世才主持的。

这支中华人民共和国成立后担负执行公安保卫特殊任务的武装力量，由这样一位特殊的战将来指挥是最合适不过的了。

毛泽东评廖运周

【廖运周简历】

廖运周（1903—1996），原名廖冠周，字冠渊。安徽淮南人。

从1923年起，廖运周先后在山东齐鲁大学、河南中州大学学习。因痛感国家贫弱、外敌侵凌，愤而投笔从戎，立志报国。1925年底，入黄埔军校第五期炮科学习。毕业后参加北伐战争，任国民革命军第二方面军直属炮兵团少尉见习排长，旋调任第25师第75团团部中尉参谋。1927年，加入中国共产党，参加南昌起义，任第25师第75团团部上尉参谋兼警卫连连长。起义军南下潮汕失利后，回到上海。1928年，在周恩来的安排下秘密潜入国民党军队从事兵运工作，先后参与组织了寿县、正阳关学兵连、芜湖、安庆暴动，历任团部副官、师部副官长、团长、旅长、副师长、师长等职。

全面抗战时期，廖运周参加了台儿庄战役、武汉会战，率部英勇抗击日寇，屡建战功。解放战争期间，在中共晋冀鲁豫中央局、中原局、华东局直接领导下，积极为革命工作。1948年11月率部起义，为全歼黄维兵团、夺取整个淮海战役的胜利立下了卓越功勋，受到毛泽东主席、朱德总司令的高度评价。此后任中国人民解放军第14军第42师师长兼丽江军分区司令员，参加了渡江战役和解放大西南的战斗。

中华人民共和国成立后，廖运周历任师长，沈阳炮兵学校校长，吉林省体育总会主席，中国国民党革命委员会中央监察委员会秘书长、副主席等职务。1955年，被授予少将军衔。中国人民政治协商会议第一届全体会议代表，第五、六、七届全国政协委员。1996年5月11日，在北京逝世。

【毛泽东评点】

"我们很高兴听到你们率部起义的消息。你们既已回到了革命大家庭来，而我人民解放军就是这个大家庭中具有高度觉悟和坚强组织的人民先锋队伍。你们应在党的领导和刘陈邓诸同志指挥之下，坚定而有步骤地改造你们的队伍，使其亦能成为真正的人民先锋队伍，你们方不愧为革命大家庭中的成员。现在黄维兵团已被歼灭，你们部队的官兵当更清楚地认识你们领导他们走上了光明大道，这对你们部队今后的改造是极有力的推动。"

——摘自《中国共产党历史资料丛书——淮海战役》
第 2 册，中共党史资料出版社 1988 年版，第 245 页。

【评析】

1948 年 10 月底，华东野战军、中原野战军几十万大军以雷霆万钧之势，挺进淮海地区，拉开了震惊世界的淮海战役的帷幕。

11 月 6 日晚，华东野战军按照预定计划向苏北新安镇地区国民党军第 7 兵团（司令官黄百韬）发起进攻。战至 11 日，将第 7 兵团部和 4 个军合围于碾庄圩及其周围约 18 平方公里的地区内。

为解救被围的黄百韬兵团，并企图在运河以西、徐州以东地区同人民解放军进行决战，蒋介石急忙命令黄百韬就地修筑工事固守待援；令第 2 兵团（司令官邱清泉）、第 13 兵团（司令官李弥）全力由徐州东援；以第 16 兵团（司令官孙元良）守徐州；以第 4 "绥靖" 区改编为第 8 兵团（司令官刘汝明），指挥所属 3 个军；以第 9 "绥靖" 区改编为第 6 兵团（司令官李延年），指挥刚由东北撤至蚌埠的第 39、第 54 军，沿津浦铁路东西两侧向宿县（今宿州市）推进；令第 12 兵团（司令官黄维）到达阜阳后继向蒙城、宿县进攻。

11 月 15 日，黄维率第 12 兵团抵达阜阳。第 12 兵团可谓蒋介石手里的一张王牌，下辖第 18、第 10、第 14、第 85 军和第 4 快速纵队，共 12 万人。不仅机械化程度高、火力强，而且又是蒋介石的嫡系部队，故被称为国民党军的 "一等精锐"。其中第 18 军是陈诚的起家部队，更是号称国民党军五大主力之一。

司令官黄维中将，黄埔一期生，曾留学德国。与黄埔同学胡宗南、杜聿明等人不同的是，黄维不属于权力欲极强，把仕途看得很重的那类人。要论才气，黄维在黄埔一期生中也算是出类拔萃的。尤其是在抗日战场上，淞沪、武汉等几大会战中曾屡立战功。因此，黄维虽不善于拍马奉承，但凭真才实学还是替自己打出了威名，四十出头便当上了中将兵团司令官。

此时碾庄圩华东野战军围歼黄百韬兵团的战斗激战正酣，蒋介石如坐针毡，一道道急电飞向淮海前线：令徐州邱清泉、李弥两兵团火速东进，务必与黄百韬兵团会师解围；令蚌埠刘汝明、李延年两兵团火速向北增援；令阜阳黄维兵团即刻向蒙城挺进。

华东野战军以第7、第10、第11纵队为徐东阻援部队，死死挡住了邱清泉兵团和李弥兵团的疯狂进攻，至11月22日，共歼敌万余人，使其前进不足20公里。与此同时，中原野战军分别将李延年兵团、刘汝明兵团和黄维兵团阻止在固镇以北任桥、花庄集一线和浍河以北赵集地区。

就在华东野战军围歼黄百韬兵团之际，毛泽东设想下一个歼击目标，指出："目前是继续歼灭邱兵团的良机……只等黄孙两兵团歼灭后，我军即可围困徐州，准备第二步歼灭邱清泉、李弥的两兵团，夺取胜利，拿下徐州。"

11月19日，刘伯承、陈毅、邓小平分析战场形势认为：华东野战军歼灭黄百韬兵团后，已相当疲劳，如不休整，接着又打战斗力较强的邱清泉兵团和李弥兵团，不易达到预期目的。而中原野战军以现有兵力阻击李延年兵团、刘汝明兵团和黄维兵团，也有较大困难。据此向中央军委建议：华东野战军主力在歼灭黄百韬兵团后，应位于徐州以南、以东地区休整，并派出四五个纵队协同中原野战军歼击黄维兵团和李延年兵团等运动中的敌人，尔后攻击徐州。

11月22日，华东野战军在碾庄全歼黄百韬兵团。蒋介石决定以已收缩到徐州的邱清泉兵团和孙元良兵团沿津浦路向南，李延年兵团和刘汝明兵团由蚌埠、固镇沿铁路向北，黄维兵团由赵集向宿县方向进攻，企图三路会师宿县，打通津浦路徐蚌段，扭转不利战局。

第二天，在徐州、蚌埠两路国民党军尚未行动之时，黄维兵团即向浍河南岸南坪集地区发起攻击，形成孤军冒进之势。刘伯承、陈毅、邓小平当即抓住这一有利战机，决定以中原野战军全部和华东野战军一部先歼灭黄维兵团，便电请中央军委。

十几个小时后，中央军委和毛泽东的复电传到了中原野战军指挥部："完全同意先打黄维。"刘伯承、陈毅、邓小平遂命令坚守南坪集地区的第4、第9纵队主动后撤，诱敌深入，而后会同第1、第2、第3、第6、第11纵队等，在浍河以北布成袋形阵地，待黄维兵团到达后，即分由东西两侧出击，实施围歼。

11月24日上午，黄维兵团强渡浍河，一头钻进了中原野战军预设的口袋阵里。当黄维发现中计，准备向李延年兵团靠拢，为时已晚。当夜，中原野战军展开全线攻击，将黄维兵团压缩在浍河、淝河之间以双堆集为中心的纵横只有15里的狭小地区之内。淮海大战，迎来了第二个高潮……

25日，担任正面阻击设置袋形阵地的第4、第9纵队和豫皖苏独立旅等部，强渡浍河，向南岸的黄维兵团阵地发动全线猛攻。其中，第4纵队渡过浍河后，直取南坪集，连克胡庄、丁庄、许家寨等地。第9纵队攻克刘庄、小王庄、潘楼等村庄，进占忠义集一线阵地。第1、第2、第3纵队则由西向东猛攻，逼近小张庄、马庄、任家等地。

南京国防部在获悉粟裕正从徐州方面调兵南下后，估计华东、中原两大野战军将联手攻歼宿县以南黄维兵团，而蚌埠方面李延年兵团在任桥、龙王庙一带被阻，寸步难行。于是电令黄维：应以一部占领宿县，主力保持于右翼，向铁道线龙王庙、西寺坡间与李延年兵团会合后歼灭当面之敌，并将后方联络线转移于津浦线方面。

此刻，黄维见中原野战军已从四面八方围攻上来，势不可挡，决定先就地防御，待整顿好态势后再做突围，遂令各部于次日向东南进攻，以靠拢李延年兵团。具体部署如下：

第85军在右，由双堆集以西，向大营集方向攻击前进；第10军居中，从双堆集以东向大营集方向攻击前进；第14军在左，由大、小百庄攻击前进；第18军在双堆集以北的金庄、吴庄、小马庄、刘庄、平谷堆一带担任掩护。

11月26日，黄维兵团按计划拼死突围，在飞机、大炮、坦克的掩护下向解放军阵地实施轮番强攻。然而，令黄维百思不得其解的是：他的"钢铁大军"一连发动数次进攻，均遭到解放军的顽强阻击，每每都是损兵折将，无功而返。这时又一个噩耗传来：先头部队第49师被截于大营集，在向固镇逃跑途中全军覆没。

当天，黄维收到南京国防部的急电：当面之敌企图围攻贵兵团。已令李延年兵团以全力向湖沟集之敌攻击前进，以资接应。贵兵团应不顾一切，即以全力向东攻击，击破当面之敌，与李延年兵团会师。

接到电令后，黄维立即召集各军长、师长紧急会议，决定次日全线出击，调集4个主力师，由双堆集正南和东南方向突围，与蚌埠李延年兵团会合。

27日拂晓，黄维集中第18军第11、第118师和第10军第18师，以及第85军第110师，在坦克、炮兵和空军的配合下，向双堆集东南方向突围。

对于这次突围行动，黄维充满信心，自以为定能突破共军的包围圈，然而他做梦也没想到：担任突围先锋的第110师师长廖运周竟是中共地下党员。

时年45岁的廖运周，黄埔五期炮科毕业，1927年加入中国共产党，随即参加南昌起义。起义军南下广东失利后回到上海，后在周恩来的安排下秘密潜入国民党军中从事兵运工作。第110师前身是冯玉祥西北军独立第2师，是察哈尔（今分属内蒙古、河北）抗日同盟军的基本主力之一，参加过西安事变。蒋介石为分化瓦解西北军，于1938年1月把该部与国民党豫北师管区部队和东北军骑兵旅合编为第110师。3月，第110师在河南巩县孝义镇集训，第31集团军总司令汤恩伯开始对这支杂牌部队进行整编，撤换了大批原来比较进步的和异己军官，把自己的亲信吴绍周派去任副师长，不久提升为师长。抗战时期，第110师先后参加过台儿庄、鄂北、豫南等战役，屡立战功，但由于不是嫡系部队，经常受到歧视、排挤，引起全师官兵的极大不满。而第110师素有爱国的好传统，具有一定的进步思想基础。早在西北军时,中共地下党组织就在该部开展活动。到1942年廖运周接任师长时,地下党组织在第110师已经进行了长期艰苦而卓有成效的工作。

为了牢牢控制住这支部队,廖运周更是费尽心机:把不可靠的军官调为副职,不让其掌握兵权,或是把他们推荐到别的师去。廖运周利用同国民党上层人物的关系,把有碍开展工作的副师长李达、王昌藩"推荐"给胡宗南、王仲廉,让他们"升"了官,逐步搬开绊脚石。

1946年春,中原局委派地下联络员李俊成等人来到第110师。为便于开展工作,廖运周把他们安排在副官处,利用副官的身份作掩护,广泛接触下层官兵,和他们谈心叙家常,为起义做准备工作。

1947年夏,在中原军区的直接领导和帮助下,第110师成立了中共地下党委,廖运周任书记,李俊成、徐仁、廖宜民等为委员。自此,该师就成为在中国共产党领导下的一支国民党军队。解放后,廖运周在《自述》中写道:

> 我负责前线指挥,李、徐负责与上级党联系,廖负责来往接待及师内工作。明确了各自的分工以后,同志们满怀热情地投入了工作。
>
> 首先,我们从整顿队伍着手,调整了部分领导人员,以便掌握与稳定部队。一一〇师从冯玉祥组建的独立二师发展至今,虽有较好的革命传统,保存了不少进步力量,但也还有相当一批顽固分子仍占据着我师的要害位置。经过党委研究,确定由我出面,利用与国民党上层人物的关系,将这部分人分别"推荐"出去。参谋长陈振威在我面前曾流露过当参谋长清苦,想"锻炼、锻炼"的情绪,其实,他是觉得当参谋长没有实权。于是,我就顺水推舟,动员和推荐他到河南去带补充团,他高高兴兴地去了。三二九团团长天天闹着要当师长,我也把他推荐了出去。但我怕吴绍周对我产生疑心,又把吴所信任的第三二八团团长杨柳营(军校五期毕业生)提升为副旅长,该团第一营营长姜继鑫提升为团长。这两人都是比较靠拢吴的人,但他俩思想较开明,可以作为争取的对象,把他们放在这样的位置,估计不会发生

大问题。这样，不仅被调的人对我感恩不尽，吴绍周也觉得我"大公无私"，对我更加信任。

其次，我们还利用矛盾，争取和团结师内的进步力量。原三三〇团团长刘协侯是军校第七期生，对日作战表现勇敢机智，性格开朗，思想也比较进步，但吴绍周对他很不满意，借口他作风不好，将其撤职。为此，刘常发牢骚，说："我要找出路干革命。"我和徐仁多次找他谈心，安慰他，送他一个收音机，他感动得流泪，并经常收听我党中央的广播，在官兵中借"摆龙门阵"的机会暗中进行宣传。此后，我又向吴绍周讲情，叫吴任命刘为师代理参谋长，以后又让他担任三二九团团长，使刘深受感动，更加靠近我们，为我们做了一些工作，后被吸收为预备党员。政训处主任汪月涛是个知识分子，经张治中介绍来部队。汪和黄镇小时同学，黄镇到新乡与王仲廉谈判时，他请黄吃了饭，结果被王仲廉知道了，大骂他"通敌"，要严办，还骂我"知情不报"。汪受不了这个窝囊气，想辞职不干回南京，经过再三挽留始作罢。后来，他逐渐与我接近，敢在我面前说心里话，表示不愿意打内战。我看他思想还比较进步，就对他进行了帮助和引导，使他为我们做了许多工作。三二九团连长王兴奎，因揭发团长贪污被撤职，我们便把他调到旅部副官处，通过他团结了一批中下级军官。此外，我们还团结了不少进步分子，他们在以后的起义中发挥了很好的作用。

经过一番艰苦而又细致的工作，第110师中除了个别无关紧要的下级军官还有反动分子之外，起义的主要障碍基本都已被扫除了。

由于解放战争形势发展很快，国民党军节节败退，人民解放军势如破竹，长驱南下，第110师中的许多同志急于起义，经常找廖运周说："大干不如小干，晚干不如早干。""还等什么，干算了！"有的同志甚至说："子弹又不长眼，我们如果在这里战死了，死得也不明不白。"

鉴于这种情况，第110师地下党委决定派李俊成到邯郸向中原军区首长汇报，要求早点儿行动，并要求继续派干部来加强力量，以解决当时部队所存在的军纪涣散等问题。

不久，李俊成从邯郸返回，传达了中原军区、野战军司令部及邓小平政委的指示："积极准备，耐心等待，在最有利的时机，起最大的作用；要大胆发展组织，不要依赖上级派人；对军纪不要要求太严，不能用解放军管理部队的办法去管理国民党军队。"

但少数同志仍不解，存在埋怨情绪，说："还要等待时机，要等多久！我们天天跟谁打仗？"还有的同志对关于军纪问题的指示也想不通，主要是怕放松对部队的管理后军纪败坏，对人民不利，以后没法向人民交代。

为统一思想认识，廖运周一方面耐心地向同志们解释，做思想工作，一方面又派李俊成再次去邯郸向邓小平请示。

邓小平作了耐心详细的指示："组织上没有忘记你们，只是目前还不到时机，不能起义。起义要在军事上、政治上起最大作用，不光是万把人、千把支枪的问题。你们要考虑到全局，不应计较局部的得失，要积极发展组织，自己培养干部，不要依赖上级派人。"对于军队纪律问题，邓小平解释说："穿着国民党军衣，就要像国民党军队，只有如此，才能掩护自己和党的组织。"

这番深入细致的教导，使第110师的同志们茅塞顿开，真正理解了上级决定的意义，一致表示，坚持遵循上级指示，积极做好起义准备工作，一旦有利时机到来，立即起义投向人民的怀抱。

机会很快就来了。1948年11月上旬，第110师奉命开赴鄂西北随（县，今随州市）枣（阳）地区，和第85军其他部队一道划归第12兵团作战序列。几天后，第110师奉命开赴徐蚌地区作战。

形势发展得如此之快，使廖运周等人感到起义的时机可能就要到来，于是召开党的紧急会议进行研究安排。会议认真分析了所面临的形势和情况，认为中国革命已经到了关键时刻，这次把第110师拉到千里之外的徐蚌地区，一定是要打大仗，这正是发挥"最大作用"的"最有利时机"，一定要趁这个机会努力把队伍带出去。

11月23日，廖运周率第110师向宿县方向攻击前进。25日，第110师脱离第85军，随兵团部在双堆集附近小马庄宿营。

26日下午5时，黄维忽然派人把廖运周找来。

一见面，黄维就问："刚才空军侦察报告说，今天午后3时敌人对我兵团的包围圈已经形成，他们正在构筑工事。廖师长，你有什么主张？"

廖运周料到黄维已有新的打算，遂反问了一句："司令官有何决策尽管下命令，我师保证完成任务。"

果然，黄维对廖运周的答复十分满意，说："我想乘敌立足未稳，打他个措手不及。决定挑选四个主力师，齐头并进，迅猛突围。"

一听此言，廖运周马上意识到：黄维这一招的确厉害。第12兵团虽然已被包围，有些消耗，但部队装备精良，建制尚较完整，战斗力仍然很强，如果以4个主力师并力突围，真有让它跑掉的危险。但同时也意识到正好可以利用突围的有利时机举行战场起义，如果起义成功，不仅会打乱黄维的突围计划，而且对于当时已处于军心动摇、士气低落之中的第12兵团也将是一个沉重的打击。于是就顺水推舟，说："好！司令官的决策真英明。我们师请求打头阵，愿当开路先锋！我们既然能攻占敌人堡垒式工事和河川阵地，现在突破他们临时构筑的掩体，当然不在话下了。我请求立即回去准备行动。"

黄维见廖运周干脆利落，不禁喜上眉梢，连声夸奖。

在回来的路上，廖运周心潮澎湃。是啊，二十年来，他一直在默默忍耐着，等待着。他时刻牢记着上级的指示：要等到最有利的时机，在最关键时刻给敌人重重一击。他和战友们早已摩拳擦掌，盼望这一天的来临。现在，这一天终于到来了。黄维兵陷双堆集，决战即将打响，该是火候了，是发挥最大作用的时候了！必须立即举行战场起义，打乱黄维的突围部署。

廖运周回到指挥所后，马上派人把李俊成、廖宜民、刘协侯、杨振海等人找来，将黄维的突围计划和利用突围进行战场起义的设想告诉大家。大家一致表示赞同，并决定派杨振海秘密前往解放军阵地联络举行起义的事宜。

杨振海走后，剩下的几个人对起义又做了具体研究，认为按照黄维的突围计划是4个师齐头前进，第110师居中，这样在行动时必然受到左右两翼部队的钳制，对起义很不利，必须想个办法"调整"一下黄维的部署，以保证第 110 师有单独行动的自由。

经过一番深思熟虑后，廖运周再次跑到兵团司令部，主动向黄维"献计"："4 个师齐头并进不如用 3 个师好。把 18 军的主力师留在兵团作预备队，可随时策应第一线作战。控制预备队以备不测之需，这是常规。让我师先行动，如果进展得手，其他师可迅速跟进，扩大战果。"

黄维见廖运周在紧急关头"顾全大局"而"勇挑重担"，又处处为他"着想"，很是高兴，连声称赞道："还是运周兄！好同学，好同学！你要什么我就给你什么，坦克、榴弹炮随你要。18 军的 118 师在你们后面跟进，掩护你们。"

接着，他命令兵团副参谋长韦镇福通知空军派 4 架飞机配合第 110 师的突围行动。

廖运周心里暗笑，表面上却不动声色地说："我已派了几个便衣深入敌后，进行侦察，如果发现有空隙的接合部，我们就利用夜间提前行动。"

黄维连连点头称是："有机会就前进，要当机立断。"

见黄维没有丝毫怀疑，廖运周心里踏实了许多，装模作样地向韦镇福要了两份地图和陆空联络信号后，便起身告辞。

回到师部，廖运周与副师长杨柳营、参谋长洪炉青一道研究"突围"计划，决定师直属队和各团黄昏前做好"突围"准备，午夜开始行动。

11 月 27 日凌晨 3 时，杨振海终于回来了。

杨振海无比兴奋地说："这次任务完成得非常顺利，真凑巧，值班参谋是我的熟人武英同志，一见面他就喊：'老伙计，原来是你呀！'说着就领我去见了解放军南线总指挥王近山司令员、杜义德政委和作战处贺光华处长。他们听说我们决定在这个时候举行起义，都非常高兴，表示给我们大力协助。"

接着，杨振海又说，王近山司令员他们对把黄维以 4 个师一起突围的计划及时送到，表示非常感谢，认为这是一件大事，马上向刘伯承、邓小平作了汇报。同时就起义行军路线作了具体规定，准备沿途放上高粱秸作为路标，让起义官兵左臂一律扎白布条或毛巾。在两军接触时，打 3 发枪榴弹作为联络信号，从中原野战军第 6 纵队的阵地通过，到达罗集附近的大吴庄、西张庄。最好在天明以前全部通过。说完，杨振海拿出一张王近山亲自画的行军路线图。

师部里的人们都争相传看，激动得心都快要跳出来了。是啊，盼了多少年，等了多少个日日夜夜，终于盼到了这一天。这不只是一张行军路线图，而是回到亲人怀抱的通行证，是胜利的保证书！

与上级联系上了，起义的准备工作也基本上就绪了，可离规定出发的时间还有两个小时。这两小时对廖运周来说真比两年还难熬。为了预防万一，廖运周决定充分利用这段时间，到黄维那里再给他吃颗定心丸。

兵团司令部里，廖运周向黄维报告："我们发现敌军阵地接合部有空隙可钻，在拂晓前行动最为有利，特来请示。"

大概是觉得自己的决策很英明，或是觉得选准了突围先锋，黄维哈哈大笑起来，特意拿出了一瓶酒，爽快十足地说："老同学，这瓶白兰地藏之久矣，一直没舍得喝，现在我特敬你一杯，预祝你取得胜利。"

然后又转过身来对韦镇福说："来，你们是同期同班同学，也要敬一杯。"

廖运周心中暗喜："智者千虑，必有一失，黄维你失算了。"

看看出发的时间快要到了，廖运周向黄维敬了个标准的军礼，告辞而去。黄维一直送到门口，紧紧地握了握廖运周的手，满心欢喜地回去静候廖运周的"佳音"了。

中原野战军第6纵队派来做起义向导的参谋武英来到了第110师师部。他建议用四路行军纵队，以正常速度前进。他同杨振海带第359团为前卫，第350团为后卫，后边放个加强连收容落伍的官兵，师部及直属队为本队，时间一到马上出发。

一切部署完毕后，廖运周应该向部队公布起义计划了。于是，他便将一些比较可靠的营长、连长召集到一起，对他们进行了起义动员。

廖运周开门见山："现在，我们已被解放军全部包围，蚌埠的李延年、孙元良的救兵打不过来，徐州被围，黄百韬被消灭，蒙城、宿县被占，我们是援兵没有，退路已无，弹粮将尽，解放军却在不断增援。这样下去，我们只能坐以待毙。蒋介石对人民犯下了滔天罪行，我们为什么要为他卖命呢？共产党、解放军的所作所为大家都很清楚。很多人都要求我利用朋友的关系给解放军写封信，为我们提供方便，使我们脱离战场。现在我们已派杨振海与解放军联系上了，见到了他们南线司令员。解放军对我们将采取的行动非常欢迎，你们赞不赞成这样做？"

大家纷纷表示赞成起义。

接着，廖运周又提出几个要求：（一）行军纵队按照解放军规定路线走，解放军保证不会向我们开枪，我们也不允许向解放军开枪；（二）不准掉队，走不动的用车拉；（三）严守秘密；（四）不愿走的可以提出来。

大家异口同声地回答："愿意跟师长走！"

武英也讲了话，说明起义光荣，鼓励大家勇敢前进，争取起义成功。

这时，东方破晓，笼罩在周围村庄、田野、道路上的浓雾渐渐散开，出发的时间到了。

清晨6点钟，廖运周率领第110师准时开出了双堆集附近的周庄、赵庄，在通向解放军阵地的道路上向前进发。第6纵队前沿阵地上，战士们早已做好准备，严阵以待。有的抱着武器，准备随时开火；有的抬着修工事的麻包，密扎扎地守候着，只等第110师一过完，就在几分钟之内严密合拢。

王近山此时趴在掩体的麻包上，举着望远镜，前方灰蒙蒙的一片寂静，看不见什么，也听不见什么，只感到自己的心脏在怦怦跳动。打了多少年仗，他从来没这回紧张。

前面隐隐传来大队伍行军的隆隆声，分辨不出是谁，只觉得天摇地动。突然，响了三发枪榴弹。

第110师过来了，人人左臂系着白毛巾，呈四列纵队，走在高粱秸线内。在他们后面烟尘滚滚，如洪水涌来的喧嚣声直撞耳膜。王近山看到第110师全部通过后，立即大喝一声：

"封住！"

第6纵队指战员们从两边如巨大的铁门沉重地推过去，口子重新锁住。廖运周两天来一直悬着的心终于落了地，通过电台向黄维报告说他们已突围成功。

黄维喜出望外，马上命令后面的几个师沿第110师突围路线，在飞机、大炮、坦克掩护下，向外猛攻。

这时，第6纵队已将口子封死，重新把黄维兵团全部堵在包围圈里。

话报机中传出黄维带着异样、焦急地呼唤："长江、长江，你们到了哪里？"

廖运周平静地回答："武昌、武昌，我们到了赵庄，沿途畅行无阻。"

"跟你师走的18军那个师，遭到了密集火力的袭击，伤亡很大。"

黄维的话音把廖运周耳朵震得嗡嗡直响。按常规军事用语中是不允许出现这类字眼的，可他已顾不得许多了。

下午1点半，第110师5500余名官兵终于走出包围圈，到达指定地点大吴庄。此时，黄维还在报话机里焦急地询问情况。

廖运周微微一笑，下令把全师的报话机统统关掉，中断了与黄维的联系。黄维不知其变，死令各部实行轮番持续攻击。他采取各军交互掩护、节节转移的战法，实行反扑，以图掩护兵团主力安全突围。

一番血战开始了。第6纵队和陕南第12旅面对国民党军飞机、坦克、大炮的疯狂攻击，顽强抵抗，连续打退了敌人的多次攻击，阵地岿然不动。

此时，从北面渡过浍河向南追击的4纵、9纵、11纵和豫皖苏独立旅等部，会同从西面包围过来的第1、第2、第3纵队也一齐发起攻击。

黄维兵团的第14军战斗力较弱，在突围时位于全兵团的东北部，首先被击溃。当该军退到杨围子地区，解放军随即跟踪而至，猛击走在前面的第10军侧背，迫使第10军不得不停止向东南方向突围，而就地应战。其他各军也在解放军的堵截、追击和侧击下，被迫转入就地抵抗。

黄维见突围无望，到处受到猛烈攻击，只得被迫停下来稳定当时的战线，决定固守待援。若干年后，黄维回忆起这段历史时曾十分无奈地说：

> 我有什么办法？除了对空联络，我什么情报都得不到。电台和徐州从没沟通过，南京的也沟不通了！我有什么办法？我下边的师长廖运周是共产党员，天天用电台和共产党联络；我的电台台长是共产党员，"文革"中来找我外调材料，我才晓得。你们看，这个仗还叫我怎么打？

电台台长到底是不是共产党员无从考证，但廖运周率第110师战场起义却无疑给黄维以致命的一击！

刘峙在徐州得知此事后，哀叹道："第110师师长廖运周叛变，是加速黄维兵团失败之关键。"

廖运周率部起义后，受到了热情欢迎。第6纵队特地举行隆重的欢迎大会，并给第110师官兵补给了充足的大米、白面、猪肉、粉条等。

中原野战军第2纵队政委王维纲受刘伯承、邓小平的委托参加了会议，作了热情洋溢的讲话，指出："你们的师长廖运周是中国共产党党员，现在他率领你们举行了光荣的战场起义，参加了中国人民解放军，脱离了国民党，走上了光明大道，成为人民的队伍，我代表中野首长向你们全体官兵表示热烈欢迎。"

随后，王维纲介绍了人民解放战争的大好形势，鼓励大家在人民队伍中为革命做出更大贡献。第110师全体官兵非常高兴，都说起义这步棋走对了。

11月29日，廖运周发表了《起义宣言》：

> 溯自孙中山先生亲订联苏、联共、扶助农工三大政策，革命军队赖以建立。其后本此方针，兴师北伐，无坚不摧，无攻不克。孰意蒋介石及其反革命集团窃夺国柄，冒革命之名，行反动之实，制造"四一二"大屠杀，使此次大革命归于失败。十年内战，荼毒生灵，出卖国权，引狼入室。日寇侵入，初犹略作抵抗，随即消极观战。及日寇投降，全国人民方冀休养生息，而国民党反动派，竟完全违反民意，勾结美帝国主义，倒行逆施。其始藉口受降，进兵解放军，引起战端。其后又撕毁政协决定，发起全面内战，杀人盈城遍野，国民党反动派之罪恶，至此乃达登峰造极之地步。本军原属国民党嫡系，装备较为优良，受反共反人民教育之毒害亦较深。然士兵均系人民子弟，军官多为军校青年，中国人之良心，并未完全泯灭，是非善恶，尚有不少人能知分辨。国民党当局虽摇唇鼓舌，时而曰"统一救国"，时而曰"戡乱建国"，但吾人所耳闻目见，则为国民党政府签订辱国之

中美条约，拥护美国扶持日寇复兴，美货则充斥市场，美军则控制海港，豪门则贪污腐化，人民则无以为生。反观解放区则上下一心，民军一体，政治廉洁，经济繁荣。国民党以非正义而进攻正义，以无理而进攻有理，此民心之所以背离、财政经济之所以总崩溃、后方之所以千疮万孔、官兵意志之所以低沉、军纪之所以败坏、战争之所以屡战屡败。国民党军队纪律废弛，民心丧尽。不发主食则翻仓倒柜，不发副食则偷鸡盗狗，大军所至，村舍为墟，民怨沸腾，军心厌战。此均吾人两年余内战以来所亲临目睹，而日夜所焦虑于中者。运周等为国家利益计，为人民生存计，为自身前途计，特于十一月二十九日在宿县西南双堆集地区毅然脱离反革命营垒，高举义旗，加入人民解放军。今后誓在中国共产党毛主席、人民解放军朱总司令，及中原刘、陈、邓诸首长领导之下，为彻底推翻国民党反动统治，建立人民民主共和国而奋斗。运周等起义以来，备受解放区军民热烈欢迎，多方爱护，可见解放军对国民党军之政策只要是真正革命分子，毫无嫡系杂牌之分。一切尚被羁绊于国民党军队中之有理性的军人，一切爱国男儿，当此紧急关头，必须分清是非利害。或毅然举义，或缴械投诚，始为自救救人之唯一出路。国民党统治即将最后灭亡，人民解放军即将完全胜利，何去何从，幸速抉择。

前国民党军陆军第八十五军一百一十师师长
廖运周、副师长杨柳营，率全体官兵同叩

12月1日，廖运周又以全师官兵名义发给毛泽东、朱德致敬电：

毛主席、朱总司令：

国民党反动派丧权辱国，甘为美帝国主义充当侵华走卒，实行独裁，摧残民主，发动内战，屠杀人民。运周等本中国人之良心，不忍再为国民党反动派祸国殃民之罪行，作无谓的牺牲。特于十一月二十九日在双堆集战场毅然高举义旗，率全师官兵加入人民解放军，全师官兵精神振奋。今后，在中国共产党及毛主席、朱总司令和刘、陈、邓诸首长领导下，坚持为人民服务，积极为推翻国民党反动派统治，解放全中国而战。谨电致敬，听候指示。

原八十五军——〇师师长廖运周、

副师长杨柳营率全体官兵十二月一日叩

24 日，毛泽东主席、朱德总司令发来贺电，对 110 师的起义给予了很高评价。贺电全文如下：

廖师长、杨副师长：

我们很高兴听到你们率部起义的消息。你们既已回到了革命大家庭来，而我人民解放军就是这个大家庭中具有高度觉悟和坚强组织的人民先锋队伍。你们应在党的领导和刘陈邓诸同志指挥之下，坚定而有步骤地改造你们的队伍，使其亦能成为真正的人民先锋队伍，你们方不愧为革命大家庭中的成员。现在黄维兵团已被歼灭，你们部队的官兵当更清楚地认识你们领导他们走上了光明大道，这对你们部队今后的改造是极有力的推动。专电并致共产主义的敬礼！

毛泽东、朱德

十二月二十四日

第 110 师战场起义打乱了黄维的军事部署，震撼了整个第 12 兵团，从精神上瓦解了这支号称王牌的机械化部队，同时对国民党南京政府也是一个不小的打击。

黄维只得调整部署，以村落为基点，用坦克、汽车及大量器材构筑了许多掩体，形成环形防御阵地，转入固守。中原野战军采取坚决围困、稳步攻击、攻占一村、巩固一村、逐个歼灭的战法，一点一点地往前"啃"，一层一层地"剥皮"，将黄维兵团压缩在双堆集东西长 3 里、南北宽 5 里的狭小地域。

从 12 月 6 日起，中原野战军发起全线攻击。10 日，廖运周派人到第

85 军，成功策动了第 23 师师长黄子华率部投诚。15 日夜，第 12 兵团被全歼，黄维被俘。

廖运周率部起义为全歼黄维兵团，夺取淮海战役第二阶段的彻底胜利创造了有利条件，其历史功绩是不可磨灭的。